THEY CHANGED THE WORLD
SCIENTISTS

改变世界的
科学家们

[英] 梅雷迪思·麦克阿德尔（Meredith MacArdle）———— 编

朱建斌　张双华————译

重庆大学出版社

前言

科技的历史进程反复告诉我们，人类基础科学的进步迟早会带来技术和工业应用，从而彻底改变我们的生活方式……虽然充满着不确定性，但我们都热切期盼人类能够很快成长、成熟，从而能充分利用其从自然界获得的力量。

——恩利克·费米

摘自 1953 年未刊发的演讲《核物理的未来》

1833 年，博学而有影响力的胡威立发明了"科学家"一词，用来描述使用观察和实验的方法来发现自然界真相的人。在此之前，科学家一直被称为"自然哲学家"。

古希腊的自然哲学家们在其研究中很少倚重实验结果，他们更喜欢纯粹的论证。然而，这些早期思想家代表了科学的第一次繁荣，这些知识后来改变了我们的世界。例如，阿基米德通过实验验证了微积分计算数学模型，"医学之父"希波克拉底奠定了西医知识体系的基础。

到了伊斯兰黄金时代，阿拉伯物理及博物学家海什木在他的《光学书》中所使用的那些强调实验验证的早期方法已接近今天的科学标准，尽管这些方法在当时并没有多少数据支撑。欧洲文艺复兴时期的学者们也直面过不少的困难：波兰的牧师和天文学家哥白尼、意大利天文学家伽利略、谦逊虔诚的英国修道士罗杰·培根，他们都曾在宗教压迫和审查制度的恐怖阴影下勇敢地工作，冒着生命危险挑战他们那个时代的正统。

艾萨克·牛顿从物理学的角度解释了宇宙是如何形成的，这一成就引领了整个 17 世纪。他在 1687 年发表的论文中描述了万有引力和三个运动定律，为经典力学奠定了基础。在接下来的三个世纪里，经典力学主导了物理宇宙的科学观点，并极大地推动了科学革命。

19 世纪，奥地利修道士孟德尔研究了遗传特征，并创立了现代遗传学，这一学科有助于解释查尔斯·达尔文在其 1859 年的著作《物种起源》中提出的生物进化的重大发现。路易斯·巴斯德发现微生物可以导致疾病，这为 20 世纪分子生物学的繁荣发展铺平了道路。20 世纪也见证了阿尔伯特·爱因斯坦的天赋和他对物理学的诸多贡献。

并非所有的科学贡献都促进了人类的进步。1938 年，物理学家恩利克·费米为了躲避法西斯的迫害，从意大利逃离到美国。他的到来帮助美国"赢得"了与德国的竞赛，率先发明了原子弹。费米和他的物理学家同事们制造了第一个受控的原子链式反应，美国在广岛和长崎真实地展现了他们如何"赢得"了这场竞赛，并成为世界上第一个拥有原子弹的国家。但费米和其他许多人很快意识到，利用科学来做有益的事情，而不是制造混乱，才是科学家的使命。

世界上有许多有影响力的科学家，他们都有可能被收录到这样的一本书里，但是本书最后只收录了某一领域公认的领军人物或某一科学运动的代表人物，他们都在这个世界上留下了不可磨灭的印记。

关于如何使用这本书

◎ 每位科学家的介绍大致都是按照其出生的时间排序的。

◎ 每一条目内容都包含了对科学家的生活和工作的简短描述，他们的主要工作、他们生平中的大事记，以及对他们的知识遗产和贡献的分析。

◎ 科学术语都在关键术语中给出了解释。

◎ 除有时会用全名称呼科学家外，文中要么用他们的姓，要么用他们的名来称呼他们。

◎ 阿拉伯人均使用其阿拉伯语名字，除非其拉丁语名字在西方文化中更广为人知。

◎ 中国人的名字以拼音的形式给出，姓在前名在后，偶尔也使用威妥玛式拼音法。

本书开篇使用了地图和时间轴来记录科学家的生平，以及他们那些改变世界的重要发现。这有助于读者了解科学家们所处的地理位置和大概所处的时代。

世界地图

我们用颜色将地图分为四大区域。紫色区域：美洲、大洋洲；蓝色区域：亚洲；绿色区域：欧洲；棕色区域：中东和非洲。读者可以根据这些划分大致了解每位科学家的出生地，以及他们的影响范围。书的正文也采用了相应的颜色。当然，这样的划分必然会有一定的随意性，而且文化影响的地域界限也很少如此严格。需要注意的是，还有一些重叠的区域，重叠部分表示这些地区大概都受到了相同的历史影响。例如，靠近北非的伊比利亚半岛（现在的西班牙和葡萄牙，以及欧洲的一部分）在伊斯兰黄金时代阿拉伯文化曾在该半岛上传播。同样，今天的土耳其属于中东地区，历史上与欧洲有着共同的渊源，曾在希腊文化影响范围内，一些古希腊哲学家出生地在土耳其。

时间轴

时间轴显示了科学活动密集的时期，并把科学家定位在公元前5世纪到现代的时间长河中。轴线中每个彩色圆点代表一位科学家，圆点中的数字与科学家索引中的科学家名字前的序号相对应，这个序号是按科学家的出生时间先后进行排序的。

500 BCE	200 BCE	CE	100	200	300	400	500	600	700	800	900	1000	1100	1200

中美洲—玛雅文明

北美—霍霍坎文明

中国—汉朝

日本—大和时期

日本—平安时期

2 · 7 · 10 11 · 16

古希腊

罗马帝国

拜占庭帝国

1 3 4 5 6 · 8 9 · 19 20

早期哈里发

伊斯兰复兴／黄金时代

12 13 · 14 15 17 · 18

中东和非洲

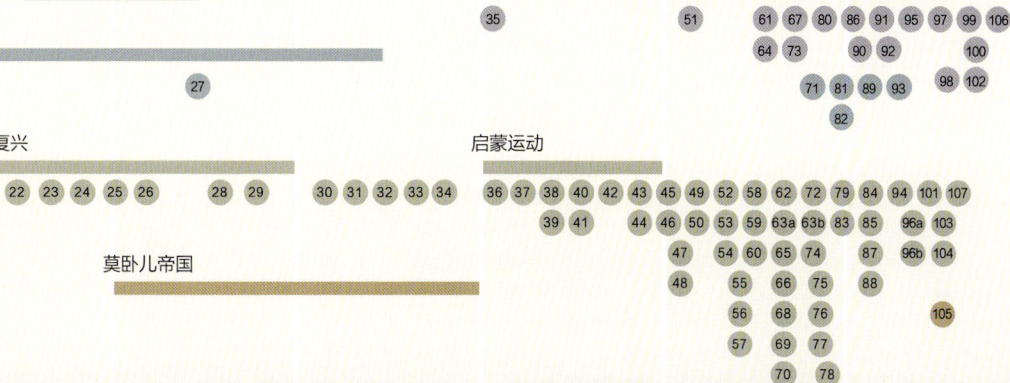

目　录

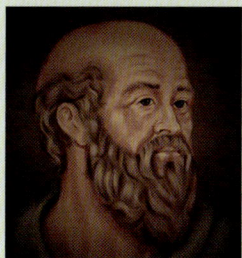

希波克拉底

（公元前 460—前 370）

希波克拉底被称为"医学之父"，他是第一个把疾病症状与宗教剥离开来的人。除了对一些疾病进行描述之外，他在《希波克拉底誓言》中还提出了医生行为准则、职业精神和保护生命的责任等基础理论。直到今天，医学院学生在开始行医前仍要宣誓遵守这一誓言。

希波克拉底出生在古希腊的科斯岛上，是古希腊传奇人物阿斯克勒庇俄斯和赫拉克勒斯的后代。人们对希波克拉底到底写了什么和做了什么知之甚少，因为他的许多工作与希波克拉底医学派的其他医生没有什么区别。然而，据记载，他曾周游古希腊，一边行医，一边教授自己的理论，也为他那个时代许多重要的政治人物和学者看病。他晚年被誉为最伟大的医生。此外，他还以善良、冷静和务实著称。

> 因此，对于这种被称为"神圣"的疾病，人们认为它的本质和起因来自无知和好奇……
>
> ——摘自《论圣病》，
> 《希波克拉底文集》的一部分（公元前 300）

重要科学成就

希波克拉底学派

古希腊的医学分为克尼迪亚和希波克拉底两大学派。克尼迪亚学派主要基于许多关于人体的错误假设来诊断疾病（解剖人体是希腊禁忌，这意味着希腊实际上没有人体解剖学和生理学知识）。相反，希波克拉底学派的医疗策略侧重于患者护理和预测，并通过采用一般诊断和无创治疗取得更大的成功。

希波克拉底时代的人认为疾病是上帝的一种惩罚，希波克拉底是第一个反对这种说法的人。他教导说，疾病是四种体液失衡的结果，这四种体液分别是血液、黑胆汁、黄胆汁和黏液。他还认为，身体有某些"危机点"，即疾病发展过程中的时间点，在这些时间点，病人要么通过自愈能力得到改善，要么可能就会恶化。

希波克拉底誓言

希波克拉底的著作《论医师》教导医生要干净、整洁、诚实、善待病人、冷静、善解人意和严肃。他坚持认为医生在救治病人时应该遵循有关光线照

遗产、真理、影响

◎ 希波克拉底学派将医学确立为一种专门的职业。

◎ 现代版的希波克拉底誓言至今仍被用作医务人员职业道德与行为规范。

◎ 希波克拉底第一个描述了"圣病"即癫痫、杵状指（也称为"希波克拉底手指"）和痔疮等疾病的症状，以及"希波克拉底面容"（指面部随着病情的发展或病人死亡后所发生的有规律的改变）。

大事记

公元前 460 年	希波克拉底出生于希腊科斯岛。
公元前 370 年	他可能在希腊的拉里萨去世。
公元前 300 年	《希波克拉底文集》问世，这是一部包括了古希腊 70 部早期医学著作的合集。人们认为这是由希波克拉底的学生和他的追随者编纂的。这部合集包含了教材、讲座、研究笔记和医学哲学论文等，还包括希波克拉底誓言。

明、人员、器械和技术的具体指导。《论医师》还强调了医生要保留清晰、准确的医疗记录，以便其他医生日后参考。这些记录要列出症状的细节，包括面色、脉搏、发烧、疼痛、活动能力和排泄物，以及家族史和患者所接触的环境等细节。这些都是现代临床医学的基本特征。

希波克拉底誓言被收录在著作《希波克拉底文集》中，直到今天，医学生在毕业行医前都还要宣誓该誓言的现代版。誓言是一部现代版的医学准则，它强调了医生职业责任中最重要的方面：保护生命、分享经验和教导、道德纯洁。

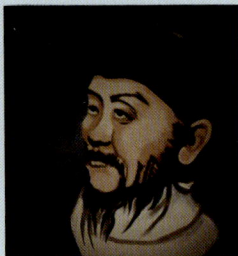

甘德

据记载，中国古代天文学家甘德和他同时代的石申制作了世界上最早的恒星表。他为数千颗恒星命名并给出星数，识别了 100 多个星座。他还留下了世界上第一个关于木星卫星的记录。

甘德生活在中国古代动荡不安的战国时期，顾名思义，当时没有统一的政府，而且各个国家都在争夺霸权。由于当时的困难条件，他没有留下什么生平记录。但后来有记录表明他生活在齐国。按照中国传统的命名制度，甘是他的姓，德是他的名。

我们都知道，从很早开始，中国的皇帝和诸侯都会在朝廷中招纳一群天文学家来担任一些重要职务：维护测量时间的时钟；保存确定年度节日和宗教仪式日期的日历；保存天文记录；预测日食和其他天体事件。宫廷天文学家通常都是受人尊敬且聪明博学的官员。

甘德的任何著作都没有留存至今，只有一些后世对其作品的记述，以及其他书籍对其作品的部分引用，特别是他去世 1 000 多年后出版的《唐开元占经》。该书在 718—726 年（唐玄宗统治时期）编纂而成。这本书编入了甘德观察到的对木星卫星的记录，这是世上已知的第一个这样的记录。

在战国时期，人们以木星明亮的光轨迹来计年，它穿越天空轨迹的周期为 12 年，所以它是集中观察和预测的焦点。在没有望远镜的情况下，甘德和他的同事只能依靠肉眼观测，但他们能够通过精确的计算来确定进行天体观测的最佳时间。

甘德是木星运动方面的专家，在他失传的书籍中有一本专门记载木星的专著《岁星经》，他在书中首次记录了木星的卫星的存在。

> 木星……单于之岁，岁星在子。与虚、危晨出夕入。其状甚大，有光，若有小赤星附于其侧，是谓同盟。
>
> ——甘德，引自《唐开元占经》（718—726）

重要科学成就

天文学家甘德的星表比西方最早出现的星表更全面。西方的星表是由希腊天文学家喜帕恰斯在公元前 129 年绘制而成，书中记载了大约 800 颗恒星。

与石申（约公元前 4 世纪）一样，甘德是第一批能够精确测量年份的早期天文学家之一，他们计算出了一年为 365.25 天。他们还对五大行星进行了相当精确的观测。

遗产、真理、影响

◎ 甘德是中国历史悠久的天文学创始人之一，为后世的天文学研究奠定了学术基础，留下了详细的描述，以及实证主义的研究传统。

◎ 他通过肉眼观察就几乎确定了木星的四大卫星之一，远早于伽利略·伽利雷，伽利略于 1610 年用他新开发的望远镜才正式"发现"这些卫星。

◎ 1981 年，中国天文学家证明，在木星离地球最近的时候，透过狭窄的窗口，视力极好的人可用肉眼看到至少两颗木星的卫星。

大事记

公元前 400 年	甘德出生于中国。
公元前 364 年	人们认为甘德观测到了木星的一颗卫星。
公元前 340 年	甘德死于中国。

亚里士多德

（公元前 384—前 322）

作为希腊古典知识界的巨人之一，亚里士多德可能是最著名的哲学家。但他对自然界的各个方面都很感兴趣，他对生物学和宇宙学等学科的观点在西方产生了深远的影响。

亚里士多德出生于马其顿的一个医学家庭，是雅典柏拉图学派的名人之一。在那里，他学习了哲学和天文学，以及数学。柏拉图认为数学是一门适合磨砺心智的学科。

他离开雅典的原因尚不明确，有可能是因为柏拉图死后他没有被任命为柏拉图学园园长，但也可能是因为当时马其顿的扩张主义战争使得马其顿人成为众矢之的。亚里士多德在亚历山大大帝（公元前 356—前 323）征服了整个希腊之后才回到雅典，亚历山大是马其顿国王腓力二世的儿子，也是亚里士多德的学生。

> 自然界的一切都不可思议。
> ——《动物志》（公元前 350 年）

亚里士多德在雅典开设了自己的哲学学校，并根据其所在地地名命名为吕克昂学园。在此期间他继续广泛研究，涉猎了当时几乎所有的学科，包括政治、物理、哲学、生物学、数学、逻辑和诗歌。由于他的教学和辩论方法是边走边讨论话题，因此亚里士多德学派通常被称为逍遥学派。

亚历山大死后，人们对马其顿人的恶感再次爆发，所以亚里士多德逃跑了。据说他在提到苏格拉底被处死时曾说："我不会允许雅典人因为处死我而再次对哲学犯罪。"

重要科学成就

亚里士多德认为，现实是以实物（而不是柏拉图认为的"观念"）来体现的，事物的最终本质形式可以通过详细的检验和归纳推理来确定。他将这一点运用到实践中，观察并评论了大多数自然世界，从运动定律（石头被吸引到它们的自然家园——地球，而火被向上吸引到它的自然家园——天空），到一个球形的地球，就像日食期间地球在月球上的弧形阴影所展示的那样。以下是他影响最深远的一些理论。

地球和天空

根据亚里士多德的说法，地球上的一切都是由四种元素组成的——土、气、火和水——并且总是在产生以后就开始不断地变化，然后衰退和死亡。另外，天空由第五种元素——以太组成，而且是完美且永恒不变的。大自然厌恶真空。

作为对现有地心和球形思想的改进，他认为宇宙由围绕地球的同心以太壳组成，每个壳包含一个天体，而位于边缘的是恒星，固定在最外层的壳中。天体以均匀的速度在正圆的圆周上运动。

生物

作为世界上第一位伟大的生物学家，他收集了大量动物和植物的行为习惯及其身体构造的数据。

遗产、真理、影响

◎ 亚里士多德的物理学和宇宙学思想在阿拉伯世界得到认可，被重新引入欧洲后又在一些基督教国家流传。几个世纪以来，他在知识界占据着主导地位，在他的著作中找不到的科学思想通常都会被认为不重要。具有讽刺意味的是，这恰好扼杀了他所倡导的对世界的探索。

◎ 他在动物学方面的一些观察在 19 世纪被证实是准确的。

◎ 法国学校以他的哲学学校的名称吕克昂命名高中。

大事记

公元前 384 年　出生于希腊北部的斯塔吉拉，并且接受医学培训。

公元前 367 年　加入雅典的柏拉图学园。

公元前 347 年　柏拉图死后，亚里士多德游历小亚细亚（今土耳其）和希腊群岛，研究野生动物和生物学。

公元前 334 年　在雅典建立了自己的学校——吕克昂学园。

公元前 323 年　逃到希腊的优卑亚岛。

公元前 322 年　死于优卑亚岛的卡尔基斯。

他通过使用以繁殖方式为基础的逻辑体系对 500 多个不同的物种进行了分类，这使他能够做出一些正确的分析，比如海豚是哺乳动物。

欧几里得

(公元前 325—前 265)

欧几里得被称为"几何之父"。他是古代最重要的数学家，其中他的 13 卷本数学手册《几何原本》最为著名。《几何原本》是数学史上最成功的教科书，而且被认为是世界上最伟大的经典著作之一。同时，它还是欧洲和中东数学知识的主要来源，直到 19 世纪非欧几里得几何著作出现，它的主导地位才结束。

在中世纪，人们有时会把欧几里得与和他同名的哲学家欧克里得斯（Eukleides）混淆。欧克里得斯来自迈加拉，比欧几里得早 100 年，大约与柏拉图同时代（公元前 428—前 347）。因此，欧几里得有时被误认为是迈加拉人。

我们有关欧几里得生平的唯一信息主要来自几个世纪后希腊哲学家普罗克洛斯（410—485）所著的简短传记，他在评论《几何原本》第一卷时提到了欧几里得的一些信息。普罗克洛斯的著作简要概括了当时所有著名的希腊数学家的生平，提供了一些非常有用的历史资料。但根据他的记录来看，公元前 323—前 285 年，埃及法老托勒密一世统治期间，欧几里得在亚历山大教学。当时，亚历山大因其宏伟的图书馆而成为一个著名的学习中心。普罗克洛斯写道，当

法老问欧几里得"有没有学习几何的捷径可走"时，欧几里得回答说"学习几何是没有捷径可走的"。

欧几里得的本名为欧克里得，这表明他具有希腊血统。公元前 332 年，马其顿亚历山大大帝征服埃及，但在欧几里得时代，埃及仍由希腊人统治。现在人们普遍认为欧几里得出生在阿基米德（公元前 287—前 212）之前。

人们将欧几里得最著名的著作称为《几何原本》，这本书汇编了大量不同来源的数学知识，包括来自公元前 460 年左右的科斯岛的希波克拉底（非医师希波克拉底）以及约公元前 4 世纪希腊数学家修迪奥斯的一些知识，其著作应该是被柏拉图学园的亚里士多德研究过。不过《几何原本》的大部分数学证明是欧几里得的原创作品。

重要科学成就

《几何原本》

尽管这本著作的完整名字表明其内容只涵盖几何，但实际上 13 卷书对当时所有已知的数学知识都进行了详细的研究。该书框架完整、语言逻辑性强，易于理解。它包含了定义数学定理的证明公理和一些作者称之为"公设"的未经证实的一般假设，以及其他未经证实的假设，作者称之为"共同的概念"。

几何学

书中第 1 至第 6 卷内容为平面几何（少于三维）。该书开篇用 23 个定义奠定了几何的坚实基础，例如"一个点是没有部分的"或"线段只有长度没有宽度"，这些定义涵盖了三角形、平行线、平行四边形、矩形和正方形的基本性质。圆的性质和有关圆的问题整整写了两卷，分别为第 3 卷和第 4 卷。这些早期的书也涵盖了所谓的几何代数，研究与等价几何形状有关的代数定理。与所有欧几里得的著作一样，几何学部分涵盖了理论和实际应用，包括被命名为毕达哥拉斯定理的重要定理：在直角三角形中，斜

边（直角的对边）的平方等于其他两边的平方之和。

黄金分割

在第 2 卷中，欧几里得讨论了他所谓的"切分"，把一条线分成两部分，较长部分与较短部分的比例等于整条线段与较长部分的比例。在欧洲文艺复兴时期，人们广泛讨论学习了重新发现的古希腊作品，建筑师和艺术家们意识到这个比例给人以美学上的愉悦，它既提供了美感又提供了平衡，因此他们将其重新命名为黄金分割。这一比例也被称为神圣比例，大约等于 1∶0.618。

比例

第 5 卷包含了欧几里得对比例理论的清晰阐述，以及一个解决无理数问题的重要方案，这个解决方案是学习剩下章节的基础。

数论

第 7 卷到第 9 卷主要探讨了数论，也就是关于大于 1 的整数的数学理论。欧几里得为该领域提供了 22 条新定义，包括诸如偶数和奇数、单位和质数等概念。他把质数定义为只能被它们本身和 1 整除

遗产、真理、影响

◎ 欧几里得的《几何原本》内容全面、简洁且易于理解，它是世界上最古老且一直被人们连续使用的数学教科书。即使在今天，他的许多解释和定理也无法被超越。他收录并解释了之前已经存在的缺乏系统的、零碎的数学知识，把这些几何学知识加以条理化和系统化，成为一整套可以自圆其说、前后贯通的知识体系。

◎ 从 9 世纪开始，中东就有人开始研究其阿拉伯语译本，12 世纪的拉丁语译本也曾风靡欧洲。在大约 2000 年的时间里，《几何原本》是几何推理、定理和方法的主要来源。

◎ 欧几里得所描述并以其名字命名的几何体系被人们认为是唯一合理的几何而被用于教学，一直沿用到 19 世纪数学家们最终证明了非欧几里得几何形式。埃舍尔（1898—1972）的艺术通常以非欧几里得几何为基础。

等于同量的量彼此相等。

——《几何原本》

1842 年版《几何原本》的细节。

大事记

公元前 325 年	欧几里得出生于埃及亚历山大。
公元前 285 年以前	在亚历山大教数学，人们认为这时他正在编纂《几何原本》。
公元前 265 年	死于亚历山大。

的数。他还证明了质数的个数是无穷的。

柏拉图多面体

第 11 到 13 卷主要研究了立体几何或三维图形。在这部分，欧几里得探索了直线、平面和一些平行四边形的相交关系。他证明了不同的圆面积之间的比值等于它们直径平方的比值，不同球体的体积比值等于它们直径的立方的比值。他使用枚举法得出了这些结论。

《几何原本》最后说明了如何构造和外切五个正多面体的方法，这个多面体后来被哲学家柏拉图广泛讨论了其性质，因此也被命名为柏拉图多面体。它们是金字塔（四面）、立方体（六面）、八面体（八面）、十二面体（十二面）和二十面体（二十面）。书中还证明了只有这五种形状符合柏拉图多面体。

欧几里得几何

为了纪念这位古希腊数学家，人们把对点、线、平面和其他图形的研究称为欧几里得几何。数学中一个经久不衰的问题就是由他的第五个"平行公设"提出的。这个公设说：在平面上，过直线外一点只能作一条和这直线不相交的直线。但是，在 2000 多年以后，才有人能够推翻这个理论，为"非欧几何"提出了一个有效的论据（见卡尔·弗里德里希·高斯）。

另外，欧几里得的其他定理似乎也很著名，如"在任意两点可以通过一条直线连接"，但可能带有隐藏的含义，如"所有的直角都全等"，这要求形状独立于它在空间中的位置。

其他著作

欧几里得还有不少没能保存下来的著作。在幸存的著作中，除了《几何原本》外，其他的知名著作还包括：《已知数》，这本书集合了 94 个高级几何命题；《反射光学》，这是希腊第一部关于透视的专著；《图形的分割》，这本书主要论述如何用直线将已知图形分成两部分；《现象》，这是一本介绍数学天文学的著作的论文；《反射光学》，这本书主要论述反射光在数学上的理论。所有这些作品的篇幅都比《几何原本》短，但遵循了先给定义再提出已证明命题的基本逻辑结构。

阿基米德

（公元前 287—前 212）

叙拉古的阿基米德，被认为是有史以来最伟大的数学家之一，同时也是一位与古希腊其他伟大人物地位相当的杰出的知识分子。尽管现在我们都知道他独到的数学见解，但在他有生之年，他主要因其发明的卓越的机械装置而出名。在通俗文化中，他也因裸体跳出浴缸而成为传奇人物。

阿基米德出生于西西里岛上独立的希腊城邦叙拉古。在他那个时代，叙拉古成了罗马和迦太基及其盟友（包括叙拉古）之间的第二次布匿战争（公元前218—前201）的战场之一——在这场战争中，迦太基的汉尼拔在大象的帮助下越过阿尔卑斯山攻入了罗马。

年轻的阿基米德可能很早就接触到了数学，因为在他的论文《数沙者》中，他提到他的父亲菲迪亚斯是一名天文学家。年轻时，他可能在古代世界最大的图书馆所在地埃及的亚历山大城学习，因为他后来经常与住在那里的几个学者通信。他和叙拉古僭主希隆二世及其儿子革隆关系很好，一位历史学家声称他们是亲戚。关于阿基米德，这是我们所知的全部信息。尽管他同时代的人为他写的传记已经失传，但因为他很有名，其他科学家和历史学家都有转述他的故事。

具有讽刺意味的是，他声望的增长并不是因为他引以为豪的在高等数学领域的原创性贡献——他曾清楚明白地表明这是唯一值得研究的领域——而是因为他发明了战争机器和其他机械装置。在阿基米德的帮助下，虽然罗马人的入侵并不顺利，但他们最终还是占领了叙拉古。尽管罗马将军马塞勒斯（Marcellus）命令不要伤害这位伟大的科学家，但不幸的是，阿基米德在战争过程中还是被杀害了。几个世纪后，希腊历史学家普鲁塔克（46—120）为这场谋杀提供了不同的说法。其中一个说法是，阿基米德带着科学仪器去马塞勒斯的总部，罗马士兵

重要科学成就

阿基米德原理

这是阿基米德最著名的定理。据说是他在洗澡时发现了这个用来计算浸入液体中的物体的质量或体积的定理。根据传说，赫农王怀疑给他制作新王冠的金匠不诚实，在金子中掺入了银。他让阿基米德在不破坏王冠的情况下进行调查。在对这个问题苦思了一段时间后，阿基米德在澡堂洗澡时找到了答案。（他的仆人不得不经常把他从工作中拖出来，让他去洗澡。）找到答案后，阿基米德激动得跳出浴缸，忘记穿衣服就光着身子穿过街道跑回家，喊着"我找到了"。

要是他能把王冠熔化成一个立方体，他就能很容易地测量它的密度。因为如果使用比黄金更便宜、密度更低的金属，测量出的密度会比预期的低，然而他不能这样。但是，当他进入浴缸时，他意识到找到办法了。因为他排出了一定量的水，由于水不能被压缩，他排出的水的体积将与他身体的体积相同。因此，他将王冠浸入水中，测量它排出的水的体积，用王冠的质量除以这个体积，就得出了王冠的密度。

在他的论文《论浮体》中，阿基米德没有讲述王冠的故事，但是他在那里陈述了他的原理，即浸没在流体中的物体受到的浮力等于被置换流体的重力，这一原理的提出促成了流体静力学的诞生，即开始了人类对静止液体的机械特性的研究。

穷举法和 π（π）

阿基米德使用一种叫作穷举法的方法来计算圆的面积、体积和其他性质。这要求分别在圆的外侧和圆的内侧画一个直边多边形，然后给多边形添加边，直到它们接近圆的面积。由于多边形的面积和其他性质比圆形更容易计算，这种方法使他能够找到所有圆形物体的性质，并发现圆周率的近似值，他估计圆周率为 3.142 9~3.140 8。这种方法被认为是积分的早期形式，也帮助他证明了圆的面积是圆周率乘以圆半径的平方这个公式。

14世纪的木刻上的阿基米德螺杆图。

以为他有贵重物品，就为了抢他的东西而杀了他。在另一个说法中，阿基米德在沙子上画了一个几何图形，他完全沉浸在自己的思考中，以至于忽略了一个罗马士兵让他去见马塞勒斯的命令，并且对士兵喊道："不要踩了我的圆！"士兵非常不耐烦，因此捅死了这位老人。

球体和圆柱体

阿基米德认为，关于球体和围绕球体的圆柱体之间关系的发现是他最重要也是最出色的成就。他证明了球体的体积和表面积是圆柱体的三分之二，包括它的底部。

杠杆定律

虽然阿基米德没有发明杠杆，但他在两卷本的《论平面图形的平衡》中首次对杠杆的工作原理给出了严谨的解释。他说："等重的物体放在相等的距离上，处于平衡状态；等重的物体放在不相等的距离上则不平衡，且向距离远的一端倾斜。"

其他数学理论

他探索了包括平方根的值、计算抛物线的圆弧或几何形状截面的面积和"阿基米德立方体"（对称、半正多面体形式）的性质等在内的许多数学主题。

阿基米德螺旋泵

阿基米德可能发明了被称为"阿基米德螺旋泵"的水泵。它是由一个装在圆筒里的长螺旋组成的，将其倾斜放置使其底部浸入水源里，当把手转动时，螺丝将水吸入圆筒。据说阿基米德建造它是为了清空他设计的大船叙拉古号的舱底水。阿基米德螺旋泵在埃及等国家至今仍然被广泛用于灌溉。

其他机器

他的许多机器都是为了帮助叙拉古抵御罗马的进攻而制造的，但阿基米德也把发明这些机器作为自己的爱好和科学练手。他设计了一个复合滑轮、巨型弹射器和"阿基米德之爪"或"船摇器"。这是一台起重机，带有一个巨大的金属抓钩或爪子，既可以砸向入侵的船只以击沉它们，也可以抓住它们，把它们从水里拉出来。此外，他还发明了一种镜子武器，这种武器可以聚焦阳光烧毁一艘木船。

遗产、真理、影响

◎ 他的机器比他的数学更出名，他的定理和方程被遗忘了几个世纪，直到6世纪才被重新发现，并被人们认为是伟大的原创作品。

◎ 他被认为是流体静力学和积分学等多种学科之父。

◎ 现代实验表明，阿基米德之爪能起到有效的防御作用，但镜子作武器只能在非常有限的天气条件下工作。

大事记

公元前287年	阿基米德出生于西西里的叙拉古。
约公元前260年	他撰写了关于数学和科学的论文。
公元前213年	阿基米德的战争机器击退了罗马人的入侵。罗马人开始包围和封锁叙拉古。
公元前212年	在罗马征服叙拉古时阿基米德被杀。

有些事情最初是用机械的方法弄清楚的，虽然后来还得用几何学来证明，因为他们的研究……没有提供实际的证据。但是，如果我们已经通过方法获得了一些关于问题的知识，那么提供证据当然比不借助任何先前的知识来寻找证据要容易得多。

——《方法论》（公元前250）

喜帕恰斯

（公元前 190—前 120）

喜帕恰斯通常被认为是有史以来最伟大的天文观测家之一，他在天文学上取得了许多基础性的成就，并为三角函数的建立做出了重要贡献。

喜帕恰斯出生于尼西亚（今土耳其伊兹尼克），除了一部分工作可能在亚历山大进行之外，他的大部分工作都在罗兹进行。人们对他的生活知之甚少，他只有一部作品（一部非主要作品）幸存下来：《阿拉托斯和欧多克索斯评论》。

2 世纪，托勒密认为喜帕恰斯是自己最重要的

> ……情况……迫使喜帕恰斯……去推测而不是预测，因为在他那个时代之前，他发现几乎没有关于为恒星定位的观测坐标系……
>
> ——托勒密，在《天文学大成》（2 世纪）中讨论喜帕恰斯

重要科学成就

天文学

喜帕恰斯最著名的发现是春秋分的岁差。这指的是地球的旋转轴沿圆锥形的路径移动（想象一个旋转的陀螺，它的轴沿着一个圆形的路径缓慢地摆动），导致地球轴的角度相对于太阳和星星会产生变化。一个这样的巡回运动大约需要 26 000 年，喜帕恰斯对此有精确计算。通过比较他自己仔细测量的结果和以前的记录（例如大约 150 年前亚历山大的比提摩查里斯所做的记录），喜帕恰斯确定：如果根据星星的位置计算，春分点的出现比预期的稍晚。这种差异可以用对于年的两个定义来解释，即恒星年：太阳相对于恒星回到相同位置所需的时间；或者回归年：春秋分之间的时间长度，即季节的重复。回归年比恒星年稍长一些，所以春分点会随着时间的消逝逐渐地出现越来越晚，直到大约 26 000 年后，春分点回到它们一年中的原始时间。喜帕恰斯用巴比伦的数据非常精确地计算了恒星年和回归年的周期。

基于对恒星位置的细致观察，喜帕恰斯制作了最早的恒星表。根据从两个不同位置观测到的日食大小，喜帕恰斯算出了月亮与地球的大致距离。他观察到在埃及塞伊尼看到月亮遮住了整个太阳，但

前辈，并经常在其著作中引用喜帕恰斯的话。在喜帕恰斯死后的几个世纪里，关于他在造币和天文学方面的描述显示他对后世产生了巨大的影响力。

遗产、真理、影响

◎ 即使在约 300 年后，托勒密对岁差的估计还没有喜帕恰斯计算的值精确。这只是喜帕恰斯走在时代前列的众多例证之一。

◎ 喜帕恰斯的星表以前所未有的精确度记录了大约 850 个恒星的位置，后来的托勒密和埃德蒙·哈雷（1656—1742）都使用了他的观测结果。

◎ 有人认为喜帕恰斯发明了三角函数。他至少创造了早期版本的三角函数表（三角函数中使用的一种辅助计算工具）。因此，他可能已经迈出了将希腊天文学变成一门实践科学而不是理论科学的第一步。

大事记

公元前 190 年	出生于比提尼亚的尼西亚（今土耳其伊兹尼克）。
公元前 147 年	首次记录观测。
公元前 134 年	观测到一颗新星（此前人们认为恒星的数量是固定的）。
公元前 129 年	完成了他的星表。
公元前 127 年	据报道，这是喜帕恰斯工作的最后一年。
公元前 120 年	可能在希腊的罗兹去世。

在亚历山大看到只遮住了五分之四，它们之间的实际距离（384 400 千米）也在他的计算范围内。

三角学

喜帕恰斯也是西方第一个系统地使用三角函数的人。他可能已经写了一本或多本关于三角函数的书，印度三角函数表被认为是在他的基础上制定出来的。

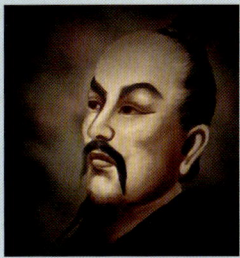

张衡

（78—139）

张衡，中国的发明家、数学家、天文学家和诗人，他以建造世界上第一台记录地震的地动仪而闻名。他还发明了许多其他机械装置，改进了日历，并对 π 的值进行了更精确的计算。

张衡生活在中国古代繁荣且相对和平的东汉时期。他在强调伦理道德和学术的儒家传统中长大。年轻时，他因诗歌和文学作品而远近闻名。他 30 岁才开始学习天文学，几年后进入政府部门工作。

在中国古代，政府官员都受过儒家思想的熏陶，大多数科学家都会寻求一个政府职位。张衡为人谦逊低调，虽然他最终升任了大臣，但这样的晋升对于他的成就而言也是不值一提的。

> 天体的运动步骤［星座的升起、位置和移动］遵循不变的规则。
>
> ——范晔在《后汉书》（约 450）中的注释

重要科学成就

地动仪

> "阳嘉元年，复造候风地动仪。"
>
> （《后汉书》，约 450 年）

张衡认为，地震是由空气的压缩引起的，当空气释放出来时，会撞击地表。他把他的机器称为测量季节风和地球运动的仪器。

他发明的地动仪原件不见了，但关于它的详细记录保存了下来。它是一个巨大的青铜罐，直径约 1.8 米，有八个方位，每个方位上均有一条口含铜珠的龙，在每条龙的下方都有一只蟾蜍与其对应。任何一方如有地震发生，该方向龙口所含铜珠即落入蟾蜍口中，由此便可测出发生地震的方向，这样就可以提醒观察者。罐子里有复杂的机械装置，包括一个悬挂的钟摆、曲柄、枢轴和滑动杠杆，这些装置可以解开龙的下颚，同时将其他所有的龙锁定在适当的位置。像大多数中国乐器一样，这个仪器整个结构都装饰得非常精美。

遗产、真理、影响

◎ 张衡的机器能预测地震，可以让朝廷更有效地准备救灾活动。

◎ 当地动仪的球第一次被触发时，人们怀疑其准确性，因为当时没有人感受到地震。然而，几天后，消息传来，大约 640 千米外，在龙指示的方向确实发生了严重的地震。

◎ 2005 年，中国科学家重构了张衡的地震图，并证明它确实成功地记录了地震。张衡对复杂齿轮和对水力使用的改进启发了后代的中国发明家和机械工程师。

大事记

78 年	出生于中国南阳。
约 116 年	成为朝廷的官员，在洛阳做官，继而成为当时主要的占星学家。
132 年	发明了地动仪。
139 年	死于中国洛阳。

力学

张衡是齿轮传动机器方面公认的专家，他发明了里程表和"记里车"、第一个已知由水驱动的旋转浑天仪（天球）、一个改进的水钟以及其他仪器。

天文学和数学

除了广为人知的地动仪，张衡的其他成就还包括：他提出 π 是 10 的平方根，即 3.162；他改进了日历；制作了详细的星图，上面展示了 124 个星座和总共 2500 颗恒星的位置。但是他的宇宙理论还不是很准确：他认为天空像一个鸡蛋，地球像蛋黄，位于其中心。

托勒密

作为古希腊最后一位伟大的天文学家，托勒密发明了第一个能解释太阳和行星运动的关于宇宙的数学模型。基于地球是宇宙中心的理论，他的模型为后来约1 500年的欧洲天文学研究奠定了基础。

除了知道他在埃及还是罗马帝国的一个省份时就住在埃及外，我们对托勒密的个人生活一无所知。虽然他的名字克劳迪乌斯（Claudius）源自罗马语，但他的姓——托勒密表明他具有希腊血统，而且他也用希腊语写作。现代天文学家已经证实他是从亚历山大城观察天空的，那里宏伟的图书馆吸引了几乎所有学科领域的古代学者。

希腊天文学研究自喜帕恰斯时代之后就停滞了，一直到了托勒密时才得以延续。多亏了托勒密的作品，我们才得以对喜帕恰斯的工作有了一定的了解，例如在结合了托勒密提供的他自己获得的数据，我们才了解了喜帕恰斯对天体的系统观察发现。托勒密是一个优秀的集大成者，他承认在解释宇宙如何运动时使用了早期的理论。

托勒密所带来的巨大影响是显而易见的，他的地心模型被沿用了大约1 500年，最初是在中东，然后是在西欧。该模型与当时的宗教信仰如出一辙，所以敢于质疑它的学者将面临来自僵化而专制的天主教会的死刑判决。不管怎样，根据当今的科学诚信的原则，他确实是一位充满争议的人物。到1008年，阿拉伯天文学家开始质疑他的数据和想法。几个世纪后，一个显而易见的事实是他为了使观察结果与自己的理论相符，他至少篡改了一些观察结果。

重要科学成就

《天文学大成》

托勒密的杰作是他的13卷全集《天文学大成》，此名字来自阿拉伯语翻译《伟大的作品》（al-Majisti），它原本的题目是《数学句法或数学组成》。在这部著作中，他阐述了对宇宙结构的理解，并且提出了用来解释和预测行星运动的新数学模型。托勒密从早期的希腊自然哲学家/科学家——如亚里士多德——那里继承了一个坚定的信念，即地球是一个位于宇宙中心的完美球体，其他已知的天体围绕地球运行，其中太阳和行星沿着正圆轨迹以相同的速度围绕地球运行。托勒密的一些基本理论包括：月亮是离地球最近的天体，其次是行星，然后是恒星，它们都是旋转球体中固定的光点。

尽管有这些基本理念，但是为了从数学上解释天体的运动，托勒密不得不违反他自己的规则，去假定地球实际上不是宇宙的中心。事实上，他和他的追随者都接受了这种被称为"偏离"的位移，认为这只是基本地心理论中的一个小例外。

托勒密综合使用了三个几何理论。第一个几何理论是"离心/偏心"，这并非一个新概念。他所使用的第二个理论"本轮"也不是什么新概念。本轮理论认为行星实际上并不是绕着大圆运动，而是绕着小圆或本轮运动的，但本轮的中心又在一个庞大的"均轮"上绕地球做匀速圆周运动。本轮理论的研究结果解释了行星运动中的"顺行""逆行"等现象。

他的第三条理论"想象的天体运行轨道"是具有革命性的新发明。托勒密发明它旨在用来解释行星有时似乎移动得更快或更慢，而不是匀速的原因。他认为，围绕大圆周运行的"本轮"的中心，既不与地球对齐，也不与大圆的实际偏心中心对齐，而是与第三个点，即想象的天体运行轨道对齐。该点位于地球对面，与地球的真实球心距离相同。只有从这个轨道来看，行星才会呈现匀速运动。

这三种数学理论，即本轮、偏心和想象的天体运行轨道，让当时天文学的正统主义者感到复杂和不满，但是这些理论确实有用。它们解释了天文学中一些令人困惑的方面，比如为什么行星有时会在

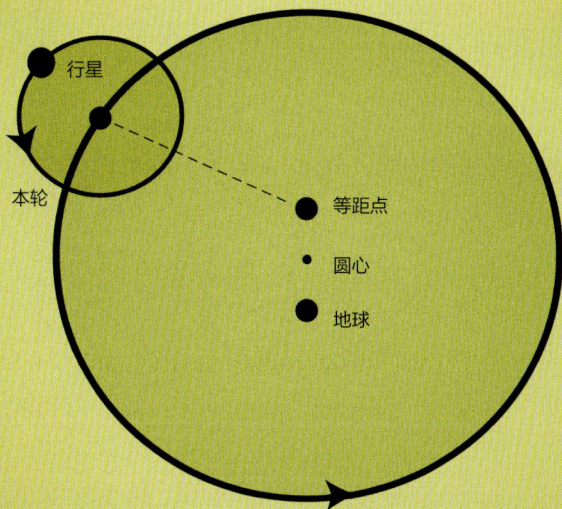

托勒密的地心模型将地球置于行星轨道的正中心。

大事记

83 年	可能出生于埃及托勒密镇。
127—150 年	在亚历山大进行天文观测。
161 年	可能在亚历山大去世。

夜空中向后移动，为什么它们有时候看起来更亮也更近一些。这些理论综合起来实际上已接近了现代宇宙观，即行星以椭圆形轨道围绕太阳运行。所以托勒密的工作成果使多年来的人们对行星的位置的相对准确的预测成为可能。

《天文学大成》还有一个包含了 1 000 多颗恒星和 48 个星座的星图集，该星图集列出了恒星的经度、纬度和光度（亮度），包括了对太阳、月亮和五个已知小行星——金星、水星、火星、木星和土星的观测表，以及使用这些表预测天体运动的说明。

地理

托勒密的另一部主要著作是他的八卷本《地理学指南》，这是现存最古老的地图集或地图合集，这本著作汇集了当时已知的世界地理知识。它包括一种改进的地图投影方法，讨论了纬度和经度，并给出了大约 8 000 个地点的坐标。从北到南，他的地图覆盖了从设得兰群岛（苏格兰北部）到非洲上尼罗河谷的麦罗埃对面的区域；从西到东，覆盖了从大西洋的佛得角群岛到中国中部的区域。

遗产、真理、影响

◎ 直到 16 世纪，哥白尼提出了他的日心说宇宙模型，这才打破了《天文学大成》对天文学的界定。虽然托勒密的地心模型是错误的，但它符合宗教信仰，因此它成为一个范例。尽管他的框架是不正确的，但他的数学模型实际上是有效的，可以用来精确地预测和解释太阳、月亮和行星的运行。

◎ 现存的许多现代星座都源于托勒密的分类。

◎ 托勒密将占星术视为一门严肃的科学，几代"自然哲学家"都追随着他的脚步。几个世纪以来，他的《占星四书》一直是标准的占星教科书。

◎ 他的《地理学指南》在几个世纪后被重新引入欧洲并且产生了巨大的影响，也引起了世界其他地方人们的兴趣。不幸的是，对于遥远的地区，他依赖于传闻，而且由于他低估了地球的周长，他的地图有些地方有非常明显的错误。特别是，他极大地夸大了亚欧大陆的宽度，使探险家克里斯托弗·哥伦布（1451—1506）相信向西穿越大西洋到达亚洲的路线会更短。然而他在这次探索中发现了美洲，而不是亚洲。

[基于数学理论] 我们必须仔细研究太阳和月亮的运动，以及伴随这些运动的现象；因为如果没有掌握这些情况，就不可能透彻地研究恒星理论。

——《天文学大成》（2 世纪）

其他出版物

托勒密把他的天文表总结成一个单独的便利表，这种做法后来成为人们制作快速查询表的参考。这个表提供了太阳、月亮和行星的已知位置，并说明了如何使用这些位置来进行预测或导航。他还写了关于占星术的教材《占星四书》（四卷）和一本光学方面的书。在这本关于光学的书中，他预见性地指明了现代科学的研究方法，即通过结合实验、观察和推理得出结论。通过这些科学方法，他发现光线是从发光体发出的，物体表面会把光折射到眼睛里，而不是眼睛会发光，这个结论推翻了之前欧几里得和亚里士多德等科学巨人的各种光学理论。

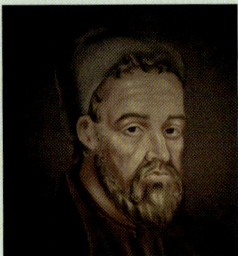

盖伦

(129—216)

盖伦，古希腊的一位医生和多产作家，为了验证他的解剖学和医学理论，他进行了革命性的解剖和实验。直到 17 世纪，他对人的身体的概述在中东和欧洲都是被认为是几乎无误的。

文艺复兴时期的学者将盖伦——也被称为帕加玛的盖伦——误认为是克劳迪亚斯·盖伦。在阿拉伯语中，他被称作贾里诺斯。

他的家乡帕加玛（现在位于土耳其的贝尔加马）是一座古希腊城市，但是帕加玛在他那个时代是罗马帝国的一部分。盖伦是一位富有的建筑师的儿子，他受过良好的教育，并选择专攻医学。医学在帕加玛很受欢迎，那里有一座专门用来纪念著名的治疗之神阿斯克勒庇俄斯的神庙。

学医之后，盖伦在一所角斗士学校当医生，他在那里学到了很多关于开放性伤口和身体创伤的知识。

> [用结扎线固定输尿管]显示膀胱是空的，输尿管非常满且扩张……在移除结扎线时……然后可以清楚地看到膀胱充满了尿液。
>
> ——《论自然力》（约170）

重要科学成就

解剖和解剖学

盖伦认为解剖学是医学知识的基础，但因为罗马法律禁止解剖人类的尸体，所以他不得不解剖动物。这偶尔会让他出错，例如，他对子宫的描述只与狗相关。

他做过许多实验，包括切断猪的脊髓，捆绑喉神经用来显示瘫痪。他还结扎了输尿管来检查膀胱和肾脏的功能。

盖伦开创了科学医学研究。他还引入了如今仍然标准的脉搏测量法。此外，他强调放血疗法是万能良方，这种做法一直持续到 19 世纪。

研究发现

盖伦有几项重要的发现，有的甚至能推翻早期的理论，包括：

- 尿液形成于肾脏，而不是膀胱；
- 静脉和动脉是不同的；
- 动脉输送血液，而不是空气；
- 描述了心脏瓣膜。

盖伦聪明又充满雄心壮志，他于 162 年第一次搬到了帝国首都罗马。他努力工作，成为马可·奥勒留、康茂德和塞普蒂米乌斯·塞维鲁几位皇帝的医生。他在有生之年就通过大量的演讲、公开展示和丰硕的著作（约 300 篇论文）取得了巨大的成功，广受欢迎。

遗产、真理、影响

◎ 他的解剖学、系统方法和理论成为罗马的标准。

◎ 大约在 850 年，他的许多著作被翻译成阿拉伯语，并影响了阿拉伯医学的发展。到了 1200 年，阿拉伯语版本的拉丁语翻译在欧洲产生巨大的影响，并且持续了几个世纪。

◎ 直到文艺复兴后期，他的一些观点才受到质疑和否定。

大事记

129 年	生于帕加玛（今土耳其）。
148—149 年	在亚历山大、科林斯和士麦那学习医学。
162 年	搬到罗马。
166 年	瘟疫袭击罗马后他返回帕加玛。
169 年	搬回罗马。
191 年	大火烧毁了他的许多记录。
216 年	于罗马去世。

做手术

盖伦从不害怕尝试，他对大脑和眼睛做过一些手术，比如用长针摘除白内障。这些手术在他之后的近 2000 年里都没有成功的案例。

身体理论

盖伦遵循希波克拉底的理论，认为人体有三个相连的系统：大脑和神经、心脏和动脉、肝脏和静脉，每一个都负责诸如思想或生长等不同的功能。继亚里士多德之后，他也认为身体由四种体液或流体控制，代表不同的性质，他还列出了一个清单，将体液与特定的器官联系起来。

祖冲之

(429—500)

作为中国重要的数学家、天文学家和工程师，祖冲之是世界上第一个将数学常数圆周率计算到小数点后第七位的人。他制作了一个先进的日历，计算出一年的精确长度为 365.242 814 81 天，这与现代估计相差仅 50 秒。此外，他还制造了一些让人称奇的机械装置。

祖冲之出生于一个显赫的政府官员和天文学家家庭，他们最初住在中国北方，离现在的北京很近。像成千上万的其他人一样，他们在 4 世纪逃往南方的长江流域，以躲避中国北方的战乱。

祖冲之继承家族传统，进入朝廷任职，担任文官和军政官员，但他的兴趣主要在计算日历和日期。他制作了一个改进版的日历，但他还没等到这个日历被官方采用就去世了。

他在高等数学领域所取得的成就在数学界广受认可。更难得的是他在机械发明方面也取得了家喻户晓的成就。他发明了一辆指向南方的战车"指南车"和一艘被认为是桨轮的"千里船"。

> （我的日历）不是来自神或鬼，而是来自仔细的观察和精确的数学计算……
> ——《南齐史引》（520）

遗产、真理、影响

◎ 祖冲之死后十年，他的儿子说服皇帝采用父亲的历法，即大明历。

◎ 1084 年，祖冲之的数学著作《缀术》成为科举考试的官方教材之一。然而，它最终被从教学大纲中删除，因为它对大多数学生来说都太难了。

大事记

429 年	出生于中国建康（今江苏省南京市）。
436—459 年	准确地预测了四次日食。
462 年	完成了他改进的日历。
478 年	改造了指南车。
500 年	在中国去世。

重要科学成就

日历

古代中国的农历对当时的政府非常重要，因为它决定了重要节日的官方日期。当时，日历以 600 年为周期，每 221 年增加一个月。祖冲之是中国历史上第一个考虑岁差的人，岁差使得回归年（春分之间的时间）比恒星年（太阳回到与背景恒星相同位置的时间）短 21 分钟。他意识到如果日历以 391 年为周期，在第 144 年增加一个月，日历就可以更准确。

祖冲之的计算惊人地精确，他对回归年的计算也很准确。他还算出了交点月的日数（月亮连续两次经过"黄道"和"白道"的交叉点，前后相隔的时间）为 27.212 23 天（实际上与今天的 27.212 22 天相同）。这方面的知识帮助他预测了月食。他还估计出了木星的一年或绕太阳公转一圈的时间相当于地球的 11.858 年，这接近现代值 11.862。

数学

祖冲之和他的儿子祖暅写了一本名为《缀术》（插值法）的数学书，书中介绍了球体体积的公式、三次方程和圆周率的值在 3.141 592 6 ~ 3.141 592 7，这个近似值比欧洲人 1000 年后所算出来的数值还更精确。

指南车

这是一个机械罗盘，总是指向一个方向。在祖冲之那个时代，这个装置只出现在传说中。祖冲之用复杂的差动齿轮系统制造了一个青铜版本。他的机器上面有一个类似官员的人像，其一只手臂指向南方，固定在战车的旋转底座上。不管马车如何移动，人像的手臂总是指向南方。

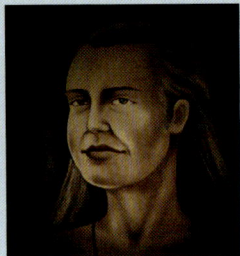

阿耶波多

阿耶波多被认为是如今人们使用的印度－阿拉伯数字系统之父，他留存下来的一本书向阿拉伯科学家推广了零和数位值的概念，以及他自己的一些原创概念，如三角学，并把它们从阿拉伯传到了欧洲。

阿耶波多出生在古印度的阿什马卡地区，我们对他的所有了解就是他曾经在拘苏摩补罗（可能是现代的巴特那）学习过，这是一个著名的学习中心。人们有时会将他与后来的一位数学家混淆，所以他也被称为阿耶波多一世或老阿耶波多。

阿耶波多是当时已衰落了几个世纪的科学研究的复兴先锋。他的大部分文章都失传了，只有通过后来的一些评论家才能了解一部分。很显然，他年少成名，他在著作《阿耶波多文集》中也这样提到过，

> 4 加上 100，再乘以 8，再加上 62 000。这样就可以算出直径为 20 000 的圆之周长值。
>
> ——《阿耶波多文集》（499）

重要科学成就

数学

阿耶波多使用了零的概念和进位制体系。他也是世界上最早把圆周率 π 精确到 3.141 6 的数学家之一，并且是第一个承认这只是一个近似值的数学家，已认识到圆周率是一个无理数，是一个不能写成分数的数。

他是第一个描述三角学基础的数学家，后来被称为正弦表，而《阿耶波多文集》是现存最古老的给出求平方根方法的著作。

阿耶波多展示了一种表达超大数字的独特方法，用字母表中的字母代替数字作为助记符。在代数中，他引入了一种通过算法将因子分解成更小数字的方法。

天文学

在阿耶波多时代，宇宙学经常通过神话来解释，暗示日食是由神和半神移动天体或吞噬太阳而产生的。然而，他提出只有科学理论才能解释这一切，促使了印度天文学在更理性的基础上发展。

他在 499 年写成这本书，当时他才 23 岁。

这本书包含了 118 首诗，总结了当时的印度天文学和数学成就，也呈现了自己的原创作品。《阿耶波多文集》有时很难理解，说明这本书很可能是编来做教学用的，而不适合用来自学。

遗产、真理、影响

◎《阿耶波多文集》影响了后代的印度数学家和阿拉伯学者，是将零点和十进位制引入中东的著作之一。他的思想从中东渗透到欧洲，促进了当今使用的印度阿拉伯数字的发明。

◎ "正弦"和"余弦"这两个词来源于对阿耶波多的术语"jya"和"kojya"的误译。

大事记

476 年	出生于印度的阿什马卡地区。
499 年	年仅 23 岁就写下了他的代表作，后来被其他数学家称为《阿耶波多文集》。
550 年	在印度去世。

他的一些正确观点包括地球绕着自身的轴旋转；月亮反射光而不是发射光。他还对日食进行了科学解释，认为它们是地球投下的阴影造成的，并为此提供了精确的计算方法。

阿耶波多计算出地球的周长为 39 968 千米，这个数值非常接近现代值 40 076 千米。他还计算出了恒星旋转周期，也就是地球相对于固定恒星旋转的时间，是 23 小时 56 分钟 4.1 秒——与现在的 23 小时 56 分钟 4.091 秒相比，只差几分之一秒。他对恒星年时长的计算也非常准确：仅仅多了三分钟。他的数值可能是当时世界上最准确的数值。

白塔尼

（850—929）

白塔尼，早期阿拉伯最伟大的天文学家之一，同时他也是一位数学家。他取得了许多重大的天文学成就，包括精确测定出我们的太阳年是 365 天 5 小时 46 分 24 秒，这令人称赞不已。他还改进了托勒密的一些观点，并编写了一本有影响力的天文学教科书和一套数表。

阿布·阿卜杜拉·穆罕默德·伊本·贾比尔·伊本·西奈·拉卡依·哈拉尼·萨比·白塔尼，正如他的名字所示，白塔尼是穆斯林，但他姓中的"萨比"表明他的祖先可能是尊崇星星的萨比安教派的成员。萨比安人中出现了许多伟大的天文学家和数学家。据说，白塔尼的父亲是一个著名的仪器制造商和天文学家。白塔尼生活在一个阿拉伯帝国鼓励学习的时代，这使得当时古希腊和罗马的科学和哲学充满了活力。在东西方文化交会的十字路口，穆斯林学者也吸收了来自中国和印度的亚洲文明思想，并将它们与自己的发现结合，形成一个知识体系，后来传播到欧洲。白塔尼可能出生于 850 年，从他的父亲那里接受了早期教育，但是后来搬到了幼发拉底河的拉卡镇。正是在那里，他利用一些大型仪器进行了天文观测。

重要科学成就

天文学

基于他对天空的观察，白塔尼制作了一套精心编制的天文表格，记录了太阳、月亮和行星的位置，并解释如何利用这些来预测它们将来的位置。这些表格，即阿拉伯积尺、阿拉伯撒比或阿拉伯萨宾，比当时其他任何表格都要准确。与这些表格一起，他还撰写了《恒星的运动》这部论著，内容涵盖了新月的出现时间、日食的预测，以及太阳的视运行轨迹和恒星年长度的计算方法。

白塔尼能够计算出太阳年或回归年为 365 天 5 小时 46 分 24 秒，与今天推算的 365 天 5 小时 48 分 45 秒相差仅几分钟。他还精确计算了岁差为每年 54.5 弧秒（相当于 66 年内 1 度）。

纠正托勒密

白塔尼得出了一项托勒密并没有发现的成果，那就是太阳离地球的距离是变化的。因此，他正确地预测了日环食，在这种情况下，月亮并没有完全覆盖太阳的整个表面。他还改进了托勒密的太阳和月球轨道模型。

数学

白塔尼是第一个将三角学用于天文计算的作家。这取代了古希腊的"和弦"，即把一个圆分成更小、更容易控制的部分。

他可能独自发展了一些三角函数的概念，如正弦。更重要的是，白塔尼非常细心地解释了他的数学步骤，希望其他人能够在他的成果基础上发展他的想法。

遗产、真理、影响

◎ 白塔尼是中世纪早期的天文学家之一，几个世纪以来，他将阿拉伯语确立为天文学的主要语言。9—11 世纪，少数基督教和犹太教学者都遵循了这一标准。

◎ 他的积尺或天文数表在 1116 年被翻译成拉丁文并被广泛使用。例如，尼古拉斯·哥白尼在他关于日心说的开创性工作中提到了白塔尼。

大事记

约 850 年	出生于美索不达米亚（今土耳其）哈兰的巴坦。
877 年	开始在幼发拉底河上的拉卡镇上进行天文观测，后来又到叙利亚的大马士革进行观测。
918 年	结束了他的观察期。
929 年	在大马士革或萨马拉（伊拉克）去世

……与托勒密的《天文学大成》相比，白塔尼对太阳和月亮运动进行了更精确的描述。

——伊本·纳迪姆
《群书类目》（索引，988）中对白塔尼作品的描述

拉齐

(860—约925)

拉齐，伊朗的穆斯林哲学家和医生，是第一位把儿童疾病作为独立医学领域成书的人，因此被称为儿科学之父。拉齐还写了其他几部有影响力的医学著作，其中包含首次对天花和麻疹进行鉴别的内容。他还因为发现疾病的有机成因，成为建立现代医学的穆斯林医生之一。

拉齐的全名是阿布·巴克尔·穆罕默德·伊本·扎卡里亚·阿尔－拉齐，末尾的阿尔－拉齐意为"来自赖伊（今译拉伊）"，所以与其同时代的波斯人和阿拉伯人看到名字的瞬间就知道他来自赖伊（现伊朗德黑兰附近的古镇）。关于拉齐早年的少数记载表明，他最初要么是个珠宝商，要么就是个货币兑换商。同时，他还是一位音乐家和炼金师。正是在一次炼金实验中发生了爆炸，拉齐的脸被炸伤，视力也受到了损伤，此后他才开始对医学产生兴趣。当拉齐在巴格达（当时的伊斯兰科学中心）开始医学和哲学研究时，他已经快30岁了。但是，拉齐很快成为一名著名的医生，完成了100多本医学著作，还写了近百本科普读物和哲学著作。拉齐一直以来对炼金术（当时被认为是另一门自然科学）都很感兴趣，这也帮助他成为一名优秀的医生，正是在炼金的实践中，他学会了应用于医学的实验主义。

拉齐是一位受欢迎的老师，他吸引了很多人参加他的讲座，他的医院里也挤满了学生。患者或咨询科学问题的人首先将由新生进行第一轮的接待，如有必要则转入下一轮，直到没有其他人可以帮忙时，拉齐才会接见他们。

拉齐生活朴素。尽管他赚了很多钱，但他免费给穷人看病，还捐了很多钱做慈善，所以他去世前身无分文。据说，拉齐在生命的最后阶段患有白内障，但他拒绝接受任何治疗，他说世间的一切他已经看够了，厌倦了。

重要科学成就

拉齐有一套非常现代、稳定、有条理的研究治疗的方法，他研究疾病也有一套临床方法。他认为自己是伊斯兰的希波克拉底（古希腊伟大的医生），他建议把医学看成一门哲学学科，因为医学也需要独立思考能力。

《医学集成》

拉齐最重要的著作中，有两本是医学百科全书。最长的著作《医学集成》（又译作《健康的生活》）于1279年在他去世后被翻译成了拉丁文。该书包括拉齐的临床观察、笔记和记录的多卷汇编，以及他对希腊、叙利亚和阿拉伯、古印度时期医学经典的理解。

《天花与麻疹》

拉齐是已知的第一位对天花与麻疹这两种疾病进行鉴别，并找到它们之间差异的医生。他在关于这两种病的论文中写道："天花发病前伴有持续发热、背部疼痛、鼻头发痒及睡时噩梦侵扰等症状。面部出现肿胀，肿了又消，消了又肿，反反复复。

有人注意到，患者的两颊和双眼四周通红，整体呈现明显的炎症肤色……喉咙和胸部均有疼痛感，呼吸困难，咳嗽费力。其他症状有口干舌燥、痰多稠密、声音嘶哑、头重脚轻、烦躁不安、恶心焦虑。（请注意区别：与'天花'相比，'麻疹'更容易引起躁动、恶心和焦虑；相反，'天花'的背痛比'麻疹'更明显。）"

其他著作

拉齐开创了许多"第一"，包括第一次对儿童疾病进行研究，著《儿童医学》；第一次对过敏和花粉热进行研究，写了有关论文（他的文章题为《关于阿波·扎伊德·巴尔奇在春天闻到玫瑰花香时患鼻炎的原因》）。拉齐意识到，有时发烧是人体对抗感染的防御机制。他记录了人类首次使用动物肠衣制线来缝合伤口的案例，也是第一位将熟石膏用于铸型的医生。他还是第一批讨论医德的执业医生之一，探讨了人们为何选择信任某位特定医生。

除了著作外，拉齐使用了后来发展为标准仪器

1667 年，拉齐的《药物学》一书中解剖学章节的原稿。

遗产、真理、影响

◎拉齐是一位自由思想者，他坚信实验的价值，并试图证明前人的权威并非不能挑战。他鼓励在科学、技术以及医学等多个领域进行研究。

◎自 12 世纪起，他的阿拉伯语著作被翻译成了拉丁语，特别是来自意大利克雷莫纳的杰拉尔德（约 1114—1187）便是这些翻译家的代表。阿拉伯人、犹太人和基督徒都认为拉齐是有史以来最伟大的医学权威之一。几个世纪以来，《医学集成》成为伊斯兰和欧洲医学生的标准教科书。

◎拉齐的理性哲学和对宗教的公然抨击，并未赢得多少伊斯兰国家的支持，他的许多哲学著作现在只能通过遗留下来的片段进行了解。

◎拉齐的著作使人们逐渐意识到，疾病不是魔法、命运或超自然的力量造成的，而是器质性原因导致的。

大事记

860 年	出生于伊朗赖伊。
约 890 年	返回赖伊管理医院前，在巴格达研究医学。
约 901 年	搬到巴格达，管理一家大型医院，还成为一名宫廷医生。
902—908 年	在巴格达期间，编写医学通用课本。
约 907 年	返回赖伊，从事教学工作。
约 925 年	在赖伊去世。

医生的目标是行善，即使对敌人也是如此，对朋友就更不用说了。医生这一职业不允许我们伤害亲人，因为它是为人类的利益和福祉而存在的。上帝也让医生宣誓，绝不实施不利于病人的治疗。

——科技与文明基金会
《伊斯兰的科学、学者和伦理》（2006）

的一些医疗器具。在炼金的过程中，他发现了乙醇的药用价值。拉齐敢于挑战错误的观点。在他的论文《盖伦医学书的疑点和矛盾》中，他表明了自己的临床经验有时与盖伦（希腊伟大的医学权威）的论述有相冲突的地方。拉齐写了一些文章，来抨击夸夸其谈的庸医。他广受欢迎的作品中，有一本是关于急救的书，他将此专门献给穷人或无法就医之人。该书后来成为人们居家或旅行的通用医学手册。

体液

尽管拉齐通过观察和实验发现了许多治疗方法，但是在他生活的时代，有关疾病的解释仍不明朗。有这么一个故事，他被请去治疗一位因患严重关节炎而双腿残疾不能行走的埃米尔（emir，尤指亚洲和非洲部分国家的穆斯林统治者）。在用热水淋浴和药水治疗病人前，拉齐叫人将埃米尔最好的马牵到门口。然后，他拿出刀，边骂病人，并威胁要杀了病人。埃米尔站了起来，向拉齐冲去，而后者则拼命向门口立着的马逃去。确认自己安全后，拉齐给埃米尔写了封信，解释说他的治疗软化了埃米尔的体液（被认为是控制身体的基本液体），让他生气是为了帮助他消融这些体液。

伊本·海赛姆（阿尔哈森）

（965—1040）

在西方，阿拉伯学者、穆斯林博学者阿布·阿里·阿尔哈森·伊本·海赛姆，通常以其拉丁文名字阿尔哈森或艾尔黑丝恩而为人所知，他还被人们称为"光学之父"。他较早地开创了科学的研究方法，在数学、物理学、解剖学及哲学等诸多领域，做出了其他许多重要贡献。

伊本·海赛姆有时也被称作巴士拉，表明他来自现代伊拉克的城市巴士拉；或被称作米斯利，表明了他与埃及的关系（其工作所在地）。海赛姆最初想学习成为一名公职人员，他同时也学习了宗教学。那时，伊斯兰教世界陷入了宗教内战中，内战的焦点是：谁才是先知穆罕默德的真正传人。伊本·海赛姆指出，当时的宗教团体都没有说出真相。虽然海赛姆一生都是虔诚的穆斯林，但由于受到亚里士多德著作的启发，他后来转而开始学习哲学和数学。

996 年，残忍无道的哈基姆成为哈里发（伊斯兰教领袖：教主）。哈基姆的王朝位于埃及。他资助人们进行科学研究，并在开罗建立了一个大型图书馆，吸引了来自伊斯兰世界的学者，如伊本·海赛姆。

哈基姆雇请海赛姆建造大型工程设施，如修建水利大坝，以控制尼罗河的泛滥。但是，当海赛姆沿尼罗河岸进行勘探调查时，他意识到该方案行不通。起初，哈基姆平静地接受了这个消息，但是大家都知道他喜怒无常且暴虐无道。因此，为了逃避必然的惩罚，海赛姆便佯装疯癫。

重要科学成就

光学

除了经典著作《光学宝鉴》，伊本·海赛姆还写了其他一些关于光学的论文。通过实验、测试和观察光和人眼的特点，他提出了第一套合乎逻辑的现代光学和视觉理论体系，尤其提出了光线通过物体反射到人眼这一基本观点。在海赛姆的理论提出以前，大多数学者信奉的都是希腊科学家欧几里得所提出的光学理论。该理论认为我们能看到物体是因为人眼可以发射出可以感知物体的光线，该光线又反射入人眼里。另一个主要的理论是亚里士多德的光学理论，即物体的物质形态进入人眼。

伊本·海赛姆通过对日常事件的观察推翻了这些理论，例如，眼睛盯着强光看时会感到眩晕，所以光线不可能是人眼自己发射出来的。他还通过逻辑推理来推翻这些理论，海赛姆指出，人们一睁开眼睛，就能看到远处的物体，但若这是物体的物质形态进入人眼，那物质形态进入眼中就需要时间。

他进行了许多光学探索，包括：用透镜、棱镜和镜子做实验，发现了光沿直线传播；提出了以下的观点，即不管发射源是什么，所有光都是相同的，因此，太阳光、镜子反射出来的光、火光，都有相同的特征；研究了各反射角或折射角之间的几何关系；发现了入射角与折射角之间的比值并不是固定不变这一重大事实；第一次完全、准确地分析了针孔照相机的原理，以此来观察光的颜色；发现了透镜的曲面可以聚焦光线。海赛姆是第一位探索反射光线和折射光线的垂直和水平性质的科学家。

《光学宝鉴》一书中描述的所有实验，操作时仅用到了一些简单的家居用品，如屏风、台灯抑或是没有门窗的墙，并且主要设计为单人操作的实验。这表明伊本·海赛姆大概是在居家自我软禁时开展了这些实验。

他还研究了大气的折射现象。海赛姆通过观察得知，太阳位于地平线下 19° 时，黄昏降临。据此，他计算出了大气层的厚度，得出大气的厚度为 15 千米。而现在，据推测，大气有四分之三的质量都聚集在了距离地球 11 千米以内的空间。超出这个范围，大气会变得更薄，直到在距离地球约 100 千米的地方，大气便消失在太空中。

视觉心理学

伊本·海赛姆进一步发展了自己对光的兴趣，开创性地写了一篇关于视觉心理学研究的论文。他

1572年拉丁文版《光学宝鉴》的插画

结果，他不得不居家自我软禁，不能出门。这也使得他有机会从事科学研究，包括编写他的名著《光学宝鉴》。直到1021年，哈基姆逝世，海赛姆才敢表明自己过去只是一直在装疯，现在终于可以走出家门，重获自由了。关于海赛姆这段不幸的遭遇，有不同的说法：有一则传闻说的是，为躲避哈基姆的怒火，他逃到了叙利亚。

此后，海赛姆一直致力于科学和数学的研究。他通过教书和誊写文稿维持生计。他一生写了200多部著作，如今多数都已散失。他也很可能与开罗爱资哈尔清真寺的爱资哈尔大学有关。

第一个认识到，视觉感知这一过程实际上发生于大脑内，而眼睛只是记录了光感。海塞姆对视觉错觉进行了研究，检测出了好的视力所需的条件。他认为视觉感知有可能是主观性的：人们述说自己所见时，通常可能会受到情绪、疾病或其所处环境等因素影响。然而，海赛姆对人眼结构的分析存在错误之处，因为这位本来的透镜专家却忽略了人眼晶状体（透镜）的作用。

科学的研究方法

为完成自己的视觉理论，伊本·海赛姆开创性地使用了现代科学的研究方法，将实验、观察和逻辑推理相结合。在他的论文《蜿蜒运动》中，海赛姆提出，科学家应该对自己的理论加以检验，只有那些纯粹的宗教布道者才会盲从理论：

"传统宗教中的专家都是会盲从先知的，愿上帝保佑他们。但这不是实证科学中数学家信任专家的方式。"

与现代研究方法非常相似，海赛姆也把调查研究分为几个步骤：

· 提出问题；
· 形成假设；

遗产、真理、影响

◎《光学宝鉴》被翻译成拉丁文，称为《光学辞典》，欧洲科学家因而得以有机会学习此书。这本书彻底改变了人们对光学和视觉的认知，几个世纪以来，一直是光学方面最重要的著作。海赛姆的发现为光学仪器的发展奠定了基础，如望远镜和显微镜的发明。

◎伊本·海赛姆的通用科学研究方法对科学领域产生了重要影响。他的著作向欧洲学者介绍了现代科学研究方法的基本要素。除了光学，他有关数论、代数和几何方面的作品也对后来的科学发展做出了重要贡献。

大事记

965年	可能出生于巴士拉，现伊拉克。
996年	前往开罗（重要的学习中心）。
1011年	为躲避哈里发哈基姆的惩罚而装疯，居家软禁十年，致力于研究光学理论。
1021年	哈基姆死后，解除监禁，出版《光学宝鉴》。
1027年	写作自传，该自传聚焦于他的数学和科学成就，没有提及他的个人生活。
1040年	可能于埃及开罗去世。

我不懈追求知识和真理，因为我坚信，寻求真理和知识是获得光辉和接近真主的最好方式。

——伊本·海赛姆，《蜿蜒运动》（11世纪）

· 用可验证实验检测假设；
· 解析数据，得出结论；
· 公布结果。

数学

伊本·海赛姆发表了将代数与几何相结合的一些重要论文，提出了解决某些数学问题的办法。他自己曾提出了一个问题，后来被命名为"阿尔哈森问题"：

"给定光源和一面球面镜，光线会在镜子上的哪一点反射入观察者的眼中？"

他使用了复杂的几何学知识来解决球面镜、圆柱面镜和圆锥面镜的反射点的问题。

其他著作

伊本·海赛姆是一位全能的科学家，在解剖学、天文学、工程学、数学、医学、哲学、物理学和心理学方面都有著述。

阿维森纳（伊本·西纳）

（980—1037）

阿维森纳是一位伊朗人／波斯人。阿维森纳博学多才，在中世纪伊斯兰世界所有伟大的哲人科学家中，他极有可能是最著名的一位。阿维森纳既是一名医生，也是一位哲学家，在世时就已声名大噪。逝世后，他的著作对欧洲和中东地区的哲学和医学的发展产生了重大影响。

阿维森纳是阿布·阿里·侯赛因·本·阿卜杜拉·本·哈桑·本·阿里·本·西那的拉丁名。阿维森纳早慧，在十岁时，便记住了《古兰经》和其他伊斯兰教经典著作。不久之后，阿维森纳的知识水平就已超过老师，于是他开始自学伊斯兰律法、哲学（逻辑学和形而上学）和医学。

阿维森纳的父亲管理着一处皇室庄园，他本人也是一名学者，结识了许多饱学之士。因此，阿维森纳从小就受到很好的熏陶，成长在一种常有知识分子聚集讨论的氛围之中，深受激励，获益良多。阿维森纳无时无刻不在丰富自己的学识，他向印度菜贩学习算术，向游士学习一些科学知识。阿维森纳非常年轻时就治愈了布哈拉的苏丹努哈·伊本·曼苏尔的病，并因此获得进入皇家图书馆的殊荣，他也由此得以阅读图书馆中的大量手稿。该图书馆是阿维森纳获取知识的新源头，到21岁时，他已学完了图书馆中的手稿。

阿维森纳生活在一个动荡的时代，那时，突厥部落取代伊朗成了中亚地区的统治者，同时，伊朗当地的领导者也正试图摆脱以巴格达为首都的阿巴斯王朝哈里发的集权统治，可谓是内忧外患。这些政治上的不确定性因素对他的生活产生了深刻的影响。

999年，布哈拉统治家族被伽色尼王朝的马赫穆德率领的突厥入侵者推翻。不愿意留下来被杀死或是被迫为新政府工作，阿维森纳选择了离开，开始了在伊朗周边长期流浪的生活。他历经了各种磨难，包括为躲避绑架的东躲西藏；被捕入狱的牢狱之灾；还有乔装改扮后东躲西藏的逃亡经历。然而，

重要科学成就

用阿维森纳自己的话说，"医学这门学科不难，也不棘手，就像数学和形而上学一样，因此，我很快就取得了很大的成就；我成为出色的医生，开始用大家都认可的治疗方法治疗病人"。从他青年从事医学研究伊始，阿维森纳就一边在床边照料病人，一边阅读书籍。阿维森纳在职业生涯中，一直强调实证医学的必要性；检查后再测试，不要不经证实就理所当然地相信任何人的理论。

阿维森纳作为一个医学小神童而出名，在治好布哈拉的苏丹后，他的名气更加响亮起来。尽管登门求医的人已经很多，但是阿维森纳的怜悯之心和不求回报地医治穷人为他赢得了更多的好名声。

《医典》

阿维森纳有名的著作中，大约有40部是关于医学的，但他也写了其他方面的一些书籍，如物理学、工程学和数学，同时，在诗歌方面也有自己独到的见解。阿维森纳最有名的著作是科学与哲学百科全书《治疗论》和14卷本《医典》，后者出版后很快就成了中东地区和欧洲的标准医学教科书。这本书主要介绍了阿维森纳自己的发现和经验，但也从古希腊学者（希波克拉底和盖伦）及波斯、美索不达米亚，甚至印度等国的学者那汲取了有用的知识。

阿维森纳使医学向前迈出了重要的一步。他有许多发现，包括：

·一些传染病的传染性；
·饮食和环境对健康的影响；
·疾病在水或土壤中的传播；

神经精神病学

《医典》中探讨了许多创新的观点，如：

·药物的随机对照临床试验；
·隔离以控制传染病的传播；
·推测微生物的存在。

阿维森纳详细描述了一些医疗问题，如性疾病

《医典》中第四部书的开头，出自伊朗刊印的副本（15世纪）。

在这期间，阿维森纳一直坚持撰写科学和哲学论文；不管什么时候，只要在一个地方安定下来，如果时间允许的话，他就行医谋生。

约1024年，阿维森纳终于为自己找到了庇护，担任伊斯法罕统治者阿拉·道拉的医生和顾问，并为其一直工作到逝世为止。

经历生活中的重重变故之后，阿维森纳的朋友们建议他放松下来，过一段平静的日子。但是，阿维森纳回答说："比起漫长乏味的生活，我更喜欢短暂但有意义的生活。"一位传记作家对阿维森纳的话表示怀疑，他写道，阿维森纳是第一个喜欢美酒与美女的哲学家。但是，当他意识到自己有可能死于腹绞痛或肠道疾病时，便释放了自己的奴隶，把钱捐赠给穷人，要求别人为他诵读《古兰经》，为他祈福。

（与性变态）、皮肤病、人眼解剖、面瘫以及糖尿病等。《医典》按照逻辑顺序编纂而成，分为几个独立的部分，内容涵盖了生理、卫生、疾病、治疗和药物等各个方面。可能是因为受过哲学的熏陶，阿维森纳对心理学尤其感兴趣，也很乐于探索心理可能对身体产生的影响。

阿维森纳是一位非常注重实践的医生，据称他至少进行过一次手术——为一位朋友切除胆囊。

药物测试

阿维森纳为测试药效制定的规则，与如今人们使用的药物测试规则大同小异，如确保药物中不含干涉试验结果的其他物质；药物试验只用于"单一"疾病，而不用于"复合"疾病；收集足够大的试验组，避免试验结果的偶然性；对动物试验的灵敏度问题，他的看法与现代医学家的一样，认为必须在人体上做试验，因为"在狮子或马身上试验药物，证明不了这种药物在人身上的效果"。

遗产、真理、影响

◎ 阿维森纳最重要的医学著作《医典》，在伊斯兰教和基督教世界成了医学院使用最广泛的教科书。该著作科学的逻辑方法、关于医学问题的百科全书式的描述都使其大受欢迎，在之后的几个世纪里都未过时。

◎ 阿维森纳还是一位著名的哲学家，而且他的作品对欧洲经院学派的思想家，尤其是对托马斯·阿奎那（约1225—1274）产生了重大影响。

◎ 阿维森纳是伊朗的国民偶像，被认为是有史以来最伟大的伊朗人之一。

大事记

980年	出生于布哈拉附近，后生活在伊朗（波斯），现乌兹别克斯坦境内。
996年	还是少年的阿维森纳开始学习医学。
997年	成功治愈布哈拉的苏丹。
999年	伽色尼入侵后，离开布哈拉。在伊朗、中亚周围地区流浪，先后居于赖伊、加慈温和哈马丹。
1001年	阿维森纳年仅21岁，就完成了重要的医学著作《医典》。
1024年	定居伊朗伊斯法罕，担任当地统治者阿拉·道拉的医生和顾问。
1037年	于伊朗北部的哈马丹去世。

> 因为任何事物都有成因，所以只有知道了它们形成的原因，才能获得有关它们的完整知识。因此，医学中我们应该了解疾病与健康的原因。又因为健康与疾病及其原因有时是显性的，有时是隐藏起来的，不研究症状就理解不了，所以，我们也必须研究健康与疾病的症状。
>
> ——《医典》

科学哲学

尽管阿维森纳实际上是一名亚里士多德学派的学者，但他对亚里士多德用归纳法得出某门学科的基本假说持批评态度，主张用实验和测试代替这种方法。

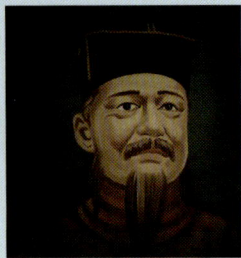

沈括

(1031—1095)

沈括博学多才，除了在北宋朝廷（960—1127）为官外，他还集数学家、天文学家、地理学家、地质学家及科学历史学家于一身。他详细地记录了自己开展的广泛调查，并基于自己的记录编纂了一本大百科全书，记载了当时已有的一切科学技术知识，给科学历史学家留下了一笔巨大的知识财富。他在这本书中描述了中国的多项发明，如指南针与活字印刷术。

沈括的父亲是宋朝一位地方官。沈父经常要调任到不同的地方去做官，所以沈括一家也就跟着搬到不同的地方生活。青年时期的沈括也因此写了大量的杂记，记载他所到之处的地质和野生动植物。

沈括跟父亲一样，后来也在朝廷任职。在此期间，他的办事能力和管理才能很快显现出来，因此上级给他在宫廷里安排了一个职位。沈括担任过多种职务：解决边界纷争的外交官、负责大规模工程建筑的管理官员、高级财政部长、大学的校监、天文台负责人等。

因为支持王安石（1021—1086）等改革党，沈括被卷入政治斗争。王安石的变法损害了地主阶级的利益，所以富裕的地主阶级都反对他。而王安石垮台后，沈括在政治上的地位也变得岌岌可危。1081年，沈括正在率领军队抵抗外侵，他的政敌终于等到了机会。在一次战斗中，宋军战败，损失惨重。尽管这不是沈括的过错，他却因为这次灾祸受责，遭到贬谪。

此后，沈括便致力于探索自然世界，做科学实验，并记录相关数据。他对一切事物都充满好奇：野生动植物、科技、天文、地质、工程、数学、医学等，也喜欢记录科学知识。11世纪70年代，沈括在如今的江苏省镇江附近置办了一处花园房产。他深信自己在梦中见过这个美丽的花园，所以给这个地方

重要科学成就

除了《梦溪笔谈》中的507篇随笔，沈括还写了其他一些书籍（大多已遗失），包括两本地理图册、计算日历的笔记、一本药物学著述、研究音乐的数学方法、艺术批评以及占卜方面的书籍。

活字印刷

沈括在《梦溪笔谈》中记载了活字印刷术，他是世界上第一个记载活字印刷术的人。北宋工匠毕昇（990—1051）发明了陶制活字。沈括指出用陶制活字印刷成百上千的文稿非常迅速、高效，但若是印刷几份文稿却相当烦琐。因为有沈括的记录在手，中国发明家们才得以不断改善印刷的方法。

指南针

沈括的书还记载了另一项重要的发明：指南针，后来证实指南针在航海中的作用不容小觑，尽管在写这本书时，沈括尚不清楚中国水手实际上是否在航海时运用指南针。沈括是已知第一位发现磁针不完全指向正南的人："磁针总是轻微地偏向东方而不是指向正南"。对此，他后来总结道：

1. 首先，制造改进的天文仪器，比如更宽的瞄准筒用于观测星星；

2. 与同僚魏普（1075年出生）花五年的时间每天晚上测量极星的位置，并进行其他观察；

3. 利用这些测量结果改进子午线的计算方法；

4. 用悬浮的磁针进行实验以确定其方向。

通过研究月亮的盈亏，并将其与在充满光线的情况下侧面观察的覆盖有白色粉末的球体进行比较，沈括推测月亮和其他天体都是球形的，并且月亮并不产生自己的光，而只是反射光线。这证实了张衡等人早些时候提出的观点。沈括是最早提出行星逆行假说（也可参考尼古拉·哥白尼）的天文学家之一。与古希腊和同时代的欧洲及阿拉伯科学家不同，沈括不相信行星的轨道是圆形的，而是提出轨道的形状像柳叶，是一个极度突出的椭圆形。

数学

沈括是一个非常务实的人，但与许多中国数学家不同的是，他在抽象数学（尤其是球形几何）方面表现出色，在探索圆弧的长度时几近提出了三角函数（正弦、余弦等）理论。

约 1250 年，中国早期木版印刷书籍详情。沈括的记载帮助改进了印刷过程。

取名为"梦溪"。正是在这儿，沈括完成了自己对科学和技术百科全书式的记录，人们称其为《梦溪集》，尽管他自己称它为《梦溪笔谈》。沈括晚年感到孤独寂寞，据说他曾说过："我只有毛笔和砚台可以交谈，所以我叫它《笔谈》。"

沈括的第二任妻子张氏，专横跋扈，致使他与第一任妻子的孩子慢慢疏远。然而，1094 年第二任妻子去世后，沈括却曾试图跳长江自尽，只是没能如愿，一年后才去世。

地质学

沈括最擅长对自然界进行详细的观察，然后努力做出解释。因此，他提出了第一个已知的地貌学假说（陆地结构形成的方式）和古气候学假说（研究植物化石以指示气候变化）。在太行山和雁荡山，他注意到，尽管这两座山离海洋有数十千米远，但在山脉的某个地质层中却可以找到贝壳化石。因此，他得出结论，在某个时候，该地区一定是海岸或位于水下，但后来，海洋发生了变化。沈括大胆假设，这块大陆一定是在一个很长的时间跨度内形成的，这样所有的沉积物才得以逐步形成。

除了在山上，沈括还在地下发现了化石。大约在 1080 年，他在现在的中国北部延安附近看到过一次河岸塌方，塌方后地下出现了一个巨大的洞穴，里面有数百株竹子化石，尽管当地当时已经没有竹子生长了。因而沈括得出结论，随着时间的推移，当地的气候一定也发生过变化。巧合的是，这些化石实际上不是竹子，但他的科学仍然是合理的。

遗产、真理、影响

◎ 沈括科学的观察和实验方法帮助中国科学远离了神秘主义和迷信的色彩。

◎ 早在从 1095 年起，中国其他学者就开始援引《梦溪笔谈》这部作品，并给予称赞。后来的发明家们也都依靠沈括的记录来进行发明。

◎ 沈括和魏普为期五年的天文观测项目一直到了 16 世纪，欧洲丹麦出现了天文学家第谷·布拉赫之后，才能有人与之匹敌。

大事记

1031 年	生于中国钱塘（今杭州）。
1045 年	对死刑犯尸体进行解剖。
1054 年	入朝为官。
1063 年	在科举考试中考中进士。
1072 年	成为司天监负责人。
1075 年	报告他的历法改革。
1080 年	在延州（今陕西省）指挥军队作战。
1088 年	创作完成《梦溪笔谈》。
1095 年	在中国镇江去世。

予奉使按边，始为木图，写其山川道路。其初遍履山川，旋以面糊木屑写其形势于木案上……上乃召辅臣同视，乃诏边州皆为木图，藏于内府。

——《梦溪笔谈》（1088）

解剖学

中国传统理论认为，人有三个喉瓣膜。沈括解剖了被处决的土匪尸体，只发现了喉部只有两个管道：咽（食道）和喉（气管）。他认为喉是将气（生命力）从空气中输送到身体各处的管道，而咽则是将食物输送到人体的各部分的管道。

其他主张

沈括有一项创新是在木质底座上使用蜡模型制作三维地图。他用石油烟灰制作了改良后的油墨，描绘了早期的相机暗箱、干船坞和水闸等物。

查尔卡利

（1028—1087）

西班牙阿拉伯人扎尔卡利以其拉丁文名字查尔卡利为欧洲人所熟知，是当时最重要的天文学家。他绘制了影响深远的《托莱多天文表》，此表延续了阿拉伯人不断修正和改进其古典知识的探索精神。他还长于制作精密的仪器，其制作的水钟更是闻名遐迩。

阿布·易司哈格·易卜拉欣·伊本·叶海亚·查尔卡利出身于工匠世家，他制作的科学仪器精密而精确，因此享有"金属雕刻师"的美誉。查尔卡利为托莱多著名的西班牙穆斯林学习中心的天文学家提供专业的技术服务。受到这些天文学家的劝说，业已成年的查尔卡利开始读书并接受教育。

查尔卡利很快便掌握了数学和天文学，并成了科学界的后起之秀。但他从未忘记自己最初的技能，继续制作精良的天文仪器。

查尔卡利生活在一个动荡的时代。那时，西班牙的穆斯林王朝不断受到西班牙基督徒的侵袭。托莱多变得不安全起来，所以查尔卡利迅速逃离了这里。

> 水钟由两个水盆组成，根据月亮的盈亏水盆里面的水水量会发生变化，有时充满水，而有时是空的。
> ——汤姆森和拉希姆《安达卢斯的伊斯兰教》
> （1996）一书中查尔卡利对水钟的描述（1996）

重要科学成就

《托莱多天文表》和天文学

查尔卡利编著的《托莱多天文表》主要是基于以自己观察的数据，大家普遍认该书是 11 世纪左右最精确的天文著作。《托莱多天文表》记录了行星陨落的时间和位置；比较了几个不同历法中的月份，包括月运周期；还帮助使用者预测日食和月食的时间。除此之外，查尔卡利还编纂了非常有用的经纬度表。

查尔卡利是历史上第一位确凿证明太阳相对于恒星的远地点（其轨道上的最远点）并非固定不动，而是缓慢移动的天文学家，他计算出其移动速度为每年 12.04 秒，接近今天的测量值 11.8 秒。查尔卡利也是第一个意识到在托勒密关于水星的包含两个本轮的复杂模型中，其主要的本轮不是圆形，而是椭圆形的人。他认为其他行星的本轮也是如此。从地理学上来说，查尔卡利通过更准确的测量，计算出地中海的长度，改进了早期阿拉伯天文学家的工作：地中海的经度跨度为 42°，而不是托勒密原先估计的 62°。

遗产、真理、影响

◎ 查尔卡利也并不总是对的。他曾相信了错误的二分点进动理论，即认为恒星球面会轻微震动，误以为自己对地球黄道倾斜度变化的观察证实了二分点进动理论。

◎ 除了这个错误，总体而言，查尔卡利的工作都是准确的，因而经得起推敲。他的天文学论著很早就被翻译成了拉丁文。西方基督教世界不同地区的人们也根据《托莱多天文表》绘制了适合当地的天文表。后来重要的《阿方索星表》（约 1252—1270）就是在查尔卡利的工作基础上发明出来的。《阿方索星表》在欧洲一直流传到 16 世纪晚期。

◎ 查尔卡利与其他阿拉伯科学家一道，共同在促进欧洲天文学形成的过程中发挥了重要作用，该天文学以数学为基础。亚伯拉罕·扎库托和尼古拉·哥白尼都承认自己从查尔卡利那获益良多。

大事记

1028 年	生于西班牙托莱多。
1058 年	开始学习天文学。
1062 年	在托莱多建造了著名的水钟。
1085 年	面对基督徒的进攻逃离了托莱多。
1087 年	很有可能于西班牙境外去世。

仪器

查尔卡利发明了一种精密的新天体观测仪，该仪器后来用于天文观测和帮助计算时间。与之前的版本不同，查尔卡利的天体观测仪适用范围更广，在任何纬度都能使用。

水钟

查尔卡利的水钟不仅能显示时间，还能显示农历的日期；新月开始时，水钟的水开始流动，而钟的水盆会在满月的第二天开始清空。遗憾的是，由于水钟的零件太复杂了，人们在 1133 年把水钟拆开进行检查后，就没人知道怎么把零件再装回去了。

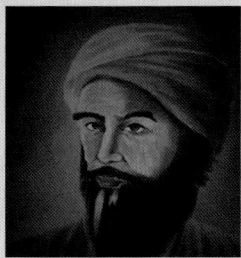

伊本·阿尔拜塔尔

（1190—1248）

阿尔拜塔尔是阿拉伯医生，中世纪最重要的植物学家和药剂师之一。几个世纪以来，他编写的关于各种植物的医疗用途和特性的百科全书，内容庞大，在欧洲或中东皆无可匹敌。

阿布·穆罕默德·阿卜杜拉·伊本·艾哈迈德·伊本·阿尔拜塔尔·迪亚·艾尔丁·阿尔马拉奇出生于西班牙一个有名望的阿拉伯家庭。阿尔拜塔尔家族几代以来都是兽医，他们家族的名字正是来源于这个职业的阿拉伯语名称——"拜塔尔"。

比起动物，阿尔拜塔尔对患病的人更感兴趣。阿尔拜塔尔在塞维利亚求学，跟着最出色的医生，当时也叫"草药医生"和专业的植物学家学习医术。那时，大多数药物都是由植物制成的，因此所有的医生都被称为草药医生。但是，阿尔拜塔尔除了是一个医生之外，还是一位真正的植物学家。

阿尔拜塔尔在世期间，基督徒征服伊比利亚的行动破坏了西班牙阿拉伯人的学习中心。像其他无数穆斯林一样，阿尔拜塔尔也移民了。但他把这次逃离变成了一个机会，他利用这次逃离在北非进一步学习与植物相关的知识。1224 年之后不久，阿尔拜塔尔定居于埃及，成为首席草药医生，因为那里的统治者爱尤彼得·阿尔 - 马利克·阿尔卡迈尔鼓励人们进行学术研究和学习。

阿尔拜塔尔继续收集植物并研究它们的属性，在旅行中，他通常会带上一位美术家来画标本。阿尔拜塔尔探访了巴勒斯坦、阿拉伯半岛、希腊、土耳其和亚美尼亚等地。当阿尔卡迈尔在 1227 年接管叙利亚时，阿尔拜塔尔得到机会研究该地区的植物并把它们纳入自己的收藏范围。

遗产、真理、影响

◎ 阿尔拜塔尔介绍了许多新的疗法，并帮助制药学从一门民俗学转变成了现代学科。

◎ 阿尔拜塔尔的植物学和药理学分类被公认为是最权威的版本。尽管他的作品没有立即得到完整的翻译，但也有部分内容早就传播到了欧洲。

◎ 阿尔拜塔尔的《简易 [草药] 治疗之书》整本最终在 15 世纪翻译成了拉丁文《简易之书》，后来成为几个世纪以来的标准医学文本。

重要科学成就

根据他的学生伊本·阿比·尤赛比亚的说法，阿尔拜塔尔对植物及其医学用途有着惊人的记忆力，他还能准确地记住其他草药医生，包括古希腊的盖伦（129—约200）和佩达努思·迪奥斯科里德斯（约 40—约 90）所写的内容。阿尔拜塔尔的知识是"通过实验和观察获得的"，他对自己的药物进行了广泛的试验。

阿尔拜塔尔把自己所知编成了两部重要的百科全书。《简易 [草药] 治疗之书》系统地编纂了植物和蔬菜的药用和一般属性。这本书吸收了以前阿拉伯和希腊的有名著作，但书的大部分内容来自阿尔

大事记

1190 年	生于西班牙马拉加附近。
1216 年	开始收集植物的探险之旅。
1219 年	离开西班牙，沿着非洲北部海岸旅行，最远到达小亚细亚（今土耳其）。
1224 年	成为埃及的首席草药医生，继续天南海北地旅行。
1227 年	拜访叙利亚以研究和收集植物。
1248 年	死于叙利亚的大马士革。

> 我将我个人的原创放进了这本书中，我只写了我确信是正确的、可以信赖的内容。
>
> ——《简易 [草药] 治疗之书》前言

拜塔尔自己的研究。他总共发现了 1 400 种不同的植物，其中约有 200 种是以前没有记载过的。该书是中世纪最伟大的植物学专著。

阿尔拜塔尔的第二部不朽著作《简单的药物和营养物品》（又译为《应急全书》）全是关于药物治疗的。它列举了可以治疗耳朵、头、眼睛等部位疾病的多种植物。阿尔拜塔尔除了用阿拉伯语给植物命名，还用希腊语和古罗马语给植物命名，甚至还会给出手术建议。

列奥纳多·斐波那契

（1170—1250）

斐波那契是一位将抽象定理用于实际应用的杰出数学家。他引入了从阿拉伯人那里学到的十进制系统，促进了中世纪晚期欧洲数学学科的复兴。斐波那契在数学理论方面也做出了许多独创性的贡献，被称为欧洲基督教世界第一个伟大的数学家。

列奥纳多·斐波那契一生中使用过好几个名字，包括比戈罗（意为旅行者或流浪者），但是现在最为大家所熟知的是他的昵称波那契之子——斐波那契。

虽然斐波那契出生在意大利，但他年幼时就跟着父亲威廉·波那契一起搬到了北非。斐波那契的父亲是比萨共和国——现在阿尔及利亚东北部贝贾亚地区的商人代表。斐波那契陪同父亲在地中海地区出差，拜访过埃及、叙利亚、西西里王国等国家。

威廉·波那契意识到，阿拉伯人学会了古希腊和罗马的知识，也从印度和中国那里吸收了更新的思想，所以阿拉伯人的数学要领先欧洲很多。寄希望于斐波那契能帮助自己处理生意的账目，威廉聘请了阿拉伯学者来辅导斐波那契。斐波那契从小就有数学天赋，他认为数学是一门"艺术"，所以无论游访到哪个国家，他都会潜心学习。

大约在1200年，斐波那契回到比萨并开始写书（其中一些已经丢失了），向欧洲介绍一些重要的代数和算术概念。尤其是，斐波那契对欧洲采用我们现代的包括零（0）和小数点的十进制印度阿拉伯数字系统做出了卓越贡献，功不可没。斐波那契在其著作中所使用的一个数列被命名为斐波那契数列。他还有很多其他建树，尤其是在把数学实际运用于商业、会计、测量等方面。

斐波那契对解决实际问题特别感兴趣，但同时他也探索理论代数和几何。尽管他当时在数论方面的工作并没有像现在这样被公认为是一种巨大的成就，但他的聪明智慧仍获得广泛赞誉。比萨城为斐波那契颁发薪金奖赏，奖励他给政府提供咨询建议、他的学说以及他成功破解罗马帝国宫廷学者为他设立的数学难题。

重要科学成就

阿拉伯数字

斐波那契出生时，欧洲仍在使用罗马数字 I，II、III、IV、V、VI、VII、VIII、IX、X、XI、XII、XIII等。在他1202年出版的《计算之书》一书中，斐波那契主张采用印度 - 阿拉伯十进制系统，包括0、小数点和位值（表示一个数字是否在十分之一、百分之一等的位置），他的这个想法十分具有说服力。

《计算之书》列举了几个用阿拉伯数字系统进行加、减、乘、除的基础例子，这些例子是标准的入门级算术，类似于今天所有小孩在学校里学到的那些算术知识。这本书也研究了联立线性方程的问题。

实际应用

斐波那契在北非旅行时学到的技能之一是如何在不同货币之间快速转换，以计算价格、利润和亏损。在《计算之书》中，他为商人提供了基本的经验和例子，范围包括一系列数学问题，如商品的价格、

如何计算交易利润，如何在地中海国家使用的不同货币间进行换算，以及源于中国的关于余数的理论问题。

斐波那契在1220年写的《几何实践》一书中探索了几何问题，并为测量师提供了有用的计算建议。

斐波那契数列

斐波那契在《计算之书》的第三部分提出了一个数学问题，他用现在被称为斐波那契数列的办法解决了，人们如今也因此而记住了他：

"有个人把一对兔子放在一个足够大、食物足够多且没有天敌的地方。假设每一对兔子每个月都能生出一对小兔子，小兔子一个月后便具有繁殖能力，那么一年可变成多少对兔子呢？"

得到的数列有很多实际应用。这个数列，从1开始，分别为1，2，3，5，8，13，21，34，55……从第3项开始，每一项都等于前两项之和（斐波那

遗产、真理、影响

◎印度阿拉伯数字：斐波那契负责说服基督教欧洲采用今天人们使用的阿拉伯数字、零（0）的数学概念和小数位系统。在他的著作和言论中，斐波那契都强调阿拉伯数字比罗马数字简单得多，并且它们提供了一种直接的计算方法。罗马数字很烦琐，虽然可以做简单的加减运算，但是乘除运算就很复杂了，当时大多数会计都会用算盘来代替罗马数字进行计算。斐波那契并不是第一个推广阿拉伯数字的数学家，其他数学家也曾推广过，比如阿拉伯数学家花拉子密（约780—850），但由于他的著作太过学术而未获得读者的广泛欢迎。斐波那契的书中有很多日常生活中的例子，所以很快就在专业人士和学者中流传开来。欧洲人很快意识到，斐波那契提出的这套系统可以让人快速而简单地完成基本的算术运算，不仅效率更高，而且书面计算更加简洁。斐波那契的思想很快为大家所接受，对欧洲的制度和思想产生了深远的影响。

◎斐波那契数列：在斐波那契所处的时代，大家对学术本身没有多大兴趣，因此在他的有生之年，人们并未意识到斐波那契数列的价值。但如今，人们一致认为，斐波那契数列在数论方面做出了重大贡献，其在科学和数学的许多不同领域都得到了应用，从植物学、心理学、音乐到天文学等领域。例如，斐波那契数列可以用来计算太阳系中太阳与其行星之间的距离，也适用于英里到公里的转换。斐波那契数列甚至在流行文化中也很出名。

> 这是印度人的九个数字：9, 8, 7, 6, 5, 4, 3, 2, 1。有了这九个数字，加上在阿拉伯语中叫作zephirum的符号0，任何数字都可以表达出来，我们会证明这点。
>
> ——《计算之书》（1202）

大事记

1170 年	可能出生在意大利的比萨。
1202 年	编写《计算之书》，这是欧洲开创性的数学文本。
1220 年	编写《几何实践》。
1225 年	斐波那契写下了《花朵》一书，这本书收集了一些问题的解决方案，这些问题是神圣罗马帝国皇帝腓特烈二世的宫廷学者向他提出的挑战。
1225 年	编写《平方数书》，其中包含许多主要针对二次方程的运算，令人印象深刻。
1250 年	可能于比萨去世。

契的《计算之书》中省略了第一项）。

数论

除了斐波那契数列，斐波那契还在数论方面做出了一些重要贡献，特别是他1225年出版的《平方数书》一书，涵盖了许多数论方面的问题。17世纪前，没有任何一个欧洲人提出过这么多原创的数学思想。

斐波那契原创思想之一就是平方数是由奇数之和构成：

> "我思考了所有平方数的起源，发现它们都产生于奇数有规律的递增。假设1是一个平方数，从它产生第一个平方数，即1；这个数加3得到第二个平方数，也就是4，4的根是2；如果这个和加上第三个奇数，即5，就会产生第三个平方数，即9……"
>
> ——《平方数书》（1225）

显示斐波那契数列的一组平方数。

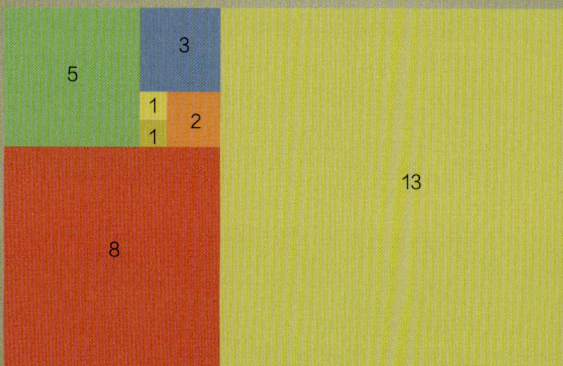

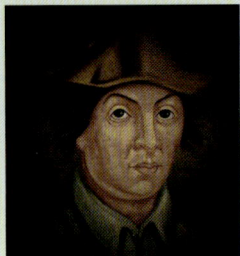

罗杰·培根

（1214—1292）

人们有时把罗杰·培根看作现代科学研究方法的先驱。罗杰·培根对中世纪科学最重要的贡献也许在于他把早期的一些科学著作——尤其是光学著作进行了翻译和阐释。

培根出生于英格兰西南部的伊尔切斯特附近，就读于牛津大学，后来在巴黎学习，巴黎当时是一个精英中心。有人说培根获得了神学博士学位，据说他后来被称为"神奇博士"（"了不起的老师"）。培根没有走传统的学术道路，而是全身心地投入实验科学研究中，并对原来用希腊语、希伯来语和阿拉伯语写成的学术文献进行翻译和阐释。

大约 1250 年，培根回到牛津，加入了方济会。培根的正统学说受到一些人的质疑，对他所进行的炼金术和占星术的实践的猜疑也越来越多。可能正是因为这些谣言，培根在 13 世纪 50 年代末被遣送回巴黎。他的学术活动受到限制，作品也被禁止发表。

1266 年，培根的学术著作有了出路。他结识了红衣主教盖伊·勒格罗斯·德·富柯斯，后者即教皇克雷芒四世。教皇指示培根忽略强加在他身上的那些限制。1267 年，培根悄悄地将他的《大著作》寄给教皇，接着又悄悄寄了《小著作》。1268 年教皇去世之前，他把《第三部著作》也悄悄寄了过去。但是，方济会总会长阿斯科利的杰罗姆（即教皇尼古拉斯四世）后来拒绝出版这些著作。

有关培根余生的记录不详。据说他因写书而被监禁过，但这一传闻也存在争议。

遗产、真理、影响

◎ 人们一直在争论培根是否真的是早期提出现代科学方法的人，或者其同时代的人是否认同他的观点。

◎ 培根的《透视法》（1267）促进了西方拉丁语世界的各所新大学开设光学课程。

◎ 培根对光学以及光通过透镜的折射研究，可能对望远镜的发明做出了贡献。

大事记

1214 年	生于英格兰西南部的伊尔切斯特附近。
1250 年	加入方济会。
1266 年	教皇克雷芒四世指示培根把自己的著作交给他。
1267 年	培根把《大著作》和《小著作》寄给了教皇。
1268 年	培根把《第三部著作》寄给了教皇，同年晚些时候，教皇去世。
1292 年	于英国牛津去世。

> 数学是通往科学的大门和钥匙。
>
> ——《大著作》（1267）

重要科学成就

人们认为培根出版了 80 部作品，但其中许多作品的真正作者是谁却存在很大争议。他最重要的著作是《大著作》《小著作》和《第三部著作》。《大著作》的内容主要涉及哲学和神学，但很大一部分内容是关于科学的。培根在其作品中讨论了光学、透视、实验科学、数学和物理。《小著作》的大部分内容都已遗失，该书旨在帮助人们理解《大著作》。培根在《第三部著作》中对前两部作品中涉及的主题进行了详细的解释，不幸的是，这第三本书的内容也已经遗失了一半。

培根在《大著作》中强烈批评了同辈们所使用的方法：这些人忽视了科学的重要领域，忽视了他们由于不懂作品的原文语言而在解释研究对象时存在的错误和误解。

培根的著作描述了光的反射和折射、蜃景和燃烧镜（据说是阿基米德发明的，它能聚焦太阳光线，产生的强大热量能烧毁入侵的船只）。他的著作还描述了日食、恒星的光、天体的直径和天体与天体之间的距离。培根证明了儒略历是错误的，主张数学是其他科学的基础，并对地理和天文学问题进行了推理。

培根预言了出现蒸汽机、航空器（热气球和飞艇）、显微镜、望远镜和其他几项发明的可能性，这些发明都在几个世纪后才出现。

雅各布·本·马基尔·伊本·提本 (1236—1305)

中世纪的犹太学者雅各布·本·马基尔·伊本·提本是一名翻译家、数学家，也是一名医生。最重要的是他还是一名天文学家，发明了非常实用的仪器：雅各布象限仪。雅各布的工作构成了知识集的一部分内容，这些知识传播到西欧，对西欧后来的科学发展做出了贡献。

雅各布·本·马基尔·伊本·提本，又名雅各布·本·提本。许多基督教国家的人都叫他的拉丁文名字普罗法提乌斯或普罗法提乌斯·犹大，但是在他的家乡普罗旺斯，人们都称他为唐·普罗菲特。

伊本·提本出身于犹太医生和翻译世家，家族祖辈们自从1148年犹太人被穆斯林西班牙驱逐后就定居在法国南部。伊本·提本继承了家族的学术传统，在卢内尔学习，后来在蒙彼利埃大学专攻医学。他的第一份职业是医生，在获得认可之后，伊本·提本才开始涉足数学和天文学。

在伊本·提本翻译成希伯来语的众多书籍中，有一些是阿拉伯思想家，如伊本·海赛姆、查尔卡利和加扎利（1058—1111）等人的原著，另外还有阿拉伯版本的希腊数学、天文学著作，包括欧几里得的《几何原本》《已知数》《光学》和托勒密的《天文学大成》。

伊本·提本支持伟大的犹太哲学家迈蒙尼德（1135—1204）的观点，迈蒙尼德鼓励科学和理性思维，并主张理性解读《摩西五经》（《希伯来圣经》的第一部分）。这种做法使他与一些在蒙彼利埃的反对迈蒙尼德的犹太权威发生了冲突。就在伊本·提本出生的三年前，迈蒙尼德最著名的哲学著作在蒙彼利埃被公开烧毁。

遗产、真理、影响

◎因为意大利剧作家但丁在他1308—1321年创作的《神曲》中提到了伊本·提本的《天文表》，因此伊本·提本逝世后不久，其《天文表》就在南欧广为人知了。意大利天文学家安达洛·迪·内格罗在1323年对年历的研究中也提到了伊本·提本的《天文表》。

◎尼古拉·哥白尼也感谢伊本·提本为他提供有用背景材料的天文学家之一。雅各布象限仪体积小，价格便宜，使用方便，很受许多观星者，包括水手的欢迎。

大事记

1236 年	生于法国普罗旺斯的马赛。
1266 年	在西班牙北部的赫罗纳生活了一段时间。
1305 年	死于法国蒙彼利埃市。

> 几何，所有数学科学的基础……
> ——伊本·提本在欧几里得的《几何原本》副本中的批注

重要科学成就

《雅各布的象限仪》

伊本·提本在其著作《雅各布的象限仪》中，描述了如何制造一个改进版的新象限仪，或制作一个他发明的用于测量天体高度的仪器，称为新象限仪，以便与传统的旧象限仪或古象限仪相区别。这种象限仪实际上是一个四分之一的圆，三个边都用各种弧线和比例标出，以显示地平线上行星的角度或太阳在十二宫中的位置，这个装置还能帮助使用者解决三角问题。新象限仪使用一条加权线来对齐象限面上的各个位置。

雅各布象限仪基本上是简易星盘的一部分，而且由于它是平面而不是三维的，因此其制作成本很低，可以用木材甚至卡片做原材料。

《天文表》

伊本·提本还写了一本被简单命名为《天文表》的书，该书当时被人们称为"永久年鉴"，他专门为法国人写了这本书，书中指出了巴黎上空星星升起的时间。在编写此书的时候，伊本·提本可能还参考了其他天文表，如11世纪查尔卡利的《托莱多天文表》或13世纪的《阿方索星表》。

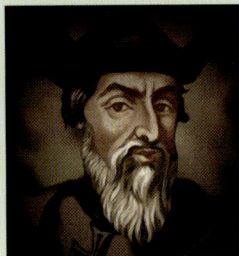

亚伯拉罕·扎库托

亚伯拉罕·本·塞缪尔·扎库托集天文学家、数学家、历史学家和拉比（犹太教经师或神职人员）几种身份于一身。他为欧洲探险家贡献了大量的天文、航海的仪器和知识，以帮助他们横渡大洋，到达美洲和东印度群岛。

扎库托经历了 15 世纪末犹太人遭受的惨剧：他们先后被西班牙和葡萄牙驱逐。然而，在伊比利亚半岛上有着悠久历史的犹太社区，得益于与阿拉伯文化的长期交流和接触，诞生了许多伟大的学者，扎库托便是其中之一，他出生于文艺复兴时期，是一位兴趣广泛的科学家。

除了深入学习传统犹太律法，年轻的扎库托还学习了世俗科学。他在当时顶尖的大学——萨拉曼卡大学学习了天文学，后来他便留校在那里教授天文学和数学。时任萨拉曼卡大学校长、萨拉曼卡地区的主教冈萨洛·德·维韦罗很欣赏扎库托的工作，鼓励他把自己的想法编辑成书。扎库托于是把自己的第一部天文学著作《伟大的构图》献给了这位主教。这本书与其后来的书一起，发布了一套展示太阳赤纬的天文表，可以帮助水手们随时计算他们的纬度。

扎库托后来又先后在萨拉戈萨大学和卡塔赫纳大学教天文学，与此同时，他还成为他所在宗教团体的拉比。扎库托的作品大部分用希伯来语写成，后来被翻译成了西班牙语和拉丁语。

扎库托与探险家克里斯托弗·哥伦布是好友。

他鼓励了哥伦布坚持航行亚洲的梦想。

1492 年，西班牙国王费迪南和女王伊莎贝拉要求犹太人要么皈依基督教，要么离开西班牙。这时，多个基督教的研究中心纷纷向扎库托投来橄榄枝，希望扎库托皈依基督教，加入他们。然而，扎库托要终其一生都做虔诚的犹太教徒，所以他当时就离开了西班牙前往葡萄牙。

定居里斯本后，他很快获得了宫廷天文学家和历史学家的职位。在接受国王曼努埃尔和水手瓦斯科·达·伽马咨询时，扎库托认为向东进行航海探险是可行的。并且他在 1497 年送给达·伽马一套自己升级改良了的天文仪器——星盘。至于他什么时候完成的仪器改造却已经无从考证。

然而同年，曼努埃尔也向葡萄牙犹太人发出了最后通牒，让他们要么皈依要么离开。扎库托和他的儿子塞缪尔是少数几个得以及时逃脱的犹太人，但在去北非避难的途中，他们两次被海盗抓获并被勒索赎金。对当时的犹太人来说，这样的危险再平常不过，因为海盗们知道犹太人群体总是会筹集资金来赎回他们的宗教信徒。

重要科学成就

星盘

扎库托出生时，大多数欧洲人都热衷于航海，他们拥有基本的航海技能，可以沿着熟悉的路线航行。相比之下，葡萄牙水手的技术已较为先进，这部分得益于他们使用的星盘。这种测量太阳或行星相对于地平线位置的科学仪器以前只用于天文观测和时间计算。扎库托是 15 世纪推动其用于航海的科学家之一。

水手星盘是一个边缘有刻度的圆盘，上面带有可移动的瞄准器。零位刻度与地平线对齐，瞄准器的杆白天对准太阳，晚上对准北极星。瞄准器的杆在圆盘上对齐的刻度就是恒星的高度。扎库托的星

盘是第一个用金属制成的星盘，所以它们比早期木制的星盘更牢靠。他的星盘也比之前任何笨拙的装置都要精确得多，因为他的新设计，水手星盘第一次成为一种精密仪器。他的星盘和天文表使得安全的海上航行成为可能。

太阳表

关于太阳和行星位置的年鉴表常用于天文学和星象学，但扎库托《伟大的构图》和《永恒年鉴》中的年鉴表是最早用于航海的天文表之一。他的书用 300 多页表格展示了接下来几年每一天太阳的赤纬或是其离地平线的高度仰角，并附有使用说明：用 90° 减去星盘测量的太阳最高点的值，然后加上

遗产、真理、影响

◎扎库托的太阳表极其准确，被广泛复制和重印。

◎葡萄牙探险家巴塞洛梅乌·迪亚士在1487—1488年带领第一支欧洲探险队绕南非好望角航行时，便使用了扎库托的航海天文表。

◎克里斯托弗·哥伦布的成就在很大程度上得益于扎库托的书。扎库托的书甚至直接救过哥伦布的命。在哥伦布第三次去新大陆的航行中（1498—1500），他和船员面临被一群当地土著杀害的危险。哥伦布借助扎库托的航海天文表预测月食即将来临，所以他声称自己造成了月食，并且声称如果他再次受到威胁，他将把阳光永远带走。土著人听了都信以为真，吓得逃跑了。

◎1497—1499年，瓦斯科·达·伽马成为第一个由海路到达印度的欧洲人。扎库托的星盘、海图和航海天文表为他的航海发现提供了巨大的帮助。

◎月球上的"扎库托陨石坑"就是以他的名字命名的。

克里斯多弗·哥伦布发现新大陆在很大程度是依靠了扎库托的著作。

扎库托最终在突尼斯登陆，但一直萦绕心头的对西班牙侵略的恐惧迫使他继续前行，在定居土耳其之前，他在北非四处游荡。在那里，他完成了一本关于犹太人年代和谱系的重要书籍，然而他还没来得及看到它的出版就去世了。

我的星盘在整个基督教国家甚至是伊斯兰国家流传。

——《犹太家谱》

表格中当天的数字才能得到纬度。

他的书还提供了记录月球和行星的表格，以及其他一些有价值的天文信息。这些信息帮助了水手们进入未知海域冒险，这就包括瓦斯科·达·伽马（1460—1524）和佩德罗·阿尔瓦雷斯·卡布拉尔（1467—1520）分别前往印度和巴西的航海冒险。

其他作品

扎库托还写了几篇关于占星术的论文、一本希伯来语－阿拉姆语词典，以及其他天文学著作。

大事记

1450 年	生于西班牙萨拉曼卡一个富裕的犹太家庭。
1473—1478 年	应萨拉曼卡主教的请求，写下了他伟大的天文著作《伟大的构图》。
1486 年	在萨拉曼卡会见了水手兼探险家克里斯托弗·哥伦布，并鼓励他组织一支航行亚洲的海军探险队。
1492 年	西班牙驱逐犹太人后，逃到葡萄牙里斯本避难。
1496 年	出版了一本新的拉丁文天文学著作《永恒年鉴》，包含他以前的部分作品和一些新素材。
1496 年	教探险家瓦斯科·达伽马及其水手如何使用他改进的星盘、天文表和航海图。
1497 年	犹太人被葡萄牙驱逐时，逃往北非的突尼斯（现在的突尼斯）。
1504 年	他写了《犹太家谱》一书，这是犹太人第一部真正的编年史。
1510 年	于土耳其去世，很有可能是在君士坦丁堡（现在的伊斯坦布尔）。

列奥纳多·达·芬奇

(1452—1519)

列奥纳多·达·芬奇集科学家、工程师、画家、建筑师、解剖学家、数学家等众多头衔于一身。更重要的是，他是一位绝无仅有的且富有远见的天才。他致力于追求理性、真理和知识，使笼罩于迷信之下的世界得以拨云见日。他在解剖学、光学、流体力学和土木工程学领域的贡献突破了当时技术和思维方式的藩篱，非常前卫，以至于在随后的几百年里，他的许多前卫思想仍未被超越，甚至都还未能被理解。

达·芬奇是意大利芬奇镇附近一名年轻的法律公证员和一名农村姑娘的私生子。在其成长过程中，达·芬奇从他父亲那里接触到了许多学术著作，书里的知识大大地满足了他的好奇心。当时，在芬奇及其附近的小镇佛罗伦萨，绘画传统浓厚，达·芬奇正是在绘画方面首先展露了他的非凡天赋。他十几岁就给佛罗伦萨最负盛名的作坊画家安德烈亚·德尔·韦罗基奥（意大利画家）当学徒。他沉迷于画实物，并且会尽可能地在画纸上精准地呈现这些实物的移动和光影。他还常探究这些实物是怎么运作的，比如人类的眼睛是怎么构成的？鸟是怎么飞的？

1482年，达·芬奇搬到米兰，为卢多维科·斯福尔扎公爵服务。在接下来的17年里，达·芬奇的科学和艺术成就与他的事业齐头并进，都达到了新的高度。随后，他作为教皇的儿子恺撒·博尔吉亚的军事建筑师和工程师，游历的足迹遍布意大利。达·芬奇虽淡泊名利，但他却需要工作以谋生，并且工作不仅能满足他对知识和发明的渴望，也能让他把自己的一些想法付诸实践。这样的心态也使得这位迷人、博学、英俊的男子成为军事竞技场上和皇家宫廷中备受追捧的人物。

随着年龄的增长，达·芬奇厌倦了，他决定从那些由于他自己或别人的原因而困扰他多年的半拉子工程中抽身。于是，他移居法国，以法国国王弗朗西斯一世的"首席画家、建筑师和工程师"的正式身份度过了余生。在当时，年轻的国王非常荣幸地把他当作自己庞大家族的一员，奉为贵宾。

重要科学成就

力学

达·芬奇一生对力学的痴迷激发了他发明并初步研制了大量的机器和设备。对精确的执着是他的作品中不可或缺的元素：他的设计图中充满了杠杆、齿轮、液压千斤顶、螺钉和旋转装置，未来机器的每一个微小的部件的工作原理都用这些装置解释得清清楚楚。

他对自然界的研究使他得出结论，认为一种不受宇宙干预的基本机械能决定了宇宙的结构和功能。例如，他基于对鸟类飞行的研究，提出了最著名的研发飞行器的远见。此外，他认为自然界中所有有机形体和无机形体的外观都是它们自身内部的运动和力作用的结果。

绘画科学

达·芬奇相信绘画是一门科学艺术，其核心主张是"眼睛比任何其他感官都更少欺骗自己"。那么，由此可知，眼睛在绘画中的重要性在于赋予了这种艺术形式一种真实的、科学的特质，这种特质建立在明确的视觉体验之上，而不是像具有无限开放特性的诗歌那样，建立在作者富有创造力的灵感之上。他认为绘画给了"人类一种直接的满足感，这种满足感就如同大自然所创造出的事物给我们的满足感一样"。

他认为眼睛的十个视觉功能"黑暗、光、身体和颜色、形状和位置、远和近、运动和休息"都是绘画的重要组成部分，这就进一步将科学和绘画联系起来了。

人体解剖学

达·芬奇最初把研究人体解剖学作为他艺术训练的一部分。最终，他练就了在纸上以清晰和完整的二维方式表现人体的三维力学的独特技能。他通过诸如用虚线来显示隐藏的部分，把肌肉画成一串细长的线等创新手段，把身体画得透明而有层次。

天文学理论

文艺复兴时期，列奥纳多·达·芬奇、尼古拉斯·哥

遗产、真理、影响

◎ 虽然达·芬奇没有公开发表他在解剖学上的成果，因为这并不是他的专业领域，但是在他去世后，他的画作中的很多技法却为当代科学插图奠定了基础。

◎ 达·芬奇总计留下了 13 000 页图纸和技术手稿，它们说明和描绘了一些真正有远见的发明和概念，如降落伞、泳蹼、机关枪、水轮机、潜艇、水下呼吸器、巨型十字弓、起重机、滑轮装置、指南针、装甲车、街灯和隐形眼镜等。

◎ 1502 年，达·芬奇为土耳其横跨两大洲的伊斯坦布尔市绘制了一幅美妙绝伦的拱形桥设计草图。

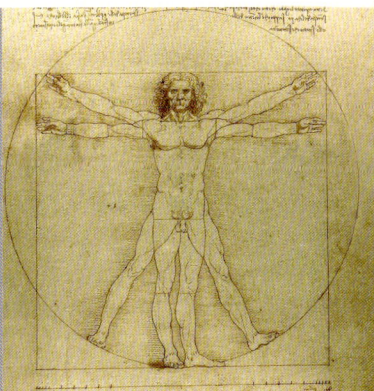

列奥纳多·达·芬奇的画作《维特鲁威人》展示了拥有完美比例的男性形象——自文艺复兴以来，许多艺术家和建筑师都使用这一比例。

白尼、伽利略·伽利雷和约翰尼斯·开普勒等科学家和思想家试图完善早期的天文学思想。尽管达·芬奇在天文学方面的研究并不是很出名，而且他在这方面的观点也经常是自相矛盾的，但他确实提出了当时人们不太可能提出的地球绕太阳旋转的理论，哥白尼后来发展了这一理论。他在自己的笔记中写道："地球不在太阳轨道的中心，也不在宇宙的中心，地球的卫星以它为中心，绕它飞行，与地球形成体系。当月球和太阳都在地球下方时，站在月球上的任何人都会看到我们的地球和其表面的水，就像我们看到月球一样。地球会照亮它，就像它照亮我们一样。"他还提出月亮是被太阳的反射光照亮的："月球本身不发光，但我们却看到月光那么明亮，像太阳发出的光一样，这是因为它反射了太阳光。我们所看见的被照亮的部分就是我们所面对的月球的那一部分表面。"

这在当时被视为一个不可行的项目，因此也从未被实施过。直到 2001 年，他提议的大桥的缩微版在挪威建成，仅供行人和自行车通行。目前，土耳其正计划修建一个完全符合达·芬奇设想的大桥。

◎ 达·芬奇的作品需借助镜子从右往左读，这种写字方式多年来成了人们讨论的焦点。一个实际的原因可能是，达·芬奇是一个左撇子，因此他从右往左写字更容易，这样他的左手在字的前面而不会把写好的字弄糊。

> 许多人会认为，他们有理由指责我，声称我的观点与某个权威相悖，这些人因缺乏经验性的判断而高估所谓的权威，却不知道我的作品源于纯粹的简单经验这一艺术的核心。这些源自经验的规则足以帮助你判断真伪……
>
> ——《列奥纳多·达·芬奇手稿》
> （让·保罗·里希特于 1888 年收集和翻译）

大事记

1452 年	出生在芬奇镇（今意大利境内），他的名字达·芬奇由此而来。
1460 年	他和父亲及继母搬到附近的佛罗伦萨。
1466—1469 年	在韦罗基奥的工作坊工作。
1472 年	他第一次注册为画家并开始独立工作。
1482 年	移居米兰，在那里他身兼数职，为卢多维科·斯福尔扎公爵提供了广泛的服务，包括当建筑师、工程师和宫廷宴会的组织者。
1490 年	他参与修建农村灌溉工程。
1495 年	开始画《最后的晚餐》。
1499 年	米兰被法国占领后，他离开米兰。
1500 年	回到佛罗伦萨。
1502 年	开始当军事工程师。
1503 年	参与修建佛罗伦萨通向大海的水路。几百年后，人们沿着他当年的路线修建了一条运河。
1503—1506 年	创作了《蒙娜丽莎》。
1509 年	主持了疏通阿达河的河道的工程项目。
1513 年	移居罗马，花了大量时间在水利工程和几何学工作上。
1516 年	搬到克洛斯城堡（位于现在的法国境内）。设计罗曼廷的皇家住宅。
1519 年	死于克洛斯，葬在附近的安布瓦兹，即现在法国的安德尔－卢瓦尔省。他把自己的艺术和科学绘画、手稿和仪器都送给了他的学生，画家弗朗西斯科·梅尔齐。

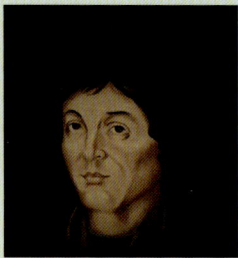

尼古拉·哥白尼

（1473—1543）

哥白尼既是天主教牧师、数学家、医生，也是军事领袖和经济学家，但让他享有世界盛誉的却是他在天文学领域的成就。哥白尼提出了日心说理论，认为太阳系的中心是太阳，而不是地球。理论一提出，引起了学术界一片哗然。此学说挑战了基督教会认可的托勒密的宇宙地球中心模型，标志着科学革命的开始。

哥白尼出生于一个富有的波兰家庭，父亲去世后由当牧师的叔叔抚养长大。他后来进入波兰克拉科夫大学学习天文学和其他一些科目。当时的天文学课程介绍了亚里士多德和托勒密的关于宇宙天文学的知识，以便人们计算日期或进行航海活动，还介绍一些根据星座推算人的命运的占星术训练。哥白尼后来又在博洛尼亚求学，租住在著名天文学家多梅尼科·玛丽亚·诺瓦拉·达·费拉拉家里，并在后者进行天文观测时给他打下手。

由于叔叔的庇护，哥白尼于1501年被任命为弗劳恩堡大教堂的教士（司铎）。在大教堂全体教士的许可下，哥白尼在帕多瓦继续学习了几年，他在那里学习"占星医学"——在中世纪的欧洲，医生们相信星星的位置和相位会影响人的发展，因此他们会应用占星术辅助治疗。

哥白尼的神职职位让他有机会进入权力最高层，也让他有时间独自学习。据说他是在城镇防御工事的角楼上进行天文观测的。当时他没有借助任何仪器，因为一百年后人们才发明了望远镜。哥白尼生活在宗教改革的动荡时期，但即使这样，他仍设法继续进行天文观测。

约1514年，哥白尼匿名写了一篇论文在几个朋友之间传阅，后来命名为《要释》，这是他理论发展的早期阶段，他认为地球每天绕着自己的轴自转一圈，每年绕着静止的太阳公转一圈。《天体运行论》如今被认为是现代天文学的开端，该书详细论述了哥白尼的日心说，在哥白尼临终时才得以出版。该书的印刷工作由一位路德教会的牧师负责，他为该书附了一份匿名的序言以介绍该理论。为了使这本书顺利出版，该序言并未如实描述哥白尼的理论为关于世界的真理，而只是称哥白尼的理论是一种用来绘制行星运动图表的实用数学工具，这与哥白尼的观点相悖。直到17世纪早期，当伽利略试图使教会当权派转信哥白尼的理论体系时，教会震怒，极力反对哥白尼的观点。

重要科学成就

托勒密（地心说）理论体系

在哥白尼所处的时代，欧洲盛行的理论仍是以亚里士多德的宇宙论为基础，而托勒密在150年左右发展了该理论。托勒密的理论把地球看作静止的宇宙中心，"天体"（其他行星和恒星）绕地球运行。在托勒密的理论中，其他天体绕地球运行，月球是最靠近地球的天体，其次是各大行星，然后是恒星，恒星是旋转球体上的固定光点。哥白尼利用这个理论解释了为什么行星在运行轨道上离地球忽远忽近，以及行星为什么有时倒退逆行，或者时快时慢，速度不一。水手们把他的理论体系应用于海上导航。《圣经》中的某些经文记载使得哥白尼的解释更加可信，而且它也符合人类的天性：理论内容似乎与人们看到的天空的景象一致，而且它也把人类放到了万物中心的地位。

哥白尼理论体系

早在公元前7世纪前，我们就能在古印度的一些著作中发现日心说的早期影子。古希腊天文学家——萨摩斯的阿利斯塔克（公元前3世纪）曾有过地球绕太阳转动的学说，哥白尼受他的启发拓展了日心说模型，但是人们还是只相信地心说。哥白尼的贡献在于建立了一个完整的天文学理论体系，而没有像托勒密的天文学理论那样，采用一套复杂

> 太阳位于中心。没有人能把这极美庙宇中的灯放在别的比这更好的地方，使得它能在同一时间照亮一切。
>
> ——《天体运行论》（1543）

遗产、真理、影响

◎ 1543 年，哥白尼《天体运行论》的出版给地心说理论体系带来了第一次严峻的挑战。日心说开创了一种新的思维模式，把人类置于其他万物之中的恰当位置，取代了人类是宇宙中心的观念。正如歌德所说："在所有的发现和学说中，没有一个比哥白尼学说对人类精神的影响更大。当人们被要求放弃作为世界中心而存在的巨大特权的时候，我们都还不能完全了解这个世界是怎样的。或许，这是宇宙对人类提出的最大的要求，因为承认人不是世界中心这一点就意味着以前的许多东西也就不复存在了！我们的伊甸园，我们天真、虔诚和诗意的世界会变成什么？感官的见证又是什么？诗的信仰是什么？——宗教信仰吗？难怪哥白尼同时代的人都不愿意放弃地心说，都极力阻挠日心说。因为日心说赋予并要求其信众拥有一种迄今未知，甚至想都想不到的表达观点的自由和思想的伟大。"

◎ 1609 年，约翰尼斯·开普勒改进了哥白尼的理论体系，使得其预测行星位置的准确性大大提高。

◎ 1610 年 12 月，伽利略用望远镜观测天体，观测结果基本与托勒密的理论相矛盾。伽利略觉得他必须回应那些因为与《圣经》不一致而对日心说这一新理论的质疑。他的回应直接导致了天主教会在 1616 年将哥白尼的著述列为禁书。然而，禁令和随后将伽利略判为异端邪说的做法丝毫没有影响到人们越来越认可日心说，这是一场"哥白尼革命"。

◎ 哥白尼把太阳放在太阳系中心的观点是正确的，但认为行星做匀速圆周运动的观点是错误的。后来开普勒发现行星的轨道是椭圆形的。

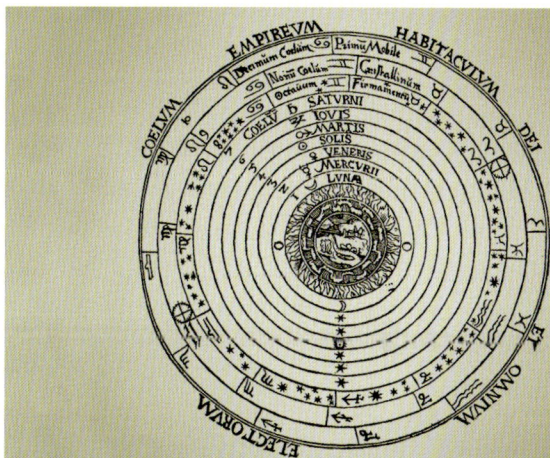

早期地心宇宙模型。

因此，实际上太阳就像坐在王座上一样，统治着围绕它旋转的行星群体。

——《天体运行论》（1543）

的几何方法去描述每个行星的特性。

哥白尼日心说的基本原理是：太阳靠近宇宙中心，地球和其他行星都围绕着太阳转。太阳周围依次是水星、金星、地球和月球、火星、木星、土星和其他行星。地球每天都绕着地轴旋转一周（这就解释了为什么在观察者看来星星好像是绕着地球转），而月球绕着地球每月旋转一周。地球每年绕着太阳旋转一周（这也解释了为什么太阳似乎在绕着地球转），并且它的旋转轴是倾斜的。最重要的是，哥白尼理论体系中，地球的运动，不再存在于托勒密理论体系中的外行星逆行运动这回事。

哥白尼的理论模型中还没有摆脱本轮的存在，这点跟托勒密的理论模型一样，但是由于太阳移动到中心，本轮相对减少了。简单是该理论模型的最大优点。

大事记

1473 年	生于波兰北部的托伦。
1491 年	进入克拉科夫大学。
1496 年	在意大利博洛尼亚大学学习教会法。
1501 年	收到去波兰弗劳恩堡（现弗龙堡）大教堂做教士的任命通知。
1502 年	从大教堂分会获得许可，在帕多瓦学习占星医学。
1504 年	开始收集与日心说有关的观察数据和理论。
1514 年	匿名写了一篇论文《要释》——一个简短的手写文本，并在朋友间传阅。
1533 年	约翰·阿尔布雷希特·维德曼斯泰勒在罗马发表了一系列关于哥白尼理论的演讲。
1536 年	卡普亚大主教尼古拉斯·申伯格劝说哥白尼发表他的天文学发现。
1543 年	哥白尼的主要著作《天体运行论》出版，并把它献给教皇保罗三世。同年，哥白尼在弗劳恩堡去世。

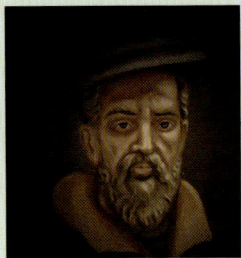

乔治乌斯·阿格里科拉

（1494—1555）

阿格里科拉被称为"矿物学之父"和"冶金学之父"。他集古典主义者、历史学家、医师、哲学家、语言学家和杰出的化学家等身份于一身。他首创了对矿物质进行分类的科学方法，并对矿物质的物理特性和相互关系进行了说明。他对地质学和采矿学的研究奠定了如今这些行业的科学基础。

我们对阿格里科拉的家庭或童年知之甚少，只知道他出生于德国东部的萨克森州，原名为乔治·鲍尔（鲍尔的意思是农夫或百姓），后来起了个拉丁文名字乔治乌斯·阿格里科拉，起拉丁文名字在当时很盛行。那时的欧洲，文艺复兴正如火如荼。诸如印刷机之类的发明带来了文化普及并引发了民众对知识的渴求，这是前所未有的现象。文学艺术的发展、科学技术的进步以及新思维方式的出现鼓舞着阿格里科拉。以优异的成绩从中学毕业后，阿格里科拉进入莱比锡大学学习古典文学、哲学和语言学。1517年，阿格里科拉获得学士学位。同年，马丁·路德在威滕伯格开始了反对罗马天主教的新教改革。

毕业后，阿格里科拉回到他以前在茨维考的母校教授希腊语和拉丁语，并在一年内晋升为校长。但是，他很渴望继续研究化学、医学和物理学，于是他又回到莱比锡大学担任讲师。莱比锡大学的彼得鲁斯·莫塞拉努斯（1493—1524）是他的朋友，也是他的支持者，二人曾有书信往来。彼得鲁斯是古典文学的教授，也是一名德国的人文学者，在修辞学方面负有盛名。

阿格里科拉一生都是忠实的天主教徒，但从阿格里科拉严谨的科学研究方法和对宗教的包容态度中可以看出，莫塞拉努斯的人文主义哲学对他的影响是显而易见的，特别是人文主义哲学中用理性和科学的方法提升和实现人类尊严的观点。

1524年莫塞拉努斯逝世后，阿格里科拉前往意大利，继续在博洛尼亚、帕多瓦和威尼斯的大学学习自然科学、哲学和医学。他和基督教人文学者德西迪里厄斯·伊拉斯谟（1466—1536）成了好朋友，伊拉斯谟的思想影响了新教改革者。阿格里科拉获得博士学位后返回德国。他接着在欧洲约阿希姆斯塔尔镇的一个采矿和冶炼工厂当内科医师，他一边继续研究医学，一边观察各种采矿技术和矿石处理方法。三年后，他离开约阿希姆斯塔尔镇，游历德国各地并研究矿石。其间，他发表了《冶金问答》，引起了广泛关注。后来，他定居于著名的矿业小镇开姆尼茨，出版了几本与采矿、矿物学及其他主题相关的著作。这一时期，大部分德国人已成为新教徒，开姆尼茨的人也都改信了路德宗的信条，而阿格里科拉仍然是一名忠实的天主教徒。所以开姆尼茨的

重要科学成就

采矿与地质科学

阿格里科拉之前，西方世界有关冶金和采矿技术的主要信息均来自罗马自然科学家老普林尼于77年写成的著作《博物志》（《自然史》）。然而，书中的化学知识非常基础、浅易，除了在矿石的粗制分析过程中记录了火的使用之外，并没有记载现今公认的一些化学分析方法。阿格里科拉被认为可能是最早描述简单物和复合物的人之一。

《论矿业》

人们认为阿格里科拉用了将近20年的时间才写成他的权威著作《论矿业》（《关于金属/矿物的性质》），

这部文集分为12册，涵盖矿石开采过程中的各种细节和问题，涉及领域有管理、测定、建筑、矿工疾病、地质、营销、勘探、提炼、冶炼、勘测、木材使用、通风和抽水等。矿井排水是当时需要解决的主要问题，阿格里科拉对此进行的相关研究帮助他后来发现了气压这一现象。书中还包括一个附录，其中附有翻译成德语的拉丁语技术术语以及许多基于当时实际工程实践的木刻技术插图，这些东西都是首次得以出版面世。

第一本矿物学书籍

《化石研究》（或《地下出土物质的研究》）是阿格里科拉第二重要的作品。该作品首次按几何形状

火力法采矿，阿格里科拉描述的一种采矿方法

居民对此提出抗议，阿格里科拉就不得不辞去了镇上的职务。人们普遍认为他是在与一名新教徒激烈争辩的过程中死去的。尽管阿格里科拉为开姆尼茨做了许多好事，但由于人们的宗教敌对情绪，他无法葬在这里。即使他的尸体被带到约50公里外的蔡茨，人们依旧举行活动表示抗议。

> 在这 180 年中，它依旧是矿工和冶金学家的教科书和指南……它被翻译成三种语言，发行了十多个版本……这本身就足以证明它的重要性……
>
> ——赫伯特·胡佛和卢·胡佛
> 英文版《论矿业》（1912）序言

对矿物进行了分类。这对矿物鉴定非常重要，因为形状能够反映化学成分的结构和环境来源。

其他作品

《冶金问答》是第一部以实践知识为基础，提出对矿物开展科学研究和排序的著作。该书是一部具有开创性的著作，为自然地质科学奠定了基础，还批判了古希腊亚里士多德的相关理论。它把风和水归为地质力量，并解释了地震和火山喷发的原因。

遗产、真理、影响

◎ 阿格里科拉是一位杰出的化学家，也是最早摒弃推测的研究方法而采用系统观测技术去研究自然科学的开拓者。《化石研究》首次对矿物质及矿物质的性质、关系和产生进行了科学分类。

◎ 在后来大约两百年里，阿格里科拉的著名作品《论矿业》仍然是冶金和采矿领域的经典之作和标准读物，它也被认为是 16 世纪最重要的技术著作，无疑对地质学的发展做出了重要贡献。制作成本高昂，且发行渠道受限，阿格里科拉的一些书只在教堂里才找得到。这些教堂的牧师会根据需求把这些拉丁语书籍翻译出来。到 1700 年，他的书已经被译成十几个语言版本得到出版，包括德语版、意大利语版和拉丁语版本。第一个英译版本诞生于 1912 年，是美国采矿工程师赫伯特·胡佛（1874—1964）和他的妻子卢·胡佛翻译的。赫伯特·胡佛后来成为美国总统，他的妻子是一名地质学家和拉丁学者。

◎ 阿格里科拉经常参考普林尼的作品。通过分析在斯托克彭（位于萨克森州）的施洛斯伯格发现的黑色岩石，他断定其与普林尼的玄武岩是同一类物质，并给它起了同样的名字，这一岩石术语沿用至今。

大事记

1494 年	生于德国东部萨克森州。
1517 在	获莱比锡大学学士学位。
1524 年	在意大利住了两年并获得博士学位。
1527 年	在波西米亚的约希姆斯塔尔镇当医生（约阿希姆斯塔尔镇是采矿和冶炼的主要地区）。
1530 年	出版《冶金问答》，伊拉斯谟为其撰写序言。他被萨克森州莫里斯亲王授予史学家称号，并前往开姆尼茨观察采矿方法。
1533 年	开姆尼茨镇民众推举他为当地的内科医师。
1543 年	娶了开姆尼茨的一名寡妇（据说她有五个孩子）。
1544 年	出版《论地下之物的起源和原因》。
1546 年	出版《化石研究》（也称为《地下出土物质的研究》），并成为开姆尼茨公民。
1555 年	在开姆尼茨去世。
1556 年	出版《论矿业》，这是一本有名的采矿和冶金专著；1912 年《矿业杂志》（伦敦）出版了赫伯特·胡佛和卢·胡佛翻译的第一个英译本。

加西亚·德·奥尔塔

加西亚·德·奥尔塔是热带医学先驱，也是一位博物学家，还是文艺复兴时期的著名医师。他是欧洲第一位研究霍乱这一急性传染病并对热带特有疾病进行描述的医师。

1501年左右，加西亚·德·奥尔塔出生于葡萄牙的维迪堡。德·奥尔塔的家人是西班牙裔犹太人，为了躲避西班牙的宗教迫害，他们以"新基督徒"的身份移居葡萄牙。新基督徒也被称为改宗者，他们自称皈依基督教，但事实上许多人依旧秘密信仰犹太教。后来德·奥尔塔返回西班牙，在阿尔卡拉·德·埃纳雷斯和萨拉曼卡大学学习医学、哲学和艺术，并于1523年毕业。之后，他回到葡萄牙行医。1530年，他被任命为科英布拉大学逻辑学教授。1534年，他登上总督马尔丁·阿方索·德·索萨的舰队前往印度，担任首席医师。他后来在果阿开了一家诊所，娶了布里安达·德·索利斯为妻，还生了两个女儿。据说他的婚姻并不幸福。然而，在事业方面，德·奥尔塔非常成功，他发表了自己在热带病方面积累的经验以及对亚洲霍乱的珍贵的文字描述。

在葡萄牙殖民地，德·奥尔塔担任许多著名政治人物和宗教人物的内科医师，因此得以避开葡萄牙地区对犹太人的迫害。他帮助母亲和姐妹们逃了出来，和她们一起生活在果阿，但对非天主教徒的迫害最终蔓延到远东地区，德·奥尔塔的几位家人遭受酷刑，痛苦死去。尽管德·奥尔塔非常有名，但作为犹太人，死后还是要被定罪，他的遗体被人从坟墓中挖出来并烧毁了。

遗产、真理、影响

◎除了传神地描述霍乱受害者的病痛细节外，德·奥尔塔还描述了许多曾经不为欧洲人所知的热带病。他的书广受欢迎，被许多欧洲大学和医学院采用。

◎当时，葡萄牙的杰出医师鲁亚诺指责他违反了希腊、罗马和阿拉伯人流传下来的古典医学权威。德·奥尔塔辩解说，他的方法和理论是真实的，没有受传统偏见的影响。

大事记

1501年	生于葡萄牙的维迪堡。
1523年	毕业于阿尔卡拉·德·埃纳雷斯和萨拉曼卡大学。
1530年	被任命为科英布拉大学逻辑学教授。
1534年	担任总督马尔丁·阿方索·德·索萨舰队的首席医师，并前往印度。
1543年	与布里安达·德·索利斯结婚。
1563年	出版了《印度方药谈话录》。
1568年	在果阿去世。
1580年	死后因犹太人身份被定罪。

> 我说，现在在印度，一个人在一天之内学到的知识比罗马人花一百年学到的知识都多。
> ——加西亚·德·奥尔塔给鲁亚诺医生的回复（1563）

重要科学成就

热带医学

德·奥尔塔唯一著名的作品是《印度方药谈话录》，该书完成于1545年，并于1563年在位于果阿的一家出版社印刷出版。书名的"simple"是指草药或草药治疗方法。这本书包含他在与果阿商人打交道时了解到的东方香料的相关知识，以及他在热带病，特别是霍乱这种肠道急性传染病方面积累的经验。为了研究霍乱，他对一名霍乱死者进行了尸检，这是印度首次的尸检记录。他也是第一个详细总结霍乱的征兆、症状和愈后情况的欧洲人。

徐光启

（1562—1633）

徐光启是一位科学家、翻译家和朝廷官员。在曾经辉煌的中国科学传统开始衰落之际，他向国人引入介绍了西方数学和科学。他协助把几本重要的欧洲书籍翻译为汉语，并自己编著了一本关于农业科学方法的重要著作。

徐光启年轻时在明朝末年的中国科举考试（选拔朝廷官员的考试）中取得了优异成绩，后来入朝为官。徐光启深知中国科学和数学正在衰落，在与欧洲近代传教士接触并了解了他们新兴的先进学问之后，他对任由知识衰败的中国社会感到强烈不满。

徐光启与意大利耶稣会传教士利玛窦（1552—1610）、萨巴蒂诺·德·乌尔西（1575—1620）合作翻译了西方的数学、地理和水力学文献，包括公元前285年左右欧几里得的综合性数学著作《几何原本》。他还将一些重要的儒家著作翻译成拉丁文，向西方传播中国古代的思想。1603年改信基督教后，获教名保禄·徐。

后来，徐光启在朝廷担任要职，从朝廷获得了"大学士"甚至"内阁次辅"等头衔。

> 此书……有四不可得：欲脱之不可得，欲驳之不可得，欲减之不可得，欲前后更置之不可得。
> ——摘录自徐光启翻译的欧几里得《〈几何原本〉杂议》

重要科学成就

历法修订

1629年，朝廷举行了一场比赛来选拔修订历法的人才，比赛要求预测下一次日食的时间。徐光启利用新学的欧洲天文知识赢得了比赛（其中一位与他共事过的耶稣会牧师曾与伽利略一起学习过）。除了改进日期的计算方式外，徐光启还依据西方的恒星目录增加了23个新星座。

数学

在翻译西方数学书籍时，徐光启把一些新的概念引入了中国，特别是几何学上的新概念，例如平行线、锐角、钝角等，他还为这些概念创造了新措辞。

遗产、真理、影响

◎ 据部分学者表示，徐光启开启了"中国启蒙运动"。尽管，最初有人反对他引进的新思想，但最终，徐光启说服了其他人相信数学，尤其是几何学是可以用来解决实际问题的。

◎ 徐光启说服中国朝廷，利用西方枪支和军事手段将北方的蛮族人赶回了北方，争取到宝贵的休养生息的时间。

◎ 罗马天主教会通过徐光启在中国产生了一定的影响。他去世后，这种影响便逐渐消失了。徐光启是20世纪前最有影响力的基督教皈依者。

大事记

1562 年	生于中国上海。
1600 年	结识耶稣会传教士利玛窦。
1603 年	信仰基督教。
1607 年	翻译了欧几里得的《几何原本》并在中国印刷，为中国引介了新的数学概念。
1625—1628 年	完整地撰写了农业知识概要。
1629 年	赢得朝廷信任（1629 年 6 月 21 日发生的日食，钦天监预推失误，而徐光启用西法推测食分时刻却被验证），开始修改历法。
1633 年	在上海去世。

农业

徐光启对改善农村经济特别感兴趣，因此他将从欧洲朋友那里获得的有关灌溉的所有想法都记录到自己关于农业的巨著中。这本书是一本珍贵的实用指南，涵盖土地管理、畜牧业和农作物等方方面面，甚至还包含饥荒后的救灾建议。

伽利略·伽利雷

(1564—1642)

伽利略是数学家、物理学家和天文学家。作为先驱探索者之一，他把物理转化成了一门基于数学的、用实验来检验事实的学科。伽利略制造了第一台可以较清楚地观察到太阳系的、功能强大的望远镜，从而革新了天文学。由于他支持哥白尼的日心说，宗教裁判所便以异端罪名对他进行了审判，因此他被迫放弃自己的观点。不过，这件事依然让伽利略成了寻求真相的科学斗争的象征。

伽利略出生于意大利比萨，虽是贵族但家境贫穷。他父亲希望他能成为一名收入高的医生，因此送他读大学。但伽利略只对数学和自然哲学感兴趣，因此没取得学位便辍学了。

虽然被称为数学家且名声在外，伽利略却是一贫如洗，这正是他父亲所担心的。后来，他发明并制造了温度计、泵、静水压平衡表。1597 年，他发明了指南针，自此他才算获得了成功，并赚到了一些钱。

伽利略的财富在 1609 年获得巨大增长，那一年他以一项他从未见过的荷兰发明为原型制造了望远镜，这为他创造了大量财富。他改良了望远镜，最终改进的望远镜帮助他取得了惊人的天文发现，包括地球和行星围绕太阳运转的证据。伽利略声名在外，这帮助他成为托斯卡纳大公爵科西莫·德·美第奇的宫廷数学家，获得可观的收入。

除了天文学，伽利略还沉迷于运动研究以及其他一些物理领域的研究。他提出了一个数学悖论，并设计了显微镜等技术仪器。伽利略非常善于自我宣传，在他的著作中，他会毫不犹豫地贬损他的同事。他支持哥白尼的日心说，认为太阳是宇宙的中心，这与教会教义相冲突。1600 年，教皇宗教法庭把乔尔丹诺·布鲁诺烧死在火刑柱上，乔尔丹诺·布鲁诺是位哲学家，也是宇宙学家。伽利略想到他的前车之鉴，便退缩了，于是否认了自己的观点。

伽利略没有结婚，但他与情妇玛丽娜·甘巴确实有三个孩子，玛丽娜后来嫁给了另一个男人。

> 关于……太阳和地球的运动，就算是完美的《圣经》显然也必须根据人们的知识做出自我修正。
>
> ——给大公爵夫人克里斯蒂娜的信（1615）

重要科学成就

经验主义方法

伽利略支持用系统性实验和数学来解决科学问题。特别是，他提出了一种新方法，即利用逻辑和经验将问题分解成简单术语，使其更易于分析。

天文学发现

伽利略改进了望远镜的设计。这使得他成为第一个把能有效放大的工具对准天空的人，也是第一个报告看到了月球陨石坑和山脉的人。这一特别的观察反驳了亚里士多德认为天体是近乎光滑的球体的理论。

他还首次观察到了很多天象，比如围绕木星运转的四个较大的卫星，这表明不是所有的天体都围绕地球转；金星有盈亏现象，这表明它是围绕太阳运转的；宇宙中存在大量恒星，这表明宇宙比以前认为的要大得多；以及当时被称为太阳黑子的黑斑，伽利略正确地推断出它们是太阳表面的一部分，而同时代的其他天文学家认为它们是绕太阳运行的卫星。总而言之，伽利略得出结论，即教会认为太阳和其他行星绕地球运转这个观点是错误的。

研究物质的运动

在伽利略仅 20 岁时，他在比萨大教堂看到吊灯在摇摆，并对其进行了观察，这是首次有人观察这一现象。他利用脉搏计时，发现无论摆动的幅度大小如何，吊灯摆动所用时间都是相同的。实际上，现代仪器可监测到微小的差异，但伽利略的发现为他以后研究摆钟奠定了基础。

自由落体运动规律

在著名实验中（也可能是杜撰的），伽利略站在比萨斜塔顶端，往下投掷了不同质量的球，并观察到它们同时落在地面上。当然，他还做了其他几个把球滚下斜坡的实验。因此，他驳斥了亚里士多德认为自由落体运动中质量更重的物体速度更快的

遗产、真理、影响

◎ 伽利略被人们称为"现代科学之父"和"现代物理学之父"。毫无疑问，他对科学的发展总的来说产生了重大影响。他开创的定量实验方法已成为标准的科学方法。

◎ 伽利略是一个在宗教裁判所面前退缩了的科学家，因此他象征着宗教与科学知识之间的紧张关系。但是他的开创性工作最终帮助科学从宗教和哲学中分离了出来。

◎ 伽利略对望远镜做了开创性改良，并用其进行了大量的天文观测，发现了很多关于太阳系的新知识，这些新知识震惊了当时的科学家和普通人。

◎ 伽利略的匀加速运动定律经受住了时间的考验。他研究物质运动时所运用的系统化

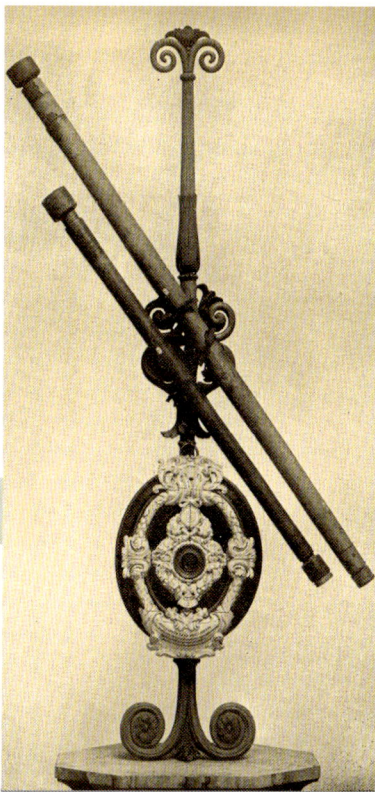

伽利略的望远镜（1610）

观点，但他没能提出理论来解释他的发现。但是，他后来描述了一个包含匀速运动的定律：在自由落体运动中，物体的行进距离与所用时间的平方成正比。

伽利略定律使他理解了抛物运动的轨迹，并得出结论：抛物体的路径一定是一条抛物线。

潮汐理论

伽利略不同意几位同时代科学家关于月球影响潮汐的观点，他将潮汐归因于地球自身的运动。他认为，地球绕轴自转和绕太阳公转时，会把海洋"晃来晃去"。

◎ 的数学方法成为现代力学的基础。

◎ 伽利略有很多想法，但其中一些是错误的，例如他在解释潮汐时完全忽略了月球的影响。

大事记

1564 年	出生于意大利比萨附近。
1581 年	进入比萨大学学医，后来改为学习数学和哲学。
1589 年	在比萨大学任数学教授。
1592 年	在帕多瓦大学任数学教授。
1597 年	发明了指南针。
1609 年	听说荷兰人发明了"望远镜"，他做实验制造了自己的第一架望远镜，并立即运用于天文学。
1610 年	出版了《星空使者》，概括了他的天文观测经历，同年成为佛罗伦萨美第奇家族的宫廷数学家。此时他已完全认同哥白尼的学说。
1614 年	因支持日心说被指控为异端。
1616 年	天主教会警告他可以将哥白尼学说作为一种计算工具，但不能"同意或捍卫"哥白尼学说对宇宙的描述。
1623 年	出版了《试金者》，这是一部关于彗星的著作。
1632 年	出版了《关于托勒密和哥白尼两大世界体系的对话》，这本书主要涉及伽利略的潮汐理论，但书中明显表示支持哥白尼的学说。
1633 年	因被判异端，被宗教裁判所传唤，伽利略公开否认了自己的观点。审判庭禁止他的《关于托勒密和哥白尼两大世界体系的对话》和其他作品，并判处伽利略无期徒刑，后来改判为软禁。
1638 年	伽利略失明了，他完成了最后一部重要著作《关于两门新科学的谈话》，完善了运动定律理论，描述了他在材料方面的成果。这本书被他偷带到意大利，并在荷兰出版。
1642 年	逝世于意大利佛罗伦萨附近的阿尔切特里。
1979 年	罗马教皇在公开集会上正式承认伽利略在 1633 年受到的教廷审判是不公正的，公开为伽利略平反。

人们只有在学会懂得其语言并能认识用这门语言所写成的文字后才能理解宇宙，而宇宙的语言就是数学。

——《试金者》（1623）

约翰尼斯·开普勒

（1571—1630）

开普勒是德国天文学家，也是一位数学天才。他描述了行星运动三大定律，后人以他的名字命名了定律。他绘制了第一套现代天文表，也是第一位公开支持哥白尼日心说的天文学家，促进了以太阳为中心的宇宙模型的建立。

开普勒的父亲是雇佣兵，母亲是客栈老板的女儿。开普勒是个早产儿，生下来便体弱多病。他五岁时，父亲消失了，可能是死于反抗荷兰叛军的战斗中。1577年，开普勒6岁，母亲带着他到山顶看彗星，那时他便对天文学产生了兴趣。

得益于当地的基督教新教奖学金制度，开普勒在神学院学习后得以进入图宾根大学继续深造。他终身都是路德宗信徒，本打算当牧师，但按照惯例，除了参加神学课程外，他还需要参加其他学科的课程，包括哲学、数学和天文学，于是学习了哥白尼新提出的日心说（日心说挑战了由来已久的宇宙地心说）。开普勒支持日心说，认为日心说描述了真实的宇宙。开普勒慢慢成为一名占星师，并享有盛誉。后来在图宾根大学的推荐下，开普勒于1594年成为格拉茨（在现今的奥地利）新教学校的数学和天文学老师。其间，他与丹麦天文学家第谷·布拉赫（1546—1601）有书信往来，当时，布拉赫在为神圣罗马帝国皇帝鲁道夫二世工作。后来，开普勒还与布拉赫在布拉格附近的新天文台见过面。

1600年，欧洲的宗教纷争日益频繁，开普勒一生中就经历了好几次。格拉茨的新教徒被驱逐，开普勒和家人到布拉格避难。在那里，布拉赫为开普勒找了一份帮助他制作一套新的天文表的工作。这套天文表基于布拉赫对行星所作的大量准确的观测，标明了太阳、月亮和行星的位置。布拉赫于1601年突然逝世，开普勒随即被任命为皇家数学家，成为布拉赫的继任者，并受托继续完成了新的星表。

开普勒经历了整个17世纪的宗教压迫。1620年，他的母亲卡塔琳娜被一名与开普勒兄弟有经济纠纷的妇女指控从事巫术，并被囚禁。等待审判时，卡塔琳娜非常害怕即将遭受酷刑，所以开普勒就放下工作来全力帮助母亲处理案子。1621年，母亲被释放。他也曾因教义分歧被逐出路德宗教会。

后来布拉格打击新教徒，开普勒不得不搬回林茨（在现今的奥地利）。其间，他的第一任妻子和一个儿子都病死了。他的第二次婚姻很幸福。1626年，天主教势力围困林茨，开始了旷日持久的"三十年战争"，因此，开普勒不得不再次搬家。后来，开普勒在安排印刷其天文学著作《鲁道夫星表》时找到了一份临时工作，但是死在了去帝国讨薪的路上。

重要科学成就

宗教信仰

开普勒研究宇宙的动机源于其基督教信仰，他认为研究宇宙将使他更加了解宇宙造物主的本质。他坚信上帝根据几何平面图建造了宇宙，这个平面图是可以用推理来理解的。他接受日心说的原因部分在于他认为日心说反映了精神世界：父神就是位于创造中心的巨大而万能的太阳。

柏拉图多面体

开普勒的第一个模型源于对上帝为何如此构造宇宙的探索。1595年，开普勒意识到他早就有了答案：研究了欧几里得之后，他发现应该只有5个完美的正多边形或三维形状，即柏拉图多面体，每一个都可以由一个内切和一个外切的球体连接起来。他推断，这一定是上帝在水星、金星、地球、火星、木星、土星这六颗已知行星之间预留的空间。开普勒发现，将多面体嵌套在球体中，彼此相连，并假设这些行星都围绕着太阳运转，那么他的模型与每个行星运行轨迹的天文数据都相符。

与火星的战争

布拉赫大量且精确的天文学观测数据是开普勒论断的基础。开普勒专注于有关火星的大量复杂数据。由于天体绕圆圈或圆圈的组合运动是当时公认的理论，因此，他花了很多年时间去努力寻找一个圆形系统，以解释行星偶尔的非常规则运行。他称这是"与火星的战争"，并最终赢得了这场战争，因为他最后

遗产、真理、影响

◎ 开普勒的奇特思想并未被广泛接受。但是，天文学家最终不得不认同他的椭圆轨道理论。

◎ 开普勒推翻了曾主导宇宙学 2000 多年的天圆论，将天文学从几何研究转变为涉及物理学的研究。

◎ 艾萨克·牛顿的万有引力定律也是基于开普勒定律。牛顿为开普勒的理论提供了数学解释。

◎ 开普勒定律是现代人理解太阳系运行原理的基础，对计算人造卫星（开普勒创造的词语）和宇宙飞船的运行轨道也至关重要。

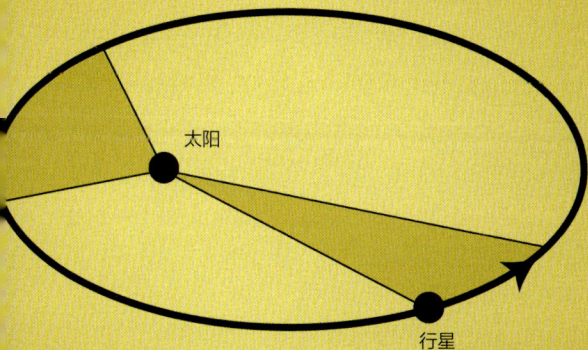

开普勒第二定律：连接行星和太阳的线在相等时间间隔内扫过的面积相等。该定律可用来确定给定时间内，行星在其椭圆轨道上的位置。

[几何学] 为上帝创造世界提供了模型。几何学不是通过人的视觉感知和经验植入人体本性的，而是和上帝的形象一起植入的。

——《宇宙和谐论》（1619）

意识到最初的基本假设就是错误的。"好比我从睡梦中醒来，看到一缕曙光照耀着我。"轨道不可能是正圆，而是椭圆。开普勒从这项工作中总结出的规则成为现今被广泛接受的定律，尽管他自己从未给这些理论编号，也没有将它们从其他发现中单独列出来。

开普勒行星运动定律

1. 所有行星都在自己的椭圆形轨道上以太阳为中心运行。

2. 连接太阳中心和行星中心画一条线，假设在相等时间内这条线扫过的面积相等。这意味着靠近太阳时行星移动得更快，而远离太阳时行星移动得慢。

3. 任何两颗行星公转周期（运行一周的时间）的平方与它们同太阳的平均距离的立方成正比。因此，已知轨道周期，就可以计算出行星与太阳的距离；反之亦然。

其他科学

开普勒全新天文表《鲁道夫星表》（1627）是迄今为止运用最广泛、最精确的天文表。但除天文学之外，他还有一系列令人震惊的重要思想。他探索了音乐、宇宙结构和自然界之间在数学方面的联系；明确了眼睛中视网膜的功能，并解释了晶状体的工作原理；他还发明了一种新型的双透镜天文望远镜；证明了对数的计算方法；发明了现代微积分的原始计算方法；提出了一种被称为"开普勒猜想"的球体排列方式；讨论了科学观测中可接受的误差。

布莱斯·帕斯卡

（1623—1662）

布莱斯·帕斯卡是法国数学家、物理学家和哲学家，因制造了世界上第一台机械计算机而闻名于世。他取得了卓越的数学成就，包括奠定概率论的基础、发现了射影几何定理，帮助人们更好地理解大气压和真空现象，以及为流体力学的研究做出了贡献。

布莱斯·帕斯卡的母亲在他三岁时就去世了，两年后，帕斯卡一家从克莱尔蒙特（如今的克莱蒙费朗城）搬到法国巴黎。他的父亲艾蒂安决定亲自教导自己的孩子。帕斯卡和妹妹杰奎琳一样都是神童。杰奎琳专注于文学，而帕斯卡则是个数学天才。1639 年，父亲带着才十几岁的帕斯卡参加了一场学术会议，去展示了他的论文，论文涉及几个射影几何定理（非欧几里得几何学）。

一年后，在全家搬到了鲁昂后，帕斯卡发表了他的第一篇论文《论圆锥曲线》。该论文基于射影几何创始人杰拉德·德扎格（1591—1661）的研究，引起了知名数学家的关注和赞扬。在接下来的几年中，帕斯卡在做税务工作的父亲的资助下从事计算器的设计和改进工作。这种机器被命名为加法机，历经 50 次修改后，它才终于可以顺利地进行加减法。1642 年，该机器首次投入生产。

1646 年，帕斯卡开始信仰詹森主义。这是罗马天主教会的一种内部运动，流行于 17 世纪，但当时被认为是异端，这极大地影响了他的思想。然而，1647 年，延续意大利科学家埃万杰利斯塔·托里拆利（1608—1647）（托里拆利于同年逝世）的研究，帕斯卡完成了一系列有关大气压和真空的实验。在此期间，帕斯卡研究了气压计的工作原理，并根据他自己新发现的压力原理（现在称为"帕斯卡定律"）发明了注射器和液压机。

虽因劳累过度导致健康状况不佳，但 1651 - 1654 年，帕斯卡仍旧不断地进行着高强度的研究。几年间，他研究了液体和气体压力，写了一篇关于算术三角形（帕斯卡三角形）的论文。与皮埃尔·德·费马（1601—1665）共同提出了概率论。他丰硕的成果于 1654 年戛然而止。因为那年他从四轮马车上摔了下来，他将这次事故看作一种神的指引——指引他应该远离世俗，过上克己、每日祈祷的生活。于是在生命的最后几年里，他完成了宗教沉思录，沉思录在他去世后被命名为《思想录》，并出版发行。

重要科学成就

帕斯卡定理和射影几何

帕斯卡在射影几何中的一个定理，现被称为"帕斯卡定理"，使射影几何得以正式成为一门学科。帕斯卡 16 岁时发现了这一定理，该定理涉及对图形属性特征的研究，即图形从一点投影到直线或平面上时，图形的属性特征保持不变。定理还指出，在任何圆锥曲线（切割圆锥体平面得到的曲线形状，如圆、椭圆）内绘制规则或不规则的六边形（六条边的图形），则三对对边的交点在同一条直线上，这条直线被称为帕斯卡直线。

机械计算器

1623 年，除威廉·希卡德建造的原型机外，帕斯卡的计算器是世界上第一台机械计算器。在帕斯卡的计算器中，转子被用来拨入数字，答案通过盖子顶部的小孔读取。它于 1642 年投入生产，但只制造了 50 台。由于计算速度太慢且价格昂贵，因此并未得到市场认可。

帕斯卡的压力定律

托里拆利是第一个在实验室创造出持续的真空环境并提出空气有重量的人。帕斯卡与勒内·笛卡尔（1596—1650）等人的看法不同，他认为大气层上方存在真空。1648 年，他带着一个气压计在奥弗涅的山上做了一个实验，结果显示，气压计的读数随着高度的增加而下降。这个实验证实了托里拆利的理论，即气压计中汞的高度随着周围大气压力的增减而升降。帕斯卡还证明了气压与重量有关，真空的气压为零。这就得出了帕斯卡压强定律（现在称为"帕斯卡定律"或"帕斯卡原理"）。帕斯卡

◎帕斯卡的发明如今还在被广泛使用，比如注射器和液压机。为了认可他在液体和气体压力研究方面所做的贡献，他的名字被指定为国际单位制中的压力单位即帕斯卡（符号：Pa）。

◎帕斯卡以其算术三角形而广为人知。在帕斯卡之前的几个世纪，世界各地都有人在研究三角形中二项式系数的排列方式，但今天它被统称为"帕斯卡三角形"。基于帕斯卡有关算术三角形的论文，艾萨克·牛顿最终发现了分数幂和负幂的一般二项式定理。这个复杂的数学理论在流行文化中也占有一席之地，例如米哈伊尔·布尔加科夫的小说《大师与玛格丽特》描述了一位神秘的魔术师

沃尔兰德，他曾经说："但是根据牛顿的二项式定理，我预测他将在9个月内死去。"因此，"这几乎不是牛顿的二项式定理"成了俄语里的一句流行语。

◎帕斯卡的机械计算器看起来与20世纪50年代的机械计算器很像，在整数计算方面也很类似。所以某种程度上它标志着计算器数字化时代的到来。

◎基于帕斯卡和费马的工作，概率论成为研究随机现象数量规律的数学分支。在物理方面，微分方程成为量化并预测系统如何随时间演变的重要工具，同时概率统计也是经济学的重要组成部分。

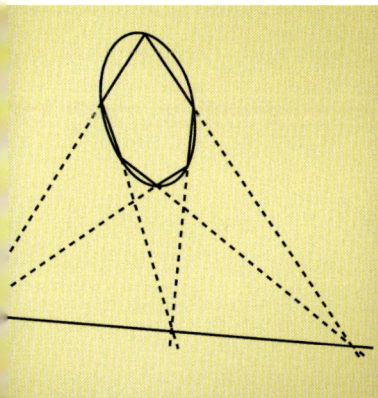

射影几何帕斯卡定理

帕斯卡计算器，虽几经修改，但速度不快且体型笨重。

> 如果没有上帝，相信上帝并不会失去任何东西，如果上帝存在，不相信上帝将失去所有。
>
> ——被称为"帕斯卡契约"，引用自《思想录》（1670）

原理指出如果对容器中的非流动液体施加压力，那么该压力会在容器内向各个方向均等传递。

概率论

　　帕斯卡和皮埃尔·德·费马一起研究了概率。据说，一个有钱的法国赌徒梅雷骑士就骰子游戏的概率问题向帕斯卡寻求帮助。他想知道两个玩家玩骰子游戏，如果游戏中断，赌注应该如何分配。帕斯卡和费马运用数学方法解决了两名玩家的赌注分配问题，但若人数超过两个，他们就不知道如何分配了。克里斯蒂安·惠更斯（1629—1695）在阅读了帕斯卡和费马的信件之后，提出了概率论。

大事记

1623 年	出生于法国奥弗涅的克莱尔蒙特。
1640 年	研究德萨尔格的射影几何著作后，写了关于圆锥曲线的论文。
1642 年	生产出第一台计算机，帮助父亲计算税款。
1646 年	遇见两位politing他父亲的医生。他们是詹森主义者，并影响了帕斯卡。
1647 年	证明了真空的存在，并撰写了《关于真空的新实验》。
1648 年	带着气压计爬上奥弗涅的多姆山，注意到读数随高度的变化。
1653 年	写了关于算术三角形的论文。
1654 年	夏天，与费马一起研究概率问题；经历过冬天的一次被认为是神的指引的事故后选择隐居。
1655 年	隐居于皇家港口修道院，并开始写他的第一本宗教著作《致外省人书》。
1662 年	39 岁在巴黎死于癌症。
1670 年	去世后，他的宗教深思录《思想录》出版发行。

罗伯特·波义耳

（1627—1691）

罗伯特·波义耳是爱尔兰化学家和物理学家。他因研究气体性质并提出了波义耳定律而广为人知。人们普遍认为他是第一个开展系统科学实验的人。虽然波义耳是炼金术士，但他也是推动化学从神秘玄学转变为科学的重要人物。

波义耳于 1627 年出生于爱尔兰沃特福德郡的利兹莫城堡，在家里 15 个孩子中排行第十四。他父亲理查德·波义耳是科克郡的第一任伯爵，爱尔兰内战爆发之前在当地具有广泛的社会影响力。

在孩提时代，波义耳记忆力惊人、展现了极高的语言天赋。虽然他确实在英格兰的伊顿公学学习了三年数学和历史，但他主要接受的还是私人教师的教育。离开伊顿公学后，他前往欧洲游历。值得一提的是游历期间，波义耳在日内瓦接受了法国加尔文主义者伊萨克·马尔孔布在神学和哲学上的辅导。

1644 年，波义耳返回英格兰，在位于多塞特郡的斯托尔布里奇的自家庄园中住了近十年，期间他广泛涉猎了哲学、科学和神学等领域，撰写了有关伦理和宗教的文章，并开始进行各种科学实验。后来，他搬到了牛津，与那个时代最优秀的一些科学家为伍，例如约翰·沃利斯（1611—1703），约翰·威尔金斯（1614—1672）和罗伯特·胡克（1635—1703）。胡克还成为波义耳的研究助手，他们一起开发了一种新的充气泵模型，该模型最初由奥托·冯·格里克（1602—1686）设计。

波义耳大部分重要的科学发现都是在 17 世纪 50 年代末至 17 世纪 70 年代初完成的。在此期间，他出版了大量论文和著作。尽管其大部分内容来源于科学家们的早期实验，比方说格里克等人在德国做的实验，但波义耳的杰出贡献在于其创造性的实验设计和完全科学的实验方法。

1668 年波义耳离开牛津，搬到了其姐姐凯瑟琳——也就是雷尼拉芙夫人——位于伦敦蓓尔美尔街的家中。尽管身体状况不佳，但他在这里度过了余生。晚年时期，他对各种疾病尤为感兴趣，并撰写了一系列与医学主题相关的书。

1691 年，在其姐姐去世仅一周之后，波义耳也去世了，享年 64 岁。他被埋在伦敦特拉法加广场的圣马丁公墓。墓碑上的爱尔兰铭文将他誉为"化学之父"。

> 上帝的智慧确实将这些生物限制在既定的自然法则里。
>
> ——《关于若干主题的偶然思考》（1665）

重要科学成就

气泵实验

得知格里克发明了充气泵后，波义耳和助手罗伯特·胡克合作，着手设计改进版的充气泵，以便对空气的一些物理性质进行一系列实验。波义耳对空气质量和膨胀做了实验，他测量了空气对燃烧和呼吸的影响，结果表明：在呼吸过程中，空气有助于清除体内的"有害气体"。他的这些实验证明声音不能在真空中传播，空气是生命和火焰的必要条件，而且空气是有弹性的。1660 年，他发表了《关于空气弹性及其物理力学的新实验》，概述了实验过程以及使用气泵得到的实验结果。

波义耳一生都在做与空气性质相关的实验。或许最值得注意的是，他提出许多水果和蔬菜在发酵过程中都会释放空气（实际上是二氧化碳）。

波义耳定律

波义耳利用空气泵对空气弹性进行了实验，最后得出了以其名字命名的著名定律。1662 年，波义耳为了回应批评家对其提出的反对意见而撰写了《新实验》第二卷，在编写该书的附录时，他成功地在其实验发现中找出了一种数量关系，从而得出了波义耳定律。波义耳定律关注气体的性质，它指出气体所占体积与气体的压强成反比。在现代公式中，波义耳定律可以写成：$PV = K$（其中"P"是压强，"V"是体积，"K"是一个常数）。严格地讲，波义

遗产、真理、影响

◎波义耳著有 40 多本关于科学、宗教及其之间本质联系的书籍，这些书无论是在他的有生之年还是在他过世后都在欧洲大陆广受欢迎。鉴于他著述颇丰且具备高超的试验标准，波义耳被认为是理学的科学创始人之一。

◎波义耳是现代化学的缔造者之一。他最著名的作品《怀疑派化学家》首次区分了化学和炼金术，这通常被认为是有助于将化学发展为一门科学。

◎ 1676 年，波义耳写了第一本关于电力科学的书。书中总结了他的两大发现：电极引力可以在真空中发生；被吸引物体对带电物体的拉力与其本身所受到的拉力一样强。

◎波义耳在遗嘱中提出捐赠资助一系列讲座去证实基督教的真实性，这些讲座被称作波义耳讲座。直到现在，人们仍每年举行一次波义耳讲座。

◎到 20 世纪末，人们对波义耳的学术成就产生了新的兴趣。例如，伦敦伯克贝克学院开展了罗伯特·波义耳项目，目的在于研究他的作品。许多当代学者强调波义耳在知识上深受炼金术的影响。尽管他强调要将化学从炼金术中分离出来，但他自己仍然是一位炼金术士，相信金属会嬗变。

当那些药剂师用神秘莫测的手法和阴暗的笔调叙述长生不老药的配制方法和其他一些重要奥秘时，我们有足够的理由去原谅他们，因为泄露这些奥秘貌似是被认为不合适的；然而，当他们在装腔作势要去传播自然哲学的基本原理时，这种模棱两可的写作方式是不能容忍的。

——《怀疑派化学家》（1661）

耳定律仅适用于理想气体。普通气体只有在低压高温条件下才真正符合波义耳定律。尽管该定律以波义耳命名，但波义耳并不是第一个得出该定律的人。1661 年，亨利·鲍尔最先发现一模一样的气体定律。此外，在整个欧洲大陆，波义耳定律有时也被称为马里奥特定律。埃德梅·马里奥特（1620—1684）在对波义耳著作毫不知情的情况下，于 1676 年发表了一篇文章，提出了一样的定律。

大事记

1627 年	出生于爱尔兰沃特福德郡。
1635—1638 年	在伊顿公学学习。
1645 年	定居于其父亲留下的位于多塞特郡的斯托尔布里奇的庄园里。
1654—1655 年	搬到牛津，向当时最优秀的科学家和哲学家学习。
1657 年	听说奥托·冯·格里克发明了气泵。
1659 年	设计完成了自己的空气泵。
1660 年	出版《关于空气弹性及其物理力学的新实验》。
1661 年	出版《怀疑派化学家》。
1662 年	发现波义耳定律，出版了《新实验》第二卷，被任命为新英格兰福音传播公司第一任理事。
1663 年	出版《关于色彩的实验和思考》。
1665 年	出版《关于若干主题的偶然思考》。
1666 年	出版《形式与性质的起源》。
1670 年	波义耳中风而且很严重。
1676 年	出版《关于特定质量的机械起源或生产的实验和注释》。
1680 年	当选为英国皇家学会主席，尽管他谢绝了这一职位。
1686 年	出版《对普遍接受的自然概念的自由探索》。
1689 年	波义耳生病并辞去新英格兰福音传播公司理事一职。
1691 年	在伦敦去世。

空气泵和玻璃容器，被用来证明动物会在真空中死亡，这个实验做于 1669 年。

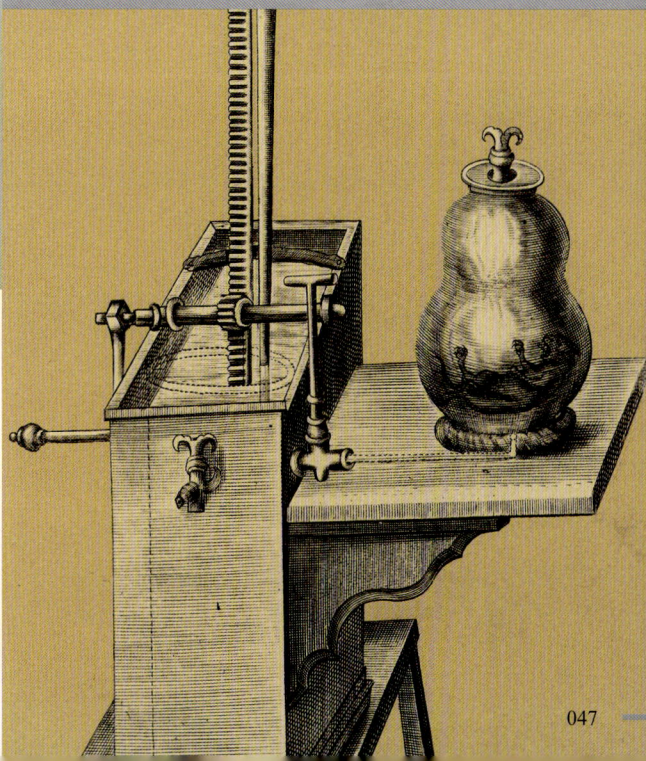

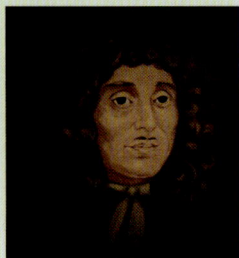

安东尼·范·列文虎克

(1632—1723)

安东尼·范·列文虎克被认为是第一位微生物学家，这位荷兰的镜头制造商为18世纪的科学家打开了微观世界的大门。他制造了精密的显微镜，并利用这个工具发现了细菌、单细胞生物、精子、血细胞、肌肉组织的带状结构、线虫等微生物，还发现了自然界的许多其他特征。

本名为托尼斯·列文虎克，1686年，他签名时用了安东尼这个名字，并在其中加了"范"这个字。17世纪的大多数科学家（或自然哲学家）都是受过良好大学教育的绅士，学习了古典文学和现代语言等知识。但列文虎克的出身很不同。他出生于商人之家，父亲是制作篮子的，母亲的亲戚都是酿酒师，他们过着并不富裕的生活。他只接受过小学教育，除了荷兰语外，没有学过其他语言。

十六岁的列文虎克在阿姆斯特丹一个纺织商人那里当学徒，他在那里花了六年时间学习这门行当，接着便回到代尔夫特自己做起了亚麻布生意。当时，在纺织行业里，放大镜被用来观察布料中线的密度，以此来检查布料的质量。通常，固定在架子上的镜片可以将事物放大三倍。因此，列文虎克应该很早就知道放大镜的原理了。但人们认为，他对微观自然世界的兴趣源于英国科学家罗伯特·胡克（1635—1703）于1665年撰写的著名著作《显微图谱》，书中包含了一些报告和作者所观察到的微小物体和诸如跳蚤和虱子等微小生物的生动图片。不到三年，列文虎克就开始打磨镜片自己制造显微镜了，并且

他还把自己的发现告诉了代尔夫特的科学家们。1673年，一位名叫雷尼尔·德·格拉夫的医生向英国皇家学会的部长推荐了列文虎克的报告。英国皇家学会是世界上现存最古老的关注科学进步的学会，成立于1660年，在当时才刚成立不久。当时，这篇报告要发表在该学会的《哲学学报》上，学会秘书长问列文虎克要一个简介，自此开始了二人的书信往来，这种书信联系一直持续到列文虎克90岁逝世。列文虎克用荷兰语写信，协会将其翻译成拉丁语或英语并发表在学报上。其间，他寄出数百封带插图的信件和一些标本给学会，他还寄了一些标本给巴黎科学院和一些个人。列文虎克在1680年当选为皇家学会的正式成员，尽管他从未参加过学会的会议。

列文虎克的视力一定极好，因为这样他才能区分细节。但是他不会画画，因此他雇了一名插画家，专门画些图画来配他的文字。他寄给英国皇家学会的信除了在描述研究的重要部分时非常真实、清晰而且准确外均采用了很随意的对话形式，一点都不像科学论文。

他的许多报告都是分开发表的，且传播甚广，

重要科学成就

显微镜

列文虎克制造了500多个显微镜，虽说从技术上讲它们只是功能强大的放大镜，并非带有复合镜片或多透镜的现代显微镜。早期的复合显微镜出现于1595年左右，但它们放大不到自然尺寸的30倍以上，而列文虎克的显微镜放大倍数高达300倍。他在两个金属板（由黄铜、铜或银制成）之间插入了一个透镜，然后将它们铆接在一起，并固定在仪器基座上方10厘米左右处。他的显微镜通常会有一个固定标本的长钉，也会有一个螺钉，用来升高、降低或旋转标本，以调整焦点。他的某些镜头只有针头那么点大。

列文虎克的显微镜不仅比其他制造商的仪器倍

率更高，镜头也更清晰明亮。对于某些技术，他一直都保密，所以我们仍然无法准确地了解他是如何做到的。也许他发现了一种可以从旁边斜着照亮标本以增强镜头的方法，或者如其他研究人员所设想的那样，他也许利用了球体特性改善了图像，要么将标本包裹在球形液滴中，要么用玻璃球制成镜头而不是用平面镜头。

重要发现

列文虎克对可以放在显微镜下的所有事物都感到好奇，因此他观察了动植物组织、昆虫、化石和晶体。结果便是，他是第一个描绘了许多微观生命的人。例如他观察了有活性的精子，并得出正确结论，当精子

人们认为，《天文学家》（1668）是约翰内斯·维米尔为列文虎克画的画像。

这使得他很有名气，人们都认为他是发现自然秘密的人。国王和王后也很好奇，他们来拜访列文虎克，用他的显微镜观察事物。由于列文虎克是艺术家约翰内斯·维米尔的遗产执行者，因此一些艺术史学家认为维米尔把列文虎克画在了两幅画里：一幅是《天文学家》，另一幅是《地理学家》。

> 我的工作……不是为了获得现在拥有的赞美，而是源于对知识的渴望……我认为记录我的发现是我的责任，以便所有聪明之人都可以知道。
> ——与英国皇家学会通信的信件（1716）

遗产、真理、影响

◎ 列文虎克被称为"微生物学之父"，不仅因为他确定了许多微观生物，还因为他描述事物时总限于纯粹事实的方法。

◎ 他的发现推翻了当时认为低等生命可能是自发产生的或者源于自然物质腐败的普遍看法。比如，人们认为跳蚤是沙子或灰尘生成的，面粉螨是在腐烂的小麦中产生的。列文虎克的研究显示这些微小生物实际上跟大一点的昆虫一样，都有同样的生命周期。

大事记

1632 年	出生于荷兰代尔夫特。
1648 年	成为纺织商人的学徒。
1654 年	返回代尔夫特，做布匹生意。
1660—1699 年	成为州长的管家。
1665 年	阅读了罗伯特·胡克的《显微图谱》，受此启发，萌生用显微镜观察自然世界的想法。
1668 年	到目前为止，学会了研磨镜片、制造显微镜以及观察微观生物。
1673 年	开始与英国皇家学会通信。
1676 年	报告单细胞生物的发现。
1676 年	担任艺术家约翰内斯·维米尔的遗产执行者。
1680 年	当选为皇家学会正式成员。
1698 年	向俄国沙皇彼得大帝展示显微镜。
1723 年	在代尔夫特去世。

穿过卵子时，卵子就受精了。但是，也许因为他缺乏科学教育和科学背景，所以他很少将所描述的内容转化为理论。他最重要的发现有：

1. 单细胞生物

1674 年 9 月 7 日，列文虎克这样描述池塘里的水：

我发现各种泥土颗粒漂浮在其中，一些绿色条纹呈螺旋状缠绕在一起……这些条纹的圆周长大约有人的头发那么粗……全部由很小的绿色小球连接在一起而组成；当然也有很多没连接的绿色小球。

由此可见，他发现了螺旋藻的单细胞结构。直到列文虎克观察并报道了池塘里的生命，人们才听说单细胞或单细胞生物。皇家学会认为这份报告不太真实，

因此寄给了一个由牧师、医生和律师组成的特别任务团，对他的研究进行验证和检查。直到 1680 年，列文虎克的观察结果才被完全证实。

2. 细菌

列文虎克对牙齿上的牙菌斑进行的研究是最早的有关细菌的记录。例如 1683 年 9 月 17 日的这封信："一点白色物质，跟面糊一样厚。"如下面摘录中所述，他为观察到的许多微小生物取名微生物（微小动物）

……许多活的微生物，非常活泼好动。最大的一种……非常有力且动作敏捷，它们在水中（或唾沫中）快速移动就像长矛射进水中一样。第二类……通常像陀螺一样旋转……数量要多很多。

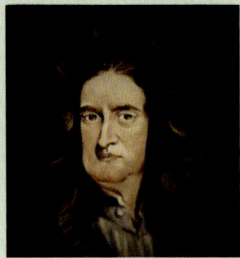

艾萨克·牛顿

(1642—1727)

艾萨克·牛顿是数学家和物理学家。人们认为他是有史以来最伟大的科学家之一，也是引领 17 世纪科学革命的重要人物，为现代实验和研究科学奠定了基础。他最著名的成就是运动定律和万有引力理论，这些理论首次科学地解释了宇宙是如何构成的，他在物理学和数学上也有惊人的发现。

艾萨克·牛顿出生于 1642 年 12 月 25 日。由于英国当时仍沿用旧的恺撒历法，而不是日期要快十天的格里高利教皇历法，所以也有采用格里高利历法回溯的史学家记录牛顿生于 1643 年，而不是 1642 年。

牛顿出生于乡绅家庭，但他很早就意识到农村生活并不适合他，于是他前往剑桥大学求学。后来学校因鼠疫而关闭，但是他在这一时期提出了许多伟大想法。1665—1666 年，尽管在家学习，但是牛顿却在这极短时间内在科学方面取得了长足的进步，若干年后他才把这些想法发表出来。他做了许多有关光学和力学的实验，他观察了落地的苹果（或是被苹果砸到头上），并得出了结论：使苹果下落的力和使月球绕地球运动的力是同一种力即万有引力。

牛顿对批评意见异常敏感。遭遇最初的挫折后，他并没有就自己提出的伟大观点进行辩护。因此，他的理论最终可以说因为偶然才得到发表的。1684 年，天文学家埃德蒙·哈雷爵士（1656—1742）向牛顿咨询了行星轨道问题。他惊讶地发现牛顿有一套完整的科学理论：万有引力是使宇宙天体保持稳定的运动轨迹的一种普遍存在的力。哈雷说服牛顿发表这些理论，他为此作了安排并付了钱给牛顿。

1687 年，牛顿理论的集大成之作《自然哲学的数学原理》出版。该著作被认为是现代科学的基石，是科学史上最伟大的著作，没有之一。该论述了万有引力和三大运动定律，其关于宇宙的科学观点后来被人们普遍接受。

牛顿还写有大量关于炼金术、古代历史和《圣经》研究的文章。他信奉非正统基督教观点，拒绝三位一体。可能由于这些兴趣，他与一个名为"郇山隐修会"的组织有往来，该组织在丹·布朗创作的长篇小说《达·芬奇密码》中被宣扬为一个掌握着宗教秘密的组织。

> 如果说我比别人看得更远的话，那是因为我站在巨人的肩膀。
>
> ——写给罗伯特·胡克的信（1676）

重要科学成就

科学方法

牛顿视自己为自然哲学家，思考万物的本质。这种思考使得他能够发现宇宙运行原理之后的万有引力。他认为实验可以帮助人们理解万物，而数学推理是描述物质世界运行规律的最佳方式。

万有引力理论

牛顿认为将苹果拉向地面、使行星在轨且围绕太阳转的力是同一个力，即万有引力，不管距离远近，万有引力都在起作用。质量或体积越大的物体吸引力也越大。他的牛顿引力平方反比定律解释了万有引力与两物体间距离平方的反比关系：$F = GMm / r^2$，其中 F 是万有引力，G 是万有引力常量，r 是两个物体之间的距离，而 M 和 m 是两物体的质量。

微积分

微积分是高级数学分析中的重要工具，它除了可以用来计算曲线所占的面积、曲线上某一点的斜率之外还有很多其他应用。当时，牛顿发现这些变量成反比关系，于是就用"流数"这一代数公式来计算曲线"流量"大小，如此便解决了这些问题。尽管他的原理是正确的，但现在人们使用的是戈特弗里德·莱布尼茨的微分和积分术语，而不是牛顿的"流数"。

光学

在牛顿实验之前，人们认为白光是纯色的，颜色来自有色物体，并不是光的属性。他不是第一个观察到透过棱镜的光会分离成全光谱的人，但他不

我希望力学原理中同样的推理方法也适用于自然界的其他事物：因为许多原因让我认为它们可能都依赖于某种特定的力……

——《自然哲学的数学原理》（1687）

遗产、真理、影响

◎牛顿用数学术语解释了宇宙中的大部分物质的相互作用力，不管是地球上的还是天空中的，是如何运行的，这是一场革命。因为在他之前，科学家们只观察到行星运转和其他力学现象，但并没对其进行解释。

◎他的工作对新一代的实验科学家具有启发作用，这些科学家用他的研究方法和分析方法对自然世界的其他方面进行解释。

◎牛顿的万有引力和运动定律是现代学科，例如火箭科学的基础，除了不适用于接近光速的相对论以及与量子力学有关的新领域外，这些理论仍然有效（请参阅马克斯·普朗克）。

◎牛顿关于光和颜色数学性质的理论构建起了现代光学学科。

柏拉图是我的朋友，亚里士多德是我的朋友，但真理才是我最要好的朋友。

——《哲学的若干问题》（1664）

大事记

1642 年	生于英国林肯郡。
1661 年	进入剑桥大学。
1665—1666 年	因剑桥遭受鼠疫，故返回林肯郡；开始做越来越复杂的实验，并形成有关光学、微积分、力学和万有引力的理论。
1667 年	成为剑桥三一学院的研究员并教授数学。
1668 年	用反光镜而非透镜建造出第一台反射望远镜。
1669 年	获得剑桥大学卢卡斯数学系教授任命。
1669 年	对微积分进行了早期探索，开始研究炼金术。
1671 年	成为英国皇家学会院士，尽管他的望远镜广受好评，但有关光和颜色的早期理论受到批判，因此他投入炼金术的私人研究中。
1684 年	戈特弗里里德·莱布尼茨（1646—1716）发表了自己的微积分成果，与牛顿引发了一场谁先谁后，谁剽窃了谁的持久论战。当代人已经接受他们是独立研究出来的。
1687 年	出版了他最著名的作品《自然哲学的数学原理》，其中包含力学、三大运动定律和万有引力理论，成为名人。
1689—1690 年	当选为剑桥大学国会议员。
1696—1727 年	管理伦敦皇家铸币厂，减少了伪造和腐败。
1701—1702 年	再次当选国会议员。
1703 年	当选为英国皇家学会主席，并在之后直到去世每年都被选为主席。
1704 年	出版《光学》，描绘了他的实验，完善了有关色彩和光的理论。
1705 年	被安妮女王封为爵士，获得艾萨克·牛顿爵士头衔。
1727 年	在伦敦去世。

牛顿绘制的望远镜及其零件

断完善自己的实验，直到他证明了白光是由多种颜色的光组成的，且每种颜色的光都有不同特性。

第一运动定律或惯性定律

静止的物体将保持静止，运动的物体将保持运动，直到受到外力作用。

第二运动定律或加速度定律

作用在物体上的力会沿力的方向改变物体的速度，该速度与施加的力成正比，与物体的质量成反比，通常可简化为 $F = ma$（力 = 质量 × 加速度）。

第三运动定律

每一个作用力都有一个大小相等、方向相反的反作用力。

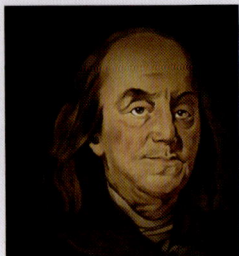

本杰明·富兰克林

(1706—1790)

本杰明·富兰克林是 18 世纪美国发展过程中在多个领域有所建树的全能人物，他集印刷商、发明家、科学家、政治家、革命家、慈善家等多种身份于一身。就算他只是一名科学家、慈善家或者政治家，他依旧可以在这些行业里的任何一个取得瞩目的成就，成为杰出人物，这就是他能在历史中占有重要地位的原因。

人们认为本杰明·富兰克林是位伟大的美国人，但其实他父母都是英国人，他出生于马萨诸塞州波士顿，家里共有 17 个孩子，他排行 15。他只在学校学习了两年，在父亲那里短暂地学习了杂货店的生意后，他在哥哥詹姆斯那里当印刷学徒。詹姆斯刚刚创办了波士顿第一份原创报纸《新英格兰周报》。报纸刊登的最成功的文章是一个名叫西伦斯·杜古德（也被译为沉默感良者）的神秘女人写的一系列劝诫信。后来爆出这些信都是本杰明写的，这个事件的附带后果就是他不得不重新找份工作。

在 18 世纪的美国，印刷业是个先进且日益重要的行业，富兰克林决定继续从事印刷业工作。他在费城定居下来，并开始了自己的印刷生意。这期间也去过伦敦几年，但时运不济就又回来了。后来，他接管了一家报纸，每年都会出版他的《穷理查年鉴》。富兰克林年少成名，年仅 20 来岁便拿到了跟政府合作的合同。

工作的方方面面让富兰克林非常忙碌，所以他对科学的兴趣更像是在打发时间的消遣。19 世纪中期，富兰克林已经有了一些以自己名字命名的成功发明，例如富兰克林炉。后来他又着手研究起电来。富兰克林做了一个相当危险的著名实验，他在雷暴天气里放风筝，并以此来证明闪电与电之间的关系，这个实验的成功为避雷针的发明铺平了道路。

富兰克林晚年开始从政，与英国人定期会晤。他在两国之间的往复的外交之旅最终让他得出结论：美国只有独立才是出路。他后来为《独立宣言》的发表做出了卓越贡献。

他的儿子威廉是新泽西州的州长。威廉依旧忠于英格兰，这也成为这对父子之间永久的裂痕。

重要科学成就

电力

18 世纪 40 年代的欧洲，人们开始相信电力不仅是新颖的娱乐方式，还可以有更广泛的应用。1746 年，富兰克林印刷公司收到一台从英格兰运送过来的电力机器，他便开始在机器上做实验。由于他对欧洲人以前的发现几乎一无所知，所以他在实验观察时始终保持了一种开放的心态。

他最先得出的结论有：电力是一种可以在多种物质中传递和扩散的能量，而且一旦接触到电流，自然秩序总是恢复到常态。传统观念认为电是由两股电流组成。富兰克林揭示了电只有一股带有相同数量正负电荷的电流。这就是所谓的能量守恒定律。他还做过一个电容器实验，一个由带电玻璃板制成的简单盒子，这个盒子可用来储存电荷，富兰克林称之为电池（battery）。Battery 的另外一个意思是殴打，富兰克林可能是想用它来表示该装置造成的电击效果就是这种殴打的感觉。

避雷针

18 世纪的许多木制建筑很容易因遭雷击而失火。富兰克林发现闪电和电一样，于是就发明了避雷针。在他的实验中，他沿着房屋的一侧铺设了一段电缆，把电缆的底端埋入地下几英尺，一根长杆接在电缆另一端指向天空。雷电击中长杆，电缆将电荷引入地里，这样电就不会击中房屋，这便大大降低了火灾的风险。

双焦点眼镜

这是一项出于个人需要的发明。随着年龄的增长，富兰克林发现看近和看远都很吃力，因此不得不在两副眼镜之间不断换来换去。这是一件非常令人讨厌的事情，因此他决心发明一种有两个焦点的镜片。最终的发明将两个镜片都安装到镜框中，上面一个用来看较远的地方，下面一个用来看较近的

遗产、真理、影响

◎富兰克林协助建立了许多机构，很多至今仍繁荣发展，这足以显示他的影响力之广，这里仅举三例：费城联合消防公司、美国哲学学会和宾夕法尼亚医院。富兰克林本人认为他在公共服务领域所取得的成就要远大于他在科学方面所做的贡献。

◎他在遗嘱里规定，将大量资金用于支持未来企业。他的这份远见卓识造就了大量的社会和技术进步，其中许多仍在造福当今美国，尤其是宾夕法尼亚州附近地区。

◎富兰克林发明了诸如电池、通电、充电、导体等电学术语的人。

◎他积极主张废除奴隶制。在去世前一年，他写了一篇反奴隶制的论文，去世后，他的遗嘱命令他女婿"释放他的黑人佣人鲍勃"。

> 现在我们已经确立了新宪法，看起来像是永久性的。但是这个世界上，除了死亡和税收之外，没有什么事情是确定无疑的。
>
> ——给让－巴蒂斯特·勒罗伊的信（1789）

区域，下面这个镜片更利于阅读。

高热效率炉子

富兰克林重新设计了当时热效率低下的家用壁炉。他在火炉前端增加了一个类似遮篷的结构，在后面增加了一个通风口，并在里面设计了一个新烟道。这样他设计的炉子能产生两倍热量，却只燃烧四分之一的燃料，也就是说性能提高了八倍。

他拒绝申请专利，因为这个炉子本就是为了造福社会。

> 你热爱生活吗？那就别虚度时光，因为那是生活的一部分。
>
> ——《穷理查年鉴》（1741）

1778年，富兰克林在法国宫廷的招待会上，与法国就《同盟条约》进行谈判。

大事记

1706 年	生于美国马萨诸塞州波士顿。
1718 年	成为哥哥詹姆斯的印刷学徒。
1724 年	在伦敦居住了两年。
1729 年	接管《宾夕法尼亚州公报》。
1730 年	与黛博拉·里德结婚。
1731 年	建立第一个公共图书馆。
1732 年	印刷第一本《穷理查年鉴》，出版至1758年。
1740 年	发明富兰克林炉。
1748 年	退出印刷行业。
1751 年	《电的实验与观察》在伦敦出版。
1752 年	在雷暴中做风筝实验。
1753 年	成为英国在美洲殖民地的邮政部长。
1757 年	作为殖民地代表前往英国。
1771 年	开始写自传。
1776 年	帮助起草《独立宣言》。
1778 年	与法国谈判《同盟条约》。双方同意在一方遭到英国袭击时互相帮助。
1783 年	与英国签订《巴黎条约》。
1784 年	发明双焦点眼镜。
1790 年	在费城逝世，20 000 人参加了他的葬礼。

卡罗勒斯·林奈

(1707—1778)

卡罗勒斯·林奈是一位植物学家，他开发了第一套完整的生物分类体系，是首位使用双名命名法的人，即每个生物有两个名称（属和种）。林奈的命名法后来在探险家和植物学家发现世界上种类繁多的动植物时得到广泛应用。

卡尔·林奈出生于瑞典（也叫卡罗勒斯·林奈和卡尔·冯·林奈），他从小就对植物很感兴趣。林奈家有一个大花园，加之其父亲对植物也很感兴趣，他从小就受到熏陶和鼓舞，八岁时便获得"小植物学家"的美名。

林奈并没有像父亲一样成为牧师，而是选择学习医学，主要原因在于医学包含植物学研究。但在1727年的隆德大学和1728年的乌普萨拉大学，并没有植物学相关课程，这意味着林奈必须自学植物学。后来在1729年，他参加了一场有著名植物学家奥洛夫·摄尔西乌斯（1670—1756）参加的会议，从此改变了他的命运。林奈丰富的知识以及收集的600多种当地植物标本给摄尔西乌斯留下了深刻印象，他不仅为林奈提供了一个住处，还把自己的图书馆也借给林奈，让他继续进行植物鉴定以及开发新的植物分类体系。

次年，林奈成为乌普萨拉大学的植物学讲师。1732年，林奈到拉帕兰进行了一次植物学考察，由此发表了《拉帕兰植物志》，林奈在书中没有使用古老的图尔内福特体系去依照植物的花和果对它们进行分类，而是采用了自己的体系，用雄蕊和雌蕊对植物进行分类。

为了取得医学学位，林奈于1735年前往荷兰。1738年，林奈离开荷兰前往瑞典，到此时他已经出版了14本有关植物学的著作。除了阐明新的分类方法以外，他还制定了给植物命名的规则和原理。当时，他已经成为受人尊敬、广为人知的植物学家。由于他的作品是用拉丁文写成的，所以人们都称他为卡罗勒斯·林奈。

1742年，林奈在斯德哥尔摩短暂实习并顺利成为医生之后，接受了乌普萨拉大学的医学教授和植物学教授职位，之后在这里任教、做研究、写作。1753年，他出版了《植物种志》，该著作用双命名体系描述了7 300种植物，首次省略了冗长的旧名称，这对简化植物名称有革命性意义。1762年，他被封为爵士，得名冯·林奈。

重要科学成就

分类法

分类法是对生物进行分类的方法。林奈之前的植物学家和博物学家尝试根据生长位置、开花时间和药用用途等来对植物进行分类。瑞士博物学家康拉德·冯·格斯纳（1516—1565）用过按照植物果实来分类的科学方法。安德烈亚·切萨尔皮诺（1519—1603）则是基于果实的一些部位（结果实的结构）创立了一种精准的分类方法。有时候人们认为切萨尔皮诺是第一位现代植物学家，因为他是第一位研究植物部位的人。还有其他许多分类体系，例如：法国植物学家约瑟夫·皮顿·德·图内福尔（1656—1708），根据花朵对植物进行分类。图内福尔进一步将植物分为属和种，属是基于花的形态而种是基于果实的位置。

林奈第一个意识到完整分类系统的重要性。一旦分类方法确定下来，科学家就可以将其作为通用体系进行使用和参考，且便于理解。林奈的体系是根据花朵的雄蕊和雌蕊对植物进行分类，然后将其分为纲、目、属、种。

知识的增加意味着在植物学和动物学中要增加更多纲类层级。例如，在植物学中，门、纲、亚纲等位于属之上，而亚种则位于种之下。

双名命名法

在使用林奈的分类系统之前，人们通常会给植物起一个组名，然后附上一段很长的描述。根据不同的植物学家的分类系统，名称往往不同，这样便导致读者和学生混淆不清。为避免这种情况且便于查询，林奈建议大家遵循特定规则。他在《植物学

林奈在拉帕兰探险后，穿着拉帕兰人的服装。

> 一个好名字的显著特征是，植物应该向名字伸出手来，而名字也应该握着植物的手……
>
> ——《重要的植物》序言（1737）

遗产、真理、影响

◎林奈简化了植物命名方法，并规范整顿了植物分类。到 19 世纪初期，林奈的分类系统已在说英语的学者圈得到最高认可，为当今的分类法奠定了基础。但是，他的体系也有局限性，仅以生殖器官（雄蕊和雌蕊）的数量和排列为基础。

◎如今的分类体系沿用了林奈的双名命名法，但是运用了更多方法对植物进行分类和命名，这不同于林奈仅依靠植物的雄蕊和雌蕊来分类的方法。例如，达尔文的进化概念如今已应用到植物分类体系和对植物遗传学和生物化学的研究中。

大事记

1707 年	生于瑞典拉舒特。
1729 年	遇到学者奥洛夫·摄尔西乌斯，并住在他的家里。
1730 年	首次在乌普萨拉植物园向公众讲授植物学。
1732 年	为乌普萨拉科学院到拉帕兰进行植物学考察。
1735 年	出版《自然系统》，这是一本长达 12 页的小册子，林奈用自己的体系对世界上的动物、植物和矿物质进行了分类。
1737 年	出版《植物属志》，罗列了每种已知植物的属，并修订了分类体系，确立了林奈作为重要植物学家的地位。
1753 年	出版《植物种志》，他用属和种对 7 300 种植物进行了描述和命名。
1762 年	被封为爵士，并取名为卡尔·冯·林奈。
1767 年	出版《自然系统》第 12 版，这本书共有 2 300 页，包含 15 000 种植物和 4 300 种动物。
1778 年	因中风和长期身体不适，在瑞典乌普萨拉去世。

批评》（1737 年出版）中解释，一个属的所有植物都应使用同一个属名。这个拉丁语的属名应简洁明了，并要尽可能反映出植物的主要特征，例如："向日葵属植物"（意为"太阳之花"）代表"形似太阳"的花朵。野蔷薇是林奈简化名称的另一个例子。以前，植物学家将其命名为"无味或犬科野蔷薇"或"白色带红色、有光滑叶片的野蔷薇"。林奈将其简化为"犬蔷薇"。在他 1753 年出版的《植物种志》中的许多植物名如今依旧在沿用。

植物标本室

林奈有自己的植物标本室，里面有干燥的植物标本，都是压制好后裱在纸上，并贴上了标签。植物标本数量不断增加，他一边研究这些标本，一边尝试各种分类方法，并称自己的植物收藏"一定是

有史以来最伟大的收藏"。这类收藏对植物分类学的研究依旧很重要，因为它们记录了植物生长和植物种类随着时间推移而发生的变化。

探索

林奈是世界植物研究的重要人物。他送了许多学生去参加探险航行，包括瑞典博物学家丹尼尔·索兰德（1733—1782）。1768—1771 年，索兰德跟随詹姆斯·库克进行了首次环球航行，返程的时候带回来首次在澳大利亚和南太平洋发现的植物标本。

詹姆斯·赫顿

（1726—1797）

詹姆斯·赫顿是苏格兰科学家，被认为是现代地质学的奠基人。他在对各种岩石形成方式进行广泛实地研究后，提出假设：地球表面是通过不断侵蚀和沉积的地质循环作用形成的。他证明了地球远比前人所认为的要古老得多，这也是赫顿的最大成就。

詹姆斯·赫顿1726年出生于苏格兰的爱丁堡。他父亲是一名曾担任城市财务主管的商人，但在赫顿很小的时候就去世了。

赫顿对化学和数学都很感兴趣。他先是上了高中，然后在短暂的律师学徒生涯结束后成了爱丁堡大学的一名医学生。他当时只有14岁，正是那时候上大学的标准年龄。在巴黎做了一段时间研究之后，他在荷兰莱顿大学完成关于血液循环的论文并获得医学博士学位。赫顿于1750年回到苏格兰。

回到苏格兰后，赫顿放弃了医学，搬到了贝里克郡的一个家庭农场，在那里研究农业，并周游了英国、法国、比利时和荷兰等地方，研究地质学。

18世纪60年代末，他离开了农场，在爱丁堡定居下来，并成为苏格兰启蒙运动中一个有影响力的人物，其活跃的社交圈包括经济学家亚当·斯密（1723—1790），哲学家大卫·休谟（1711—1776），化学家约瑟夫·布莱克（1728—1799）以及后来的传记作家赫顿、科学家约翰·普莱费尔（1748—1819）。赫顿、斯密和布莱克一起创立了牡蛎俱乐部，该组织每周举行会议，专门讨论他们各自的知识探索，也经常关注一些科学的问题。同时赫顿、斯密、布莱克和普莱费尔也是创立于1783年的爱丁堡皇家学会的创始成员。在这期间，赫顿由于受到爱丁堡及其周边地区亲眼所见的惊人物理现象以及自己在城外旅行见闻的启发，开始撰写他最著名的著作《地球论》。

赫顿于1797年在爱丁堡去世，留下一个私生子。直到赫顿死后，他的朋友才知道这个私生子的存在。

重要科学成就

《地球论》

回到爱丁堡后，赫顿的地球理论在头脑中形成了。18世纪80年代，他在爱丁堡皇家学会时提出了自己的观点，并在学会的《学刊》上发表了有关该理论的论文。1795年，也就是他去世前两年，他最终出版了自己的两卷本伟大著作《地球论》。在此之前，人们对地球科学有一些兴趣，但是几乎没有人认可地质学是自然科学的一个分支。因此，赫顿的理论是第一个重大的地质贡献。

赫顿认为地球当时正在经历一个持续不断的自我恢复模式。他提出了一个地质循环模式，在这个循环中，土地被侵蚀后，被侵蚀的物质沉积在海底。这些沉积的颗粒会固结成沉积岩，之后沉积岩上升形成新的陆地，然后再次被侵蚀，这个过程不断重复。1787年，赫顿在杰德堡的英博尼沉积岩中发现到了这一过程的证据，即现在所说的"赫顿不整合"。第二年，他在苏格兰边境的贝里克郡西卡角也看到了类似的证据。

通过对各种岩层的大量实地研究，特别是在研究了许多海岸线上发现的波浪切割台阶后，赫顿得出结论，地质循环是一个极其缓慢的过程，并且它在过去一定已经重复了无数次。赫顿认为地球年龄与《圣经》中记载的不一样，实际上要古老得多。同样地，他找不到任何证据表明这种循环过程会停止，他认为这种循环会无限期地继续下去。因此，他认为自己提出的这个地质循环是一个没有开始和结束的过程。

赫顿理论的基础是他从大量观察中得出的一个假设。这个假设就像岩层这样的地质证据，既提供了研究过去的关键，也预示了未来的发展路线。在赫顿之后，这个原理被称为"均变说"。

赫顿虽然是个谈吐活泼有趣的人，但他撰写的内容并不清晰。由于其散文式冗长的写作风格，许多读者都是先阅读约翰·普莱费尔的《赫顿地球论图解》（1802），再去理解他的思想。普莱费尔的书试图以更通俗易懂的形式来呈现赫顿的理论。

我们发现既没有开始的痕迹,也没有结束的迹象。

——赫顿在爱丁堡皇家学会(1788)的"地球论"演讲中对地质循环的描述

遗产、真理、影响

◎ 赫顿最大的成就是他发现了地球比圣经学者说的6 000年要古老得多。然而,他无法提出地球的确切年龄,因为这需要了解自然发生的放射性元素的衰变率,而当时人们还不懂什么是放射性。

◎ 在查尔斯·达尔文出生之前,他预见到了物质世界和生物进化的可能性。事实上,赫顿认为地球比前人所认为的要古老得多这一观点对达尔文理论的形成产生了巨大的影响。

◎ 赫顿是一个具有广泛科学和知识兴趣的人。他出版了一部关于形而上学和道德哲学的三卷本专著,并对物质科学做出了贡献,特别是在化学、物理和气象学方面。在一个著名的案例中,赫顿和他的朋友杰米·戴维从烟囱烟灰中提取出一种由氯化铵组成的稀有矿物——卤砂,并对其性质和如何生产进行了联合研究。

大事记

1726 年	生于苏格兰的爱丁堡。
1744—1747 年	就读于爱丁堡大学。
1749 年	在莱顿(荷兰)获得医学博士学位,并发表了一篇关于血液循环的论文。
1750 年	返回爱丁堡,进行化学实验。
1752 年	访问诺福克研究创新农业。
1754 年	返回苏格兰。
1764 年	在苏格兰北部进行地质考察。
1767—1768 年	返回爱丁堡。
1770 年	他的房子在爱丁堡的圣约翰山建成。
1767—1774 年	参与了福斯·克莱德运河的工程。
1777 年	出版《关于煤和秆的性质、质量和区别的思考》。
1783 年	爱丁堡皇家学会成立。
1785 年	在爱丁堡皇家学会演讲他的"地球论"。
1787 年	他注意到了位于杰德堡(苏格兰边界)的伊奇邦尼的"赫顿不整合"。
1788 年	他向爱丁堡皇家学会发表的演讲《地球论》印刷版本被传阅。
1795 年	出版两卷本的《地球论》。
1797 年	死于爱丁堡。

地球过去的历史一定由目前仍在发生的事物所解释。不应使用地球上非自然的力量,不应采取我们不知道原则的行动。

——爱丁堡皇家学会"地球论"讲座(1785)

在苏格兰东海岸的西卡角,赫顿观察到了角度不整合的证据,现在被称为"赫顿不整合"。

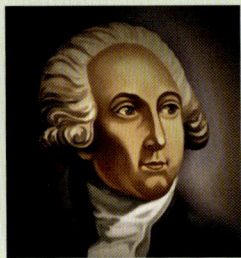

安托万－拉瓦锡

（1743—1794）

法国化学家拉瓦锡在18世纪末发起了"化学革命"，他推翻了旧的燃素燃烧说，提出了基于实验验证的氧气本质学说，并与他人合著完成了现代化学命名体系的基础部分。在法国大革命后的恐怖时代，他的科学工作随着他被送上断头台而终止。

安托万－洛朗·德·拉瓦锡出生在巴黎一个富裕家庭，早年他追随父亲和外祖父的脚步，学习法律。但他也探索自然科学，撰写论文。他的论文帮助他于1768年当选为法国最重要的自然哲学科学院的成员。除他的著作外，他的大部分研究成果都是通过科学院发表的。

大约同时，拉瓦锡投资了通用农场公司，这是一家每年贷款给政府的金融公司。政府为了偿还贷款，允许公司收取一些销售税和消费税作为补偿。这样投资者变为了包税官，虽然赚了很多钱，却非常不受欢迎。

1771年，他与13岁的玛丽－安妮·波尔兹结婚，她是一个同乡包税官的女儿。波尔兹与拉瓦锡一起做实验，帮拉瓦锡翻译英文文献，为他的书籍绘制插图，所以她被称为"化学之母"。除了科学实验，

拉瓦锡还在几个政府委员会工作，提议进行社会改革，并在采用公制使度量衡合理化方面发挥了重要作用。他还经营了法国火药管理局长达数年之久，确保未来的革命军队在火药方面自给自足。

和那个时代的许多哲学家和科学家一样，拉瓦锡赞同1789年法国大革命后新成立的共和国的理性政策。即使当恐怖开始蔓延，每一个在旧政权下获得财富或特权的人都受到威胁时，他仍然相信忠诚而有用的科学家是永远不会被杀死的，但是他错了。作为一名前包税官，他注定要遭受厄运，尤其是有一次蔑视了激进分子让－保罗·马拉特的科学思想并与之树敌之后。事实上，在拉瓦锡被审判之前，马拉特就在自己的浴室中被刺死了。1794年，和其他的包税官同僚一样，拉瓦锡也被送上了断头台。

重要科学成就

方法

拉瓦锡希望为化学提供物理学中正在使用的同样研究标准，因此他是第一批坚持在实验中仔细记录测量数据并使用标准化化学语言的化学家之一。作为一个富人，他拥有一个令人羡慕的实验室，买得起他自己重大实验所需的所有设备。

1787年，拉瓦锡和三位杰出的同事出版了《化学命名法》，其中摒弃了旧的奇特物质名称（如"锌花"），呼吁使用标准且符合逻辑的命名原则：物质应该有一个固定的名称，最好是来自拉丁语或希腊语的词根，名称应该反映物质的已知成分。

两年后，他出版了《化学基本论述》，为研究和研究报告提供了合适的方法，并列出了33种已知元素，这些元素都是被他界定为无法进一步分解的物质。在此之前，一些科学家仍然相信一个古老的观念，即所有的物质都是由土、空气、火和水四种元素组成的。

燃素：过时的理论

当时人们普遍认为燃烧是由于一种叫燃素的无

色、无嗅、炽热的物质从易燃物质中释放出来的过程，呼吸和金属煅烧过程中也释放燃素。燃素就是火本身的成分。

燃素理论认为，一些物质富含燃素，如木炭，这就是木炭燃烧时残余物很少的原因。一种金属灰或粉末，当与燃烧的木炭混合时，获取木炭释放出来的燃素后还原成固体。其他物质，如空气，可以吸收燃素，但无法吸收太多。因此，密闭空间的火熄灭是因为空气很快达到燃素的饱和点，而密闭空间中的生物死亡也是因为空气中的燃素达到了饱和点后不能继续吸收生物呼出的燃素。在当时人们认为吸收燃素是空气在呼吸过程中的作用。

有氧燃烧理论

燃素理论的一个问题是，为了解释燃烧的某些结果，人们对燃素的质量有不同的看法。有人认为它有质量，有人认为它没有质量，甚至有人认为它的质量为负。正是从这一点出发，拉瓦锡在18世纪70年代早期开始研究燃烧，目的是解释为什么煅烧过程中产

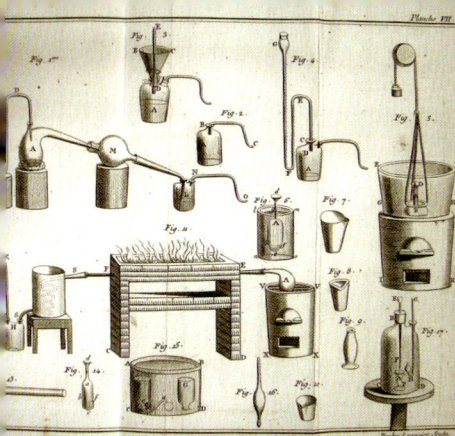
拉瓦锡《化学基本论述》1789年版中的一个图片。

遗产、真理、影响

◎拉瓦锡是现代化学的奠基人和化学革命的灵感源泉。他呼吁其他研究者提供一个标准的方法论和描述,帮助化学从无序的混乱状态走向现代科学。

◎通过否定燃素理论,他帮助化学从追溯到中世纪甚至更古老的炼金术的半神秘假说中脱离出来。

◎今天所使用的命名体系基本上就是他的化学命名体系。

◎拉瓦锡做了很多细致实验,但他本质上是一个理论家。他的实验主要是在其他人工作基础之上的发展(他并不总是承认),因为他采纳了这些人最初的想法,但是试图对这些想法建立正确的解释。

大事记

1743 年	生于法国巴黎。
1768 年	当选为法国重要的自然哲学学会科学院院士。
1773 年	开始研究燃烧的课题。
1774 年	见到英国化学家瑟夫·普里斯特利,了解普里斯特利对氧气的新发现。
1775—1792 年	领导法国火药管理局,建立全国火药库存。
1777 年	《燃烧概论》发表。
1783 年	与皮埃尔·西蒙·拉普拉斯一起证明了水是氧和氢的混合物。
1785 年	成为科学院院长。
1787 年	与三位同事一起出版了《化学命名法》,这是一种新的命名系统。
1789 年	出版《化学基本论述》,列出元素并推荐化学研究方法。
1794 年	在巴黎的断头台上被斩首。

我们只能相信事实。事实是大自然呈现给我们的,是骗不了人的。在任何情况下,我们都应该把我们的推理置于实验的检验之下,永远不要通过实验和观察的自然途径以外的方式寻找真理。

——《化学基础论》

生的金属灰或粉末会比原来重,并且如果将金属灰或粉末还原为固体的话,则其质量会减少。拉瓦锡认为,引起的质量变化的不是火,而是空气。

他在封闭的容器里做实验,称量燃烧过程中涉及的所有东西。结果表明,每当一种物质质量增加时,空气就会被吸收,而每当一种物质质量减少时,空气就被释放出来。

1774年,英国化学家约瑟夫·普里斯特利(1733—1804)分离出"去燃素空气",拉瓦锡立即意识到这可能是引起燃烧的元素。

后来,拉瓦锡按照普里斯特利的方法进行了更多实验,其中一个实验是在一个密闭的容器中点燃蜡烛,然后观察小动物如何在有蜡烛燃烧后的空气中生存。拉瓦锡指出,被烧掉的空气成分跟金属灰或粉燃烧时吸收而导致质量增加的成分是同一种物质,即"去燃素空气"。拉瓦锡将这种气体命名为"氧气",这个词在希腊语中的意思是"产酸剂",因为拉瓦锡起初认为,当硫黄等化学物质与水混合时产生酸也是由氧

气造成的。

拉瓦锡给燃烧后留下的不可呼吸的气体起了个名字"氮"(希腊语,意为"没有生命"),它现在被称为氮气。

质量守恒定律

拉瓦锡对化学反应前后的物质进行了仔细的称重,这帮助他得出了质量守恒定律的早期版本:物质的总质量保持不变,但随着重新排列,其质量可能会重新分配。换句话说,物质不能被创造或毁灭,但是可以对其进行重新排列。

其他科学成就

拉瓦锡和皮埃尔·西蒙·拉普拉斯合作,证明了水是氧和氢的化合物(他选择这个名字的意思是"造水者")。他还指出,呼吸作用产生二氧化碳和水,而有机化合物包含碳、氧和氢。

约瑟夫·班克斯

(1743—1820)

约瑟夫·班克斯爵士是英国博物学家、植物学家和科学研究赞助人。班克斯因去遥远的地方航海探险而广为人知，他在旅途中收集了大量的稀有植物标本。班克斯也为促进科学在全世界的发展做出了巨大的贡献。

约瑟夫·班克斯出生就注定不凡，1743年他出生在伦敦的一个富裕而地位显赫的家庭，其出生的消息还登上了当时的《绅士杂志》。班克斯早年对自然历史很感兴趣，所以当进入牛津大学的基督学院时，他很失望，因为牛津大学强调教授古典文学。于是，他跟着植物学家伊斯莱尔·里昂（1739—1775）上私课，以进一步发展在植物学和昆虫学方面的科学兴趣。

毕业后不久，他从三年前去世的父亲那里继承了一大笔财产。没过多久，他就开始了探险旅游三部曲的第一部，并由此成名。1766年，在去加拿大拉布拉多和纽芬兰的航行中，班克斯被委任为一艘渔业保护船的船上博物学家，并在整个旅程中收集了许多植物标本。

在被选为英国皇家学会会员后，班克斯于1768年又以自然学家的身份进行了第二次航行，但这次是乘坐詹姆斯·库克船长指挥的"奋进"号前往南半球。这次探险后来被称为库克船长的第一次远航：绕过好望角，然后向西跨越太平洋到达塔希提岛。在植物学家丹尼尔·索兰德（1736—1782）的协助下，班克斯这次旅行的主要目的是监督对金星凌日的天文观测，并在启航一年后完成。

回国后，他带回的大量植物标本引起了公众的广泛兴趣，他也由此成为名人。值得关注的是，国王乔治三世召集班克斯到温莎城堡来讲述他的这次探险考察，这次会面开启了两人之间的终生友谊。

班克斯在回到伦敦一年后进行了最后一次探险。这次是去冰岛，去考察那里的间歇喷泉（温泉）。

1778年回到英国后，班克斯在一些人的反对声中成为皇家学会的主席，并一直担任这一职位40多年直到去世。这一职位使他能够利用自己的人脉关系，将富有的赞助人介绍到学会中来，提升了学会的国际声誉，同时重新建立学会与乔治三世国王之间的联系。之前由于在避雷针末端的最佳形状问题上存在分歧，英国国王与学会之间的关系一度紧张。

1779年，他与多萝西娅·休格森结婚，然后他们在伦敦苏荷广场的一座大房子里安顿下来。他们的家后来经常举办各种学术活动，成为广受科学家和杰出知识分子欢迎的聚会场所。

晚年，他屡受痛风的困扰。1805年后，尽管他还在继续主持会议，甚至还对考古学产生了新的兴趣，但是他已经离不开轮椅了。1820年，班克斯在伦敦附近的艾尔沃斯去世。

重要科学成就

伦敦邱园

班克斯是伦敦邱园皇家植物园的名誉园长。他在国王的协助下，把该机构变成了一个重要的植物学研究中心。为了帮植物园获得尽可能多的植物新品种，班克斯向世界各国派遣植物收集专家。他任园长职位的另一个作用是提升植物中心的地位。他在这方面发起了几个重要的项目：他从西班牙给英国和澳大利亚进口美利奴羊；把中国的茶树出口到印度；虽然一开始用于运输的邦蒂号船上发生了兵变，但他并未受挫，而是坚持将面包树从塔希提岛出口到西印度群岛。

植物湾殖民地

在"奋进号"航行期间，班克斯探索了新西兰和澳大利亚的海岸地区，并对这一地区产生了一生的感情。1788年，他为英国在澳大利亚植物湾建立第一个殖民地起了关键作用，并在随后监管该殖民地的发展和稳定。

非洲协会

班克斯是非洲探险的先锋，他在1788年领导成立非洲协会。该组织的宗旨是资助各种前往非洲绘制地图的地理探险，特别是寻找现尼日尔河起源和"失落的黄金之城"廷巴克图位置的探险活动。

这里的植物种类很多，都是我所能想象到的最非凡的物种……也许没有一个植物学家比索兰德博士和我在这些植物中享受到更多的追逐梦想的乐趣；好多种这里的植物我们都还没来得及去研究，但是我们发现总的来讲这里的植物跟以前我们所描述的那些完全不同。造物的千变万化让我们无限好奇。我们赞叹上天对于创造万物并帮助它们适应其天生的环境的无微不至。

——"奋进号"航行日志（1769 年 1 月 20 日）

这幅 1795 年的漫画描绘了"约瑟夫·班克斯因其南海探险而被授予巴斯勋章（英国骑士），从一只毛毛虫蜕变为一只蝴蝶的过程"。

对科学的赞助

班克斯利用他的财富和地位发挥积极作用，向有才华的年轻科学家提供经济援助。著名的植物学家和布朗运动的发现者罗伯特·布朗（1773—1858）就是其经济资助对象之一。

遗产、真理、影响

◎大约 75 种植物以班克斯的名字命名。他将桉树、金合欢、含羞草和班克斯兰属引入西方世界。

◎世界上许多地方也以他的名字命名，包括堪培拉的班克斯、悉尼的班克斯敦、新西兰南岛的班克斯半岛、加拿大的班克斯岛和瓦努阿图的班克斯群岛。

◎当年，当"奋进号"抵达澳大利亚的悉尼地区附近时，班克斯收集到大量的植物，这使得该地区以植物湾命名。仅在这次旅行中，他就带回了800 多种以前未知的植物。

◎他在位于伦敦苏荷广场的家中安置和存放标本的方法，成为后来世界各地博物馆的标准做法。他的自然历史图书馆和世界闻名的植物标本收藏现在保存在伦敦的大英博物馆内。

大事记

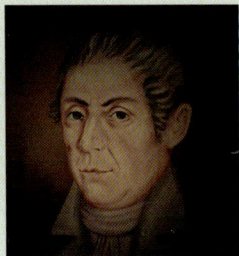

亚历山德罗·伏特

（1745—1827）

意大利物理学家亚历山德罗·伏特是电学历史上的早期先驱。他最著名的成果是对动物电的研究，并发明了第一个电化学电池。这种电池被称为伏特电堆，是现代电池的原型。

亚历山德罗·朱塞佩·安东尼奥·阿纳斯塔西奥·伏特出生于意大利科莫的一个贵族家庭。当时，科莫在奥地利的统治下，贵族们正遭受着经济困难。

虽然伏特直到四岁才会讲话，随后却在学术研究方面取得了很大进步。他在科莫公立学校和皇家神学院学习时都很勤奋，充满好奇心且渴望学习，尤其想学习研究自然现象。

1774 年，伏特开始了学术生涯，他获得的第一个职位是科莫的物理学教授。在这期间，伏特致力于广泛的学术探索。他于 1777 年前往瑞士，见到了一些伟大的博物学家和思想家，如霍拉斯 – 贝内迪克特·德·索绪尔（1740—1799）和伏尔泰（1694—1778）。

两年后，他被任命为帕维亚大学的物理系主任。在接下来的几年里，他继续游历，先去了博洛尼亚和佛罗伦萨，然后又去了德国、荷兰、英国和法国。

在这些地方他与一些杰出的知识分子交流了思想，这些人有乔治·克里斯托夫·利希滕贝格（1742—1799）、马丁努斯·范·马鲁姆（1750—1837）、约瑟夫·普里斯特（1733—1804）、安托万·拉瓦锡和皮埃尔 – 西蒙·德·拉普拉斯（1749—1827）等。

1794 年，49 岁的伏特与科莫"皇家代表"的八个女儿中最小的唐娜·特雷莎·佩里格里尼·卢多维科结婚。在接下来的几年里，他在科技圈声名鹊起。1800 年 3 月 20 日，伏特向英国皇家学会致函公布了他的发明——伏特电堆。第二年，他在巴黎法兰西学院讲授流电学，并利用其电堆中的电流分解水。拿破仑（1769—1821）意识到这一壮举的重要性，授予他一枚金质奖章、一枚荣誉军团十字勋章和 6 000 法郎。后来，拿破仑让伏特成为意大利王国的参议员。

伏特于 1815 年从大学退休，12 年后因发烧在科莫去世，享年 82 岁。

重要科学成就

动物电和伏特电堆

1786 年，物理学家路易吉·伽尔瓦尼（1737—1798）在实验室里观察一只刚解剖的青蛙时，发现了一个惊人的现象：把青蛙的腿挂在铜钩上，同时腿的另一头接触一根铁杆，这样就形成了一个电路。这时，即使附近没有电机运转，这些蛙腿也会收缩。这看起来好像是青蛙腿在放电。

1791 年，伽尔瓦尼发表了研究结果，引起了广泛的思考。他把青蛙的肌肉收缩归因于一种动物电，认为动物体内储存着电流。

第二年，伏特公开反对伽尔瓦尼。他认为电不是来源于动物本身，而是来自金属的结合处。伏特用一只死青蛙和其他动物甚至是自己的舌头去重复了伽尔瓦尼的实验，他发现只要神经和肌肉之间有一个金属电路连接，就会发生剧烈的抽搐。伏特总结到，由于生物组织是两种金属之间的液体层，因此，按照相同的原理，把一块湿布放在两种金属板之间就可以产生连续的电流。这项发明为现代电池奠定了基础。

他的"伏特电堆"，正如人们所知，是一个圆柱形的堆，由一些锌和铜的圆盘组成，用纸或皮革和湿布隔开，在盐溶液或稀酸中浸泡，并排列成一个垂直的柱子。通过在各种材料上测试它，伏特观察到这个装置会产生电流。

紧跟其后，威廉·尼科尔森（1753—1815）和外科医生卡安东尼·卡莱尔（1768—1840）用这种电池通过电解作用分解水。后来，伏特就很少在电堆方面工作了，他把它留给了其他科学家用以证明是化学反应产生了电流，并且从伏特电堆产生的电流与电机和电鳗产生的电流是相同的。

在许多确实给我带来极大快乐的事情中，我不喜欢自以为是；比起被虚荣搅乱的生活，我更喜欢家庭生活的宁静和甜蜜。

给妻子的信（1801）

遗产、真理、影响

◎ 在伏特之前，人们对电学知之甚少。他在 1800 年给英国皇家学会主席约瑟夫·班克斯的信中宣布发明了电池，而后这一发明就改变了这门学科的现状。因为这使科学家能够获得现成可靠的电源。他在这一领域的工作使得后来由汉弗里·戴维和迈克尔·法拉第进行的电解研究成为可能。

◎ 1881 年，人们为了纪念他，把测量电的单位命名为"伏特"。伏特是电动势或电势的单位，用"V"表示。美国的家用电源的电压为 110 V，英国的为 230 V。

◎ 1927 年 9 月，来自世界各地的 61 位科学家在科莫湖举行了为期 7 天的会议，纪念伏特逝世一百周年。其中不少是科学界的名人，包括尼尔斯·玻尔、詹姆斯·弗兰克、马克斯·普朗克、马克斯·玻恩（1882—1970）、沃纳·海森伯格、恩利克·费米。

不应再把金属看作简单的导体，而应被视为真正的电力发动机，因为它们仅仅通过接触，就破坏了电流体的平衡，使之脱离静止、非活动状态，使之移动，并将其带到周围。

——《有关动物电及电流的一些新性质的转录》，出自路易吉·伽尔瓦尼尼于 1792 年发表的著作，该文献曾被马切洛·佩拉引用于其 1993 年著作《模棱两可的青蛙》中

起电盘

　　基于亲自对不同材料产生的静电电荷（即不运动的电荷）数量和特性研究，伏特发明了一种产生电荷的装置。他于 1775 年发明了一个起电盘，这是一个由松节油、树脂和蜡制成的圆盘，通过摩擦产生负电荷。后来他用绝缘把手将锡箔覆盖的板垂直放在圆盘上，在锡箔的下面产生正电荷。伏特通过重复这个过程积累了更大的电荷。从这些静电感应的实验中，他观察到产生的电荷量与张力和导体容量的乘积成正比。

大事记

1745 年	生于意大利科莫。
1769 年	用拉丁文发表了他的第一篇关于电的吸引力的论文。
1775 年	发明了电鳗。
1777 年	前往瑞士；遇见了索绪尔和伏尔泰。
1779 年	被任命为帕维亚大学（意大利北部）物理系主任。
1780 年	在《皇家学会哲学学报》上发表了《论不同导电物质接触产生的电》；参观博洛尼亚和佛罗伦萨。
1782 年	游历德国、荷兰、英国和法国，会见知识分子和科学家。
1791 年	被选为英国皇家学会外籍院士。
1794 年	与多娜·特雷莎·佩里格雷里尼·卢多维科结婚；获得英国皇家学会颁发的科普利奖章。
1795 年	被任命为帕维亚大学的校长。
1799 年	因政治原因被免除帕维亚大学校长一职。
1800 年	向英国皇家学会提交了他在伏特电堆上的发现。
1801 年	仕巴黎法国研究所进行演示。拿破仑授予他一枚金质奖章、一枚荣誉军团十字勋章和 6 000 法郎。
1810 年	被拿破仑接见。
1815 年	被任命为帕多瓦的哲学教授。
1819 年	离开大学，退休到科莫。
1827 年	在科莫死于发烧。

伏特电堆

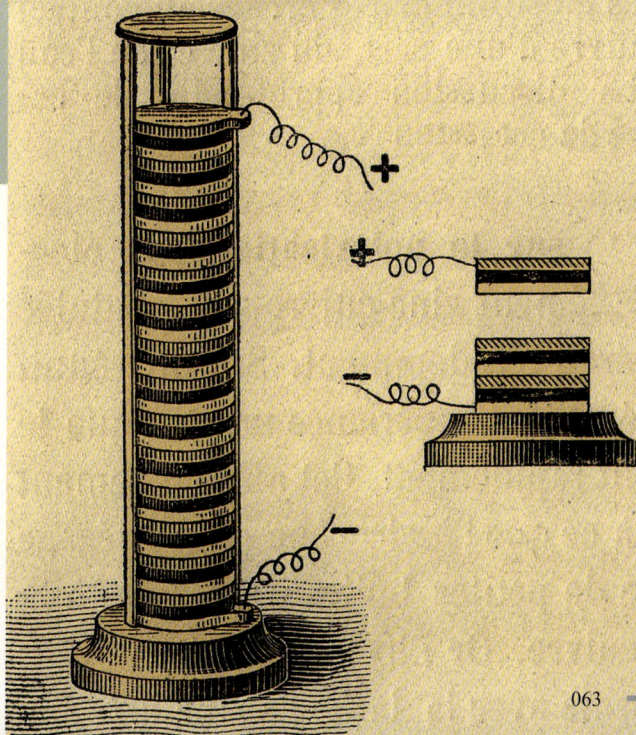

爱德华·詹纳

（1749—1823）

爱德华·詹纳是一名外科医生和自然爱好者，也是疫苗研究的先驱。他在观察到猪痘、牛痘和天花疫苗之间存在联系后就提出了给病人接种一种病毒以产生免疫力的设想。疫苗接种成功后，詹纳继续深入研究，成为国际著名的疫苗研究专家，赢得了"免疫学之父"的美称。

1749 年，爱德华·詹纳出生在英格兰西部格洛斯特郡的伯克利镇。14 岁时，他跟着当地一名外科医生做学徒。后来，他在伦敦继续学医，在圣乔治医院接受完培训后就返回了家乡，成为当地的一名外科医生，并在这个岗位上干了一辈子。

爱德华·詹纳从小就是一个自然爱好者，他的业余爱好包括观察鸟类、野生动物和研究化石。由于对自然和农业的兴趣，詹纳很早就获得了英国皇家学会的认可，学会尤其认可他对杜鹃本性的实验观察。后来，自然和医学的再次结合助他提出了免疫的概念，他也因此受到人们的崇敬。人们认为，在对牛痘疫苗进行的开创性实验成功之后，尽管英国皇家学会还犹豫不决，詹纳却是非常自信，甚至给自己的 18 个月大的儿子接种了疫苗。

重要科学成就

发现杜鹃的筑巢习性

在早期职业生涯中，由于喜欢观察鸟类，爱德华·詹纳对鸟巢中的杜鹃进行了一项实验研究，该研究结果于 1787 年在《英国皇家学会哲学学报》上发表。在这项研究中，通过观察、实验以及首次有记载的对杜鹃进行的解剖，他澄清了之前一些对杜鹃的误解。人们虽然知道杜鹃寄生筑巢的习性，但是人们不知道杜鹃雏鸟是如何在其父母选定的寄生鸟巢里与其他种类的鸟儿共生的，也不知道杜鹃的父母是如何将原来的蛋或雏鸟从寄养的鸟巢中移出去为自己的雏鸟腾出空间的。通过观察，詹纳发现是杜鹃幼鸟把巢里合法的居住者赶出了家园，而不是杜鹃的父母。他还通过解剖发现杜鹃的背上有一个特殊的空腔，用于装其他蛋或雏鸟并把它们推出巢，到杜鹃出生 12 天之后，这个空腔就消失了。正是这些非凡的发现，使詹纳在 1789 年当选为英国皇家学会会员。

研制天花疫苗

天花是詹纳时代最令人恐惧的疾病之一。该疾病对婴儿和幼儿的影响尤其大，造成的死亡率非常高，少数幸存者也常常因这种疾病而遭到毁容。詹纳悟性好，也充满好奇心，他深信感染动物的病毒可能与人类的天花有某种联系，而且这种联系可能在某种程度上有助于疾病的预防或治疗。后来，詹纳听到一个传说：当地农民的孩子和挤奶女工如果患过牛痘，似乎就对天花免疫了。1796 年，他在 8 岁的詹姆斯·菲普斯身上检验了这个说法。他为菲普斯注射了挤奶女工萨拉·内尔姆斯伤口上的脓液，这名女工从一只名叫布洛瑟姆的牛身上感染了牛痘。詹纳用一根棍子将脓液从萨拉手臂的伤口上转移过来，直接放在詹姆斯身上的缝合处。除了刚开始有发烧和全身不适的症状外，詹姆斯·菲普斯没有感染天花。詹纳进一步测试了疫苗，他给詹姆斯接种了含水痘（天花）的感染源，也发现了类似的结果，这证明了免疫接种是成功的。

詹姆斯·菲普斯是詹纳用这种方法接种疫苗的几例患者之一，所有患者均被列入他的第一篇研究论文中，论文提交给了英国皇家学会。一向谨慎的英国皇家学会没有发表这项研究，声称没有足够的证据来支持这样一个革命性的发现。詹纳的努力不仅遭到了英国皇家学会的质疑，而且还引起了公众的愤怒。直到几年后，也就是 1798 年，他的研究结果才最终发表。虽然仍遭到反对，但他继续为病人接种疫苗，并不断改进他的理论和技术。没过多久，他的工作成效和疫苗的效果就赢得了批评者的支持。至此，詹纳的理论获得了充分的认可，从而诞生了医学的新领域——免疫学。

我希望有一天，人类身上制造牛痘的做法会在全世界传播开——当那一天到来时，天花将不复存在。

——爱德华·詹纳

遗产、真理、影响

◎ 虽然农民本杰明·杰斯提在 1774 年就成功地为他的家人接种了牛痘疫苗，比爱德华·詹纳早了 20 年左右，但人们认为詹纳是独立地得出了同样的结论，并通过实验帮助人们更好地了解这个过程，增加了这些发现的价值。

◎ 由于詹纳在免疫学方面的开创性工作，世界卫生组织于 1980 年宣布天花已被根除。

◎ 詹纳对鸟类冬眠和迁徙的研究鲜为人知。在这些实验中，他检查了冬眠动物的体温，以观察如果将食物放入它们的胃中，其消化系统是否仍在正常水平下工作。在詹纳之前，人们都认为鸟类在冬天消失时是到河泥中冬眠去了，然而詹纳等人最先发现了鸟儿春天回来时既不泥泞也不饥饿。

未来的国家只会在历史上知道可恶的天花存在过，并被你们铲除了。

——托马斯·杰斐逊
在 1806 年给爱德华·詹纳的一封信中写道

大事记

1749 年	生于英格兰西部格洛斯特郡的伯克利镇。
1770 年	移居伦敦，在圣乔治医院接受训练。
1772 年	毕业并返回伯克利。
1787 年	他关于杜鹃幼鸟生活状况的研究发表在《英国皇家学会哲学学报》上。
1789 年	当选为英国皇家学会会员。
1796 年	为 8 岁的詹姆斯·菲普斯成功接种了天花疫苗。
1803 年	詹纳研究所，一个通过疫苗接种研究促进根除天花的协会成立。
1805 年	加入医学和手外科学会，即现在的皇家医学会。
1806 年	他向国王和议会请愿，支持他继续进行疫苗研究，并得到了 2 万英镑的资助。
1808 年	詹纳研究所接受政府援助，成立国家疫苗研究所。
1821 年	被任命为乔治四世国王的特别医生，同时也是自己家乡伯克利的市长。
1823 年	即他人生的最后一年，他向英国皇家学会提交了论文《鸟类迁徙观察》，之后他患上了无法康复的中风。
1840 年	英国政府禁止了天花传统接种方法，并提供免费的疫苗接种。
1980 年	世界卫生组织宣布天花已被根除。

在这幅 1802 年的疫苗接种场景漫画中，詹纳博士正在给一名受惊吓的年轻妇女接种疫苗，而牛痘却从人们身体的不同部位冒出来。

约翰·道尔顿

（1766—1844）

约翰·道尔顿是英国化学家、物理学家和气象学家，是原子理论发展的先驱。他还发表了第一篇关于色盲的论文，并在推动气象学从业余研究转变为一个严肃的科学追求发挥了重要作用。

约翰·道尔顿出生在英格兰的坎伯兰，是家里幸存下来的三个孩子中最小的一个。他的父亲是一位织布工，母亲和父亲都是虔诚的贵格会教徒。道尔顿12岁时就成了他哥哥的助教。他在肯德尔上学期间受到两个人的极大影响：热衷科学的绅士伊莱休·罗宾逊和古典学文学学者、数学学者约翰·高夫。他们不仅在各自的专业领域指导道尔顿，还向他介绍了一门他们都涉及的业余兴趣学科——气象学。道尔顿生活在荒凉多山的湖区，是体验、观察和理解气象事件的理想场所。他从那个时候开始就把天气记录记入日志，这个习惯他坚持了一辈子。

20多岁时，他移居曼彻斯特，去新学院教授数学和自然哲学。新学院是为没钱上其他大学的不信奉国教者（未获得确认的教会的信众）设立的。同年，他发表了《气象观测论文》，尽管当时很少有人注意到这篇文章，但其中包含了一些思想的萌芽，这些思想将他从学校教师提升为化学先驱。

1799年，新学院迁至约克后，道尔顿留在曼彻斯特，成为一名自由职业教师。此时，他已经因对色盲的研究而受到关注。他和他的兄弟都患有这种疾病。在接下来的几年里，他因向曼彻斯特文学和哲学学会提交了更多关于色盲的论文而有了名望，他后来成了这个学会的秘书长。

道尔顿在识别和解释实验数据中的模式方面有着高超的技巧。他的这项才能最终把一个气象问题变成了一个突破性的科学研究主题。他的工作最初是研究混合气体的构成，这后来引导他成为原子理论的缔造者。

在生命的最后三分之一时间里，道尔顿几乎没有做出重大的科学贡献，但他死的时候是一个富裕而深受爱戴的人。他一生都始终坚持贵格会教徒俭朴的生活方式。

重要科学成就

提出原子学说

引导道尔顿提出原子理论的操作并不是很清楚，甚至他本人对此的记忆也不完整。可以确定的是，他在1803年的一篇论文《论水和其他液体对气体的吸收》中首次提出了这个想法。他推理认为，在气体中，只有相似的原子会彼此发生反应，不同的原子不会因彼此的存在而发生反应。最后，他说所有的元素都是由原子组成的，并且在一个给定的元素中原子数是相同的。每一种元素的原子都是独一无二的，并可根据其各自的重量加以区分。当两种不同元素的原子结合在一起时就形成了化合物，当原子重新排列时就发生了化学反应。最后，他指出原子是不能被制造或是被破坏的。

他的主张中有些方面后来被证明是错误的。然而，他非常正确地质疑了人们长期以来认为许多元素中的原子都是相似的这一错误观点。通过消除人们的这一错误观点，他最终为其他人继续发展他的理论铺平了道路。

原子量

道尔顿在1793年发表论文《气象观测论文》，为他在原子理论方面的开创性工作播下了种子。在这篇文章中，他指出每种气体都是独立存在的，并按自然法则发生反应。在后来的气象研究中，他推断：水蒸发后，仍以独立气体的形式存在于空气中。为了回答空气和水如何能同处同一空间这一难题，道尔顿提出：假设空气和水是由不同的粒子组成的，蒸发可能是两者的结合。道尔顿用实验将各种混合气体与单种气体混合，并观察混合对气体属性的影响后，他得出结论：认为不同粒子的大小必然不同。因此，"它成为一个可以确定相对大小和重量的物

遗产、真理、影响

◎ 尽管道尔顿原子理论的某些细节不正确，但它的核心概念构成了现代物理科学的基石。即原子有特殊的属性；化学反应是由这些原子的合并和分离引起的。

◎ 道尔顿一生受到广泛认可。同时代的人不仅称赞他为"气象学之父"，而且还称赞他为"化学之父"。虽然他在这两个领域的头衔可能都分别面临竞争，但是在这两个领域都同时受到称赞的，他是唯一一个。

◎ 18世纪，人们仍然用古老的神话理论来解释天气，而不是把它理解为一种科学现象。道尔顿在很大程度上改变了这种态度，并将气象学确定为一项严肃的科学活动。

色盲（或道尔顿症）测试的示例。

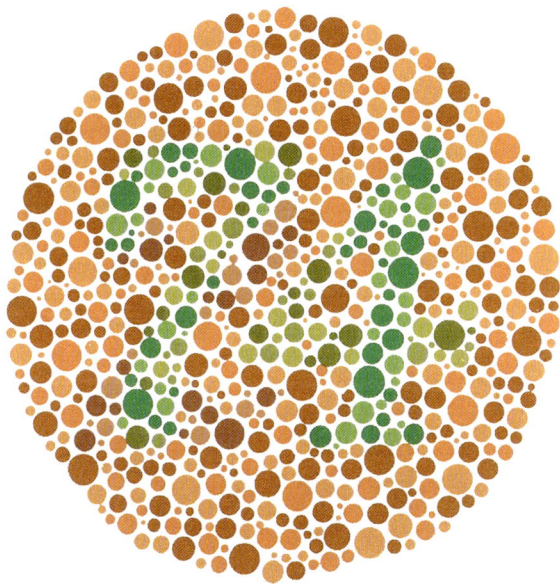

大事记

1766年	生于英格兰的坎伯兰（现为坎布里亚郡的一部分）。
1778或 1779年	成为他哥哥乔纳森乡村学校的助教。
1781年	迁往肯德尔接受教育。
1793年	搬到曼彻斯特（兰开夏郡）在新学院教书；发表《气象观测论文》。
1794年	发表了一篇名为《与视觉颜色有关的特殊例子》的文章。
1802年	发表了关于大气气体的论文《组成大气的几种气体或弹性流体的比例的实验探究》。
1803年	提出了原子理论。
1808年	出版了《化学哲学新体系》的第一卷（共三卷）。
1817年	当选为文学和哲学学会主席。
1825年	获得首届英国皇家学会奖。
1844年	因病不能担任主席，被任命为英国科学促进协会副主席。
1844年	在曼彻斯特死于中风，获得国葬礼遇，吸引了40万人参加葬礼。

我们可以尝试向太阳系引入一颗新的行星，或者消灭一颗已经存在的行星，就像创造或摧毁一个氢粒子一样。

——《化学哲学新体系》（1808）

体……开展了一系列的研究来确定所有形成混合物的化学基本粒子的数量和重量"（1810年在英国皇家学会的演讲）。他把氢设为1，根据氧、碳、氮和其他元素与固定质量其他气体的混合方式而确定了它们相对于氢的质量。

诊断色盲

道尔顿和他的兄弟都患有相同的视力缺陷。他在一篇关于这一主题的论文中解释了他们的问题："在我看来，别人称之为红色的那部分图像只不过是光线的阴影或缺陷。其次还有橙色、黄色和绿色看起来也是一种颜色，它们对应了从深黄色到很淡的黄色的均匀变淡颜色，形成了我称之为不同色调的黄色"（《与视觉颜色有关的特殊例子》，1794）。他对这种缺陷提出了推测，认为填充在角膜和虹膜之间的稀薄的水状液体，即所谓的房水，变得有点蓝了，在这种情况下它会过滤掉一些颜色。后来，人们通常用"道尔顿症"一词来描述色盲，尽管道尔顿很可能患的是另一种不寻常的色盲——多视症。

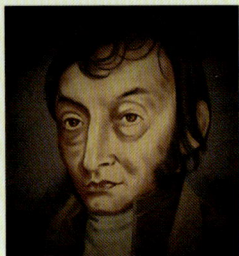

阿莫迪欧·阿伏伽德罗

（1776—1856）

阿莫迪欧·阿伏伽德罗是一位意大利数学家、物理学家和教师。他对气体分子组成的假设后来被认为是理解分子物理和化学基础的基本原理。

洛伦佐·罗曼诺·阿莫迪欧·卡洛·阿伏伽德罗出生于皮埃蒙特－萨丁尼亚王国（今意大利都灵）的一个贵族家庭。他的父亲是一位杰出的律师和元老院成员，这个家族世代从事法律工作。阿伏伽德罗20岁时获得教会法律博士学位，然后也进入该领域打拼。

虽然阿伏伽德罗在他刚刚起步的法律职业生涯中大有可为，但他真正喜欢的却是科学。他自学了数学和物理，在涉足电的研究后，加入了都灵科学院，并在30岁时成为都灵科学院附属学院的教师。

除了去附近的维切利皇家学院教了11年的自然哲学，阿伏伽德罗一生都待在都灵。然而，就是在维切利皇家学院的时候，他发表了《确定物质基本粒子的相对质量及它们的化合比的一种方法》（1811）一文。该文提出了现在被称为"阿伏伽德罗定律"

的假设，并介绍了"阿伏伽德罗常数"的计算。

不幸的是，对于阿伏伽德罗的职业生涯来说，19世纪早期的都灵并不具备促进科学进步的条件，这导致他未能融入当时其他杰出的科学家队伍。这既是地理上的隔离，也是知识上的孤立。他的许多假设确实引起了他同时代人的注意，但它们要么制造了混乱，要么被完全忽略了。他习惯引用自己的作品来证明自己的观点，这进一步使他未能融入他的同侪。

阿伏伽德罗是一个勤劳谦逊的人，他挚爱自己的家、妻子费利西塔和他们的六个孩子。还有一些证据表明，1815年法国拿破仑·波拿巴倒台后，他参加过撒丁岛发生的某些革命活动。到他去世时，局势已安定下来，都灵也在五年后成为新的意大利王国的一部分。

重要科学成就

阿伏伽德罗定律

1811年，为了增进科学界对分子组成方式的理解，阿伏伽德罗以约瑟夫·路易·盖－吕萨克的化合体积定律为基础发展了新的理论。盖－吕萨克的化合体积定律曾提出：在相同的温度和压力下，化学反应中所涉及的所有气体的体积成简单整数比。阿伏伽德罗在此基础上发展的新理论，就是我们现在所知的阿伏伽德罗定律：

"等体积的气体，在相同的温度和压力下，包含相同数量的分子"（*Journal de Physique,de Chimie et d'Histoire Naturelle*，1811）。

尽管阿伏伽德罗从未去计算一公升气体中的粒子数，但在19世纪60年代，奥地利化学家劳施密特（1821—1895）给出了一个近似值。20世纪初，一克分子中含有的分子数被确定为（以克表示的物质的分子量）6.022×10^{23}。这被称为阿伏伽德罗常数，适用于所有气体，从最轻的氢到最重的溴。它被用来

帮助化学家计算特定反应中产生的物质的数量。

分子式

阿伏伽德罗的思想提供了一种不用测量质量而确定化合物分子式的方法。例如，盖－吕萨克曾说过，水是由两份氢和一份氧结合而成的。因此，根据阿伏伽德罗定律，水的分子式是H_2O。

分子和原子

阿伏伽德罗没有使用"原子"这个词，取而代之的是他谈到了三种类型的分子，其中molecule élémentaire指一个原子，molecule intégrante指化合物的分子，而molecule constituante表示元素的分子。他认为简单气体是由一个以上的原子（分子元素）组成的复合分子。然而，这个想法让许多化学家觉得不对劲，因为这意味着基本气体中含有多原子分子（分子中有两个以上的原子），这与当时的化学理念是不一致的。

遗产、真理、影响

◎阿伏伽德罗常数现在被认为是物理科学中的一个积分常数。它使得计算参与化学反应的化学元素或化合物的质量成为可能。它也可用来确定一种气体的分子比另一种气体的分子重多少。通过比较等体积气体的重量，可以用来确定气体的相对分子质量。

◎尽管阿伏伽德罗没有使用精确的术语"原子"和"分子"，但他成功地区分了元素结构的不同层次，并阐明了气体由分子组成，而分子又由原子组成。

◎阿伏伽德罗声称，他确定气体相对分子质量的理论得到了广泛认可。然而实际上，人们对整个概念仍有许多困惑，部分原因是他与杰出的核心科学家相疏远。阿伏伽德罗的理论被认真对待是在他死后几年。当时年轻的意大利化学家坎尼扎罗（1826—1910）在他的研究中开始灌输这样一种观点，即阿伏伽德罗的假设实际上可能是正确的。1909 年，人们把这个常数以他的名字命名，以此纪念他。当时，法国物理学家巴普蒂斯特·佩林（1870—1942）写道："这个不变量 N 是一个普遍常数，有理由称它为阿伏伽德罗常数"（《布朗运动与分子现实》，1909）。

◎ 1911 年，在他著名的文章发表 100 年后，意大利国王维克托·伊曼纽尔三世出席了纪念活动。

大事记

实验的任务是确认或纠正……理论上的估计。

——《确定物质基本粒子的相对质量及它们的化合比的一种方法》（1811）

"阿伏伽德罗"是一款开源的分子编辑软件，用于计算化学、分子建模和相关领域。该软件为纪念这位物理学家而命名。

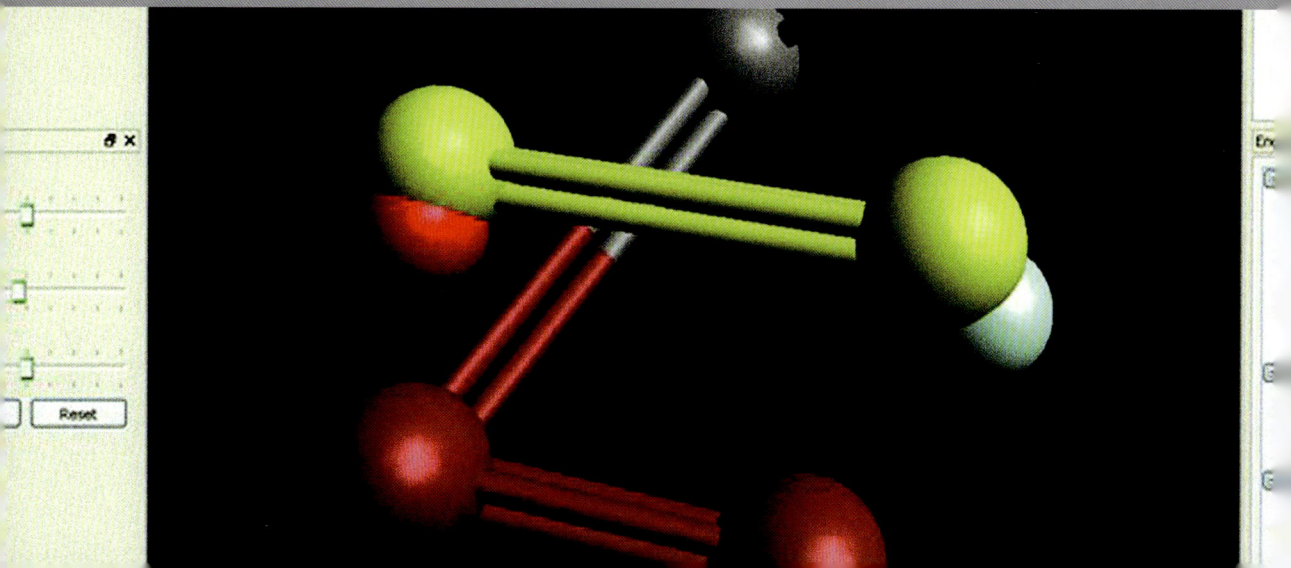

卡尔·弗里德里希·高斯 （1777—1855）

德国学者卡尔·弗里德里希·高斯被认为是世界上最伟大的数学家之一。他的学术兴趣广泛，对从几何学、概率论、数论到天文学、地图学、电磁学和测量学等广泛的科学领域均感兴趣。在研究的每个领域中，他都会留下重要的发现或发明，然后开始下一个领域的研究。

约翰·卡尔·弗里德里希·高斯是一名出生于贫困家庭的独生子，在上小学时就表现出了巨大的潜力，比如具有心算复杂算术的能力。到 14 岁时，高斯的母亲和老师们向布仑瑞克公爵介绍了他异乎寻常的天赋，并得到了公爵的帮助。公爵提供了一笔津贴，让高斯继续学业并考上了哥廷根大学。公爵的善行赢得了这位神童永远的感激和忠诚。

年仅十几岁的高斯独立地"发现"了几个数学定律，并掌握了先进的数论。他的数学思想思如泉涌。1801 年他在《算术研究》中发表了他的一些数学思想，立即便获得了其他数学家的好评。那时，他已经建立了自己基本的科学和数学方法：深入的实证研究，接着是反思，然后是理论的构建。

1808 年，高斯从汉诺威回到了哥廷根，创建并运营了一处天文观测台。在这期间，他不仅深入研究数学理论，还对天文学做出了一些贡献，发展了他独特的实践与理论相结合的技能。

高斯从他所研究的一切中学习。他曾通过打理哥廷根大学遗孀基金这件事学习金融知识，并在 1851 年开始自己投资并获得盈利。

因为从来没有亲近过父亲（虽然他赡养了母亲 22 年），不轻易交朋友，并在其第一任妻子去世后表现得烦躁不安，所以高斯通常被认为是一个对人疏远而冷漠的人。他不喜欢变化，所以他 30 岁定居在哥廷根之后几乎就没有离开过，即使他本可以在柏林这样的大城市担任高级学术职务，或是找到志同道合的朋友。

尽管他与许多人广泛通信，但亲密的同事很少。他是一个让人费解的人，他选择不公开他的一些科学和数学理论，可能是因为他对转向新的研究领域更感兴趣，或者是因为他是一个完美主义者，只有在他认为一切都是完整和完全正确的时候，他才会发表。他发表的文章和信件只是他留下的科学遗产的一小部分。

重要科学成就

高斯的研究领域范围很广，令人赞叹。他早期的爱好是算术和数论，后来又扩展到数学的其他领域，并在天文学、大地测量学、测量学、地磁学、电磁学、光学等方面进行了理论和实证研究。他还研究一切引起他注意的东西。他一生都在不断探索不同的数学方法，经常提出各种证明或解决问题的方法。

几何学

20 岁之前，高斯已经在几何学上取得了一项自古希腊以来最伟大的进展。当时他证明了可以用尺子和圆规画出一个规则的十七边形。

数论

1801 年，高斯的数学巨著《算术研究》出版，这是第一本代数数论或"高等算术"的系统教科书。他总结了一些关于这个主题的零散的著述，对一些突出的问题提出了自己的理论，并对数论的概念和研究领域做出了明确的分析。

天文学

高斯在 1801 年第一次正确预测小行星谷神星重现，他因此声名鹊起。这是因为自从意大利天文学家朱塞普·皮亚齐（1746—1826）在 1800 年短暂地发现该行星以来，科学家们就一直在关注它。高斯使用了一种处理观测误差的技术，即今天所说的最小二乘法或回归分析。后来，他将自己对天文学的兴趣发展成为轨道数值计算的重要研究。

测量学

在指导汉诺威地区的现代勘测过程中，高斯发明了回光仪，并提出了地图制图的数学理论。回光仪使用镜子和望远镜将太阳光聚焦成一束可以在长距离上看到的反射光束，这使得测量更加精确。他

遗产、真理、影响

◎ 高斯在众多领域都成功地开展了理论探索、实证研究和应用发明，这证明他拥有有史以来最伟大的科学头脑之一。他的许多思想如今被应用于不同领域，如高斯曲率和高斯概率分布。尽管其他理论家都认可他工作的重要性，然而高斯却从未得到太多公众的认可。当然，他并没有进行公开的巡回演讲来获得非科学家的关注。

◎ 高斯发表了 178 篇论文，但也留下了 226 篇未发表的论文，以及笔记、评论和回忆录。这些文章涵盖了许多新观点，同时也证明了他在其他人发表相关结论之前就已经研究过一些问题了，比如微分方程在无穷级数中的应用。高斯把许多想法藏在心里，这阻碍了数学的某些领域的发展。

◎ 磁场强度的单位以他的名字命名为"高斯"。

这崇高科学的迷人魅力只有那些有勇气深入其中的人才能完全领略到它们的美丽。
——致索菲·热尔曼的信（1807）

对地图的研究证明，地球球体的曲面不可能在平面地图上展开而不产生某种形式的失真。他尝试了保留角度，却以失真距离和面积为代价。这项工作为他赢得了 1823 年丹麦科学院的奖项。

磁学

1832 年，高斯参与了著名科学家亚历山大·冯·洪堡（1769—1859）绘制地球磁场图的尝试。他发明了一种磁强计，由一根悬挂在金纤维上的条形磁铁制成，并用它来测量特定地方磁场的强度和方向。他和他的同事威廉·韦伯（1804—1891）创建了世界上第一台电磁电报机，可以将信息传输到 1.5 千米之外。对他来说更重要的是，从磁力研究中得出了若干个数学原理，截至 1840 年，他写了三篇关于这些原理的重要论文。他的一些结论对今天诸如万有引力和电磁力等力的研究都具有启示意义。他还

大事记

年份	事件
1777 年	生于布伦瑞克。
1781 年	获得了布伦瑞克公爵的津贴或奖学金。
1795 年	在德国哥廷根大学学习。
1799 年	返回布伦瑞克；获得博士学位。
1801 年	随着《算术研究》的出版和谷神星的重新发现，确立了他在科学和数学方面的声誉。
1807 年	成为哥廷根天文台台长。
1818—1832 年	对汉诺威进行了一次新的大地测量。
1823 年	因地图投影研究获得丹麦科学院奖。
1855 年	在哥廷根去世。

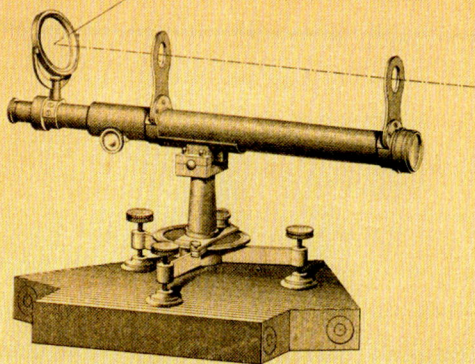

高斯发明了回光仪。这是大约 1866 年的模型。

给出了地球磁力的经验定义，确定了其绝对度量，并解释了为什么只能存在两个磁极，同时证明了一条将水平磁强度与倾斜角之间关系的定理。

非欧几何学

在 19 世纪早期以来的信件和评论中，高斯对非欧几里得几何的可能性表现出了兴趣。但他也担心，如果公开承认相信这些，声誉会因此受到损害，所以他从未发表他的相关理论。1831 年，高斯的老朋友法卡斯·鲍耶（1775—1856）把他儿子雅诺什·鲍耶关于非欧几里得几何的研究寄给高斯时，高斯回答说："我无法夸赞他，因为夸赞他就等于夸奖我自己。"后来，对非欧几里得几何的研究最终促进了阿尔伯特·爱因斯坦的广义相对论的产生。

迈克尔·法拉第

(1791—1867)

迈克尔·法拉第是一位英国物理学家和化学家，常被称为"电学之父"。他在电和磁领域的创新，特别是他的第一台发电机模型，为现代电力供应产业奠定了基础。

法拉第 1791 年出生于纽因顿（现在是伦敦的一部分），他的童年过得很艰难。法拉第的父亲是一位乡村铁匠，由于身体欠佳而无法全职工作，因此家庭经济困难，这导致法拉第几乎没有接受过正规教育。

尽管如此，法拉第表现出了极大的决心想要成功。在做书籍装订工的时候，他读了很多关于化学和电学的书，并在业余时间进行了化学实验。1810 年，他开始参加城市哲学学会，并在那里听到了各种科学主题的讲座。三年后，他找到了第一份在科学领域的工作——在英国皇家学会做实验室助理，与外科医生和化学家汉弗里·戴维（1778—1829）一起工作。同年，戴维带法拉第进行了为期 18 个月的欧洲之旅。其间，他学会了法语和意大利语，并结识了许多欧洲顶尖的科学家。法拉第在 1821 年与萨拉·巴纳德结婚后，把研究重点放在了化学上，尤其是钢铁和玻璃的制造上面，其间穿插着进行电学实验。1831 年，他放弃了对钢铁和玻璃的研究，将更多的时间投入对电的研究中。他很快取得了成功：他发现了电磁和磁电感应，并在第二年证明了只有一种电存在。

从 1838 年起，法拉第患上了各种疾病，身体日渐衰弱，然而他仍断断续续地坚持工作。在 1845 年，通过光和磁实验，他发现了后来被称为"法拉第效应"的现象。晚年，作为一个公众人物，政府和君主都在科学问题上向他咨询意见。1846 年，法拉第和地质学家查尔斯·莱尔一起领导了对达勒姆县哈斯韦尔煤矿爆炸事件的调查，该爆炸造成 95 名矿工死亡。1850 年，法拉第成为伦敦国家美术馆画作保护委员会的成员。

尽管法拉第取得了众多巨大成就，但他始终非常务实。他拒绝了爵位并两次拒绝了英国皇家学会主席职务。1858 年，维多利亚女王在汉普顿宫为法拉第提供了恩惠公寓，让他度过余生，他于 1867 年在那里去世，葬在伦敦的海格特公墓。

重要科学成就

电磁旋转

在法拉第之前的一段时间里，科学家一直在推测电和磁之间的确切关系。法拉第制造了两个装置，旨在证明两者关系的特征是"电磁旋转"。在第一个装置中，他展示了一个通电的可动导线会绕着一根固定的磁铁杆旋转；在第二个装置中，他展示了一根可动磁铁杆会绕着一个固定的通电导线旋转。

电磁感应

法拉第著名的"感应环"由缠绕在铁环上的两个线圈组成。环的左侧是线圈 A，它连接到一个电池，环右侧是线圈 B，它连接到一根导线上，这根导线经过大约一米远的指南针。将电流通过线圈 A 时，法拉第观察到线圈 B 下的指南针的指针发生了变化，他由此发现了"电磁感应"，即通过磁力引发电流。

磁电感应

法拉第试图用磁力产生电流。他拿了一根铁棒，在其上绕了一圈线圈。然后，他将这个铁棒放在两根磁铁之间，使铁棒的顶部接触到顶部的磁铁，底部接触到底部的磁铁，而两个磁铁本身则在侧面接触，从而形成了一种三角形的磁路。铁棒上的线圈与电流计相连。当移开铁棒断开磁路时，电流计则显示有短暂的电流；当放回铁棒重新接通磁路时，电流显示器则显示有相反方向的电流。法拉第由此发现了"磁电感应"：将磁性转化为电能。后来，他又制造了第二个装置来证明同样的结果。这一次，

遗产、真理、影响

◎ 法拉第发现的电磁和磁电感应构成了现代电气技术的基础。他的感应环是第一个电力变压器，是现代电力供应工业中必不可少的仪器。

◎ 现代发电机采用了法拉第在磁电感应装置中使用的理念，即利用磁铁和线圈之间的旋转运动。法国仪器制造商波利特·毕克西（1808—1835）在得知他的发现后建造了第一台发电机。

◎ 通过在电化学方面的开创性研究，他引入了电解质、电极、阳极和阴极等术语，这些术语已成为标准术语。

◎ 他还热衷于钻研演讲艺术，他的《给演讲者的建议》是在他去世后于 1960 年出版的，被认为是给教师和演讲者的优秀手册。他还在公立学校委员会大力强调在学校教授科学的重要性。

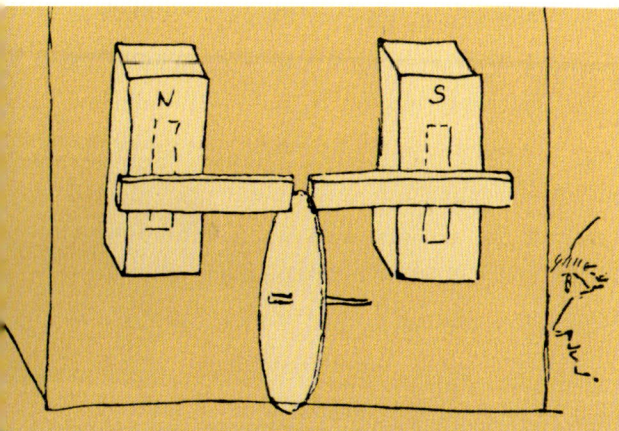

迈克尔·法拉第的发电机草图。

大事记

1791 年	出生于英国纽因顿。
1810—1811 年	参加城市哲学协会。
1813 年	成为英国皇家学会汉弗里·戴维的实验室助理。
1813—1815 年	与汉弗里·戴维一起游览欧洲。
1815 年	恢复在英国皇家学会的工作。
1816 年	出版了《托斯卡纳生原生石灰分析》，为城市哲学学会做一系列讲座。
1818—1823 年	对钢铁进行了研究。
1821 年	受邀为科学杂志《哲学年鉴》撰写一篇关于电磁学历史的文章；发现电磁旋转。
1825 年	被任命为英国皇家学会实验室主任。
1831 年	发现了电磁和磁电感应。
1832 年	试图证明无论其来源如何，电总是一样的。
1833 年	被任命为英国皇家学会富勒化学教授。
1834 年	发表了在电化学方面的发现。
1845 年	发现了"法拉第效应"。
1846 年	与查尔斯·莱尔一起进行矿难调查。
1857 年	拒绝担任英国皇家学会主席。
1858 年	受赐在萨里汉普顿宫的恩典之屋。
1864 年	拒绝英国皇家学会的主席职位。
1867 年	于汉普顿宫去世。

他拿了一个线圈，把它缠在一个空心的纸筒上，当快速地插入和取出磁棒时，电流计记录到有电流。

一种电

法拉第试图证明磁电、伏特电和静电并不是不同种类的电，即不管电是如何产生的，都是同一种电。他进行了一系列实验，旨在证明它们都具有相同的特性，如发热、有磁性、能产生火花等。

电化学和电解定律

通过旨在测量电的化学效应的实验，法拉第发现了他的第一个电解定律：电流在物质上产生的化学效应（无论这种化学效应是气体还是固体）总是与电流的量成正比。根据这一定律，他制造了一种测量电流的仪器，称之为伏特电表（或"伏特计"），

> 我必须永远保持迈克尔·法拉第的本色。
> ——法拉第拒绝担任英国皇家学会主席时的回应（1857）

并用其证明了电解学第二定律：物质的电化学当量与普通化学当量成正比。

法拉第效应

通过对磁性、光和玻璃进行实验，法拉第发现偏振光的偏振面可以随着磁场的旋转而旋转，此时磁场的方向与光的运动方向一致，这种效应也被称为"法拉第旋转"。他在笔记本上写道：它已经成功地"磁化了一束光"。

罗德里克·莫企逊

（1792—1871）

罗德里克·莫企逊爵士是一位苏格兰地质学家。他曾多次进行野外地质考察，包括勇敢地前往俄罗斯考察。其中最著名的是他在英国南威尔士研究岩石时发现了岩石中的志留纪体系或地质时期。他和妻子夏洛特频频合作，成果丰硕。两人被认为是19世纪英国最多产的地质学家。

1792年，罗德里克·莫企逊出生在苏格兰高地一个古老的地主家庭。父亲去世后，在他四岁那年，他们全家迁往英国定居。后来年轻的莫企逊被送到了位于马洛的一所军事学院学习。他精通马术和猎狐，并于1808年在半岛战争中短暂服役。1814年退役后，他与弗朗西斯将军的女儿夏洛特·胡戈宁结婚。莫企逊整个职业生涯都得到了夏洛特极大的鼓舞和启发。

有一年在汉普郡过冬，莫企逊跟着夏洛特家人学习自然历史。随后两人在欧洲游学了两年，学习艺术和自然科学。回来后，莫企逊卖掉了自己的家产，夫妇俩搬到了达勒姆郡。在这里，莫企逊从事了几年猎狐的工作，而夏洛特则致力于矿物学和贝壳学的研究。

在与科学家汉弗里·戴维的一次偶然相遇后，莫企逊在1824年不再猎狐，转向追求科学知识。受戴维对科学的热爱所启发，莫企逊卖掉了他的马匹来贴补其个人收入，并和夏洛特搬到了伦敦，在那里他开始参加英国皇家学会的讲座。后来受威廉·巴克兰（1784—1856）和夏洛特兴趣的影响，莫企逊专注于地质学。他被选为伦敦地质学会和英国皇家学会会员后，与当时的许多著名科学家都有往来，包括查尔斯·达尔文、查尔斯·莱尔和亚当·塞奇威克（1785—1873）等人。

在接下来的二十年中，几乎每年夏天，莫企逊都会进行地质考察，并因此得到了全世界的认可。在这些考察中，莫企逊经常由莱尔或塞奇威克陪同，他们一起游历了英国、法国和阿尔卑斯山地区。夏洛特也一直在他身边，充当他的化石猎人和地质画家。基于在南威尔士的研究，莫企逊于1839年发表了《志留纪体系》。之后不久，他又进行了一次著名的前往俄罗斯的地质考察。

得益于夏洛特母亲的大笔遗产，这对夫妇搬进了伦敦富庶的贝尔格拉维亚区的一所房子里。在那里，他们成为当地知识界的中心人物，圈子里包括当时一些著名的科学家、政治家和文学家。莫企逊在1846年被封为爵士，据说他后来变得越来越好辩，越来越教条，并深陷自我陶醉和自负中。到1871年去世时，他已经和许多同时代的人闹翻了。

重要科学成就

志留纪

1839年，莫企逊发表了他的主要著作《志留纪体系》，详细介绍了他对南威尔士古老的红砂岩下的"杂砂岩"（也叫"旧板岩"）的研究，这些岩石可以追溯到下古生代。尽管大多数地质学家认为这些板岩中含有很少的化石，但莫企逊认为，它们有可能保留着地球上最初的生物面貌。他根据曾经生活在该地区的一个古人部落"志留人"而把该地层命名为"志留纪"。

志留纪是一个主要的地层系统，这个时期的源头可以追溯到大约4.44亿年前。它有独特的动物群，有许多无脊椎动物，但很少有脊椎动物或陆生植物。莫企逊总结说，这标志着地球生命史上的一个重要时期。

泥盆纪

莫企逊与塞奇威克合作，在英格兰西南部的德文郡和德国的莱茵兰地区建立了泥盆纪体系。由于这个时期的古红色砂岩，泥盆纪有时也被称为"古红色时代"。这个时期的化石显示这是第一批鱼类进化出腿并开始在陆地上行走的时期，这一时期陆地上已经覆盖了森林。志留纪的晚期一直延续到约4.16亿年前的泥盆纪时期。

这一发现是在莫企逊与亨利·德拉贝奇（1796—1855）的一次争论之后得到的，莫企逊在争论中提出在志留纪体系之下不可能有煤，因为下面的地层一定比志留纪更古老，而煤是与更年轻的岩石相关联的。莫企逊和塞奇威克的发现表明，德拉贝奇所

自然地理和地质学是不可分割的科学孪生兄弟。

——在英国皇家地理学会周年纪念会议上的致辞（1857年）

遗产、真理、影响

◎ 由于他的成就，莫企逊获得了许多声望很高的职位，并获得了许多奖项。他被封为爵士，成为地质调查局局长，他是皇家地质学会的创始成员，皇家地质学会的科普利奖章获得者，他还是皇家地质学会的主席。

◎ 作为一个帝国主义者，他支持探险家戴维·利文斯通（1813—1873）在非洲的传教活动。乌干达的莫企逊瀑布就是以他的名字命名的；在加拿大和澳大利亚也有以他的名字命名的地标。

◎ 他的妻子夏洛特是一个至关重要的合作伙伴，她为莫企逊的成功做出了重大贡献。她不仅为他提供了极好的资源，比如她的化石收藏、素描和绘画作品，而且她还提供了不少珍贵的科学建议。除了与莫企逊一起取得的这些成就，夏洛特和她的朋友玛丽·萨默维尔（1780—1872）还成功地为女性争取到了去伦敦国王学院听地质学讲座的权利。尽管后来她们也遇到了挫折，但这一举动被认为是英国大学迈出了录取女生的第一步。

地球最早的状态必然是其地质历史中最黑暗的时期。

——《志留纪体系》（1839）

观察到的地层不是志留纪前期的底层，而是古红色砂岩（泥盆纪）的侧向对应层。

虽然由于其依赖纯粹古生物学标准，莫企逊和塞奇威克对泥盆纪体系的定义引起了争议，但他们继续提供了进一步的实验证据来支持他们最初的观点。

尽管莫企逊和塞奇威克一起取得了很多成就，但后来由于两人对志留纪体系基底的看法越来越不同，他们产生了分歧。莫企逊的书《硅化纪》（1854）是他整体立场的通俗版本，旨在给塞奇威克和德拉贝奇这样的对手以"致命一击"。

二叠系

莫企逊于 1841 年与爱德华·德·维尔纳伊尔（1805—1873）和亚历山大·冯·凯瑟林伯爵（1815—1891）一起前往俄罗斯考察，并确定了二叠纪体系。二叠纪以彼尔姆地区的地层命名，这些地层现在被确定在 2.5 亿至 2.9 亿年前。

志留纪的三叶虫化石。志留纪体系最早由莫企逊发现。

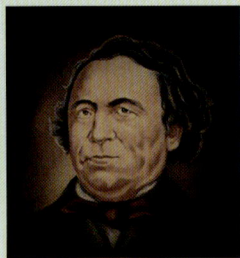

让－巴蒂斯特·杜马

(1800—1884)

让－巴蒂斯特·杜马是一位化学家、教育家和政治家，他是有机化学研究和分析的先驱。他最著名的是取代学说，这一理论与当时公认的分子结构理论相矛盾，并最终取代了分子结构理论。他具有革命性和启发性的教学方法为现代化学教育和研究奠定了基础。

让－巴蒂斯特·杜马出生在法国的阿莱斯，他的父亲是当地镇上的职员。在接受了古典文学教育之后，他计划加入海军，但在拿破仑最终失败后，他改变了主意，成为一名药剂师的学徒。1816年他搬到日内瓦，学习化学、药剂学和植物学。他对学习的热忱很快得到教授们的关注和鼓励。

杜马于1823年回到法国，在巴黎综合理工学院担任法国化学家路易－雅克·泰纳尔（1777—1857）的助教一段时间后，他成为学术机构雅典学院的化学教授，这是他同时担任的几个学术职位中的第一个。他工作的大部分时间都花在了从一所学校到另一所学校的路途中。

杜马于1835年接替泰纳尔，成为巴黎综合理工学院的化学教授。因为那时他已经坚信科学实验室的重要性，所以他创办了一所自筹经费的化学学院——中央工艺与制造学院（巴黎中央大学的前身）。杜马的学生不仅见证了他富有激励性的教学，还目睹了他对实验的热情，尤其是他愿意全身心地投入解决19世纪困扰有机化学发展的各种争议中。虽然他因此发现的成果和理论赢得了许多赞誉，但也为他招来了敌人。

杜马最初不善于公众演说，但到了19世纪40年代后期，他的演讲技巧已经得到了大大的提升，因此随着他大部分重要科学工作的完成，他转向了政治。拿破仑三世在位期间，他曾担任过巴黎市议会主席。其间，他重新改建了城市排水系统，拿破仑三世因此称他为"卫生诗人"。1870年，杜马结束了在科学院担任常任秘书的政治生涯，回归到科学研究。

重要科学成就

早期发现

杜马通过自己的努力，与同事合作确定了许多重要化合物的分子结构，包括伞花烃、氨基甲酸乙酯，还有最重要的甲醇。他和法国化学家尤金·梅尔基奥·佩利格特（1811—1890）通过蒸馏木材并制备衍生物，成功地分离出了甲醇，而且也正是这种对甲醇的分离促使了杜马对碳氢化合物自由基的研究，这是一种具有至少一个不成对电子的分子。

取代定律

杜马试图沿着二元的、无机的方式来发展有机化学，这引导着他发现了"取代定律"。他推翻了19世纪早期伟大的瑞典化学家永斯·雅各布·贝采利乌斯（1779—1848）的电化二元论，即所有化合物都是由两种电性质不同（即带正电荷和负电荷）的部分构成的，化学化合作用是由带正电荷和负电荷的部分相吸而引发的。杜马发现燃烧用氯漂白过的蜡烛会产生氯化氢烟雾。他的结论是"在漂白过程中，松节油的碳氢化合物中的氢被氯取代了。"杜马证明，在某些情况下，有可能用电负性的氧原子来取代电正性的氢原子，而不会有明显的结构变化。

其他人，比如德国化学家尤斯蒂斯·冯·李比希，当然还有贝采利乌斯本人，都严重质疑杜马的发现。面对质疑和攻击，杜马不得不退让。后来更糟的是，杜马自己的学生奥古斯特·洛朗（1807—1853）因为成果归属问题也与他闹翻了，到了不可调和的程度。洛朗同时也是他研究"取代定律"的合作伙伴。然而，杜马后来又与李比希和好了。

蒸汽密度和原子量

当杜马在巴黎综合理工学院开始他的职业生涯时，他致力于改进测量蒸汽密度的方法。他的方法就是测量物质变成蒸汽时的质量、体积、温度和压力。这种方法改写或修正了30种元素的原子量，包括碳

遗产、真理、影响

◎ 有机化学可以说是当今世界上最重要的化学领域。杜马对这门学科的贡献，使他当之无愧地成为他以前的学生查尔斯－阿道夫·伍尔兹（1817—1884）所称道的"有机化学的创始人"。

◎ 他是最早认识到科学实验室的重要性并采取行动的化学教师之一。他的研究生继承了他的事业，继续组建他们自己的实验学校，这些学校可与李比希在德国的著名学校相媲美。伍尔兹、亨利·艾蒂安·圣克莱尔·德维尔（1818—1881）和路易·巴斯德都是这著名的化学家的代表。

◎ 杜马在论文中最初关于原子理论的大部分成果都是富有远见的。他在书中所体现的思想通常被认为极具前瞻性。

杜马也不遗余力地利用他在科学院的显赫地位来阻碍年轻化学家的事业发展，因为他认为这些年轻化学家会威胁到他的声誉。

——关于原子理论的论文（1826）

原子量修正为 12.02，氢修正为 1。这 30 种元素代表了当时已知元素总数的一半，比德米特里·门捷列夫（1834—1907）的周期表早了三十年。

估算有机化合物中氮的含量

杜马创造了一种估算有机化合物中氮含量的方法。他将此方法描述为：取一个已知重量的氮样品，用氧化铜加热样品，然后在二氧化碳气流中完全氧化；燃烧产生的气体通过加热的铜螺旋管传递过去，在浓缩的氢氧化钾溶液上就可以收集到氮气。然后，通过直接测量所得样品的质量即可估算氮的含量。这一方法至今仍是现代分析方法的基础。

肾脏的功能

人们一直认为是肾脏产生了尿素。杜马通过证明被摘除肾脏的动物血液中仍含有尿素，证实了过滤排出血液中的尿素实际上是肾脏的功能之一。

大事记

1800 年	出生于法国的阿莱斯。
1816 年	移居瑞士日内瓦。
1822 年	返回法国，成为巴黎理工学院路易－雅克·泰纳尔的助理。
1826 年	发表关于原子理论的论文，其中的思想发展成了他的"替代定律"。
1828 年	出版第一卷《论化学应用于艺术》。
1832 年	在煤焦油中发现蒽。
1833 年	发现聚氨酯。
1833 年	发明了一种估算有机物质中氮含量的方法。
1834 年	发现甲醇（与尤金·梅尔基奥·佩利格特合作）。
1835 年	被任命为理工学院化学教授。
1838 年	葡萄糖被命名为"葡萄糖"，由于它是在葡萄和蜂蜜中发现的甜味物质。
1841 年	被任命为索邦大学化学教授。
1846 年	出版第八卷，也是最后一卷《论化学应用于艺术》。
1848 年	放弃科学工作，投身政治。
1850—1855 年	担任农业和商业部部长职务。
1859 年	成为巴黎市议会主席。
1868 年	成为科学院常任秘书；被任命为铸币厂的主任。
1870 年	第二帝国垮台后，退出公众的视野。
1884 年	在戛纳去世，葬在巴黎。

1870 年 9 月，拿破仑三世在塞得河战役中向普鲁士军队投降，标志着法兰西第二帝国的结束。杜马从此结束了政治生涯。

尤斯蒂斯·冯·李比希 （1803—1873）

可以说李比希的工作所涉及的领域比任何其他19世纪的化学家都要多，他是当之无愧的农业和生物化学方面的权威。他参与了科技农业的兴起，在促进粮食增产、解决人口大幅增长时期的粮食问题方面起到了关键作用。他还是一位富有魅力和创新精神的教授，赢得了许多来自其他国家的学生的热爱和尊敬。

尤斯蒂斯·冯·李比希出生于德国的达姆施塔特。他的父亲是一名化学品制造商，拥有一家商店，更重要的是还拥有一个实验室，可以让他在里面做化学实验。传说年轻的李比希进行了危险物质的化学实验，不仅在当地的学校发生了爆炸，还差点炸毁了他自己的家。这很可能是真的，因为他的父母随后决定送他去赫本海姆的一名药剂师那里当学徒，这样一方面可以保住房子，另一方面也可以让他有一个职业。

李比希后来在普鲁士波恩大学学习化学，直到1820年获得博士学位后，他继续前往巴黎学习。正是在巴黎，李比希对爆炸物（即雷酸银）的迷恋有了成果，并提出了异构现象的概念。之后在达姆施塔特的短暂停留期间，他抽时间结了婚。21岁的时候，他成为吉森大学的教授。

李比希是一个著述颇丰的学者。仅在19世纪30年代，他就发表了300篇论文。作为《化学和药物杂志》月刊的编辑和创始人，他不畏向其他化学家直言自己犀利的批判性观点，同时他又极力推广自己及其学生的工作成果。

李比希最初研究的是纯有机化学，但到了19世纪40年代，他把注意力转向了应用化学，倾注心血于化学科学在食品、营养和农业上的应用。

晚年，他专注于写作和科普演讲。这期间，他在《化学通信》（1843）这本书中态度鲜明地表达他的直率观点，评论了诸如科学方法论和未能回收化学废物的危险性等一系列问题。废物回收问题是由他访问英国引起的，当时他目睹了污水被排放到海洋中，这让他感到震惊。

重要科学成就

同分异构体

同分异构体的概念是由李比希和德国化学家弗里德里希·沃勒（1800—1882）同时提出的，他们分别研究了雷酸和氰酸。这些酸的组成相同，但化学性质不同。也就是说，它们的分子式是相同的，但是它们的分子结构以及它们的化学性质是不同的。这一巧合的共同发现促成了两人一生的友谊和富有成效的专业合作。他们对苯甲酰基的发现首次表明：在有机物中，有许多原子结合在一起，但是这些原子在反应过程中表现得像元素。他们还设计了一种测定有机化合物中碳和氢含量的方法。

有机分析

1831年，李比希完善了一个实验程序，这个程序显著地改进了有机分析方法，也为他的事业成功做出了贡献。这是一个测定有机化合物中碳含量的实验程序。他首先将氧化铜与有机化合物一起燃烧，然后在氯化钙管中和在含有氢氧化钾的独特五球装置中完成吸收作用，并立即通过称重来确定氧化产物、二氧化碳和水蒸气的重量。在李比希取得这一方法突破之前，这样的程序可能需要一天时间。他的简单方法一天可以进行六到七次实验，并且结果更加精确。

化学与农业的关系

李比希坚信只有化学家才能帮助农民。化学家可以告诉农民种植庄稼的最佳方式、不同土壤的性质，以及特定的肥料如何与特定的土壤发生反应。李比希对土壤的分析导致了他对"腐殖质理论"的驳斥——他证明植物的碳含量不是来自叶腐殖质，而是来自大气层中的光合作用。

后来他研发出了自己的化学肥料。一开始，这个发明并不成功。由于他错误地认为植物的氮更直接地来自大气中的氨和土壤中的硝酸盐，而不是粪肥，所以他发明的肥料极不容易被植物吸收。这一

遗产、真理、影响

◎ 李比希去世时，他的学生霍夫曼曾写道："在他走过的几个世纪中，没有其他人能够留下比他更宝贵的遗产给人类。"

◎ 李比希是一位激进的老师。他坚持认为化学不应该作为普通药学研究的一部分，而应该作为一门独立的学科来教授。毫无疑问，他记得自己年轻时的实验经历，他推动了实验室实验的实践，以至于这成为培训的标准部分。

◎ 多所于 19 世纪中叶成立的化学学院采用了李比希的教学模式，这包括哈佛大学的劳伦斯科学学院和伦敦皇家化学学院。

◎ 李比希得出的一些结论后来被证明是错误的。例如，他不认为酵母是一种生物物质。然而，这些错误以及所引发的后续研究，却催生了更进一步的重要发现，他对科学农业的影响是毋庸置疑的。

> 不是只有生物才能产生有机物。我们不是可能，而是必将在实验室生产出有机物。糖，水杨苷[阿司匹林]和吗啡将被人工合成。
>
> ——李比希和沃勒《药物年鉴》（1838 年）中的文章

点得到纠正后，他取得了令人鼓舞的结果。他的尝试引发了其他人的进一步研究，最终发现了超级磷酸盐，这种磷酸盐后面被开发成了肥料。

动物化学

李比希对血液、尿液和胆汁的成功分析工作引起了他对动物新陈代谢的兴趣。他提出，肌肉的力量来自食物如碳水化合物和脂肪氧化提供的能量。

李比希后来还尝试了可以保留肉类营养价值的烹饪方法。他在低压条件下将瘦肉熬制成汤，然后将汤制成一种胶状液体，他称之为"肉汁提取物"。他认为，这种高营养且廉价的真正肉类替代品，可以作为病人和营养不良者恢复性饮食的一部分，特别是在南美洲这样的地方，在这从无数宰杀的牲畜中获取提取物是一项极其经济的操作。在 20 年内，他的肉类提取物被作为"病弱和劳动阶层"的营养食品进行销售。

大事记

1803 年	出生于德国的达姆施塔特。
1820 年	在化学家卡尔·卡斯特纳的指导下，开始在波恩大学学习化学。
1824 年	被任命为吉森大学化学助理教授。1832 年，他和弗里德里希·维勒一起发现了苯甲酰自由基。
1832 年	发表关于发现三氯甲烷的论文。
1832 年	创办了月刊《化学和药物杂志》。刊物发行一直持续到 1998 年，后来由利比格·安娜伦接手。
1840 年	出版《化学在农业和生理学中的应用》。
1842 年	出版《生理学和病理学应用中的有机化学》。
1845 年	开发化学肥料。
1845 年	被黑森·达姆施塔特公爵封为男爵。
1847 年	出版《食品化学的研究》。
1852 年	搬到慕尼黑大学。教书时间很少，更多时间用于追求自己的兴趣。
1865 年	李比希的"肉类提取物"由比利时铁路工程师乔治·吉伯特在李比希的协助下进行营销，并在 1899 年被注册为 OXO。
1873 年	于慕尼黑去世。

大约 1900 年的德语和意大利语的李比希肉制品公司广告卡。

牛种：野牛。

查尔斯·达尔文

（1809—1882）

查尔斯·达尔文是英国博物学家，也是进化论最著名的倡导者。他的自然选择学说彻底改变了生物学，也改变了我们对地球上生命的看法。

达尔文 1809 年生于英国什鲁斯伯里一个中上阶层的家庭。虽然一直对自然历史很感兴趣，但他在学习上开窍比较晚。在就读于剑桥大学基督学院后，他获得了一个弥足珍贵的机会，这也成为他一生发展的决定性时刻之一。1831 年，罗伯特·菲茨罗伊船长的"贝格尔号"船需要一名随船博物学家指导其科学考察，这为达尔文提供了环球航行的机会。他后来把这次航行描述为"迄今为止我生命中最重要的事件"，一个"决定了我整个职业生涯"的事件。在船上，达尔文研究了查尔斯·莱尔的《地质学原理》。莱尔在书中讨论了詹姆斯·赫顿认为地球的年代比圣经学者所声称的要古老得多的观点，这对达尔文产生了深刻影响。在这次航行的多次探险旅途中，达尔文对地球上各种各样的动物和植物都非常着迷。

他在 1838 年构思了他的自然选择理论，并在接下来的 20 年里致力于发展完善这一新的进化论观点，最后于 1859 年发表了《自然选择的物种起源》，通常简称为《物种起源》。他的进化论通过自然选择的过程，试图表明生命的进化可以在不假上帝等超自然存在的情况下加以解释。不出所料，这引起了基督教会成员的愤怒反应。有一次，尽管有达尔文的支持者在场辩护，牛津主教塞缪尔·威尔伯福斯还是在英国科学促进协会上对《物种起源》提出了一系列反对意见，虽然该协会是一个旨在推进科学的学术社团。

1839 年，达尔文与他的表妹艾玛·韦奇伍德结婚。他们共同育有 10 个孩子，定居在肯特郡的唐恩村。作为许多关于自然界书籍的作者，他非常出名，后来被认为是科学界的元老。在经历了数年的疾病困扰后，达尔文于 1882 年在家中去世，享年 73 岁。他被安葬在伦敦的威斯敏斯特大教堂。

重要科学成就

进化论

达尔文乘坐英国皇家海军"贝格尔号"远航时，参观了加拉帕戈斯群岛，这座位于太平洋的群岛上有着众多特有物种。他发现每一个岛上的乌龟都表现出轻微的身体差异。达尔文意识到，事实上这些龟并不是生而不同，而是在对每个岛屿不同的环境条件做出反应时产生了差异——或者进化。虽然这对于一种物种似乎是正确的，但达尔文认为进化论作为一种对所有物种适用的普遍命题值得进一步科学研究。通过对其他物种的研究，达尔文证明了进化的过程实际上已经发生：地球上的生命不是造物主的产物，而是根据它们对周围环境的反应，从简单生物到更复杂的生物逐渐发展而来。

自然选择

1838 年，从贝格尔号的航行归来后，达尔文发现"自然选择"是用来解释进化论的机制。虽然进化被构想为一个过程，但自然选择被认为是其原因。达尔文用人工选择来类比自然选择，即育种者可以通过人工选择改造家养的植物和动物，然而在自然选择中，没有育种者，反而是诸如生殖竞争和生存能力等环境条件，通过选择最适合生物、淘汰不适合生物的自然过程来塑造某个物种的未来。竞争的普遍观念也被运用在达尔文的整体理论中，以解释绝灭和随着时间推移的多样化等现象。

阿尔弗雷德·拉塞尔·华莱士

达尔文赶在 1859 年就发表了《物种起源》，因为他了解到其他科学家也在发展类似的理论。特别是阿尔弗雷德·拉塞尔·华莱士（1823—1913），独立于达尔文之外，早在 1855 年就开始了进化论研究。后来到 1858 年，两人成了朋友，并经常通

遗产、真理、影响

◎达尔文的《物种起源》出版后立即成为畅销书，在达尔文一生中出版了六个版本。此书一出版就引发了激烈争议，特别是与当时盛行的创造论有关，至今仍在激发人们思考。毫无疑问，这是历史上最重要的科学著作之一。

◎达尔文的理论是对正统宗教的直接挑战。对许多人来说，它挑战了上帝的存在，特别是上帝设计世界的观点。达尔文的理论时至今日仍被许多无神论者频繁引用，比如理查德·道金斯。同时，达尔文主义近年来在美国尤其引起争议，基督教团体对其作为理论的合理性质疑，并主张在学校教授智能设计作为真正的替代理论。

◎一些与达尔文理论相关性不大的观念发展起来，这些观念达尔文本人可能不会支持。例如优生学，它将达尔文主义的概念应用于人类社会，特别是解释某些特征的遗传特性。优生学在 20 世纪被纳粹德国用作追求基因"纯洁性"的托词借口后，成了带有污名的概念。19 世纪末 20 世纪初，社会达尔文主义者也试图将"适者生存"和进化的概念应用于社会和经济体系。达尔文本人也不赞成政府基于进化论和自然选择来制定社会变革政策的想法。

既然自然选择定律已经被发现，自然界中关于自然神创的旧论点……也就失败了。我们不能再争辩说双壳类贝壳的美丽铰链一定是由一个智慧的神像人类制造门的铰链那样制造出来的。生物多样性和自然选择过程跟风的吹动方向一样，并不存在多少上帝的设计。自然界的一切都是固定法则的结果。

——《达尔文自传》（1887，1958）

信。许多当代学者认为华莱士与达尔文共同提出了进化论。

其他著作

除了关于进化论的著作，达尔文还出版了关于地质学的技术书籍，一本关于藤壶的专著，以及广为人知的关于他在英国皇家海军贝格尔号上航行的叙述。

大事记

年份	事件
1809 年	出生于英国的什鲁斯伯里。
1818 年	成为什鲁斯伯里学校董事会的一员。
1825—1827 年	在爱丁堡大学学习医学，但是未完成学业就离开了。
1828 年	就读于剑桥大学基督学院。
1831 年	获得荣誉文学学士学位。
1831—1836 年	乘坐贝格尔号航行世界。
1839 年	与艾玛·韦奇伍德结婚。出版《小猎犬号航海记》。
1842 年	同妻子和家人搬到肯特郡的唐恩村。
1859 年	出版《物种起源》。
1860 年	牛津主教塞缪尔·威尔伯福斯在牛津英国协会批评《物种起源》。
1871 年	出版《人类的由来》。
1872 年	出版《人类与动物的情感表达》。
1881 年	出版《腐殖土的产生与蚯蚓的作用》。
1882 年	在家中去世。

生命之树的细节，达尔文把这作为进化论的模型，摘自 1859 年版的《物种起源》。

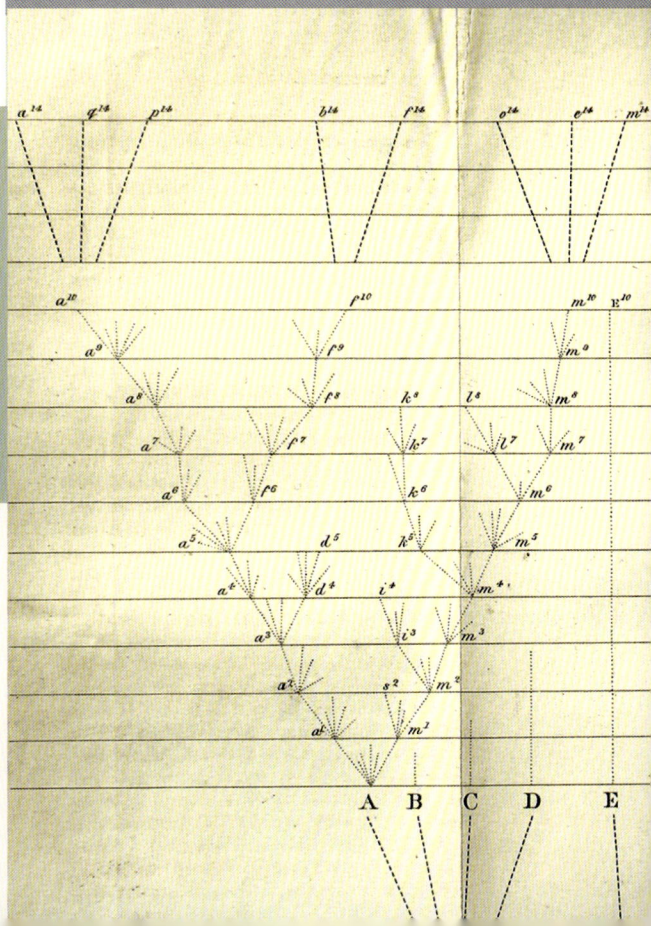

罗伯特·威廉·本生

(1811—1899)

罗伯特·威廉·本生是一位德国化学家，他在多个领域都有大量的发现和发明。其中最著名的发明是以他的名字命名的煤气灯。

罗伯特·威廉·本生 1811 年出生于德国哥廷根，是家里四个儿子中最小的一个。他的父亲查里斯恩·本生是哥廷根大学的图书馆馆长和现代语言教授。

在哥廷根上完小学和中学后由于成绩优异，本生转到霍尔茨明登学院读大学预科，并于 1828 年毕业。随后，他就读哥廷根大学，并在两年后获得了物理学博士学位。

在汉诺威政府的资助下，1830—1833 年，本生周游欧洲，参观工厂、实验室，以及其他有科学价值的地方，并会见了当时著名的欧洲科学家。本生科学兴趣广泛，化学、物理学、地质学，以及把实验科学应用于工业问题等都是他的兴趣所在。

回到德国后，本生在哥廷根大学找到了第一份工作。1836 年，他在卡塞尔理工学院工作，两年后成为马尔堡大学的教授。1852 年，他接替德国化学家利奥波德·格梅林（1788—1853）成为海德堡大学的教授，并在此后的职业生涯中一直在海德堡大学工作，尽管在 1863 年有机会接替埃哈德·米切里希（1794—1863）成为柏林大学的教授。

本生是一位非常敬业的老师，他总是抽出大量的时间来帮助他的学生。他从未结婚，部分原因是他的教学、研究和旅行几乎占据了他所有的时间。

1889 年，78 岁高龄的本生退休了。在他的整个职业生涯中，他对地质学都非常感兴趣，在去世前的 10 年中，他把大部分时间都投入地质学研究中。

重要科学成就

本生灯

在他的教学生涯中，本生一直强调科学的实验性。他喜欢设计新的仪器，并改进现有的仪器。在 19 世纪 50 年代初，他致力于煤气灯的发明，并在 1855 年开发了一种基于迈克尔·法拉第最初设计的煤气灯。在后来的一些实验中，本生利用他发明的煤气灯来燃烧金属和盐类，并根据它们各自特有的火焰颜色来识别它们。

本生电池

本生在 19 世纪四五十年代致力于研发蓄电池。1841 年，他制造了一种被称为本生电池的电池，使用经过热处理的碳作为负极，能够产生高强度的光。后来，他制造了用铬酸代替硝酸作为电解液的电池，以及另一种在铬酸中使用锌和碳板的电池。

有机化学和无机化学

本生早年完成了一些有机化学的研究。1837—1842 年，他发表了几篇关于二甲砷基化合物（一种含砷化合物）的论文。事实上，1843 年在做二甲砷氰化物的研究时，实验装置发生爆炸，他的一只眼睛失明，他还有一次差点死于砷中毒。通过对砷的其他研究，他发现水合氧化铁是砷中毒的解毒剂。

后来他放弃了有机化学的研究，把大部分精力都投身于无机化学研究。在这个领域，他研发了各种分析技术，用于无机物的鉴定、分离和测量，并在教学生涯的大部分时间里讲授这些技术。

气体研究

本生和莱昂·普莱费尔（1818—1898）在 1838—1846 年调查了德国铸铁工业的生产情况，调查显示其生产工艺的效率低下。他们发现在木炭燃烧炉中，超过 50% 的燃料热量在逃逸的气体中丧失，在煤炭燃烧炉中，有 80% 的热量损失。在他们后来发表的论文《炼铁理论指导下的炼铁炉的热气释放报告》中，他们提出了一系列在炉内实现热气循环使用的改进技术。他们在这一领域的众多成果收录到了本生的《气体定量法》一书中，书中还列出了各种收集、保存和测量气体的方法。

遗产、真理、影响

◎ 本生灯是一种应用广泛的实验设备，它改变了化学的实验。

◎ 本生还开发并改进了其他几种实验室设备，包括本生电池、冰量热计、蒸气量热计、过滤泵和热电堆。

◎ 1846 年在冰岛的一次科学考察中，本生测试了来自赫克拉火山的岩石，得出火山岩是酸性硅质岩（粗面岩）和含硅较少的碱性岩石（辉石岩）的混合物的结论。尽管这一结论现已不再被人们所接受，但他在这一领域的研究为现代岩石学的发展做出了巨大贡献。

◎ 1898 年，本生在去世后成为首位获得阿尔伯特勋章的人。该勋章由英国工艺协会授予，以表彰他在工业领域的科学贡献。

> 气体的保存和收集是第一步，也是气体测量学中最重要的操作之一。
>
> ——《气体定量法》（1857）

本生灯在不同气阀设置情况下产生不同的火焰，左边为气阀关闭状态，右边为气阀完全打开状态。

大事记

频谱分析

19 世纪 60 年代，本生和古斯塔夫·基尔霍夫（1824—1887）将本生灯用于光谱分析领域，用来测试加热材料火焰的发射光谱。这个领域的研究使他们发现了铯，一种新的碱金属。

> 不懂物理的化学家什么也不是。
>
> ——帕丁顿在《化学历史》中引用本生

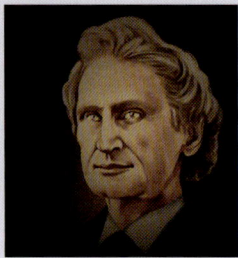

詹姆斯·德怀特·丹纳

（1813—1895）

丹纳最大的贡献之一就是为矿物分类提供了一套系统。作为一名地质学家和动物学家，他在美国探险考察（1838—1842）活动中起到了重要作用，在南太平洋航行期间收集了大量关于造山运动、火山岛、珊瑚和甲壳动物的信息。丹纳的《矿物学系统》经过修订和再版，至今仍是一本重要的参考书。

丹纳出生在纽约尤蒂卡一个虔诚的基督教家庭，他的父亲在那里拥有一家五金店。丹纳自小就对自然历史着迷，收集了大量植物、昆虫和岩石。他后来考入了位于康涅狄格州纽黑文市的耶鲁大学，在那里遇到一位老师——杰出的科学家本杰明·西利曼，同时也是《美国科学杂志》（1779—1864）的创始人。1833 年毕业后，他第一次重要的海外探险工作是在一艘海军船上担任数学老师。丹纳跟着船航行到了地中海，观察到了维苏威火山爆发。他就此撰写了关于维苏威火山爆发的一封书信并发表在了《美国科学杂志》，这是他发表的第一篇科学论文。

1836 年，丹纳回到耶鲁大学，担任西利曼的助手。通过研究他自己和西利曼的矿物收藏，丹纳提出了一个矿物分类系统，并把这个系统编著成了一本 580 页的书籍《矿物学系统》。出版这本书的时候，他才 24 岁。两年后，他登上了美国海军舰艇"孔雀号"，这是美国国会派出探索南海的小型舰队之一，这次美国探险队的主要目的是绘制太平洋岛屿图，并勘测南极洲。丹纳是参与其中的几名科学家之一，这使得他有机会研究未知地区的地质和动物情况。探险路线包括安第斯山脉、太平洋的珊瑚岛（环礁）和珊瑚礁，以及夏威夷群岛的活火山基拉韦厄火山。他在探险中收集了 300 个化石、400 个珊瑚和 1 000 个甲壳纲动物。之后，丹纳花费了十多年的时间整理他的发现，并撰写了三份详细的报告：《水藻类》《太平洋地区的地质学》和《甲壳类动物》，陆续于 1846—1854 年出版。

在这个时期，丹纳得到许多同时代人的认可，被视为美国的主要地质学家，并被任命为耶鲁大学西利曼的继任者。随着研究重点专注在地质学上，他著作颇丰，创作了许多有着精妙设计插图的报告和其他出版物，其中包含了年轻的高岛逐渐发展为年老的环礁的理论，以及解释山脉构造的"冷缩说"。1848 年，他修订了《矿物学系统》，这个修订版至今仍在刊印。丹纳在 70 多岁时回到了夏威夷以进行更多的研究，为他的新书《火山特征》做准备，并在那里持续写作和研究直到去世。

重要科学成就

矿物学体系

在丹纳的《矿物学系统》第一版中，他用来对矿物进行分类的方法最初类似于卡尔·林奈对植物和生物（属和种）的分类方法。直到这本书的第四版，分类方法才有了革命性的变化，这时，他使用了一种化学分类方案，根据矿物成分（例如硅酸盐、硫酸盐和氧化物）对矿物进行分类，这种方法至今仍被普遍使用。

地球冷缩说

丹纳的"冷缩说"理论（也称为"全球变冷"）是指早期处于融熔状态的地球从大陆腹地开始冷却，形成坚硬的地表，当地球继续冷却时，侧压力使地槽中的沉积层发生褶皱和断裂，坚硬的外壳就皱缩了。丹纳提出，褶皱效应在山脊等特征中也能看到。

环礁和珊瑚礁

查尔斯·达尔文，博物学家路易斯·阿加西（1807—1873）和阿加西的儿子亚历山大，在 19 世纪就珊瑚礁的形成进行了激烈的辩论。1837 年，当达尔文乘坐贝格尔号返航后，他认为大多数珊瑚礁的形成，比如环礁，都是由于海洋岛屿下沉后，在浅水区的珊瑚生长而形成的。丹纳也独立地提出了同样的"沉降理论"，并为该理论增加了一些他自己观察到的细节，比如珊瑚环礁最终是如何死亡并沉降到海面下的。阿加西的儿子反对这种沉降理论，他认为一些珊瑚礁的生长是由于海底山脉上积累的浮游生物残骸。直到 1951 年，海底钻探获得的证据

遗产、真理、影响

◎丹纳的矿物分类系统是矿物学发展的一大飞跃。虽然他的矿物分类系统随着新矿物的不断发现而几经增补，但如今仍然在被普遍使用。

◎丹纳提出了"冷缩说"，这一理论后来被板块构造理论所取代。板块理论始于1915年，当时科学家兼气象学家阿尔弗雷德·魏根纳提出了大陆漂移的概念。

◎基于对火山链和珊瑚形成的仔细观察，丹纳做出了一些准确的原创性预测。比如今天所称的被淹没的环礁，也被称为海底平顶山。他对太平洋海域火山链的线性模式和从活火山到环礁的时代演化的理解也是正确的。这些观察和理论至今仍然成立。

◎作为第一批研究火山爆发的训练有素的科学家之一，丹纳最早提供了一些关于火山活动的有用报告。例如，他注意到了维苏威火山的黏性熔岩和基拉韦厄火山更具流动性的玄武岩熔岩之间的区别。这些观察对于理解火山活动的不同特性具有重要意义。

◎为了展示美国探险考察所收集的一部分国家珍藏，美国第一个国家博物馆开放了。随着每一份关于考察成果的出版物发表，美国在科学界的地位得到了提升。丹纳的著作起到了重要的作用，并被德国博物学家和探险家亚历山大·冯·洪堡（1769—1859）称为"当今科学的最辉煌的贡献"。

一幅19世纪油画中的庞贝城的城市大广场，以及远处的维苏威火山。丹纳在其第一次重要的海外探险中观察到了维苏威火山喷发。

> 我诧异于你的智力劳动的成就，还有你的成果中的巨大的原创性。
> ——查尔斯·达尔文在给丹纳的信中谈到丹纳的著作《甲壳纲动物》

证明了达尔文和丹纳的沉降理论是正确的。

美国探险考察队

美国探险考察队拥有6艘船、9名科学家和航海能手以及300多名船员，是当时规模最大的一次探险考察，也是美国领导的第一次系统收集地质信息的探险。大量的信息和样本被收集起来，大大丰富了美国贫乏的科学和人种学收藏。包括达尔文在内的很多科学家都很钦佩丹纳，因为他收集了大量的甲壳纲动物样本，并在《甲壳纲动物》一书中详细描述了这些样本，其中包括500多个新发现的龙虾、螃蟹、帽贝和虾等物种。

大事记

1813年	生于美国纽约州尤蒂卡。
1830年	考上位于康涅狄格州纽黑文市的耶鲁大学。
1837年	出版《矿物学系统》。
1838年	加入美国探险队。
1843年	出版《矿物学手册》。
1844年	与老师本杰明·西利曼的女儿亨丽埃塔·西利曼结婚。
1846年	成为《美国科学与艺术杂志》的联合编辑。
1848年	出版《矿物学系统》第三版。
1849年	被任命为耶鲁大学自然历史系教授。
1852年	出版了《甲壳纲动物》的第一部分。
1862年	出版《地质学手册》。
1864年	被任命为耶鲁大学地质学和矿物学教授。
1872年	出版《珊瑚和珊瑚岛》。
1887年	重返夏威夷群岛继续他对火山的研究。
1890年	出版《火山特征》。
1895年	于纽黑文市去世。

鲁道夫·魏尔肖

（1821—1902）

鲁道夫·路德维希·卡尔·魏尔肖是德国病理学家、人类学家、考古学家和杰出的政治人物和活动家，也是细胞病理学和现代病理学的创始人。他是第一个证实"所有的细胞都来源于先前存在的细胞"这一理论的学者，并首次提出了疾病要么起源于细胞，要么是由细胞水平的功能性障碍引起。

魏尔肖出生于普鲁士波美拉尼亚的希维德温（现波兰斯维德温）的一个农民家庭，14岁时获得奖学金进入柯斯林的高中学习。后来他前往柏林的弗里德里希－威廉学院读医学，并于1843年毕业。毕业后他在夏里特医院工作，做了一系列病理学的讲座和演示，并因此声名鹊起。1847年，他成为医学院的长聘教员，随后创办了《病理解剖学、生理学和临床医学文献》杂志并担任主编，这本杂志后来被称为《魏尔肖档案》。

1848年，魏尔肖对西里西亚的伤寒疫情进行了研究，他认为缺乏自由和民主直接导致了乡村糟糕健康标准和民众疾病缠身的后果。这一结论成为他将实用医学和政治立法联系起来的理论起点，他在自己的周报《医疗改革》中阐明了这一理论。这种对当地政府的批评对魏尔肖来说是危险的，但他并没有畏惧，仍亲自撰写了杂志的大部分内容。

因为他的政治观点，魏尔肖离开了夏里特医院，前往巴伐利亚州的维尔茨堡大学担任病理解剖学教授。正是在这段时间里，他遇到了罗斯·梅尔并与之结婚，两人育有六个孩子。

也是在维尔茨堡，他阐述了他赖以成名的基本生物学定律：每个细胞都起源于另一个细胞（或细胞是通过分裂而繁殖的）。这一定律发展出了他的另一理论：疾病不是存在于器官、组织、血管或神经中，而是来源于一个细胞，或一组细胞。他创造了"细胞病理学"这个术语，并于1858年出版了他最受赞誉的著作《基于生理和病理组织学的细胞病理学》，该书是他就这一话题所做的相关讲座的汇编。

魏尔肖是一位广受欢迎的学者和教育家，因其头脑敏锐而备受赞誉。他鼓励医学生使用显微镜，并且总是对解决细胞层面的疾病充满激情，他也因此而为大众所知。由于他越来越受欢迎，1856年，魏尔肖在柏林大学满足了他的条件后接受了该大学的病理学教授职位。他的条件是柏林大学为他组建一个病理学研究所——这个研究所也成为他余生工作的地方。

从1859年起，魏尔肖的政治生涯逐渐确立。他当选为柏林市议会议员，之后成为德国进步党的创始成员之一，并在1880—1893年担任自由派的

重要科学成就

细胞理论

魏尔肖是最早提倡"所有的细胞都来源于先前存在的细胞"这一理论的医生之一，从而否定了当时关于疾病是自然发生的理论。1858年，他在专著《基于生理和病理组织学的细胞病理学》中提出了这一理论。尽管这一理论并非魏尔肖原创，但许多人认为，正是他在著作和讲座中对这一理论进行了推广，人们才接受了"所有的细胞都来源于先前存在的细胞"这一理论。

肿瘤学

魏尔肖在细胞起源方面的工作推动了相关疾病的开创性研究，特别是在肿瘤学领域。他不仅是第

一个正确描述白血病（血癌）病例的人，而且他在其他类型的恶性肿瘤方面也有重要发现。魏尔肖是同时描述胃肠道恶性肿瘤（胃癌）早期症状的两位医生之一。其中一个早期症状现在被称为"魏尔肖淋巴结"，特指左侧的锁骨上淋巴结肿大。这种症状有时也被称为"特鲁瓦西埃氏淋巴征"，以同样描述了这种联系的查尔斯·埃米尔·特鲁瓦西埃（1844—1919）命名。

> 医学是一门社会科学，政治在很大程度上只是更大规模的医学。医生是穷人的天然律师，社会问题很大程度上应该由他们来解决。
>
> ——鲁道夫·魏尔肖

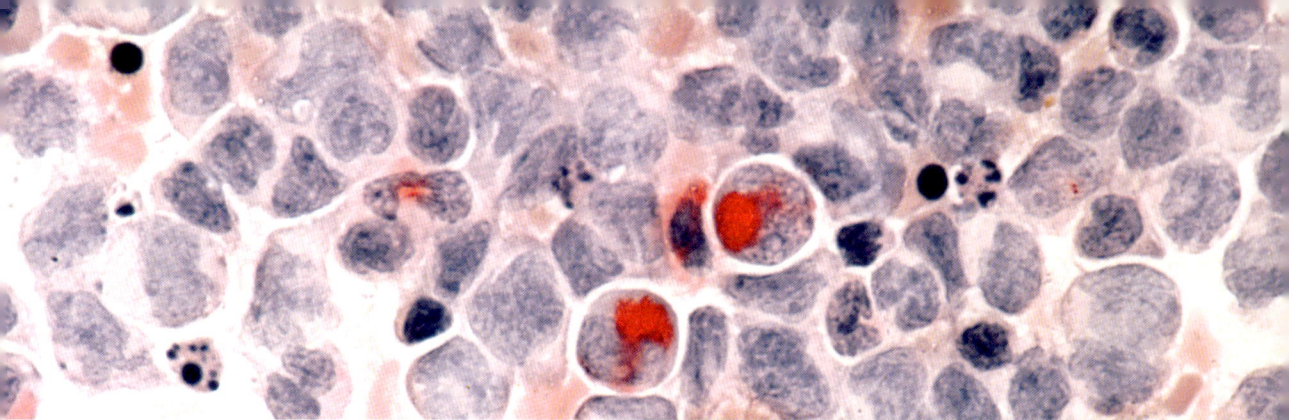

帝国议会议员。在普法战争（1870—1871）后，他参与了医疗保健和急救工作，但也终身保持着对政治的兴趣。作为一名活动家，他利用自己的声望和政治影响力，大力推动改善柏林的公共卫生，倡导改善护理标准，并提倡水和污水净化。

晚年，魏尔肖也开始涉足考古学。一项广为人知的科学项目是他与发现古特洛伊的海因里希·施里曼的合作。在陪同施里曼去特洛伊和埃及进行考古挖掘后，魏尔肖出版了一本关于特洛伊人墓葬和颅骨的书籍。他对考古学的兴趣与他对人类学的热爱密切相关；在他的一生中，他与同仁共同创建了几个人类学协会，如德国人类学协会（1869年）。魏尔肖本人还进行了一项关于德国族群的人类学研究，并调查了数千名学童。其结果于1876年发表，该调查结果质疑了当时关于"雅利安种族"的种族主义理论。

遗产、真理、影响

◎ 魏尔肖认为，疾病起源于细胞，或者表现为异常状态的细胞，这为现代病理学奠定了基础。他的细胞理论取代了当时认为生物体起源于无生命物质的自然发生理论。他被认为是"社会医学"的创始人，这个学科的理论基础是疾病通常由社会和经济因素衍生出来的。

◎ 魏尔肖对各种类型恶性肿瘤的描述推动了早期症状的更准确识别。

◎ "血栓形成"和"压疮"这两个术语是由魏尔肖创造的，前者指的是血管肿块的形成，而后者指的是血栓的一部分可以分离出来并对周围的血管造成伤害。魏尔肖是第一个否定静脉炎（静脉炎症）是大多数疾病的原因这一常识性错误观点的人。

◎ 他引入了一种标准化的技术来进行尸检，这种技术至今仍在使用。

血液涂片显示白血病细胞：魏尔肖是第一个识别出这种恶性肿瘤的人。

从显微镜的角度思考。

——魏尔肖在鼓励他的医学生使用显微镜时不断地提醒他们

大事记

1821 年	出生于波美拉尼亚的希维德温（现今的波兰斯维德温）。
1843 年	在柏林大学弗里德里希－威廉学院毕业。
1845 年	发表第一份白血病例报告。
1847 年	创办了《病理解剖学、生理学和临床医学文献》杂志并担任主编。
1848 年	发表周报《医疗改革》。
1849 年	因其政治观点被夏里特医院暂时停职后，被新任命为巴伐利亚维尔茨堡大学病理解剖学系主任。
1856 年	接受了一个专门为他设立的职位，回到柏林大学。
1858 年	出版了他的重要著作《基于生理和病理组织学的细胞病理学》。
1859 年	当选为柏林市议会议员。
1861 年	当选为普鲁士国会议员。
1863—1867 年	出版了关于恶性肿瘤病理学的系列丛书。
1879 年	陪同海因里希·施里曼在特洛伊进行考古挖掘。
1880—1893 年	成为国会议员。
1881 年	去高加索探险（1894 年）。
1873 年	当选为普鲁士科学院院士。
1894 年	拒绝贵族头衔后，被宣布为"国家顾问"——枢密院议员。
1902 年	继续研究、写作、编辑和演讲，直到去世。

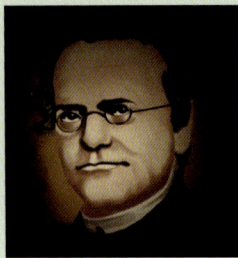

格雷戈尔·约翰·孟德尔 (1822—1884)

孟德尔是一位奥地利的植物学家和修道士，他因对多代豌豆植物进行的统计实验和由此得出的遗传学理论而闻名。他遗传理论的重要意义在30多年后才被大家认可。在20世纪初被重新发现后，"孟德尔定律"为一门革命性的科学——遗传学奠定了基础。如今，孟德尔通常被称为"遗传学之父"。

约翰·孟德尔出生在奥地利的海因岑多夫村（现属捷克共和国）。他的父母是农民，收入有限，所以为了支付自己上文法学校的学费，他不得不给他的同学做家教来赚取学费。后来，孟德尔从他姐姐那里借了一笔钱来完成他在奥尔穆兹哲学研究所的两年学习。1843年，身无分文的孟德尔到位于布尔诺的奥古斯丁修道院做了一名见习修士，并取名格雷戈尔。奥古斯丁修道院重视教育和研究，这为孟德尔提供了继续学习和研究的珍贵机会。

布尔诺位于一个农业区的中心，所以修道院也做一些植物试验。修道院院长纳普在修道院的庭院里建立了一个实验花园，他发现孟德尔和他一样对科学研究很感兴趣。孟德尔于1847年被任命为牧师，并于1851年在修道院院长的支持下，前往维也纳大学学习数学、物理和自然历史。1853年回到修道院后，孟德尔在当地一所学校开始了为期14年的教学活动，并在1854年受到鼓励而开始进行植物实验，这促成了他后来的重大发现。

孟德尔在修道院花园对普通豌豆进行了植物杂交实验。他通过观察植物的特征或性状是如何从亲代植物传递给后代的"推导出植物特征在后代中出现的规律"。在长达十年的时间里，他完成了烦琐的工作，培育和选择性杂交了近30 000株植物，对数十万颗豌豆进行了计数和分类。直到1865年，他向布尔诺自然研究协会报告了他的研究结果和遗传理论。

虽然孟德尔因科学界没有对他的发现做出回应而感到失望，但他仍然尝试在其他植物和蜜蜂身上检验他的理论。可惜的是，这些检验并没有取得令人满意的结果。孟德尔生命的最后几年主要被行政职责所占据，自从他在1868年当选为修道院院长以来，这些职责越来越占用他的时间。

重要科学成就

遗传

遗传是植物和动物将生物特征或特性代代相传。在孟德尔之前，人们并不了解遗传的基本原理以及细胞中微小单位（今天称为基因）如何将这些特性传递给下一代。亚里士多德认为特征是通过血液传播的。同样，法国生物学家谢瓦利埃·德·拉马克（1744—1829）等科学家错误地认为，一生中获得的特征可以通过血液传递给下一代。例如，他认为长颈鹿通过几代拉长脖子以觅食树叶，并且这种特征是通过血液跨代传递的。查尔斯·达尔文也有类似的理论：1886年，他解释说，血液中的微粒受生命活动的影响，迁移到生殖细胞，并因此得以传递。在孟德尔之前，很少有实验去探索遗传的真相，达尔文和其他同时代的科学家一样，都没有注意到孟德尔的革命性理论。

孟德尔实验

在孟德尔的实验中，他对具有鲜明品系特征的纯种普通豌豆植物进行了杂交授粉。他选择比较每一代植物的七组对比性状，如茎高（长或短）、花的颜色（紫色或白色）和种子/豌豆的颜色（绿色或黄色）。他发现后代植物总是表现出这些特征中的其中一个，而不是两种特征的混合。例如，花总是紫色或白色，而不是混合颜色。通过培育更多的后代，他发现每对性状中有一个是显性的。例如，在第一代后代中，种子总是黄色的；而在第二代后代中，种子在3∶1的比例中主要是黄色的。这一比例也出现在随后的几代种子中。

孟德尔定律

孟德尔在1866年发表的《植物杂交实验》文章中提出了他的研究结论，这个结论后来被称为孟德尔定律。

遗传因子的分离规律：首先，每个性状的遗传是由"因子"（今天称为基因）决定的，这些因子

遗产、真理、影响

◎ 直到 1900 年，孟德尔定律才被三位科学家独立地重新发现，这三位是德国植物学家卡尔·科伦斯（1864—1933）、奥地利农学家埃里希·冯·切尔马克-塞塞内格（1871—1962）和荷兰植物学家雨果·德·弗里斯（1848—1935）。之后，重要的遗传学发现相继涌现，其中包括孟德尔的独立分配定律，该定律仅适用于位于不同染色体上的基因。

◎ 作为"遗传学之父"，孟德尔为基因工程等现代科学奠定了基础。

◎ 孟德尔的遗传理论对科学家理解诸多学科产生了深远的影响，包括进化论、生物化学、医学和农业。

◎ 孟德尔对数学的细致实验和运用，标志着统计学开始在生物学中得到系统应用。例如他对 3 ∶ 1 分离比的推导。

任何实验的价值和效用都取决于其使用的材料与目的的适配度。因此在我们这个案例中，用什么植物做实验以及怎样进行试验都是很重要的。

——格雷戈尔·孟德尔

会被原封不动地传给后代。每一种植物的每个性状必须具有一对因子。第一代黄豌豆植物既可以产生黄豌豆植物，也可以产生绿豌豆植物，即证明了这一点。其次，第一代植物表现出的性状是显性因子的结果，而未表现出的性状是隐性因子的结果。成对因子必须在性细胞分裂过程中分离，这样，每个精子或卵子只获得每一对分离因子中的一个。因此，第一代植物可以产生两种类型的生殖细胞，一种与黄豌豆有关，而另一种与绿豌豆有关。孟德尔说，授粉时生殖细胞的随机组合决定了不同性状在第二代中所占的比例。

独立分配定律：每一个成对的基因都是独立的，与其他成对的基因没有联系，因此是独立遗传的。举例来说，一株开紫色花的豌豆植物结的豌豆不太可能是黄色的，而更可能是绿色的。

大事记

1822 年　出生于奥地利一个叫海因岑多夫的小村庄（现属捷克共和国）。

1843 年　加入修道院院长纳普领导的位于布尔诺的奥古斯丁修道院。

1846 年　在布尔诺神学院完成农业研究课程。

1847 年　被任命为牧师。

1851 年　被送往维也纳大学。

1854 年　开始在当地一所高中教授自然科学；也开始了他在修道院花园的豌豆实验。

1863 年　他的气象观测结果得到出版。

1865 年　发表题为"植物杂交实验"的演讲。

1866 年　发表他的《植物杂交实验》一文。

1868 年　在纳普死后当选为修道院院长。

1871 年　开始用蜜蜂做实验。

1884 年　于布尔诺（现属捷克共和国）去世。

孟德尔黄豌豆和绿豌豆杂交授粉的结果。

Parent generation

First generation

Second generation

路易斯·巴斯德

（1822—1895）

路易斯·巴斯德是法国化学家，被誉为"现代细菌学之父"，他提倡把接种疫苗作为预防疾病的一种手段。巴斯德对微生物进行细致的实验研究后发现了对多种疾病都非常有价值的疫苗，包括炭疽和狂犬病疫苗。他还因发现巴氏灭菌法而闻名，这一方法可以帮助保存某些液体，如牛奶和葡萄酒。

路易斯·巴斯德1822年出生于法国汝拉山脉的多勒镇，他童年的大部分时间都在同一地区的阿尔布瓦度过。他父亲是拿破仑一世军队中的一名军士长，父母都鼓励他的求知欲。巴斯德从小就对自然界很感兴趣，放学后，他会出去寻找鸟类，喜欢在动植物的自然栖息地研究它们。巴斯德还是一位在家乡小有名气的杰出艺术家。

在成长的岁月里，巴斯德努力学习，成绩出类拔萃，并最终获得了物理学博士学位。他既是一名学者，更是一名优秀的教师，他的教学吸引了许多学生。

巴斯德最初的研究聚焦在化学、晶体学和光学的交叉学科上。1847年，他发现晶体在化学性质上是相同的，但由于它们分子的组合方式不同，所以形状不同。更笼统地讲，他证明了分子的组合方式会影响物质的化学性质。在进行了关于发酵的著名研究之后，他于1857年被任命为巴黎高等师范学院科学研究主任。随后的几年里，虽然巴斯德在不同的大学工作，但却一直在研究巴氏杀菌法和一系列疫苗，特别是炭疽和狂犬病疫苗。取得这些科学突破后，他成为享誉世界的名人，许多人征求他的意见与建议。

晚年，他创建了巴斯德研究所，并担任研究所的首任所长数年。在罹患尿毒症近一年后，巴斯德于1895年去世。法国为他举行了国葬，把他安葬在了巴斯德研究所的地下室里。

重要科学成就

发酵和巴氏杀菌

巴斯德经常受到当地葡萄酒商和酿酒厂商的邀请，帮助他们解决葡萄酒和啤酒的发酵问题，特别是请他调查为什么酒会"变质"。通过显微镜，巴斯德发现未变质的陈年葡萄酒液体中的酵母细胞是圆球状的，而当葡萄酒和啤酒变酸后，酒液里的乳酸杆菌像一根根细棍一样。他还发现发酵变酸的牛奶中也存在这种细长的乳酸杆菌，他从牛奶中分离出这些乳酸杆菌，将它们放入另一种液体中，则新的液体会马上开始发酵。经过调查，巴斯德最后告知当地的葡萄酒商，如果葡萄酒暴露在空气中，一种被称为醋生膜菌的真菌很快就会把酒变成乙酸（醋），而如果葡萄酒瓶是密封的，葡萄酒则不会变坏。

巴斯德还解决了一个在19世纪50年代被广泛讨论的问题——自发生成（生物从虚无中自发产生）。他设计了一个实验，将液体装入瓶中，并将其煮沸以杀死其中的微生物，然后密封瓶口，使空气和灰尘无法进入。这样就不会发酵，但是当烧瓶再次暴露在空气和尘埃中时，每个烧瓶都会发酵。这个实验一方面证明空气和尘埃中存在微生物，另一方面证明液体煮沸密封后就不会发酵，这就推翻了生物会自然发生的理论。发酵是因为液体接触了空气中的微生物和灰尘，而不是因为有机体可以从无到有地自然发生。为了解决发酵问题，巴斯德发明了一种方法，叫作巴氏灭菌法。这种先加热然后迅速冷却的方法可以消灭腐坏食物的微生物。1864年，他将样品加热到50~60℃，然后迅速冷却，这样就能防止啤酒和葡萄酒变质。

炭疽和狂犬病疫苗

在巴斯德时代，炭疽病在法国是一个严重的问题。巴斯德发现动物血液中的微生物是炭疽病致死的原因，即使病死动物被埋在远离未感染动物的地方，它们所在地方的土壤也会被感染，并且病毒仍然可以通过土壤或蚯蚓传染给其他动物。这一知识极大地帮助了农民保护他们的动物。巴斯德还研制出了一种含有炭疽细菌的疫苗，先把疫苗加热到42℃以削弱炭疽细菌，然后注射到绵羊体内，而这只会引起轻微的炭疽病症状，等到绵羊恢复后，就可以抵御以后的病毒攻击了。

1882年5月5日，巴斯德进行了另一次著名的

遗产、真理、影响

◎ 从 19 世纪中叶开始，巴斯德在疫苗接种和灭菌方面的开创性工作，挽救了数百万动物和人类的生命，这也为更复杂的研究铺平了道路。除了炭疽和狂犬病疫苗，巴斯德还用类似的方法发明了鸡霍乱、猪丹毒（皮肤感染）和蚕病疫苗。

◎ 在 19 世纪，许多人在手术后死亡。巴斯德意识到卫生不达标是一个引发术后死亡的原因，因为微生物入侵人体后会引发感染。1878 年，他在给法国医学科学院的信中写道："如果我有幸成为一名外科医生，并且也能意识到微生物带来的危险，我不仅会确保器械完全清洁，而且会非常仔细地洗手并在热空气中快速烘干。我只会使用经过 130 ~ 150℃ 杀菌后的纱布、绷带和海绵。我只会使用 110 ~ 120℃ 高温消过毒的水。"

◎ 在各方大力资助下，巴斯德在巴黎建立了巴斯德研究所，致力于生物科学研究。今天，该研究所是一个重要的疫苗和血清生产中心，也是一个生物研究中心，主要从事非洲热带疾病的实地研究。

> 据我观察，机会只偏爱有准备的人。
> ——在法国里尔大学理学院成立典礼上的讲话（1854）

实验，彻底证明了疫苗的有效性，并吸引了很多人观看。他在实验中给 25 只绵羊接种了疫苗，还有 25 只未接种。26 天后，他给所有 50 只羊注射了高浓度的炭疽细菌，两天后，所有没有接种疫苗的羊都死了，而所有接种的羊都存活了下来。

为了寻找狂犬病疫苗，巴斯德首先把狂犬病病毒注射到一只兔子的大脑里，然后取出一块兔子的脊髓放在一个消过毒、加热的烧瓶中，直到脊髓在加热的烧瓶里变干燥并失去毒性。之后他把干骨髓放入纯净水中进行分解得到溶液，并将溶液注入被狂犬咬伤的狗体内。第二天，他又给这些狗注射了更大剂量的狂犬病病毒。他重复这个实验过程，直到最后他给一只狗注射了几个小时前死于狂犬病的兔子的脊髓，然而这只狗却并没有死，这表明这只狗对这种狂犬病毒产生了抵抗力。巴斯德就这样发明了狂犬病疫苗。

1885 年，巴斯德得以将他的疫苗应用于人身上。他给一个名叫约瑟夫·梅斯特的患病男孩注射了前一天制作的疫苗，十天后，这个男孩就康复了。

大事记

1822 年	出生于法国汝拉山脉的多勒镇。
1843—1846 年	就读于巴黎高等师范学院。
1844 年	研究晶体的化学成分。
1848 年	担任第戎中学物理学老师。
1849—1854 年	任斯特拉斯堡大学的化学教授。
1854 年	任里尔大学的化学教授和理学院院长。
1857 年	进行发酵研究，担任科学研究院院长。
1863—1867 年	担任巴黎法国美术学院的地质学、物理学和化学教授。
1864 年	发明了巴氏灭菌法。
1867 年	担任巴黎大学化学教授和生理化学实验室主任；给奥尔良的葡萄酒商人做演讲。
1874 年	被授予英国皇家学会科普利奖章（表彰其在发酵和蚕病方面的研究）。
1877 年	研究炭疽病菌。
1878 年	进行关于医院清洁和感染的研究。
1879 年	发现了疫苗接种的原理。
1881 年	狂犬病疫苗接种成功；入选法国学院。
1882 年	进行了炭疽实验，证明了疫苗的有效性。
1885 年	首次在人身上使用狂犬病疫苗。
1888 年	在巴黎建立了巴斯德研究院，并担任首任院长。
1895 年	在法国巴黎死于尿毒症。

1887 年，路易斯·巴斯德，在《名利场》的肖像。

费迪南德·科恩

（1828—1898）

费迪南德·科恩的职业生涯开始于植物学研究，后来成为举世公认的细菌学创始人。他的成就包括对不同种类细菌的描述，为细菌提供了早期的分类系统，以及发现耐热孢子的形成。科恩还鼓励并支持其他科学家的工作，特别是罗伯特·科赫的工作。

费迪南德·科恩出生在德国的犹太人隔离区，位于西里西亚的布雷斯劳（现属波兰）。他父亲是一名成功的商人，对他的教育和事业发展提供了精神上和经济上的支持。科恩据称是一名神童，不到两岁就能识字阅读了。14岁时，他考上布雷斯劳大学，并对植物学产生了兴趣。虽然成功地完成了四年的学习，但由于他的犹太血统，他毕业时没有获得学位。1846年，他搬到柏林攻读植物学博士学位，两年后就完成了学业。但由于他的自由主义政治观点，也可能是再次因为他的犹太血统，他没能在柏林获得一份教学职位。

1849年科恩回到布雷斯劳，在布雷斯劳大学的生理学研究所上班。当时，他父亲送给他一台价格昂贵、品质精良的显微镜，这成为他随后几年最重要的研究工具之一。1859年，他任植物学副教授，开始致力于植物细胞的研究。1866年，他获得大学的允许建立了一个植物生理学研究所。

他用了好几年的时间广泛地研究了真菌和藻类，但他最著名的成就可能是其对细菌学的贡献。他在这一领域最重要的两项研究成果是1872年发表的早期细菌分类系统，以及1876年发表的描述枯草杆菌（一种常见于土壤中的杆状细菌）的生命周期和发现这些细菌形成的耐热孢子能够萌发形成新杆菌的研究。

作为当时公认的最著名细菌学家，科恩的讲座吸引了许多学生和年轻科学家，这其中包括了罗伯特·科赫。科恩意识到罗伯特·科赫工作的重要性，并对其进行了鼓励和支持。科恩一生中获得了许多荣誉，并成为英国皇家学会和林奈学会的外籍成员。林奈学会是世界上第一个研究、传播分类学和自然历史的学会。

重要科学成就

研究藻类和真菌

科恩职业生涯早期曾致力于藻类和真菌的研究。尽管他关于藻类和真菌属于同一类生物的结论被证明是错误的，但他早期对藻类和低等真菌发育及生殖周期的研究仍然被认为是对这些生物的生物学和分类的重要贡献。

建立植物生理学研究所

1866年，科恩获得了一些设施（位于一座改建的修道院中的几个空房间），用于发展世界上第一所植物生理学研究所。他利用这些房间进行教学和研究活动，但很快就发现这些空间不够用了，没有足够的空间来建立一个植物学博物馆。后来，他提出的在布雷斯劳植物园为研究所建新楼的建议获得通过，新学院于1888年建成并投入使用。这座建筑包含了一个植物标本室、一个博物馆、一个演讲室和一个植物生理学研究所，还有实验室和一个图书馆。科恩担任该研究所所长，直到1898年去世。

创立《植物生物学论文集》

1872年，科恩创办了自己的杂志，其中包含了关于现代细菌学的第一篇论文。新创期刊不仅发表科恩自己的研究发现，还发表该领域的其他前沿学者的研究成果。

对细菌进行分类

与科恩同时代的许多人认为，所有的细菌都是同一种生物的变种，人们观察到的差异只反映了生物的不同发展阶段。此外，当时细菌的命名非常混乱，因为大多数用显微镜检查到细菌的科学家都会给这些生物命名，而没有考虑到其他人已经给同一生物体命过名了。

科恩认识到不同种类细菌的存在，并于1872年

遗产、真理、影响

◎科恩对细菌的分类为后来的分类体系奠定了基础。根据细菌的外观和生理特性来定义不同类型细菌的理念仍然是今天分类的基础。科恩发现不同种类的细菌具有不同的特性，这在建立特定细菌能够引起特定感染的概念方面具有极其重要的意义。他的工作，结合路易斯·巴斯德和物理学家约翰·廷德尔（1820—1893）的发现，最终推翻了自然发生论，该理论认为生物可以从非生物物质中发展出来。

◎科恩在应用微生物学领域也非常活跃。他向农民提供诊断和治疗农作物真菌感染的建议。此外，他认识到水可能会携带和传播致人感染的疾病。作为水质分析的先驱，他在霍乱爆发期间调查饮用水是不是潜在的感染源，尽管引起霍乱的病原体是在之后由罗伯特·科赫描述的。

◎科恩认识到罗伯特·科赫在炭疽杆菌方面工作的重要性，并在他的期刊《植物生物学论文集》上发表了科赫的研究成果。在科恩的支持下，科赫继续发现了引起霍乱和结核病的细菌病因。

> 细菌很可能是许多传染病的传播者和始作俑者，它们是传染病的催化剂……
> ——《细菌，最小的生物体》（1873）

沙门氏菌（红色）侵入培养的人体细胞。科恩开创了一套细菌分类系统。

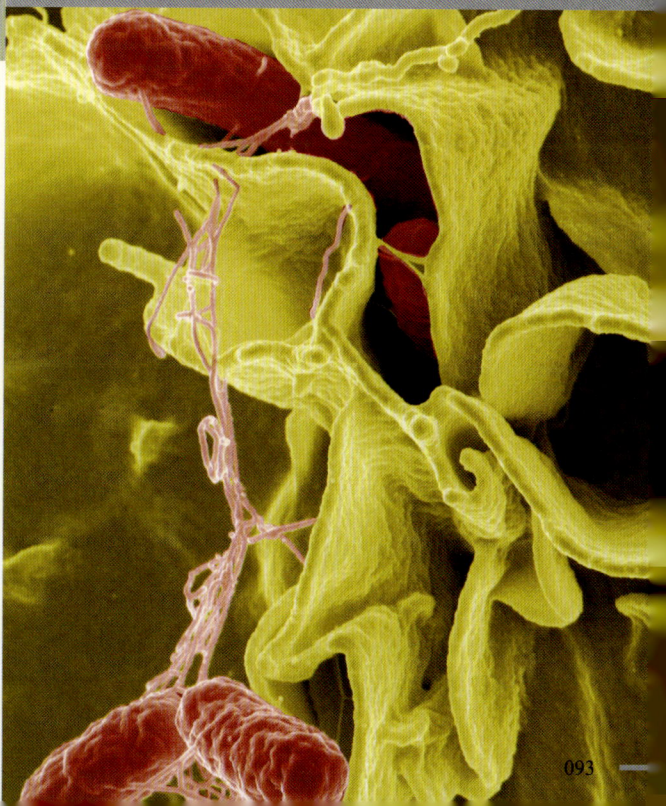

在《细菌研究》上发表论文，提出了细菌的分类系统，将细菌分为四类：球菌（圆形细菌）、小杆菌（短杆菌）、长杆菌（长杆状或线状细菌）和螺旋菌（螺旋形或螺旋菌）。他还确定了六个属，每个属至少包含一个组，并进一步将这些属细分为子类别（例如有色细菌、发酵细菌或传染性细菌）。

发现并描述枯草芽孢杆菌和内生孢子

1876 年，科恩描述了枯草杆菌的整个生命周期。他成为第一个证明这些细菌在高温下形成内生孢子的人。他发现许多细菌可以用煮沸的方法杀死，但孢子比细菌繁殖体更耐热，并更能抵抗其他物理因素。当环境条件再次变得更有利时（例如回到室温），这些孢子便有能力发芽，形成新的杆菌。

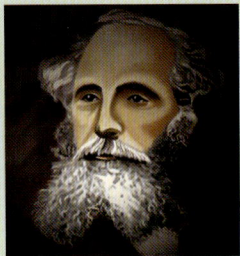

詹姆斯·克拉克·麦克斯韦 （1831—1879）

詹姆斯·克拉克·麦克斯韦是世界上最伟大的科学家之一，他展示了用数学方程式理解物理现象的天才能力。他的电磁理论最广为人知，该理论认为电流可以存在于任何物质，甚至是在真空里。

詹姆斯·克拉克·麦克斯韦于 1831 年出生于苏格兰的爱丁堡，两岁时搬到了苏格兰邓弗里斯 – 加洛韦地区的格伦莱尔，那里也一直是他们家后来的家园。他是家里的独子，九岁时母亲便去世了，这对他产生了深远的影响。11 岁时，麦克斯韦和他父亲一起去"看了某种电磁机器"，这是一个决定性的事件：标志着他对科学终身兴趣的发端。

麦克斯韦一开始在家里接受教育，之后就读于爱丁堡学院，然后进入爱丁堡大学学习。1850 年，他进入剑桥大学学习，并在 1854 年剑桥大学数学荣誉学位考试中获得第二名。在剑桥大学，他不仅从事自然现象的物理研究，还研究了宗教、哲学和神学问题。在剑桥大学学习期间，大家都知道他行为古怪。他天赋异禀却对神秘主义着迷，而且性格顽劣，这着实有些不同寻常。他也是一个音乐爱好者，尽管在他童年时期由于耳朵持续发炎而无法享受听音乐的乐趣。

麦克斯韦于 1856—1860 年担任阿伯丁大学的自然哲学教授，在此期间，他与学校校长的女儿凯瑟琳·玛丽·杜瓦结了婚。1860 年，由于阿伯丁大学的两个学院合并后精简人员，他失去了教授职位。随后，麦克斯韦获得了伦敦国王学院的职位，并在该学院工作到 1865 年。之后，他离开伦敦，在格伦莱尔赋闲了 6 年。

麦克斯韦于 1871 年回到剑桥大学，被任命为新设立的实验物理学教授。后来，卡文迪许家族德文郡公爵捐赠了大笔资金，并委托他建设、配备和组织新的卡文迪许实验室。他因这一壮举而得以名垂青史。1879 年，麦克斯韦死于腹部的肿瘤，时年48 岁。

重要科学成就

电磁辐射理论

麦克斯韦在他 1864 年出版的《电磁场动力理论》中详细阐述了他对电磁学的研究，这是对迈克尔·法拉第在该领域突破性成果的延续。法拉第曾试图理解电与磁之间的关系，麦克斯韦将法拉第的电磁学定律用数学形式表达，即现在所说的"麦克斯韦方程组"。方程表明了以下内容：

（1）同种电荷相互排斥，异种电荷相互吸引（也被称为库仑定律）。

（2）没有单个孤立的磁极（如果有北极，也定会有等效的南极）。

（3）电流会产生磁场。

（4）变化的磁场会产生电流。

对于许多物理学家来说，这些方程组妙不可言。路德维希·玻尔兹曼不禁引用了作家约翰·歌德的一句话来表达赞美："这是上帝写下的方程吗？"

麦克斯韦证明了电和磁效应是单一电磁力的不同表现形式，从而将电和磁统一在电磁场下。他还证明了光是电磁辐射的一种形式。他将其描述为："一种以电磁场为媒介、遵循电磁定律传播的电磁干扰波。"（《电磁场动力理论》，1864）

此后不久，人们发现了其他形式的电磁辐射，并构想出包含可见光、无线电波和 X 射线等现象的整个电子谱。这些电磁波都被认为是电磁场中的扰动者，并通过其波长互相区分。

色觉和光学

麦克斯韦是色觉和光学研究的先驱。他创立了定量比色学，证明了最多三种光谱刺激相混合就可以匹配出所有的颜色：将红色、黄色和蓝色这三种原色以不同的比例混合在一起时，就能产生出任何想要的颜色。麦克斯韦对生理光学研究做出了大量贡献。他证明了色盲是由于一个或多个感受器的无

遗产、真理、影响

◎在麦克斯韦之前，电和磁被理解为是相互作用的粒子。在麦克斯韦之后，电和磁是用麦克斯韦方程所定义的空间填充场来理解的。麦克斯韦方程组今天被广泛用于各种领域，包括发电、电视、无线电、雷达和粒子物理等。

◎金星上的某些区域是以麦克斯韦命名的，因为他的电磁理论推动了射电望远镜的发明，该望远镜首次能够拍摄到这些区域的照片。

◎在麦克斯韦光理论的基础上，阿尔伯特·爱因斯坦能够确定能量、质量和光速之间的联系，这是他的相对论理论的基本结构。爱因斯坦非常佩服麦克斯韦，他声称一个科学时代以麦克斯韦结束，另一个科学时代以他开始。

◎他证明了我们能看到颜色的原理，并制作了世界上第一张彩色照片。

◎他将统计方法引入物理学，这已成为该学科的标准。

> 作为有意识的存在，绝对地知道我们在哪里，以及我们在向什么方向前进，是我们知识的基本要素。
>
> ——《物质与运动》（1876）

效所致。1861 年，他在英国皇家学会为法拉第等一众观众展示了第一张用红、绿、蓝三色滤光片投射出的彩色照片。

麦克斯韦妖

麦克斯韦妖是第一个有效的科学思想实验的产物。它首次出现在《热学理论》（1871）中，麦克斯韦妖是一种假想的分子大小的生物，它能使分子从一个容器流到另一个容器，从而表明热力学第二定律只是概率性的，不一定是真实的。热力学第二定律指出，在一个孤立的系统中，两个温度相等的物体不会达到一个温度明显高于另一个的状态。但是，如果麦克斯韦妖能够释放一个速度比平均值更快的分子从一个容器进入另一个容器，这将显著提高接收容器的温度，从而违反了热力学第二定律。许多人将麦克斯韦妖解释为对"拉普拉斯妖"（1814）的否定，而后者是决定论的支撑论点。

◎他的《论调节器》经常被引用为控制理论的早期例子。

大事记

1831 年	出生于苏格兰爱丁堡。
1850 年	进入英国剑桥大学。
1854 年	在剑桥大学数学荣誉学位考试中获得第二名。
1855 年	获得剑桥大学奖学金；出版《论法拉第的力线》。
1856 年	成为阿伯丁马里斯查尔学院的自然哲学教授。
1858 年	与凯瑟琳·玛丽·杜瓦结婚。
1860 年	担任伦敦国王学院自然哲学教授。
1861 年	制作了第一张彩色照片。
1861—62 年	在《哲学杂志》上分四部分发表了《论物理的力线》。
1864 年	向英国皇家学会汇报"电磁场动力理论"。
1865—71 年	退休回到苏格兰的格伦莱尔。
1868 年	出版《论调节器》。
1871 年	回到剑桥组织新的卡文迪许实验室；出版《热量理论》。
1873 年	出版《论电和磁》。
1874 年	完成卡文迪许实验室的工作。
1876 年	出版《物质与运动》。
1879 年	死于腹部的肿瘤。

这张格子呢缎带的照片由詹姆斯·克拉克·麦克斯韦于 1861 年提供，被认为是世界上第一张彩色照片。它是使用红色、绿色和蓝色滤镜做的。

阿尔弗雷德·伯纳德·诺贝尔 （1833—1896）

阿尔弗雷德·伯纳德·诺贝尔是瑞典的化学家和实业家。他在爆炸物研究方面开了先河，最为人所知的是发明了炸药。他在全球拥有多处工厂，处在爆破行业的前沿。他以创立诺贝尔奖而闻名，该奖项每年颁发给那些在多个领域为人类做出卓越贡献的人。

阿尔弗雷德·伯纳德·诺贝尔1833年出生于瑞典斯德哥尔摩，他的家族前辈中不乏一些才华横溢的人。他的父亲伊曼纽尔·诺贝尔二世是一名建筑商、实业家和发明家，发明了胶合板。他的曾曾曾祖父奥劳斯·鲁德贝克（1630—1702）是17世纪最重要的瑞典科学家之一。

上完斯德哥尔摩圣雅各布高级神学学校后，诺贝尔和家人搬到了圣彼得堡，在那儿，他和兄弟们接受私人辅导。1850年，诺贝尔开始了为期两年的旅行，前往德国、法国、意大利和北美，以进一步精进他的学识，特别是在科学和语言方面。

在克里米亚战争（1853—1856）期间，他在父亲的一家位于圣彼得堡的水雷工厂工作。1859年公司破产后，全家人返回瑞典。诺贝尔和他父亲都对硝化甘油这种油状、无色、易爆物质的研究非常感兴趣，并在接下来的几年分别进行了研究。1863年，诺贝尔取得了他的首次突破，发明了诺贝尔专利雷管，这是一种使用强烈的冲击而非热燃烧来点燃硝化甘油的雷管。到1865年，诺贝尔开设了第一家生产硝化甘油的工厂。随后又陆续建立了许多工厂，使得他的企业逐渐发展成为全球性的跨国公司，并让他成为一位著名的发明家和实业家。

经过长期研究硝化甘油的特性，且经常从工厂的事故中获得进一步的知识，诺贝尔于1867年在瑞典、英国和美国申请了炸药专利。在随后的几年中，他继续研究炸药，到1875年，他最初的发明得以改进。与挥发性液体硝化甘油相比，炸药的一个优点是以可塑性的膏状形式存在，可以插入用于采矿的钻孔中，以及其他用途。

凭借他的炸药专利和作为实业家的才能，诺贝

重要科学成就

炸药的发明与生产

诺贝尔是第一位将硝化甘油改造成有用的爆炸物的科学家，硝化甘油最初由阿斯卡尼奥·索布雷罗（1812—1888）于1847年发现的。他的炸药是一种固体而有韧性的爆炸物，由硝化甘油被石英藻土（一种多孔的硅藻土）吸收而成。这种炸药被称为石英藻土炸药，还有一些不足，于是诺贝尔对其继续进行改进。

1875年，诺贝尔发明了爆破明胶，这是一种将硝化纤维素（也称为火棉）溶解于硝化甘油中而形成的胶体。后经证明，这是一种更好的炸药，其威力比纯硝化甘油大，对冲击更不敏感，并且具有强防潮和防水性。这种炸药有多个名字，被称为诺贝尔的特级炸药、特快炸药、爆破明胶、萨克森石或明胶，并很快在他的许多工厂投入生产。

尽管以发明炸药而闻名，但诺贝尔还生产了其他爆炸物。1863年，他发明了诺贝尔专利雷管，将"起爆点燃原理"引入了爆破技术。1879年，他发明了几乎无烟的炸药，称为无烟火药或诺贝尔爆破粉，一种由硝化甘油、硝化纤维素和10%樟脑（一种透明蜡状固体）构成的混合物。

诺贝尔奖

在他的遗嘱中，诺贝尔制定了一套年度奖励计划，颁发给为人类做出卓越贡献的个人。诺贝尔奖在物理科学、化学、生理学或医学、文学及和平领域颁发。诺贝尔基金会是资金的所有者，并从中为获奖者提供奖金。

此外，诺贝尔在遗嘱中规定，各个奖项和奖金由特定机构（其中一些在遗嘱公开前没有被咨询过）颁发。瑞典皇家科学院颁发物理学和化学奖；瑞典皇家卡罗琳医学院颁发医学或生理学奖；瑞典文学院颁发文学奖；挪威议会的一个五人委员会颁发和

遗产、真理、影响

◎ 诺贝尔奖项多年来逐渐声望日隆，授予了世界上一些最杰出的人才。它们被广泛认为是各自类别中最具威望的奖项。

◎ 诺贝尔在1867年获得了炸药专利，从而得以垄断炸药和炸药生产的市场。他积累了大量财富，最后都被用于造福人类。

◎ 除了在炸药领域的研究和发明，诺贝尔在电化学、光学、生物学、生理学以及各种电子通信技术方面也做出了贡献。

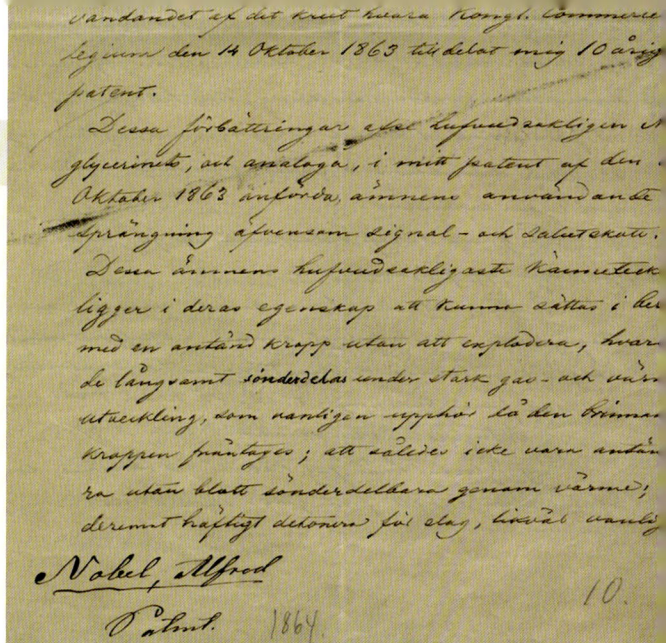

诺贝尔申请专利的细节，有关"硝化甘油的首次点火原理"，1867年。

尔积累了巨额财富，到他去世时，已经是千万富翁。在遗嘱中，他将自己的财富留给了一个基金会，该基金会将每年向那些为人类造福的人颁发奖金。

诺贝尔从未结过婚，但却与比他小23岁的维也纳女孩索菲·赫斯保持了18年的关系，不过这段关系在他去世时就已结束。虽然诺贝尔非常富有，但终其一生都饱受孤独和抑郁症之苦。他经常旅行，形容自己是"欧洲最富有的流浪汉"，并声称"我的家就是我工作的地方——而我工作在任何地方。"

> 我剩余的全部可变现财产应通过以下方式处理：本金作为一项基金，其利息应以奖金的形式每年颁发给那些在前一年为人类做出了最大贡献的人。
>
> ——源自阿尔弗雷德·诺贝尔的遗嘱（1895）

平奖。（请注意，经济学奖是后来由瑞典央行设立的一个独立实体奖项。）

诺贝尔奖至今仍在颁发。颁奖仪式在每年的12月10日举行，即诺贝尔逝世的周年纪念日。获奖者会收到奖金、诺贝尔金质奖章和证书。获奖者的唯一义务是必须发表诺贝尔奖演讲，并在诺贝尔基金会的年度出版物《诺贝尔奖》上刊发。

所有的奖项都源于诺贝尔对人类未来的希望。科学奖反映了他自己的专业兴趣，而文学奖则是对他终身对该主题的兴趣以及他自己写作诗歌和散文的努力的回应。但是，和平奖并非由诺贝尔一人引进。诺贝尔与伯纳斯·伯莎·冯·萨特纳男爵夫人（1843—1914）有着长久的友谊，她是和平运动的先驱。虽然诺贝尔本人是一个厌恶战争的和平主义者，但人们认为冯·萨特纳在和平奖的设立中发挥了作用。

大事记

1833 年	生于瑞典斯德哥尔摩。
1841—1842 年	就读于斯德哥尔摩圣雅各布高级神学学校。
1842 年	诺贝尔一家移居俄罗斯。
1843—1850 年	在圣彼得堡接受私人家教辅导。
1850 年	开始前往德国、法国、意大利和北美。
1853 年	在圣彼得堡为父亲工作。
1863 年	发明了诺贝尔专利雷管。
1865 年	开设了他的第一家生产硝化甘油的工厂。
1867 年	在瑞典、英国和美国获得炸药专利；在英格兰的雷德希尔演示他的炸药。
1875 年	发明喷砂明胶并投入工厂生产；在《现代爆破工具》上发表。
1879 年	发明无烟喷砂弹药。
1895 年	签署他的遗嘱，概述了诺贝尔奖的设立。
1896 年	于意大利圣雷莫去世。

罗伯特·科赫

（1843—1910）

德国医生和细菌学家罗伯特·科赫是公认的微生物学的奠基人之一。他发明了体外培养细菌的技术，并成功地分离出多种疾病的致病菌，包括炭疽杆菌、结核分枝杆菌和霍乱弧菌。1905年，科赫因其对结核病研究获得诺贝尔生理学或医学奖。

罗伯特·科赫于1843年出生于德国克劳斯塔尔。他是一位采矿工程师的儿子，有12个兄弟姐妹。据说科赫在上学之前，五岁时自己便通过报纸学会了阅读。他后来在哥廷根大学学习医学，并于1866年获得学位。普法战争期间，科赫曾担任普鲁士军队的野战外科医生。之后，他成为沃尔斯坦（今波兰沃尔斯坦）地区的医生，并在那里开始了对细菌的研究。

他研究的第一种疾病是炭疽病。1876年，他首次确凿证明活体微生物——炭疽杆菌，是传染病的致病因素。1880年，他被任命到柏林帝国卫生局工作，继续研究细菌检查的方法和技术。

科赫最著名的研究可能是关于结核病的研究，后来他因此获得了诺贝尔生理学或医学奖。1882年，他宣布分离并培养了结核分枝杆菌（一种来自结核病灶的细菌），同时证明这是结核病的病原体。

随后，科赫继续调查埃及和印度的霍乱疫情，并再次确定了霍乱弧菌为霍乱的病原体。1885年，他被任命为柏林大学的卫生学教授。六年后，他成为新成立的柏林传染病研究所所长，该研究所是专为他成立的，至今仍以他的名字命名。

许多国家都向科赫寻求有关传染病的建议，他职业生涯后期的大部分时间都在旅途中度过。他访问了印度和意大利以及非洲一些国家，并在那里调查了许多疾病，包括牛害虫、疟疾和鼠疫。

1910年去世后，他被火化，骨灰安葬在他所在的研究所为他修建的陵墓中。

重要科学成就

炭疽病

科赫在沃尔斯坦的家中对炭疽进行了初步研究。当时炭疽在牛群中非常流行。尽管法国医生卡西米尔·达瓦因（1812—1882）已经描述了炭疽杆菌，但在预防和治疗该疾病方面没有取得任何进展，而且研究人员无法解释为什么牛不仅从其他已染病的牛身上感染这种疾病，而且还会在曾经放牧过感染动物的牧场受到感染。科赫成功地分离和培养了炭疽杆菌，并观察到了它们的整个生命周期。他注意到，当周围条件不利于它们时（例如缺乏氧气），这些杆菌会形成耐热孢子。这些孢子能够长时间保持休眠状态，然后在适当的条件下再次产生炭疽杆菌，这就解释了这种疾病在多年未用于放牧的牧场中复发的原因。

结核

当科赫开始研究结核病时，研究人员已经怀疑这种疾病是由传染性病原体引起的。然而，导致疾病的病原体尚未被分离和确认。1882年，科赫在柏林的一次演讲中宣布发现了结核分枝杆菌。他成功地分离和培养了这种生物体，这本身就是一项了不起的成就，因为这种微生物对营养的要求很苛刻，而且生长缓慢。科赫证明了该生物体是结核病的病原体。一旦确定了结核分枝杆菌，寻找疫苗或治疗方法就成为当务之急。科赫又从结核分枝杆菌的培养物中提取了一种蛋白质成分，他称之为结核菌素。经过实验，他表示可能已经找到了治愈这种疾病的方法，但是事实证明，结核菌素在治疗结核病方面是无效的。然而，结核菌素最终被证明是一种有价值的诊断工具。

霍乱

1883年和1884年，科赫调查了埃及和印度的霍乱疫情。他成功地确定了致病性微生物霍乱弧菌，

遗产、真理、影响

◎科赫开发并完善了各种细菌学研究的方法和技术。路易斯·巴斯德最初提出了可以在体外培养微生物的想法，但正是科赫完善了这样做所需的纯培养技术。通过这种技术，一个含有许多不同种类微生物的样品被操纵以在培养基表面扩散和稀释细胞，目标是最终获得仅包含一种微生物的实验室培养物。科赫还开发了新的染色技术，使细菌更清晰可见，更易于识别。他的载玻片技术仍是实验室常规细菌检查的基础，他的方法和技术为细菌学研究奠定了重要基础。

◎尽管结核菌素没有达到科赫预期的治疗效果，但一种结核菌素衍生物至今仍被用于为识别结核病感染而进行的皮肤诊断试验。

◎科赫认识到了卫生的重要性，并完善了消毒和灭菌的方法。这些概念不仅在实验室研究中很重要，而且在限制传染病传播时也是必不可少的。

> 将来对抗这种人类的瘟疫（结核病）的斗争将不再只关注不确定的某种东西，而是涉及一种有形的寄生虫，关于它的特征已经了解了很多，可以进行深入探索。
>
> ——罗伯特·科赫（1882）
> 在《印度结核杂志》（2001）中被引用

并确认了其通过饮用水传播。基于这些发现，他制定了控制霍乱流行的规定。他还极大地影响了保护水源的计划。

科赫法则

科赫与同事们一起确定了用于建立特定微生物与疾病之间因果关系的以下原则：该微生物必须存在于所有的疾病病例中；该微生物可以被分离并在纯培养物中生长；培养的微生物在转移到健康的动物或人类宿主时会产生疾病；该微生物届时可以从新感染的宿主中分离出来。这四个标准通常被称为科赫法则。

大事记

1843 年	生于德国克劳斯塔尔。
1862—1866 年	在哥廷根大学学习医学。
1867 年	与艾美·弗拉茨结婚；开始担任全科医生。
1868 年	他的女儿格特鲁德出生。
1870—1871 年	担任普法战争中的外科医生。
1872—1880 年	在沃尔斯坦担任区医生，在那里他开始细菌学研究。
1876 年	首次证明微生物（炭疽杆菌）是传染病的病原体。
1880 年	被任命到柏林帝国卫生办公室工作。
1882 年	宣布发现结核分枝杆菌。
1883 年	首次前往埃及和印度考察霍乱的暴发，发现霍乱的病原体。
1885 年	被任命为新成立的柏林卫生研究所所长。
1890 年	发现结核菌素。
1891 年	被任命为柏林传染病研究所所长。
1893 年	与艾美·弗拉茨离婚，并与海德薇结婚。
1896 年	开始研究几种热带疾病，包括疟疾、昏睡病和牛瘟。
1905 年	因在结核病领域的研究和成就而获得诺贝尔生理学或医学奖。
1910 年	在德国巴登－巴登去世。

炭疽杆菌的显微照片，科赫表明细菌是导致炭疽病的病因。

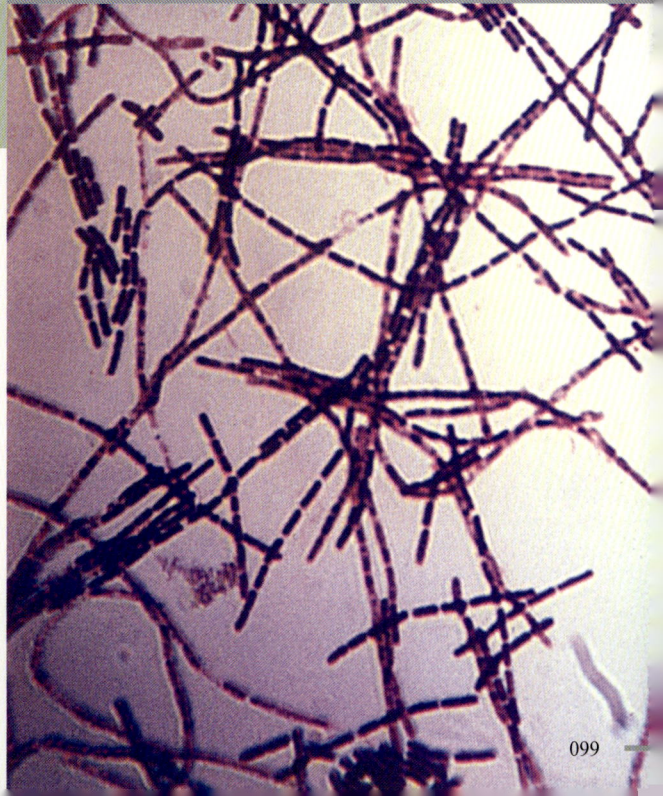

路德维希·玻尔兹曼

(1844—1906)

路德维希·玻尔兹曼，奥地利物理学家、著名量子力学先驱（尤其是在统计热力学和统计力学领域）。玻尔兹曼提出的原子理论观点引发了巨大的争议，因此尽管有着卓越的学术生涯，但是直到自杀去世后，人们才认识到他理论观点的真正价值。

路德维希·玻尔兹曼出生于奥地利帝国首都维也纳一个稳定的中产阶级家庭。玻尔兹曼的父母，尤其是他的母亲，竭尽所能鼓励年轻好学的他钻研他自己选定的研究领域，那时的玻尔兹曼对自然世界有兴趣。然而，在他15岁那年，他不得不面对父亲的离世。他开始容易陷入抑郁的状态，尽管父亲的去世可能不是导致他这种情况的根本原因。

玻尔兹曼获得了维也纳大学的博士学位，他的主要导师是备受尊敬的物理学家约瑟夫·斯特藩（1835—1893），斯特藩在辐射方面的研究激发了他继续从事这方面的工作的热情。玻尔兹曼曾四处奔走，担任不少大学的教授，分别在维也纳大学、拉茨大学、慕尼黑大学、莱比锡大学中负责讲授数学和物理学教学工作。这期间，他还去过海德堡和柏林进行研究。他曾经开玩笑地将自己的这种不安分归因于他出生于狂欢节舞会时。

玻尔兹曼是当时支持约翰·道尔顿首创原子理论的少数物理学家之一，他认为原子和分子是现实的一部分，而不仅仅是理论构想。玻尔兹曼30多岁时，发表了系列论文阐述了他的假设：热力学第二定律（表明涉及能量交换的物理系统倾向于不可逆地向混乱的状态发展——这个过程被称为熵增）可以通过将概率理论和力学定律应用于原子运动来更好地说明。玻尔兹曼明确指出热力学第二定律基本上是统计学的，并在进一步研究能量分布之后，参与研究了麦克斯韦－玻尔兹曼分布定律。

玻尔兹曼在统计力学方面的另一个主要贡献是玻尔兹曼方程。该方程源自他的研究结论，即系统的熵（其无序程度）与其组成粒子构型的概率成比例。

1876年，玻尔兹曼与一位名叫亨丽埃特·冯·艾根特勒的数学和物理学同行结婚。两人相识是因为他成功地支持亨丽埃特争取到在格拉茨听课的权利，当时女性还未被允许进入奥地利的大学学习。玻尔兹曼夫妇育有二子和三女。

虽然玻尔兹曼一生享誉国内外，但他的某些理论遭到了多方的强烈反对，其中最突出的就是玻尔兹曼在维也纳大学的同事恩斯特·马赫教授，两人还存在个人分歧。除此之外，他的抑郁加深了，于结婚30年后的一次家庭度假中在意大利上吊自杀了。

重要科学成就

麦克斯韦－玻尔兹曼分布定律

玻尔兹曼在维也纳完成学业，获得气体动力学理论博士学位之后，约瑟夫·斯特藩鼓励他进一步深入研究英国物理学家詹姆斯·克莱克·麦克斯韦的电磁学。玻尔兹曼遵循了导师建议，学习了英语。麦克斯韦与玻尔兹曼分别进行独立研究工作，并得出麦克斯韦－玻尔兹曼分布定律，该定律由麦克斯韦在1859年首次提出；而玻尔兹曼于1871年将其推广。

从基本原理开始，任何物理系统的温度都是由组成该系统的分子和原子运动所决定的。这些粒子具有不同的速度，而任何单个粒子的速度由于与其他粒子的碰撞而不断改变。由于特定化学物质、元素或化合物的所有原子都具有相同的质量，因此这些物质的动能（运动能量）完全取决于粒子的速度。麦克斯韦－玻尔兹曼分布定律显示了在特定温度下，混合物中运动粒子的速度（以及由运动产生的能量）如何变化，以及任何给定分子的平均动能在每个不同方向上都是相同的。这一重要科学原理描述了能量在系统中的分布方式，特别是在统计力学中非常有用，统计力学是物理学中应用统计原理来解释由大量小粒子（如分子或原子）组成的物质的整体性质的一个分支学科。

玻尔兹曼方程

玻尔兹曼方程（以玻尔兹曼命名的著名方程式）

遗产、真理、影响

◎ 反对玻尔兹曼统计力学理论的主要是那些较为年长且颇有建树的科学家——而许多年轻的数学家都拥护玻尔兹曼。当时，原子理论仍备受争议，他们的态度之一是担心公众的愤怒和对物理学的谴责，因为核心在于玻尔兹曼的研究和一般的原子理论似乎都否认上帝的存在。但是，在玻尔兹曼逝世前后进行的原子物理学研究，最终证实了他的理论被误解了。人们最终也接受了气体中的动能只能通过统计力学来解释的观点。

◎ 玻尔兹曼在他的自然哲学演讲中，曾预见了特殊相对论的某些方面，尤其是对时间和空间坐标的平等对待。

◎ 2006 年，玻尔兹曼逝世 100 周年时，人们举行了会议表彰和讨论他在热力学、统计力学和动能方面的贡献。会议着重介绍了众多得益于玻尔兹曼研究的数学和物理学方面的最新研究动态。

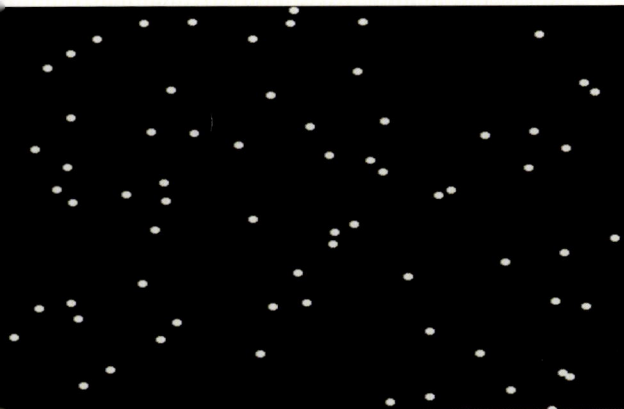

麦克斯韦－玻尔兹曼分布定律的动画视觉仿真静态图片，显示出理想气体中粒子速度的分布情况。

是用来描述理想气体的动力的，通常用于确定系统的熵。玻尔兹曼方程是熵和系统内部粒子配置的概率之间的对数关系。公式表示为"$S=k \ln\Omega$"，其中 k 是玻尔兹曼常数，将熵（S）与微观态数（Ω）联系起来。玻尔兹曼是首位将熵与微观态数联系起来的科学家，但得出方程式的却是马克斯·普朗克。根据普朗克的说法，玻尔兹曼"从未考虑过进行常数的精确测量"。尽管如此，为了纪念玻尔兹曼在统计力学和热力学方面的重要贡献，该方程还是铭刻在了玻尔兹曼的墓碑之上。

大事记

> 我认为，没理由说不可以把能量也看作原子分裂而产生的。
>
> ——哈雷会议对威廉·奥斯特瓦尔德和马克斯·普朗克的评论（1891）

演化

晚年的玻尔兹曼开始钦佩查尔斯·达尔文的思想。他想将生物进化理论扩展到文化进化，文化进化在玻尔兹曼眼里也是发生在大脑中的物理过程。对于玻尔兹曼来说，生物体的发展是证明热力学很好的例子。正如玻尔兹曼在 1900 年所说："因此，生物体为生存而进行的全面斗争并不是争夺原材料的斗争——所有生物体需要的原材料都可以在空气、水、地面中取之不尽——也并非争夺能量的斗争，因为以热量的形式存在于每个生物体中的能量用之不竭，而是为了熵而进行斗争，这种熵通过能量从炽热的太阳流向寒冷的大地而变得可用。"

威廉·康拉德·伦琴

（1845—1923）

威廉·康拉德·伦琴，德国物理学家，因在实验室进行实验时发现X射线而闻名。伦琴因发现X射线这一成就，成为首位诺贝尔物理学奖获得者。

1845年，伦琴生于普鲁士的莱纳普（现属德国），他的父亲是布料制造商，也是一名生意人。在荷兰接受早期教育后，伦琴于1866年前往瑞士苏黎世联邦理工学院学习。尽管伦琴在学校里并不勤奋，而是喜欢户外活动，但后来他却在苏黎世认真学习了机械工程，并于19世纪60年代末期获得博士学位。

伦琴曾担任苏黎世联邦理工学院物理学教授奥古斯特·昆特（1839—1894）的助手，并于那时开始钻研物理学。最后，在霍恩海姆大学和斯特拉斯堡大学短暂任教之后，伦琴成为吉森大学物理学教授，并在该职位工作了近十年。后来又成为维尔茨堡大学物理学教授，并最终成为维尔茨堡大学物理研究所所长。

1895年11月，伦琴在偶然间取得了重大发现，观察到一种神秘的辐射形式，他称之为X射线。伦琴对此发现感到惊讶和困惑，因此当天他没有告诉任何人，甚至连他的妻子也好奇他究竟是怎么了。但是，在将该发现应用于金属板上之后，他对自己的成就确信无疑。

次年年初，他将发现公之于众，并向德国国王展示了此发现，学术界内外反响强烈。在他的科学家同行中，伦琴与路德维希·玻尔兹曼、弗里德里希·科尔劳斯（1840—1910）、开尔文（1824—1907）和亨利·庞加莱（1854—1912）通信，这几位科学家基本都到自己的实验室去重复了伦琴的实验。随后，研发出来的X射线设备在全欧洲和全美国的医院都有安装。伦琴品德高尚，拒绝从自己的发现中获取经济利益，认为该发现应该免费提供给所有人。伦琴的成就赢得了物理医学会全体成员的热烈掌声。新闻迅速传遍世界，记者们纷纷前来拜访，伦琴也收到了许多著名大学的演讲邀请，但他拒绝了这些，选择继续研究X射线。然而，令他担忧的是，无法让X射线可能有害的这一谣言停止传播。一位来自美国新泽西州的国会议员试图通过一项法律，禁止今后生产可以透视人体的X射线眼镜，并在媒体上刊登了以下诗歌：

伦琴射线

伦琴射线

这是什么热潮

X射线使用方式进入新阶段，这个小镇正在燃烧。

如今我发着呆

我震撼、惊奇。

重要科学成就

X射线的发现

1895年，伦琴正在研究高真空放电管发射的阴极射线的特性。在对克鲁克斯管（放电管）进行实验时，他发现，克鲁克斯管运作时，涂有一层薄薄铂氰化钡（化学物质）的屏幕会发荧光，放置在管子和屏幕之间的物体投射出可以在照相底片上被记录下来的阴影。物体密度越大，阴影越深，因此把手放到那里，骨骼比皮肉投射出更深的阴影。

将屏幕移到相邻的房间时，伦琴发现当电子管启动时，它仍会产生荧光。这种高能量使伦琴得出结论，这种辐射与阴极射线完全不同。由于他无法确定新发现的从管子玻璃壁的辐射的确切性质，他将它们称为"X射线"。在宣布此重大发现前，他进行了进一步实验，确认了X射线可以不受影响地穿过硬纸板和金属薄板，沿直线传播，且不被电场或磁场偏转。

次年年初，伦琴公开宣布了自己的发现，并在讲座中展示了一张男人手部的X射线照片。尽管X射线可能早在伦琴发现之前便产生了，因为阴极射线实验已进行多年。但伦琴最先注意到并强调了X射线的存在，还对X射线的性质进行了研究。

伦琴偶然之间发现了一种神秘的辐射形式。

我听说这些射线能透视
透过斗篷和长袍——
甚至女士的束身内衣
这些顽皮
淘气的伦琴射线。

尽管遭遇怀疑，但伦琴在任职于慕尼黑大学不久后，于1901年被授予有史以来首个诺贝尔物理学奖。

第一次世界大战期间，伦琴受劝签署了"93名知识分子"宣言，签署了著名的"告文明世界书"，呼吁人们相信引发战争的并非德国。但是后来，伦琴后悔做了这个决定。

1920年，伦琴退休，这时距他久病的妻子去世已一年。后来，伦琴的大部分时间都在图书馆度过，或是在离慕尼黑不远的魏尔海姆乡间别墅附近的巴伐利亚山区散步。不幸的是，德国通货膨胀后，他变得一贫如洗，并且由于长期过度接触X射线而导致他后来饱受病痛之苦，享年78岁。

电力

1888年，伦琴为电学的科学理解做出了重要贡献。他证明了对流电流和传导电流是相同的，通过移动电荷获得的电流与导线中的电流是相同的。这是一项重大发现，因为它进一步支持了法拉第只有一种电的说法。

其他领域成就

除了做出X射线的著名发现之外，伦琴还致力于研究弹性、晶体的热传导、气体的比热容、平面偏振热的旋转等领域。伦琴在其学术生涯中，共撰写了58篇论文，其中有些是与他人合作完成的。

遗产、真理、影响

◎ 在伦琴发现X射线后仅几周，维也纳的医院就开始使用X射线，并很快将其应用于医学目的。X射线改变了医学科学。科学家们还发现X射线有更多用途，例如金相学、晶体学、探测隐藏物体以及推动原子物理学的进步。

◎ X射线的发现推动了当时其他科学家的研究。特别是在同一年，X射线的发现促成了亨利·贝克勒尔发现放射性，而放射性的发现又促成了大量关于原子和原子结构的研究。

◎ 伦琴（Röntgen）的名字首字母"r"是X射线或伽马射线的国际度量单位。

为了简洁起见，我将使用"射线"这个表达；为将之与其他同名的射线区分开，我将其称为"X射线"。

——《论一种新射线》（1895）

大事记

1845年	出生于普鲁士的莱纳普（现属德国）。
1866年	就读于苏黎世联邦理工学院。
1869年	获机械工程博士学位。
1871年	到维尔茨堡的苏黎世联邦理工学院工作，担任昆特的助手。
1872年	与安娜·伯莎·路德维希结婚；随昆特转到斯特拉斯堡大学工作。
1875年	受聘为霍恩海姆农学院物理学和数学教授。
1876年	在斯特拉斯堡大学教授物理。
1879—1888年	任吉森大学物理学教授。
1888年	任维尔茨堡大学物理学教授；确认电磁效应由静电荷运动产生。
1895年	发现X射线；经维尔茨堡物理医学会出版《论一种新射线》。
1896年	公开宣布发现X射线；于《自然》杂志刊登译后的《论一种新射线》。
1900年	任慕尼黑大学物理学教授和物理研究所所长。
1901年	荣获诺贝尔物理学奖。
1923年	于德国慕尼黑逝世。

托马斯·爱迪生

（1847—1931）

托马斯·爱迪生，美国发明家，其创造力卓越无比。小到电灯泡，大到电影产业，许多现代社会习以为常的商品，都是他发明的。他与同事在自费筹建的实验室里共同工作。他在实验中经常异想天开，但对实验总是有着百折不挠的热情，因此常能偶然发现重要的原理。他从不会去发明无用之物。

爱迪生出生于美国俄亥俄州米兰镇。与之前许多伟大的科学家一样，他从小就有很强的好奇心。年仅 10 岁时，爱迪生便如饥似渴地阅读化学方面的书籍，种植和贩卖蔬菜，以赚钱给自己在地下室进行化学实验，这展示了他实践和勤奋的生活态度。到 15 岁时，爱迪生已经在火车行李车厢里的印刷机上印起了自己的报纸。

在美国这样幅员辽阔、不断发展的国家，电报和火车在国家经济增长中发挥着极其重要的作用。为了学习电报技术，爱迪生曾在多家电报局工作，最后在纽约找到了一家。不到一年，他便建立起自己的第一个工作室。

爱迪生是个热衷于实验的人。为了满足自己的实验热情，他建立起两个实验室——第一个建在新泽西州的门罗公园，他在那里进行了八年非常成功的研究工作；第二个是新泽西州的爱迪生实验室，规模更大但出产率较低。

一项发明会引发另一项发明。例如爱迪生发明的留声机（用于记录消息的设备）需要电源才能运作，但是大多数家庭并没有电源，因此，他开始研发碱性蓄电池。随后，他成为一名汽车爱好者，认为碱性蓄电池最有可能为汽车提供动力。然而，当这种电池被研制出来时，汽油已经取代了电池，所以这种电池被用于火车信号灯、矿工照明灯和潜艇等其他设备。

爱迪生缺乏良好的管理和组织能力，而这实际上促使他形成了自己无所畏惧、思维开放的工作方式，不会因失败而受到困扰。他不认为自己特别聪明——他推崇辛勤努力。他厌恶浪费时间的事情，比如吃饭和休息，因为这些事会影响他的工作时间。据说，为了节约时间，爱迪生常穿戴整齐地睡在工作台上面。

爱迪生结过两次婚，育有六个孩子。在给前两个小孩起昵称时，采用了电报代码术语，分别起名为"点"和"划"。

重要科学成就

电报

电报，是一种通过导线传输电信号并将其翻译为信息的通信系统，于 19 世纪得到开发，其中最成功的开发者是塞缪尔·莫尔斯（1791—1872）。莫尔斯的电报系统通过导线发送电流脉冲，使电磁体发生偏转，而电磁体又在纸上压印出"点"和"划"，即莫尔斯电码。爱迪生的贡献则是开发出将电信号转换为印刷字母的打印机。他还获得了复式电报的专利（允许双向通信），能够在同一根导线上同时发送两条消息且不会混淆。后来，他将两台这样的机器组合在一起，创造了四联电报机。

碳键传送器

1877—1878 年，爱迪生发明了一种碳键传送器或麦克风，与亚历山大·格雷厄姆·贝尔发明的接收器一起被认为是电报的下一步发展，即"语音电报"

或电话的关键组成部分。爱迪生的装置使用振动膜将声音转换为电信号，由两块通过电流连接并由碳颗粒隔开的金属板组成。其中一个板子作为振动膜，会随说话者的声音振动，这将改变碳颗粒的压力，从而改变板子之间的电阻（压力变高，推动碳颗粒靠得更近，从而降低电阻）。电阻的变化导致金属板之间电流变化，然后便可以作为电信号输入电话系统中。

留声机

爱迪生意识到电话这个新发明有一个主要缺点：消息传输速度太快，人们无法及时记下听到的内容。他的解决方法是发明留声机：一种可以记录和播放语音信息的设备。他在高速播放电报发射器的磁带时听到了类似人声的声音，便想到了这个方法。他认为纸带通过机器时可以产生类似口述的噪声，因

遗产、真理、影响

◎ "爱迪生效应"的发现推动了电子管的发展，奠定了电子工业的基础。

◎ 直到最近，爱迪生的碳键传送器还在电话中使用，只是在无绳电话发展后才变得没那么普遍。

◎ 爱迪生在美国新泽西州门洛帕克建立了第一个工业研究实验室，在他的指导下聘用了一组研究人员，目的是开发新技术和改进技术。

◎ 记录在爱迪生名下的专利共1 093项。爱迪生虽然是狂热的实验主义者，但是并非所有爱迪生接触的事物都能够变成金子。他曾有个想法，就是用水泥造东西——橱柜、钢琴、房屋。虽然事情并没有像他所希望的那样发展，但他确实收到了一份用水泥建造纽约洋基队体育场的合同。

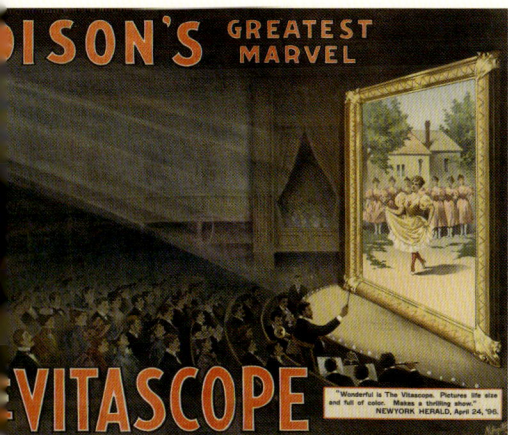

1896年左右，爱迪生的一项发明在做广告。

此他认为通过结合电话和电报技术，可能成功地实现口述信息的录制和播放。他首先将电报机上的一根针尖连接到电话接收器（话筒）的振动膜上，将针尖的松端放在一张纸上，这样振动膜振动时就会在纸上形成凹痕。然后，另一个针尖和振动膜装置可以播放这些凹痕，从而复制原始的振动或声音。他很快便将纸换成了锡箔纸，包裹在旋转的圆筒上，取得了明显的效果：对着机器讲话后，他可以通过旋转圆筒来回放所录制的声音。这样，他惊讶地听到自己的声音朗读"玛丽有只小羊羔"。

电灯泡

对于以前的实验者来说，灯泡过热和瓦解是一大问题。爱迪生不仅打算解决这个问题，而且最终还要生产出安全、实用、廉价的白炽灯——一种可以在家中使用的灯。经过一年半的实验，通过多次

大事记

1847年	出生于美国俄亥俄州的米兰镇。
1869年	移居纽约；获得首项专利。
1870年	在新泽西州纽瓦克开设第一家生产车间。
1876年	迁至门罗公园的研究所。
1877年	发明留声机。
1882年	在纽约建立商业电站。
1883年	获得电灯泡的专利。
1888年	与摄影运动分析专家埃德沃德·迈布里奇（1830—1904）相识；对电影产生兴趣，最终促成了电影产业的创立。
1889年	成立爱迪生通用电气公司；研能发声的玩偶。
1893年	建造首个电影制片厂，即电影视镜剧场。
1896年	创办国家留声机公司。
1913年	推出有声电影机，将圆筒式留声机与动态图像同步结合。
1928年	美国国会给爱迪生颁发了一枚金质奖章。
1931年	于美国新泽西州的西奥兰治去世；葬礼当天，全美熄灯一分钟。

> 但凡是人的思想可以创造的东西，都可以通过人的性格加以控制。
>
> ——报纸采访（1921）

试错，爱迪生成功地制造出一种灯泡，它能在能效更高的真空环境中以更小的电流从碳化细小灯丝流向内部固定的平板发光，最关键的是，这种灯泡能持续燃烧13小时以上。

1883年，灯泡获得专利时，人们注意到，在真空灯泡中，灯丝和灯泡本身在负极变黑，但却能在正极观察到蓝光。这就是所谓的"爱迪生效应"。

配电方案

灯泡的发明需要进一步发展电气，最重要的是爱迪生的七点配电方案，其组成部分是并联电路、耐用灯泡、改良发电机、地下导线网络、维持恒定电压的设备、安全保险丝、绝缘材料以及带有开关的灯座。在这些部件当中，每一个都必须单独发明并研发出可生产的单件。

伊万·彼德罗维奇·巴甫洛夫 （1849—1936）

伊万·彼德罗维奇·巴甫洛夫，俄罗斯生理学家、外科医生、心理学家，因在狗身上研究条件反射而闻名。巴甫洛夫研究动物和人类行为以及行为与神经系统之间联系的实验为了解大脑的运作提供了线索，并对行为主义和学习理论产生了极大的影响。

巴甫洛夫出生在俄罗斯梁赞州的一个小村庄里，家庭成员多，家境贫寒。他的父亲是一名乡村牧师，起初他也向往与父亲从事相同的职业。因此他在教堂乡村学校上学，在神学院接受牧师培训。但是，来自查尔斯·达尔文和俄罗斯著名生理学家伊凡·谢切诺夫（1829—1905）的激动人心的新思想启发了巴甫洛夫，于是他改变了方向，从宗教转向了科学。

1870年，他前往圣彼得堡大学学习自然科学。在那里，他对生理学产生了持久的兴趣。尽管缺乏资金，但他有着追求成功的动力。他很快展现出作为研究人员的潜力，与他人合作发表了一篇有关胰腺神经生理学的论文，并获得了奖励。在获得自然科学学位后，他进入医学外科学院深造。1879年至1890年，他在俄罗斯著名临床医生谢尔盖·博特金的实验室工作，研究心脏生理学，掌握了优秀的外科技能。1890年，他的技能和成就得到认可，被任命为刚刚成立的列宁格勒帝国医学院的生理学教授，

这个职位他担任了34年。他的研究很快就转向消化生理学，并且发现了神经系统的重要作用。这也引出了巴甫洛夫关于主要消化腺功能的关键论文，该论文成为现代消化生理学的基础。

巴甫洛夫的主要研究领域是消化腺分泌液体的过程。通过对狗进行实验，他观察到了唾液与消化之间的联系。他发现，除了食物以外的刺激也可以使狗分泌唾液。基于此，巴甫洛夫于1903年提出唾液分泌是一种"条件反射性质"的理论。

巴甫洛夫的研究得到了广泛认可和高度赞誉。他于1904年获诺贝尔生理学或医学奖；1907年当选俄国科学院院士；1912年获剑桥大学荣誉博士学位。在巴甫洛夫余生的岁月中，他继续进行研究，并将自己的理论应用于人类的心理障碍。尽管巴甫洛夫批评俄国布尔什维克政府，但是政府仍继续支持他，给他的研究提供资源。

重要科学成就

巴甫洛夫法

在反射实验中，巴甫洛夫运用了前同事 D. D. 格林斯琪提出的方法，该方法涉及在唾液腺的导管中开一个小孔（瘘管），以便收集和测量任何分泌物。实验涉及的动物不需要麻醉，这意味着其神经系统在实验过程中没有受到抑制，从而可以监测到感官器官的刺激与条件反射之间存在的所有联系。在此之前，解剖学是研究消化系统的最常用方法。

条件反射

巴甫洛夫注意到，当给狗提供食物时，它会产生一种条件反射，即唾液分泌，就像饥饿的人看到美味佳肴时流口水一样。他每次给狗吃东西时，都会敲击节拍器。然后他拿走了食物，只敲击节拍器，发现狗仍然分泌唾液——它已经学会对"条件刺激"

做出反应。巴甫洛夫称这种反应为"条件反射"。在狗身上，一种正常的无条件反射已被"条件反射"所取代。他通过将其他刺激（包括灯光、声音和触觉）与食物关联起来重复该实验，所有这些刺激都会产生相同的新条件反射。进一步的实验表明，条件反射是可以消除的，例如，如果节拍器反复响而没有向狗提供食物，则狗会停止在听到声音时分泌唾液。

经典条件反射

在巴甫洛夫的实验中，学习新刺激被称为经典条件反射。为了实现这一点，在进行条件反射之前，新的"条件刺激"（例如巴甫洛夫的节拍器）必须引起动物的注意，但不应产生被研究的反射作用（分泌唾液）。只有在提供原始的"无条件刺激"（例如，给狗喂食）时，才应出现这种反射动作。一旦建立

遗产、真理、影响

◎ 在测量未麻醉动物分泌的唾液量时，巴甫洛夫能够进行唾液分泌反射的实验。这是一个重要的进步，超越了塞琴诺夫以前对"心理学"唾液分泌的主观和理论解释。巴甫洛夫的系统实验工作激发了全世界各个生理机构对神经系统功能进行实验研究的兴趣。

◎ 巴甫洛夫对大脑及其对外界环境刺激的反应的理解为行为主义和行为心理学奠定了基础。但是，今天的精神科医生认识到，巴甫洛夫的研究存在局限性，包括他依赖条件反射来解释行为。此外，神经科学的进步也为我们提供了更深入了解神经系统运作规律的知识。

◎ 经典条件反射已成为行为疗法（例如厌恶疗法）中的一项重要技术，现在还广泛应用于分析学习与记忆中的神经结构和机制。

> 当科学研究者能够将他的同胞视为任何自然物体一样进行外部分析，并且当人类的思维能够从外部而非内部审视自己时，人类将拥有无法估量的优势和对人类行为的非凡控制力。
>
> ——《高等动物心理过程的科学研究》（1906）

大事记

巴甫洛夫在研究中使用的狗的填充模型：通过外科手术在狗嘴里植入了收集唾液的容器。

了这一点，新的条件刺激便会与无条件刺激相关联（即在提供食物的同时响起节拍器）。通过关联，动物学会了新的刺激，并在听到节拍器的声音时分泌唾液。

人类的条件反射

巴甫洛夫认为，条件反射是由生理事件引起的，即大脑皮质中形成了新的反射性途径。他的理论推动人们对大脑进行更多研究，并加深了对大脑刺激做出反应的理解。他试图将自己的理论应用于人类精神病学，例如研究令人不快的刺激是否可以使一个人患上恐惧症。20 世纪 30 年代，巴甫洛夫提出条件反射在人类适应环境的方式中起着重要的作用，同时还提出人类语言是基于涉及词汇的长链条件反射。

卡尔·费迪南德·布劳恩 (1850—1918)
伽利尔摩·马可尼 (1874—1937)

意大利物理学家伽利尔摩·马可尼发明了世界上第一个无线电报系统，奠定了远距离无线电通信技术的基础。德国物理学家卡尔·费迪南德·布劳恩改进了马可尼的电报系统，也是阴极射线管（电视显像管前身）的发明者。

马可尼小时候就对机械玩具很着迷，经常自己制造小发明。然而在 13 岁之前，他一直都在家里接受教育，直到 1887 年，他来到里沃纳一所技术学校学习，才第一次正式学习物理和电学课程。

1894 年，受物理学家海因里希·赫兹的启发，马可尼开始在他父亲的别墅里进行无线电波的实验。他在阁楼房间内发送无线电信号，然后在户外进行实验，发现配有高天线的地面设备可以扩展信号传输范围。1895 年，他成功地在一英里外的山丘另一边发送和接收无线电波——他发明了不受物理障碍影响的无线电报系统。

1896 年，因无法从意大利政府获得资助，马可尼去了英国，在那里他用新的无线电报系统给邮局的总工程师留下了深刻的印象。他获得了世界上第一个无线专利，并有机会发展他的装置。经过进一步实验后，他取得了举世闻名的成就——1901 年，他成功地将无线电信号横跨大西洋从英国传到加拿大。1909 年，马可尼与另一位杰出的物理学家费迪南德·布劳恩共同获诺贝尔物理学奖，以表彰他们在无线电报技术方面的成就。

布劳恩少年老成，很快便取得了学术上的成功。担任多个教学职务之后，布劳恩于 1895 年任斯特拉斯堡大学物理学教授，并担任物理研究所所长。1897 年，他研发出阴极射线管，但其潜力并未立即得到认可。但在 1898 年，他因改进了无线电波发射器而受到人们的关注。

当时，马可尼在不使用过多能量的情况下，只实现了约 14 公里的传输距离。布劳恩通过设计一个电路大大改善了无线电的传播范围。1899 年，该发明获得了专利。布劳恩还找到了一种将无线电波朝特定方向发送的方法，这推动了无线电接收机的发展。布劳恩注意到马可尼在 1900 年和 1901 年申请

重要科学成就

电报

从 19 世纪中期开始，电报通常借助摩尔斯电码通过电线发送消息，消息以电流脉冲的形式沿着电线传递。随着电报的普及，须花费大量金钱铺设电缆。马可尼和其他人开创了具有革命意义的"无线"系统，不需要电缆。

无线电报

在马可尼开始研究 30 年前，无线电波的研究便开始了。马可尼本可以研究苏格兰教授詹姆斯·克莱克·麦克斯韦的工作，后者预测了无线电波的存在以及它们如何被反射、吸收和聚焦。1887 年，德国科学家海因里希·赫兹首次产生和传输了无线电波，这也启发了马可尼的灵感。

马可尼的无线系统涉及在空中传播的无线电波，在长距离上传输摩尔斯码。无线电波像光和红外线一样，都是电磁辐射的一种。电磁波的波长不同，

其中最长的是无线电波。马可尼在他的第一个无线演示中使用了赫兹的火花线圈作为发射器，并使用了爱德华·布朗利（1844—1940）的可协调器作为无线电接收器（可协调器发明于 1890 年前后，用于恢复调制波形中包含的信息）。通过逐步改进设备，马可尼能够实现更远的传输距离。马可尼的系统仅发送摩尔斯电码信号，而不传输语音。但在 20 世纪初，其他发明家正在开发无线电话技术，通过这种技术可以传输和接收语音。

阴极射线管

阴极射线管是产生电子流的真空管。1897 年，电子由约瑟夫·约翰·汤姆森（1856—1940）发现，科学家注意到电子束是无法受控制的。但是，布劳恩发现了一种使用交流电压产生电子窄束的方法，这束电子可以像手电筒一样被控制，并且可以聚焦在

遗产、真理、影响

◎ 马可尼的工作为现代无线电和电视通信奠定了基础。1901年的第一次跨大西洋无线电信号传输使他享誉全球，并推动了无线电通信技术的迅速发展。1920年，广播电台进行了世界上首次公共广播；1936年，世界上第一个电视广播业务开通。

◎ 马可尼无疑是无线电报技术的先驱，但他承认借鉴了布劳恩及其他人的想法。1945年，马可尼的7777号专利被撤销，因为像塞尔维亚裔美国物理学家尼古拉·特斯拉（1856—1943）这样的发明家似乎是最早研发无线电调节设备的发明家。

的专利与他在1899年提交的早期专利非常相似。布劳恩和马可尼见面讨论此事，马可尼承认"借用"了布劳恩的想法。

1914年，第一次世界大战爆发，布劳恩搬到了纽约，这使得他的工作告一段落。1917年美国对德国宣战时，布劳恩知道他无法回家。然而，马可尼继续完成了许多其他创新和专利。他改善了长距离无线电系统的传输和接收，并从1916年开始进行较短波长的实验。1932年，马可尼的团队使用非常短的波长，建立了第一个微波电话系统。

约1912年，操作员正在复制海上船只通过无线电报传送的信息。

荧光屏上形成图案。示波器或"布劳恩管"变成了一种重要的科学仪器，并最终发展成为电视显像管。

◎ 布劳恩有时会被认为是"被遗忘了的无线电先驱"，人们通常只记得他在阴极射线管方面的研究。但是，布劳恩的无线发明，包括他的晶体二极管整流器和调谐专利被马可尼采用，并在无线电的演进中起了重要作用。

◎ 布劳恩发展了阴极射线管示波器（也称为"布劳恩管"），成为电视管和雷达示波器的先驱。阴极射线管（CRT）现在才被平板电视和电脑显示器中的新技术所取代。

> 马可尼最初的系统有其弱点。从发射站发射出的电振荡相对较弱……然而，主要归功于费迪南德·布劳恩教授的启发性工作，这种令人不满意的状况才得以克服。
>
> ——瑞典皇家科学院院长H.希尔布兰特在诺贝尔奖颁奖典礼上的致辞（1909）

大事记

1850年	布劳恩出生于德国黑森－卡塞尔州的富尔达。
1874年	马可尼出生于意大利博洛尼亚。
1894年	马可尼开始研究长波。
1896年	马可尼获得第一个采用"赫兹波"（即无线电波）的电报系统专利，并在伦敦进行了首次正式的无线电报系统演示，从一个邮政大楼向另一个邮政大楼发送了一条摩尔斯电码消息。
1897年	布劳恩开发出阴极射线示波器；马可尼成立无线电报和信号公司（1900年更名为马可尼无线电报公司；1963年更名为马可尼公司）；马可尼国际海上通信公司成立，用于在船舶上安装和运营无线电报服务。
1898年	布劳恩展示新的无线传输电路，并为此新电路申请专利；马可尼在英国开设世界上首家无线电工厂。
1900年	马可尼申请调谐式无线电报的专利（第7777号专利）。
1901年	马可尼发射的无线电波跨越了大西洋，从英格兰康沃尔郡的波特休传到纽芬兰省的圣约翰斯。
1907年	马可尼开通格莱斯湾和爱尔兰克利夫顿之间的第一条跨越大西洋的商业无线电报业务。
1909年	布劳恩和马可尼因推动无线电报发展，共同获得诺贝尔物理学奖。
1918年	布劳恩在美国纽约布鲁克林逝世；第一条无线电报由马可尼从英格兰发往澳大利亚。
1932年	马可尼团队发明世界上首个微波无线电话。
1937年	马可尼因心脏病在意大利罗马去世。

威廉·莫里斯·戴维斯

(1850—1934)

美国杰出的地理学家、地质学家和气象学家威廉·莫里斯·戴维斯提出了景观演化相关理论。现在学术地位已经确立的地貌学（地貌研究）便是源于戴维斯的研究。

戴维斯出生于美国费城的贵格会教徒家庭，曾就读于哈佛大学，学习地质学和采矿工程。1870年，戴维斯获得工程学硕士学位。1879年，他成为哈佛大学的地质学讲师，教授自然地理学，并于1890年获得教授职位。在他的职业生涯开始之初，人们对景观如何演变以及其特征性外貌是如何根据地质结构和环境条件发展的了解甚少。正是戴维斯对"侵蚀循环"的特别描述，推动了地貌学作为一门科学的发展，而到他职业生涯结束时，他通过自己的研究和倡导，为地理学这一独立职业的确立做出了巨大贡献。

戴维斯是美国地理学家协会的创始人之一，并且在美国国家地理学会中发挥了重要作用。在第一任和第二任妻子去世后，戴维斯与马萨诸塞州弥尔顿市的露西·L.滕纳特再婚，后来戴维斯在加利福尼亚州的帕萨迪纳去世，滕纳特在戴维斯去世后继续住在那里。

重要科学成就

戴维斯的前辈科学家认为，地貌的形状完全由其结构决定，或者由《圣经》中的大洪水创造的。相比之下，戴维斯经常将地貌的缓慢发展描述为与进化论具有相似之处。他的景观发展理论，即地理循环（或"侵蚀循环""地貌循环"），是他对地貌学领域的主要贡献。该理论首次发表于他1889年在《国家地理》杂志上发表的文章《宾夕法尼亚州的河流与山谷》中，并在随后的作品中反复强调。

地貌变化周期开始于地壳隆起形成山脉，随后通过侵蚀和风化，形成期初是V形，然后逐渐扩大成山谷和圆形的丘陵。戴维斯根据湿度和纬度等因素，针对不同的环境提出了地理循环理论。他描述了影响地貌形态的三个变量：（1）结构（岩

遗产、真理、影响

◎受查尔斯·达尔文进化论的影响，戴维斯描述的侵蚀循环开启了对地貌认识的新时代。

◎流域发展理论仍是基于戴维斯的系统方法建立的。

◎戴维斯在哈佛大学的许多学生后来成为著名的地理学家，其中包括阿尔伯特·佩里·布里格姆（1878—1950）、以赛亚·鲍曼（1855—1932）、理查德·艾尔伍德·道奇（1868—1952）、马克·杰斐逊（1863—1949）和埃尔斯沃思·亨廷顿（1876—1947）。

大事记

1850年　生于美国宾夕法尼亚州费城。

1889年　在《国家地理》杂志上发表论文《宾夕法尼亚州的河流与山谷》。

1890年　任哈佛大学自然地理学教授。

1904年　成立美国地理学学会，担任学会的第一任主席。

1911年　从威尔士领队前往意大利，进行为期九周的地理朝圣之旅。

1912年　受聘为哈佛大学名誉教授。

1912年　受美国地理学会赞助，组织为期八周的跨大陆探险。

1934年　在美国加利福尼亚州帕萨迪纳逝世。

……每个流域中许多先前存在的溪流将水集中在一条溢流河道中，而这个主要河道幸存了下来——这是自然选择的典范。

——威廉·莫里斯·戴维斯（1883）

石对风化和侵蚀的抵抗力以及岩石地层或岩层的形状）；（2）过程（诸如风化、侵蚀和河流沉积等作用）；（3）阶段（早期、中期和晚期，表明该过程已经持续了多长时间）。尽管现在人们认为此概念过于简单，但戴维斯的思想在1950年之前仍然具有很大的影响力。

埃米尔·费歇尔

（1852—1919）

赫尔曼·埃米尔·费歇尔，德国有机化学家。费歇尔在长期研究化合物过程当中，在糖类和蛋白质的结构以及嘌呤（某些共享有机碱的化合物）的性质研究方面取得了诸多重要的发现。费歇尔对碳水化合物和氨基酸的描述，为生物化学学科的建立做出了贡献。

通常大家都叫赫尔曼·埃米尔·费歇尔的中间名埃米尔，他是木材商人的儿子，费歇尔的父亲坚持让他毕业后加入公司。然而，他完全没有商业才能，因此在 1871 年才被允许去上大学。

在大学第二年，他遇到了导师阿道夫·冯·拜尔（1835—1917），并和导师一起学习和工作多年。费歇尔的博士研究项目包括化合物苯肼的合成，这有可能会使他患上癌症。他还曾遭受汞中毒。

费歇尔拒绝了所有化工公司的工作机会，在第一次世界大战期间，还曾担任政府顾问。 1919 年，由于两个儿子在战争中去世以及自己被诊断出患有肠癌，费歇尔非常沮丧，选择了自杀结束生命。不过，他还有一个幸存的儿子赫尔曼·奥托·费歇尔，这个儿子后来成为一名生物化学教授。

> ……只有通过所谓的合成来逐步构建分子，才能最终阐明其结构。
> ——诺贝尔化学奖演讲稿（1902）

重要科学成就

嘌呤

费歇尔在一个课题上花费了数年时间才决定不再做下去。他对嘌呤的研究始于 1882 年，历时 17 年，证明了几种当时看似无关的天然化合物之间的联系。一些是动物化合物，例如尿酸和鸟嘌呤，而其他一些，包括咖啡因和可可碱，是植物化合物，但它们都有共同的化学基础。"这些化合物都含有一个共同的原子团……由五个碳原子和四个氮原子组成，排列成两个环状团，有两个共同的原子形成……"他将这个共同的连接称为嘌呤，证明所有嘌呤可以相互转化，合成了许多嘌呤化合物，包括咖啡因，并于 1898 年成功合成了嘌呤。

糖类

在费歇尔研究之前，人们对糖类知之甚少。他使用新的分析技术来发现糖类结构，纯化它们，并鉴定异构体，最终用甘油合成了葡萄糖、果糖、甘露糖。

他的"老朋友"苯肼被证明特别有用，因为他发现它可以使糖结晶，从而使其更容易分离。为了表示异构体的结构，费歇尔开发了一种新的投影系统，现在以他的名字命名。在鉴定糖异构体时，他还发现了酶。他发现酵母酶只消耗某些糖的同分异构体，由于这些异构体只在形状上有所不同，因此他得出结论，分子结构可以决定酶的活性，而非分子内容。

蛋白质

费歇尔发现了将氨基酸链接在一起的肽链。他还鉴定了许多新氨基酸，并成功合成了其中几种。

遗产、真理、影响

◎ 费歇尔的工作推动了生理学的发展。他指出，有些嘌呤是细胞核的组成部分，因此"了解其化学组成及相互转化将有助于生理学研究"。

◎ 通过创造合成化合物，费歇尔不仅证明了它们的化学结构，而且还希望能够提供廉价的医药物质，甚至更便宜的食品产品。巴比妥类药物便是他工作成果之一。

大事记

1852 年	出生于德国奥伊斯基兴。
1882 年	受聘为埃尔朗根大学化学研究所所长。
1882 年	开始研究嘌呤。
1884 年	开始研究糖类化合物。
1885 年	转至维尔茨堡大学。
1892 年	任柏林大学化学教授。
1899 年	开始研究蛋白质。
1902 年	因对糖和嘌呤的研究，荣获第二届诺贝尔化学奖。
1919 年	在柏林逝世。

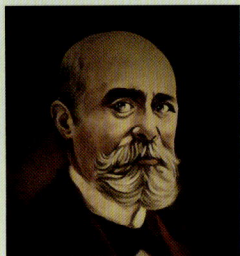

亨利·贝克勒尔

（1852—1908）

安东尼·亨利·贝克勒尔，法国物理学家，因发现放射性而闻名。1903 年，因为在放射学领域的开创性研究，贝克勒尔与皮埃尔·居里和玛丽·居里夫妇共同获得诺贝尔物理学奖，他们的发现被认为开创了核物理学时代。

1852 年，安东尼·亨利·贝克勒尔出生于巴黎一个著名的科学世家。他的父亲是物理学家亚历山大·埃德蒙·贝克勒尔，他的祖父是电化学家安托万－塞萨尔·贝克勒尔，他们都是法国科学院成员，都曾担任巴黎自然历史博物馆的物理学教授。

受父亲和祖父的影响，贝克勒尔专注于科学和工程学，先后就读于巴黎高等理工学院和巴黎桥梁与公路学院，并以工程师的身份加入了桥梁与公路管理部门。

完成工程学培训后，他与巴黎大学物理学教授 J.-C. 雅明的女儿露西－佐伊·玛丽·雅明结婚。在巴黎高等理工学院担任教师和研究员之前，贝克勒尔在做独立研究，关注磁场和晶体中的偏振光。

1878 年，他的妻子露西在他们的儿子让出生几周后去世。同年，他搬到了巴黎自然历史博物馆，并最终接替他的父亲担任教授。

尽管贝克勒尔最初的许多研究工作是在光学领域，但他也延续他父亲和祖父在荧光和磷光方面的工作，尤其是在 1895 年得知威廉·康拉德·伦琴发现 X 射线之后。他对此问题的看法很大程度上受到法国科学院一次著名会议的启发，在这次会议上，数学家和科学家亨利·庞加莱（1854—1912）演示了伦琴的 X 射线，并向与会的贝克勒尔等人展示了第一张 X 射线图像，显示了人手骨骼。仅仅几个月后，贝克勒尔偶然间便有了一个令他名声大噪的发现。

贝克勒尔是一个谦逊的人，他总是淡化自己的成就，将他的工作放在家族传承的背景下看待。然而，他的发现获得了全世界的赞誉，被称为"放射性"，这个名字是由皮埃尔和玛丽·居里夫妇取的，他们没有参与贝克勒尔的研究，而是进一步研究了这种现象的性质。1903 年，贝克勒尔与居里夫妇分享了诺贝尔物理学奖，以表彰"他们对辐射现象的联合研究"。后来，他成为英国皇家学会外籍成员，并成为柏林、罗马和华盛顿的科学院的外籍成员。

1908 年，刚被任命为法国科学院院长的贝克勒尔因突发心脏病去世。值得注意的是，亨利并不是最后一位在巴黎自然历史博物馆担任教授职位的贝克勒尔家族成员。他的儿子让接替了他的职位，使得贝克勒尔家族有四代人在这一崇高的学术职位上任教。

重要科学成就

放射性的发现

1896 年 2 月下旬，受伦琴发现的神秘射线"X 射线"的启发，贝克勒尔开始研究荧光晶体发射 X 射线的可能性。在这个过程中，他意外地在铀盐中发现了放射性现象。这一意外的发现最终为他赢得了全球的赞誉。

亨利·庞加莱告诉贝克勒尔，X 射线是从伦琴使用的玻璃阴极射线管上的一个荧光点发射出来的。这立即启发了贝克勒尔，他认为 X 射线可能是由荧光晶体中自然发射出来的。他将荧光晶体放在包裹有黑纸的照相底片上，并通过照射光源使物质发出荧光。贝克勒尔坚信，如果该物质在这些条件下确实发出 X 射线，那么底片将受到影响。

最初，某些晶体物质的实验结果不尽如人意，但是直到他将硫酸铀钾晶体放到照相底片上时，他得到了重大发现。他将这些晶体放在底片上，并在其中一个晶体下面放了一个硬币。然后将整个装置暴露在阳光下几个小时。

在冲洗照相底片时，他发现了晶体和硬币的剪影。起初，他认为是晶体发射了 X 射线，但经过思考后，他认为情况并非如此。作为一个善于进行批判性思考的人，他制订了更多的晶体和照相底片排列方式，以测试他的发现。

不幸的是，恶劣的阴雨天气中止了实验进程，使贝克勒尔失去了自然光源。他变得不耐烦，于 3

遗产、真理、影响

◎ 贝克勒尔对放射性的发现以及居里夫妇在这一领域的后续发展引起了物理学界的一场革命。这为核物理的发展铺平了道路，揭示了原子及其内部核的组成由更小的粒子构成的事实。

◎ 用镭治疗癌症技术的发展之所以出现，其部分原因是贝克勒尔进行了一项实验。早期，观察到处理镭的工人有皮肤灼伤，1901 年，贝克勒尔在一次会议上将一个装有镭的管子放在他的背心口袋里六个小时。九天后，他注意到在镭放置位置附近的皮肤上出现了红色区域。医生告诉他，这是一种类似 X 射线的烧伤。基于此发现，一些先驱的外科医生意识到来自镭的辐射可以用于治疗癌症和其他疾病。

◎ 贝克勒尔的发现促使皮埃尔和玛丽·居里寻找其他放射性物质：他们于 1898 年发现了钋和镭元素。

◎ 放射性的度量单位是贝克勒尔（Bq），以贝克勒尔的名字命名，定义为每秒发生一个核衰变的放射性物质的活动量。

◎ 在月球和火星上都有以贝克勒尔命名的陨石坑。

大事记

年份	事件
1852 年	出生于法国巴黎。
1872—1874 年	就读于巴黎高等理工学院。
1874—1877 年	就读于巴黎桥梁与公路学院。
1876 年	在巴黎高等理工学院教学和研究。
1878 年	受聘在巴黎自然历史博物馆工作。
1889 年	被任命为法国科学院院士。
1892 年	任巴黎自然历史博物馆的物理学教授。
1895 年	任巴黎高等理工学院教授。
1896 年	发现放射性现象。
1899—1900 年	鉴别出镭元素辐射电子。
1901 年	发表放射性转变的第一个证据。
1903 年	荣获诺贝尔物理学奖。
1906 年	担任法国科学院副院长。
1908 年	担任法国科学院院长，当选科学院终身秘书（共两位）；在法国西北部布列塔尼因心脏病发作逝世。

一次实验用两张非常厚的黑纸包裹着一层含溴化物乳剂的卢米埃尔照相底片，一次实验是放在纸上，外面放着一块磷光物质，另一次则将整体暴露在阳光下……然后，冲洗照相底片时，会看到磷光物质的轮廓在底片上是黑色的。如果一次实验在磷光物质和纸张之间放了一个硬币或一块金属滤网，就会看到这些物体的图像出现在底片上……必须得出结论……磷光物质……发出的射线穿过不透明的纸并使银盐减少。

——《关于磷光辐射》（1896）

月 1 日决定冲洗照相底片。由于晶体暴露在很少的阳光下，他预计只会发现模糊的图像，但他惊讶地发现所有的剪影都非常清晰。

尽管如此，他仍觉得有必要验证自己的结果，于是进行了更多的实验。这一次，他把晶体放在抽屉里，发现即使没有阳光，剪影仍然非常清晰。有了这些发现，他打消了将荧光和 X 射线联系起来的想法。显然，铀化合物正在从自身内部发出一些穿透性辐射。

研究这种辐射后，他发现它的属性像 X 射线一样，因为它可以穿透物质并使空气电离。通过进一步测试，他证明了这是晶体中存在铀而引起的，随后他发现纯铀具有高放射性。

贝克勒尔的照相底片，显示了位于底片和铀盐之间的马耳他十字金属影。

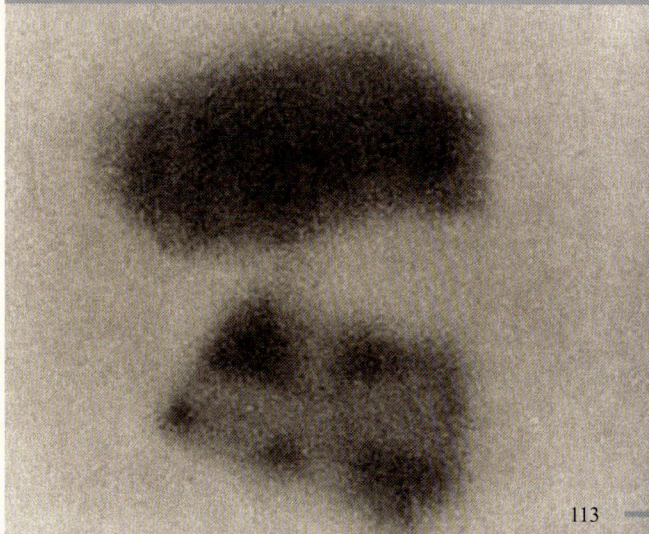

阿尔伯特·亚伯拉罕·迈克尔逊 (1852—1931)

阿尔伯特·亚伯拉罕·迈克尔逊，美国物理学家，一生都热衷于实验物理学中的精密测量。他是首位精确测定光速的科学家，并因此成为美国第一位诺贝尔物理学奖获得者，同时还与物理学家爱德华·莫雷对光波进行了著名的迈克尔逊-莫雷实验。

1852 年，迈克尔逊出生在被德国占领的波兰斯切尔诺小镇的一个普通犹太家庭，家里经济比较拮据。迈克尔逊还是个小孩的时候全家就移民到了美国，定居在加利福尼亚州卡拉维拉斯县的墨菲采矿小镇，他的父亲在那里做生意。

年轻的迈克尔逊被送到旧金山的一所高中就读，然后他在美国海军学院学习了几年。作为一名海军军官，迈克尔逊学习了天文导航，并出海两年，后来被任命为海军学院的物理和化学讲师。

迈克尔逊对科学的兴趣与日俱增。1877 年，他与玛格丽特·海明威结婚后，赴柏林大学求学，并在物理学家赫尔曼·冯·亥姆霍兹的指导下学习，之后又前往巴黎。正是在这段时间里，他开始进行测量光速的实验。

回到美国后，他被任命为俄亥俄州克利夫兰市开斯应用物理学院的物理学教授，并在那里开发出测量光速的仪器。1885 年，他开始与爱德华·莫利合作，进行以太漂移实验，最终在 1887 年进行了著名的迈克尔逊-莫雷实验。令他们失望的是，该实验未能产生以太（或乙太）的存在证据——一种当时被认为填满所有空间并使光和电磁波传播的假想介质。

1893 年，迈克尔逊被任命为新成立的芝加哥大学的物理系主任。1899 年，迈克尔逊当时作为世界著名物理学家，在哈佛大学开展罗威尔系列讲座，后来出版《光波及其应用》一书。1907 年，他成为第一个在科学类别中获得诺贝尔奖的美国公民，"迈克尔逊以其精密的光学仪器以及光谱学和计量学研究而获奖"。

在整个 20 世纪 20 年代，迈克尔逊在加利福尼亚州待的时间相当久，在那儿他进行了进一步的研究，并享受他一生热爱的水彩画、台球、国际象棋和网球。1929 年，他从芝加哥大学退休，搬到加利福尼亚州帕萨迪纳，在威尔逊山重复了迈克尔逊-莫雷实验。两年后，他已经 79 岁高龄，在进行一项关于在长达一英里的部分真空条件下测量光速的复杂测试时，因脑出血去世。

重要科学成就

光速

1850 年，莱昂·福柯（1819—1868）使用他的旋转镜方法成功地测量出光速，精准度令人震惊。这个方法涉及将一个锐利聚焦的光束照射到一个旋转的镜子上，然后光束会传播到一个固定的镜子，然后反射回源头，由于镜子的旋转运动，反射光束会以稍微不同的角度返回。从中，他测量了原始光源和反射光束之间的角度，考虑到已知常数（各个表面之间的距离和镜子旋转的速度），他计算出光速为 298 000 公里/秒——非常接近现代对光速的测量值 299 792 公里/秒。

迈克尔逊成功地改进了旋转镜子技术，通过构建一个干涉仪来实现更加精密的测量，该干涉仪使用一个八边形的镜子鼓，每秒旋转 550 转，用于检测两个互相垂直的方向上光速的差异，通过利用一个分裂的光束：每个光束被引导到一个镜子，反射光束相互干涉。然后记录干涉的模式，通过这个模式，就能够计算出光速的值。

随着时间的推移，迈克尔逊不断地改进测量设备以及测量的精度：20 世纪 20 年代初，他在加利福尼亚的两个山峰之间测量了一条长达 35 公里的光线路径，后来在 1926 年，他获得了光速为 299 796 公里/秒的数值，这是他最精确的测量结果。

迈克尔逊-莫雷实验

继詹姆斯·克莱克·麦克斯韦的电磁学理论之后，人们进行了许多尝试来证明被称为以太的这种神秘

干涉仪是迈克尔逊用来测量光速的设备，可以在光束中产生干涉图样。

遗产、真理、影响

◎ 1907 年，迈克尔逊成为第一位获得诺贝尔物理学奖的美国人。其他荣誉还包括担任美国物理学会主席和获得皇家学会科普利奖的殊荣。

◎ 阿尔伯特·爱因斯坦评论说："我总是将迈克尔逊看作科学中的艺术家。他最大的乐趣似乎来自实验本身的美感和所采用方法的优雅。"

◎ 尽管迈克尔逊－莫雷实验未能产生他期望的结果，但该实验通常被认为是爱因斯坦首次研究相对论理论的主要原因和理由。然而，迈克尔逊本人对狭义相对论的这些发展持怀疑态度。

◎ 1920 年，迈克尔逊利用他的干涉仪成功地宣布了巨星伯特鲁斯的尺寸，使他成为第一位测量恒星大小的科学家。

大事记

1852 年	出生于波兰斯切尔诺小镇（当时属普鲁士王国）。
1856 年	随家人移居美国加利福尼亚州。
1877 年	与玛格丽特·海明威结婚，随后育有三个孩子。
1878 年	首次测量光速。
1880—1882 年	在巴黎和柏林求学；开展首个以太漂移实验。
1882 年	任俄亥俄州克利夫兰的应用物理学院首位物理学教授。
1885 年	当选美国艺术与科学院院士。
1887 年	在俄亥俄州克利夫兰进行迈克尔逊－莫雷实验。
1888 年	获得英国拉姆福德金质奖章和银质奖章。
1889 年	任马萨诸塞州伍斯特市克拉克大学首任物理系主任。
1890 年	测量木星直径。
1894 年	任芝加哥大学首任物理系主任。
1898 年	与玛格丽特·海明威离婚。
1899 年	与埃德娜·斯坦顿结婚；开展罗威尔系列讲座；当选美国物理学会会长。
1901—1903 年	任英国皇家学会主席。
1903 年	出版《光波及其应用》。
1907 年	获诺贝尔物理学奖和英国皇家学会的科普利奖章。
1914 年	测量地球的硬度。
1920 年	测量恒星。
1923 年	任美国国家科学院院长。
1925—1927 年	在威尔逊山进行光速实验。
1927 年	出版《光学研究》。
1931 年	在加利福尼亚州帕萨迪纳逝世。

> 如果做诗人的同时也可以成为物理学家，那么他可以向他人传达这一学科所激发的愉悦、满足，甚至是崇敬之情。
>
> ——《光波及其应用》（1903）

物质的存在。迈克尔逊早在 1881 年在柏林就开始研究这个课题，但是直到 1887 年，他才与莫雷一起进行了决定性的实验。

当时人们认为地球是通过以太运动，而以太是光波传播的媒介。迈克尔逊和莫雷使用干涉仪尝试检测这种现象。

两位科学家假设，如果地球正在以太中运动，那么光在地球运动方向上的传播速度应该比垂直于它的方向慢。因此，干涉仪产生的干涉图案所表现出的变化程度应该可以表明地球在以太中的运动速度。

他们制造了许多干涉仪，其测量灵敏度不断提高，但却没有取得任何结果，没有找到任何可以被称为以太存在的确凿效应。

许多人将迈克尔逊－莫雷实验视为理论物理学的转折点。其负面结果表明，无论观察者的运动如何，光速都是恒定的。对此有两种可能的解释：一种是以太确实存在但随地球一起运动，这在 1893 年被奥利弗·洛基（1851—1940）所证伪；另一种是以太根本不存在，而运动的物体在其运动方向上会略微收缩。

乔治·菲茨杰拉德（1851—1901）提出了后一种观点，并且这一观点成为爱因斯坦狭义相对论的一部分。迈克尔逊未能成功的实验尝试只是进一步证实了爱因斯坦的观点。

圣地亚哥·拉蒙 – 卡哈尔 （1852—1934）

圣地亚哥·拉蒙 – 卡哈尔，西班牙组织学家、内科医生、诺贝尔生理学或医学奖得主，被誉为西班牙最伟大、最杰出的科学家。卡哈尔对神经系统的功能和组织做出了开创性研究，被许多人认为是神经科学的奠基人之一。

圣地亚哥·拉蒙 – 卡哈尔是一名县城外科医生的儿子。他出生在西班牙纳瓦拉的佩蒂拉·阿拉贡的山村，在上阿拉贡最贫困的地区长大。他是一个头脑聪明但却叛逆任性的孩子，不爱遵守学校的纪律。11 岁时，他因使用自制大炮炸毁城门而被监禁。

在童年时代，他最爱的学科是艺术而不是科学，但不通情达理的父亲禁止他在家里画画，担心这会导致他放弃医学事业。然而，卡哈尔后来从科学生涯一开始就展示出了艺术才能，他以其著名的细致无比的钢笔插图展示了神经系统的组织结构。

卡哈尔做了一年的鞋匠学徒后，他的父亲决定让卡哈尔上大学，然后去萨拉戈萨读医学院。在古巴服兵役期间，卡哈尔患上了疟疾和肺结核，但在返回后，他恢复得很好，可以继续学习解剖学。他对科学的兴趣与日俱增。1877 年，他获得了博士学位，然后在显微镜实验室担任了第一个学术职位，尽管在此期间一直疾病缠身。

在三十岁出头的时候，作为巴伦西亚大学解剖学教授，卡哈尔写了西班牙第一本原创的组织学教科书并为其做了插图。这本书在他到巴塞罗那任职后出版，他在巴塞罗那度过了最富有建树的科研年华，这本书在他的一生中一直是该领域的标准教材。

40 岁时，他被任命为马德里大学组织学和病理解剖学的教授，他在马德里大学享受到跨学科的知识交流氛围。在首都的咖啡馆里，他是一个热情的辩论者，他经常会将桌子上的食物碎屑聚集成一堆，然后带着一种华丽的动作将它们扫到地板上，以强调他的观点。

在马德里的这段时间里，他进行了视网膜、交感神经节、大脑皮层和神经系统的研究，并开始撰写他的著名著作《致青年学者：一位诺贝尔奖获得者的人生忠告》。他在马德里度过了他后续的职业生涯，并获得了许多奖项，包括 1900 年获得莫斯科奖，这笔奖金为 6 000 法郎，这使他能够买到他的第一台显微切片机（一种用于切割和制备显微镜检查标本的设备）。1906 年，他与意大利组织学家和内科医生卡米洛·高尔基（1843—1926）共同获得了诺贝尔生理学或医学奖。卡哈尔在自传中写道，高尔基是我完成最惊人发现所使用方法的创始人。尽管有这样的联系，两人还是在斯德哥尔摩的颁奖仪式上才首次见面。伴随着这些成就，国际认可和公共服务也随之而来。他经常就医学和教育问题受到咨询，甚至被邀请担任政府的教育部长，尽管他从未担任过这个职位。面对公众的关注，他感到很不自在，

重要科学成就

中枢神经系统和"神经元学说"

卡哈尔在中枢神经系统方面做了最重要的贡献。在此之前，神经系统的信息传递路径是未知的。在卡米洛·高尔基首创的组织染色技术基础上，他使用无机化学试剂重铬酸钾和可溶性化学化合物硝酸银对脑组织切片进行染色。

利用这个过程，他发现神经细胞（神经元）的神经纤维（轴突）末端在中枢神经系统的灰质中结束，而不与其他轴突的末端或其他神经元的细胞体连接。由此他得出结论，神经系统完全是由独立的单元组成

的，这与当时的流行观点，特别是高尔基的观点相反，神经系统不应该被认为是一个网状系统。这重新定义了人类对大脑回路的理解，提供了组织学证据，证明中枢神经系统不是相互连接的细胞连续网状结构。相反，它由个体神经元组成，这些神经元只向一个方向传递信息。他还发现了电突触，并用独立的神经元链的术语解释了主要的神经系统。他的"神经元学说"认为神经元是神经系统的基本结构和功能单位。

大脑皮层

1897 年，卡哈尔使用亚甲基蓝和高尔基的硝酸银

遗产、真理、影响

◎ 拉蒙·卡哈尔和英国神经生理学家查尔斯·谢林顿爵士（1857—1952）被誉为神经科学的奠基人。他的研究奠定了现代神经学的基础，因为卡哈尔开创了当代对神经细胞在神经系统中的作用以及神经冲动的理解。

◎ 他在组织学上的大部分研究为后来的脑肿瘤和脊髓肿瘤研究奠定了基础。1913 年，他发明了一种用于染色神经结构的金卤化物，这种方法现在被用于中枢神经系统肿瘤的研究中。

◎ 作为一位鼓舞人心的教师，他许多学生后来都取得了巨大的成就。例如最著名的神经外科医生怀尔德·潘菲尔德（1891—1976）。

◎ 卡哈尔出版了 100 多部各种语言的科学著作。

◎ 小行星 117413 拉蒙·卡哈尔就是以他的名字命名的。

> 一个奇妙的探索领域[用显微镜]展现在我面前，充满了惊险的经历。作为一个着迷的观众，我仔细观察了红细胞、皮肤细胞、肌肉纤维、神经纤维，并不时停下来绘制或拍摄微小世界中更引人入胜的场景。
>
> ——多萝西·加农
> 在《人脑的探索者》中引用的拉蒙 - 卡哈尔的话（1949）

可能比较习惯独处，他更喜欢下棋和摄影这样比较安静的活动。1934 年，卡哈尔于马德里去世。

染色剂研究了人类的大脑皮层，描述了几种类型的神经元，并发现了不同皮层区域的独特结构模式。

神经原纤维

1903 年，他发现细胞体内经过硝酸银染色的结构是神经原纤维（又长又细的细丝，贯穿神经元的细胞体，延伸到神经纤维和树突中），并且细胞体本身与信息的传导有关。

神经纤维的生成和退化

在后来的几年里，他对神经纤维的生成和退化进

大事记

年份	事件
1852 年	生于西班牙纳瓦拉的佩提拉德阿拉贡。
1873 年	获执业许可证。
1874—1875 年	在古巴服兵役。
1877 年	在马德里获得医学博士学位。
1879 年	与西尔维娅·凡纳斯·加西亚结婚；被任命为萨拉戈萨博物馆主任。
1884 年	被任命为巴伦西亚大学解剖学教授。
1887 年	被任命为巴塞罗那大学正常组织学和病理组织学教授。
1889 年	出版了教科书《组织学显微技术手册》。
1892 年	被任命为马德里大学解剖学和组织学教授。
1894 年	发表关于神经系统结构的新观点；向皇家学会开展克鲁尼安讲座。
1899—1904 年	出版了三卷本《人和脊椎动物的神经系统组织学》。
1900 年	获莫斯科奖；担任位于马德里新成立的国家卫生研究所主任。
1905 年	被授予皇家科学院赫尔姆霍兹金质奖章。
1906 年	与卡米洛·高尔基共获诺贝尔生理学或医学奖。
1909 年	当选为英国皇家学会外籍成员。
1922 年	创立卡哈尔研究所；从马德里大学退休。
1934 年	在马德里逝世。

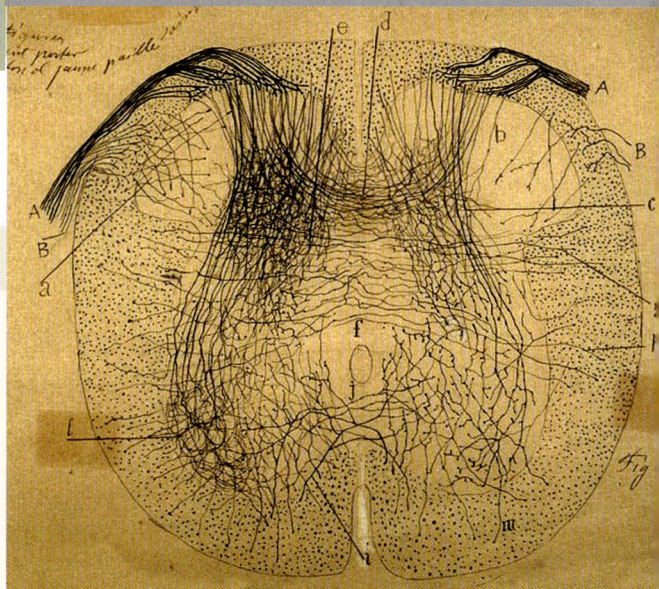

卡哈尔的一幅观察图。

行了研究，证明了神经纤维再生是由仍然连接在细胞体上的纤维残端生长而来的。

117

西格蒙德·弗洛伊德

（1856—1939）

西格蒙德·弗洛伊德，奥地利医生、哲学家，创立了现代精神分析学，作为一种关于心灵的理论和一种治疗形式，他引入潜意识的力量和心理问题的性起源等概念，彻底改变人类对心理及其神经症的看法。

弗洛伊德出生时，他的父亲41岁，比母亲大20岁。弗洛伊德的父亲冷漠专横，而母亲慈爱舐犊。家里有七个孩子，弗洛伊德是长子，他天资聪颖，倍受宠爱。弗洛伊德早期的家庭环境，对他后来形成的心理理论起到了重要作用。

由于仅靠卖羊毛维持不了体面的生活，弗洛伊德一家搬到了维也纳。弗洛伊德后来开始学医，并在1885年获得了一笔奖学金，前往法国在著名神经学家让–马丁·沙可（1825—1893）的指导下学习，沙可使用催眠术治疗癔症障碍。

回到维也纳后，弗洛伊德专攻神经学，采用的是当时的标准疗法——电疗法和催眠术。没过多久，他便意识到电疗法和催眠术无效。他转而尝试所谓

> 自我即使在它自己的家里也不是主人。
> ——《精神分析之路难行处》（1917）

的"谈话疗法"，鼓励病人谈论并释放他们的问题。弗洛伊德为扩展思维，曾服用可卡因，有段时间显然是染上了毒瘾。

到了四十多岁时，弗洛伊德花了一段时间来深入研究自己的心理。他从中得出了几个普遍的结论，尤其是性冲动是许多神经症的根源这一结论。弗洛伊德对性意识的研究，尤其是他认为婴儿也受性意识驱使的观点，遭到了科学界的广泛谴责，曾一度被孤立。但到1906年，弗洛伊德已经拥有了一批支持者，其中包括卡尔·荣格（1875—1961）和阿尔弗雷德·阿德勒（1870—1937）。1908年，第一次精神分析会议在萨尔茨堡召开。随后不久，国际精神分析师协会在1910年成立。

1933年，希特勒纳粹分子掌权德国，第一批被扔进户外篝火中焚烧的书便有弗洛伊德的著作。五年后，纳粹分子侵占了奥地利，开始骚扰所有有犹

重要科学成就

精神分析学

弗洛伊德的精神分析涵盖了三个不同的领域：一种治疗技术；一种关于心理理论及其相关人类行为的理论；以及一种哲学观。

心理分析方法

弗洛伊德创建了患者与心理治疗师之间的分析性讨论方法。通过这种方法，患者最终可以将自己的问题公开化，并能够理性地面对问题，从而在行为上做出必要的改变。弗洛伊德让病人躺在沙发上，他认为这样做可以让患者放松并保持开放心态，并通过自由联想和解释梦境来探索他们的神经症。弗洛伊德认为，这些方法可以洞察到患者的无意识——是"通往无意识的捷径"。他还引入了心理治疗中的"移情"概念，即患者将情感与想法通过投射到分析师身上。

潜意识

根据弗洛伊德的基本理论，精神有三个层面。在

大多数情况下，这三个层面意识不到彼此的存在，甚至可能相互对立。这三个层面是：

本我——最低层面，原始、自私、幼稚的欲望。有时，本我会因本冲动破坏其他层面，或者会通过"弗洛伊德式"失误而展露自我。

超我——优越的道德心理规范。

自我——被认为是控制着日常事务的心理部分，在本我与超我之间进行调节。自我可能会试图抑制本我以及过去所有痛苦的回忆。

弗洛伊德得出结论，成年人的人格在很大程度上是由童年经历塑造的，而这一经历可能已经被有意识的头脑所遗忘。

性冲动

弗洛伊德推测，人类大部分的无意识动机均由性冲动驱动，神经症通常源于受虐、受挫或复杂的性行为。弗洛伊德最著名的例子可能就是俄狄浦斯情结。

弗洛伊德的沙发，永远与精神分析学科联系在一起。

太血统的人，包括弗洛伊德，即使他是无神论者。弗洛伊德决定宁愿"在自由中死去"，即使这意味着他必须逃离维也纳，所以他和家人在 1938 年离开德国，前往伦敦。

弗洛伊德因患喉癌，进行了多次手术，但均未治愈，最终他再也无法忍受病痛折磨。1939 年 9 月，弗洛伊德说服朋友马克斯·舒尔医生帮他实施安乐死——"你曾答应在我死期到来时不背约，现在却老是毫无意义地折磨我。"舒尔给他注射了三剂吗啡后，弗洛伊德在伦敦北部家中安详辞世。

> 无意识是一个较大的圆，它包括了"意识"这一小圆，每一个意识都具有一种无意识的原始阶段……
> ——《心理分析之初探》（1920）

他认为，年轻的男孩对母亲的依恋，有一部分是出于性冲动，而他们在潜意识里嫉妒和憎恨父亲，因为父亲能和母亲发生性关系。他将这一理论命名为俄狄浦斯情结。俄狄浦斯是古希腊王子，还在襁褓中时便遭抛弃，成年后在不知情的情况下，杀死了自己的亲生父亲，娶了自己的亲生母亲。他写道："我发现我对母亲的爱恋始终如一，而对父亲的妒恨却挥之不去。我现在认为这是童年时期的普遍事件。"

关于女孩，弗洛伊德也提出了类似的理论。他还因提出在潜意识或梦中出现的物体具有性象征意义的观点而闻名。例如，剑和笔等线状物体被视为阴茎的象征。但他也指出，"有时，一支雪茄只是一支雪茄而已！"

性本能是弗洛伊德所说的生命本能的一部分，是维持生命和繁衍的驱动力。死亡本能是一种无意识的自我毁灭或攻击的冲动。弗洛伊德对此二者进行了对比研究。

遗产、真理、影响

◎ 弗洛伊德开创了精神分析研究领域。其他心理治疗的巨匠，如卡尔·荣格，都将灵感来源归功于弗洛伊德。荣格采取了一种新的方法，涉及神话原型、集体无意识、外向和内向等概念，但他的道路是通过弗洛伊德的原始工作确定的。

◎ 弗洛伊德从始至终都一直是饱受争议的人物，从不乏批评之人。许多心理学家认为，他的理论只是猜想，未经证实；还有些心理学家认为，弗洛伊德关于婴儿性本能的观点带有淫秽色彩，令人震惊。但在另一方面，弗洛伊德的观点也有狂热支持者，他们尤为支持无意识能以未曾预料的方式驱动我们的观点。

◎ 虽然有人可能不赞同弗洛伊德的观点，但是他确实改变了人们看待自己和自己行为的方式。

◎ 由弗洛伊德提出的众多术语和概念，如本我、自我、俄狄浦斯情结、性欲、压抑、死亡本能、防御机制、阴茎嫉妒、弗洛伊德口误等，现在已为主流心理学所接受，也已变成人们稀松平常的观点和日常对话的谈资。

大事记

1856 年	出生于奥匈帝国摩拉维亚的弗莱堡（现捷克共和国的普里伯）。
1885 年	在巴黎进行研究，受著名神经学家让－马丁·沙可的指导。
1886 年	在维也纳开设医疗诊所，专门治疗"大脑紊乱"。
1895 年	与约瑟夫·布洛伊尔合著的首部精神分析相关作品《癔症研究》出版。
1895 年	开始进行为期四年的自我分析。
1896 年	提出"精神分析"这一术语。
1900 年	出版《梦的解析》，概述第一种精神分析研究方法。
1901 年	出版《日常生活的精神病理学》，书中表示口误（弗洛伊德口误）是受潜意识的影响。
1902 年	任维也纳大学教授，授课讲学；创立精神分析学会。
1905 年	出版《性学三论》。
1923 年	出版《自我和本我》。
1923 年	确诊喉癌（可能由吸烟引起）。
1930 年	获得著名的德国歌德奖，以表彰其对文学和文化的贡献。
1938 年	逃离纳粹政权，赴英国伦敦。
1939 年	在舒尔协助下于伦敦实施安乐死。

海因里希·赫兹

(1857—1894)

海因里希·鲁道夫·赫兹，德国物理学家，因发现无线电波及验证詹姆斯·克拉克·麦克斯韦的电磁理论而闻名。赫兹的重大发现催生了无线电通信产业，但他英年早逝，这意味着他无法见证无线电通信的发展，令人叹惋。频率的单位"赫兹"就是以他的名字命名的。

1857 年，海因里希·鲁道夫·赫兹于出生在德国汉堡的显赫家庭，是一个动手能力很强的孩子，喜欢在自己的临时工作室里进行光学和机械实验。

他曾在汉堡的约翰尼姆文理高级中学上学，并在德累斯顿理工学院短暂学习了一段时间工程学，之后去服兵役。后来赫兹怀揣着成为一名科学家的梦想，在慕尼黑大学学习应用数学，随后在柏林大学获得了博士学位。

在他的职业生涯早期，赫兹在柏林曾担任赫尔曼·冯·赫姆霍尔兹的助手。这对年轻的赫兹来说是一次千载难逢的机会，赫姆霍尔兹察觉到赫兹研究方面的才能，并给了他很多鼓励。在这些年的合作当中，他们在物理领域发表了 14 篇论文，这个数字不可谓不多。

赫兹在基尔大学开始了他的教学生涯，随后前往卡尔斯鲁厄大学。1887 年，30 岁的赫兹在卡尔斯鲁厄大学发现了无线电波，这是他对物理学最重要的贡献。在此期间，他写了十篇重要的论文，用以支持詹姆斯·克拉克·麦克斯韦的电磁理论。1889 年，他接替鲁道夫·克劳修斯（1822—1888），任波恩大学物理学教授，在接下来的几年里，他对力学产生了兴趣。

赫兹与伊丽莎白·多尔结婚后育有两个女儿。婚后不久，赫兹就开始反复出现健康问题。从 1887 年开始出现牙痛之后，长期的骨骼疾病就一直伴随着他。他的身体状况逐年恶化，在努力完成他的遗著《力学原理》之后，最终于 1894 年因血液感染去世，终年 36 岁。令人惋惜的是，他没有活着看到他的著名发现被用作实现全球通信的平台。

> 电的领域覆盖了整个自然界。
>
> ——"论光与电的关系"演讲稿（1889）

重要科学成就

电磁波和无线电波

1879 年，在亥姆霍兹的指导下，柏林大学为了解决与詹姆斯·克莱克·麦克斯韦的电学理论有关的问题（即电力是否以惯性运动）设立了一项奖励。不幸的是，由于赫兹的博士研究要求，他当时无法参加这项任务。直到 19 世纪 80 年代中期，他在卡尔斯鲁厄大学才能够进行实验来解决这个问题。

正是在这些实验中，赫兹通过一个简单的台式装置证明了无线电波的存在，该装置一端是一个包括感应线圈、线圈和火花间隙的电路，而在台子的另一端，他安排了另一个只有火花间隙的电路。然后，他观察到，从感应线圈到第一个间隙的放电伴随着在接收电路中的间隙上的较弱火花，从而证明了无线电波的存在。

对这些后来被称为"无线电波"的波进行进一步的实验时，赫兹可以确定它们的速度。

他发现无线电波的速度与光速相同，于是他设计了更多的实验来证明无线电波可以被反射、折射和衍射。

力学

后来在力学领域的工作中，赫兹发展了一个只有一个运动定律的系统。该定律指出，机械系统在空间中的路径尽可能是直线的，并以匀速前进。

遗产、真理、影响

◎ 作为无线电波的发现者，赫兹是无线电通信领域的先驱。尽管赫兹的设备只能探测到 18 米以内的无线电波，但他在这方面的研究为意大利发明家伽利尔摩·马可尼跨越大西洋传输电波奠定了基础。

◎ 频率单位以他的名字命名：国际电工委员会在 1933 年正式采用赫兹这个术语来纪念他。一个赫兹等于每秒一次完整的旋转或循环。

◎ 赫兹拥有犹太血统，因此陈列在汉堡市政厅的赫兹肖像在纳粹掌权后被移除了。20 世纪 30 年代，赫兹的遗孀和两个女儿逃离纳粹德国，赴英国定居。赫兹没有直系后裔，因为他的女儿们没有结婚，也没生育孩子。

◎ 赫兹的侄子——实验物理学家古斯塔夫·路德维希·赫兹与詹姆斯·弗兰克因为发现电子对原子的影响规律，于 1925 年共同获得诺贝尔物理学奖；而古斯塔夫的儿子之一物理学家卡尔·赫尔穆特·赫兹，发明了医学超声成像技术，这是一种基于超声波的诊断成像技术。

大事记

1857 年	出生于德国汉堡。
1872—1874 年	接受家庭教师教育。
1874 年	就读于汉堡的约翰尼姆文理高级中学。
1876 年	进入德累斯顿理工学院学习工程学。
1876—1877 年	完成义务兵役。
1877—1878 年	进入慕尼黑大学的理工学院学习。
1880 年	获柏林大学物理学博士学位。
1880—1883 年	在柏林大学担任亥姆霍兹的助手。
1883 年	任基尔大学工学院教授。
1885 年	任卡尔斯鲁厄大学物理学教授。
1886 年	娶了伊丽莎白·多尔。
1887 年	证明无线电波的存在。
1889 年	任波恩大学物理学教授；在海德堡发表著名演讲"论光与电的关系"。
1890 年	被英国皇家学会授予拉姆福德奖章。
1893 年	出版《无线电波》。
1894 年	在德国波恩因血液感染去世；《力学原理》出版（英译版出版于 1899 年）。

我们对自然的认识应该使我们能够解决的最直接、在某种意义上也是最重要的问题是对未来事件的预期，这样我们就可以按照这种预期来安排我们目前的事情。

——《力学原理》（1899）

这两幅图是来自 1893 年版的《无线电波》的图，显示海因里希·赫兹计算出的电磁波结构。

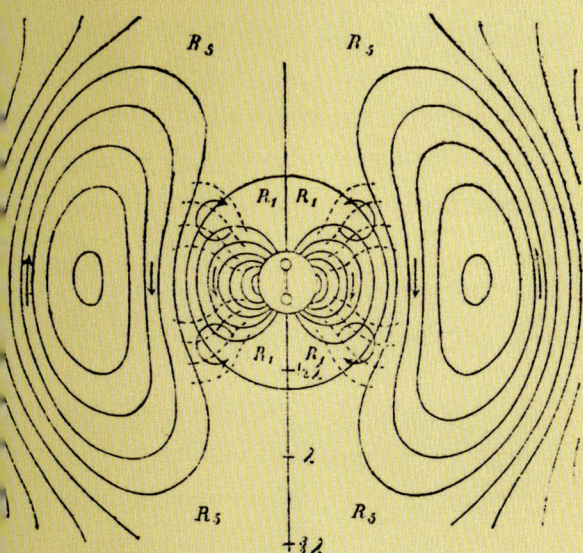

Fig. 28.

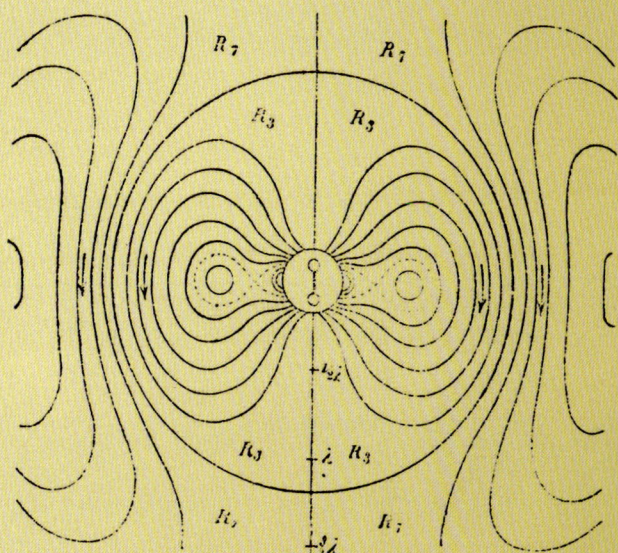

Fig. 30.

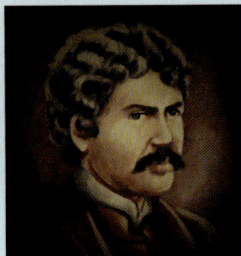

贾格迪什·钱德拉·博斯 （1858—1937）

贾格迪什·钱德拉·博斯爵士在发展印度现代实验科学方面发挥了重要的作用。他最初接受物理学培训，是一位多产的发明家，在很多领域都领先于他所处的时代，因为直到去世几年后，他的一些理念和发现才被广泛采纳。特别是，他开创了微波、无线电光学、植物生理学等研究领域。

贾格迪什·钱德拉·博斯最初在当地的乡村学校就读，然后前往加尔各答完成学业。博斯的父亲是当地的副法官，为了贾格迪什继续深造，他父亲不惜耗尽财力，将他送到英国接受进一步的教育。博斯在伦敦大学学习医学，然后转至剑桥大学基督学院学习自然科学。

博斯获得硕士学位后返回印度，在他剑桥大学老师的推荐下，被任命为加尔各答大学总统学院的物理学代理教授。他是第一个担任该职位的印度本土学者，但遭到了一些种族歧视，尤其是薪酬待遇远低于同等职位的欧洲人。当大学拒绝了他要求与欧洲人同酬的加薪申请时，博斯拒绝接受薪水。得益于妻子阿巴拉·达斯的资助，博斯在没有工资的情况下工作了三年，并且表现出色，大学最终同意给他加薪并补发工资。

博斯是孟加拉地区那些为印度的民族主义自豪感提供智力支持的科学家之一。他强烈主张印度需要建立一个熟练、现代的科学基础，并反对困扰印度的种姓差别以及印度教徒和穆斯林之间的宗教争论。

除了教学之外，博斯还在无线电波和植物生理学方面进行了广泛的实验。他在大学时几乎没有科研设备可用，所以他在这样的条件下取得的成就更加令人敬佩。他不得不自己购买设备，并在完成授课任务后，去一间小房间里工作。

博斯坚信知识应该造福全人类，所以他拒绝申请专利，直到1901年，他的同事说服他注册了一项专利。在此之前，1897年，他在英国皇家学会做关于短波无线电应用的讲座后，曾拒绝商业合伙人伽利尔摩·马可尼提出的分享专利收益的提议。

重要科学成就

无线通信

在完成了关于电能传输的首次研究之后，博斯开始研究无线电波，并与意大利物理学家伽利尔摩·马可尼同时进行了无线电通信实验。马可尼被普遍认为是1896年无线电报的发明者。

1895年，在加尔各答，博斯首次公开演示了无线电磁波，他发射的信号跨越近1.6公里的距离，敲响了大钟并引爆了一些火药。

微波

博斯发现了只有几毫米的短波长。在对这些毫米波进行实验的过程中，他制造了一种改进的检波器，即早期的无线电探测器。他还制造了几个微波元件，虽然它们现在已经司空见惯，但在当时其价值并没有得到承认。直到近50年后，其他科学家才开始应用博斯对短波准光学特性的发现。

半导体

就像他对毫米波长的研究一样，博斯对半导体的研究成果也被闲置了几十年。他是第一个发现利用半导体晶体来探测无线电波的科学家，但60年后，现代半导体的研究才起步，科学家们也才开始在博斯最初发现的基础上进行进一步研究。

植物生理学

博斯是少数几位成功跨入生物科学领域的物理学家之一。他发明了自己的高灵敏度仪器，用来测量植物的生长速度，以及它们对外界刺激的微小运动或反应，这些外界刺激包括光、触碰、声音、温度、电流，以及故意制造的令人不快的刺激，如割伤或施用有害化学物质。博斯能够证明植物对刺激的反应是电性的，而不是之前认为的化学性的。他的植物生长记录器把植物的运动放大了一千万倍，甚至还测量了植物在死亡时其"死亡痉挛"所产生的电力。

进一步的实验显示，噪声会对植物的生长有影响：当暴露在宁静而愉悦的音乐中时，它们会生长得更快、更健壮，但在面对刺耳的不和谐声音时，植物

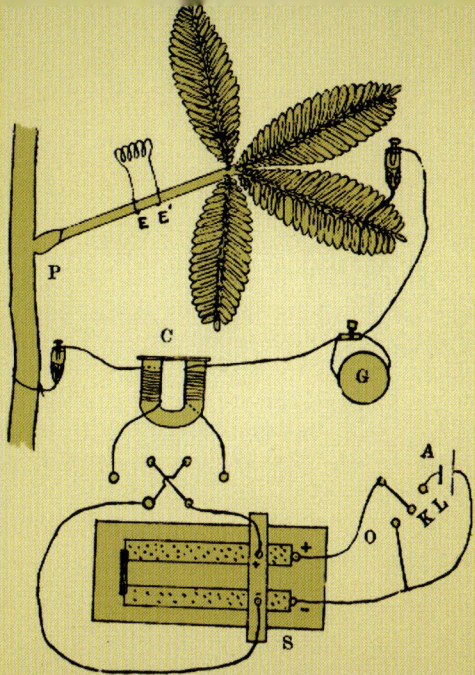

博斯在他的实验中使用的"研究植物传导功率变化的完整装置"的草图。

除了积极将科学研究应用于实践，博斯还是孟加拉国最早的科幻作家之一，他在 1896 年创作了一个关于驯服飓风的故事。博斯的科学成就杰出，不仅获得了多项荣誉，同时他还是国际联盟知识合作委员会的成员。

的生长就会受到抑制。

博斯的整体发现在当时被认为是非同寻常的，因为这显示出植物与动物对神经刺激的反应完全一样。但他本人认为这些结果是非常自然的，并从一个神秘、宗教的角度来解释，将其视为印度教信仰的一种表达，即整个宇宙本质上是统一的。

1927 年，他提出了一个新的理论来解释植物中的树液上升的过程，并认为是植物细胞中的电脉冲导致树液上升。

控制论

博斯对人类记忆的研究得出了一个关于记忆的模型，即将记忆视为一种信息存储和检索设备，这是现代控制论的基础，也是他在该学科出现之前很久就准确预测了的一个领域。

遗产、真理、影响

◎ 博斯从来没有想过要从实验中赚钱，甚至没有寻求公众的认可。因此，他常常被其他科学家盖了风头。然而，近年来，他的工作被重新评估。他现在被认可为在毫米波、无线检测设备和植物生理学领域都有开创性发现的科学家。

◎ 当时，许多科学家不接受博斯的发现，即植物受到刺激时的行为方式与动物相同。今天，这种对刺激的反应被完全接受为神经系统的响应，尽管大多数科学家并不认为这证明了植物有任何意识。相反，对刺激的反应被认为是一种"膝反射"。

这种无形的光线可以轻松穿过砖墙、建筑物等，因此可以通过它来传递信息，而无须通过电线的中介。

——贾扬·纳利卡，《科学前沿》（2003）

大事记

1858 年	生于印度东孟加拉（今孟加拉国）的迈门辛格。
1882 年	就读于英国剑桥大学，学习科学，完成学业后返回印度。
1885—1915 年	任加尔各答大学总统学院物理学代理教授。
1895 年	首次公开演示无线电波。
1897 年	认为取得的科学进展应造福人类、免收费用，因此拒绝为电磁发现申请专利。
1901 年	被说服申请首项专利：电子干扰探测器。
1903 年	发表论文得出结论，植物和动物对于刺激的反应相似。
1917 年	因其科学贡献被授予爵位。
1917 年	在加尔各答大学成立博斯科学研究所。
1920 年	当选英国皇家学会会士。
1926 年	出版重要著作《植物的神经机制》。
1927 年	担任印度科学大会主席。
1937 年	在孟加拉国去世。

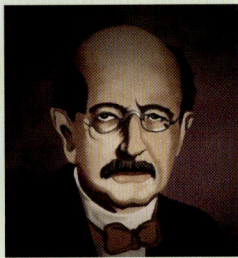

马克斯·普朗克

（1858—1947）

马克斯·普朗克，理论物理学家，创立了量子理论。可能普朗克都没有意识到，他的发现会为物质科学观和现实本质科学观的彻底改变奠定基础。就现代的科学重要性而言，普朗克的理论思想与爱因斯坦的时空相对论不分伯仲。

普朗克很幸运，可以在大学选择学习多个学科。他其实是一位有天赋的音乐家，但却选择学习数学和物理。在他的职业生涯中，他曾就读或任教于三所大学：慕尼黑大学、基尔大学、柏林大学，并在柏林大学待了 30 多年。

他最早的研究是热力学，这使他开始研究辐射，并以此来解释黑体的问题。黑体是指吸收和重新辐射其上所有能量的物体。

在描述黑体的特性时，普朗克不得不推翻经典物理学的一个标准模型——能量，以连续流动的方式运动。他假设能量以离散小包的形式存在，并将其命名为量子（quanta），quanta 这个词来自拉丁语，意为"数量"。

因此，在一个很小的、合乎逻辑的理论步骤中，普朗克创造了量子物理学，这门科学后来被应用于光学和亚原子物质，并彻底改变了科学的世界观。

普朗克因开创性的工作和为人正直而备受尊敬，在德国科学界享有卓越的地位。作为一位出色的管理者，普朗克在德国物理学会、普鲁士科学院、威廉皇帝学会以及德国自然科学家和医生学会担任高级职务。

在他出生的年代，人们强调对帝国的责任，认为科学具有巨大的民族文化价值。在这样的背景下，于第一次世界大战期间，他与其他德国知识分子一起签署了一封名为《向文明世界呼吁》的公开信，信中他们认为德国军国主义是维护德国文化的必要手段。后来，他变得不那么激进，并试图撇开政治来维护国际间的科学关系。

作为一名忠诚的德国人，在纳粹主义崛起时，他陷入了矛盾的情感中。他直接去见希特勒，抗议那些正在摧毁犹太科学家职业的反犹太主义。随着纳粹加强控制，普朗克试图让科学界专注于真正的科学，尽管他那时仍在德国担任公职，但在幕后他努力帮助他的犹太同事。

1944 年，普朗克在柏林的住宅被盟军的轰炸摧毁，其中的无价科学记录也被毁去。同年晚些时候，他的第二个儿子因为参与未遂的暗杀希特勒行动被处决，这是普朗克五个孩子中的第四个在他之前去世。人们认为在此之后他失去了生活的动力，在帮助德国科学重新融入国际社会后，他于 1947 年去世。

> 我们无权假定任何物理定律的存在，或者如果这些定律已经存在，那么它们将来也会以类似的方式继续存在。
>
> ——《现代物理学视角的宇宙》（1931）

重要科学成就

热力学

普朗克对物理化学做出了重要贡献，探索了从固态、液态到气态的转变过程，并概述了基于热力学的化学平衡理论。

普朗克辐射定律与量子理论

19 世纪末，物理学家们无法解释为什么黑体辐射光谱与标准电磁理论的预期不符。经过数年的研究，普朗克在探讨这个问题时，确定了经典物理模型的首个可证实的失败。他提出，只有在能量不以连续流动的方式，而是以独立的微小单位或量子的方式传递时，才能解释出现的意外光谱。量子是一个离散的数量，是最小的能量单位，无法再进一步分割。

他在 1900 年公开宣布这一理论，标志着量子理论或量子物理学的诞生，这是一种深刻的观察现实底层原理的全新方式。

普朗克常数

为了从数学上描述他的理论，普朗克建立了一

遗产、真理、影响

◎ 普朗克的理论使物理学发生了逆转，因为这展示了一些观察到的现象无法用经典物理学来解释。相反，需要一个全新的物理描述，被称为量子物理学。

◎ 他起初认为他的量子理论只适用于能量发射。然而，阿尔伯特·爱因斯坦证明量子理论和普朗克常数也可以应用于光辐射（光量子被称为光子），后来尼尔斯·玻尔还将该理论应用于原子结构。因此，量子物理学不仅颠覆了詹姆斯·克拉克·麦克斯韦提出的电磁学，还颠覆了经典物理学的另一个主要基础——牛顿力学。

◎ 自那以后，量子理论已得到了广泛的应用，现代物理学的许多领域，如激光、电子学、光电管、量子计算等，都是基于普朗克最初的概念。

◎ 与爱因斯坦和薛定谔一样，普朗克的直觉是拒绝他自己曾经引入的具有不确定性的相对世界观。他直觉地认为宇宙是独立于人类而存在的，而尼尔斯·玻尔、沃纳·海森堡和马克斯·珀恩提出的哥本哈根解释量子物理学则暗示现实取决于观察者。

◎ 普朗克坚信量子理论的解释很快就会在经典物理学的范围内找到。然而，对量子理论的更深入研究只是进一步将它推广到了旧物理学的范围之外。

> 我可以告诉你，根据我的关于原子的研究，有这么多信息：实际上并没有物质。所有的物质只是由一种力量的存在和作用而产生和存在……
>
> ——"物质的本质"演讲稿（1944）

坐在办公桌前的马克斯·普朗克。

个方程：其中分子的振动能量 E（以焦耳为单位）等于它的频率 v（以赫兹为单位）乘以一个新的常数值 h（以焦耳秒为单位）：

$$E=hv$$

他所确定的这个新常数后来被称为普朗克常数，尽管它有时也被称为基本的量子作用。

他计算出这个微小的数字约是 6.626×10^{-34} 焦耳·秒。

大事记

1858 年	出生于德国基尔，法学教授之子。
1880—1892 年	出版热力学系列重要论文，后汇编为《热力学》一书。
1889 年	任职于柏林大学。
1900 年	向德国物理学会提出他的假设："普朗克辐射定律"（量子辐射定律），其中含量子理论和普朗克常数。
1918 年	荣获诺贝尔物理学奖。
1926 年	退休但仍领导德国科学协会。
1947 年	于德国哥廷根去世。

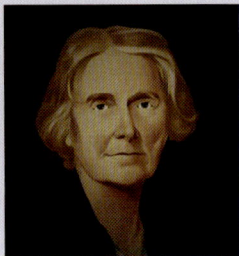

弗洛伦斯·巴斯科姆

（1862—1945）

弗洛伦斯·巴斯科姆，美国地质学家。她是科学界和学术界的女性先驱，是宾夕法尼亚州皮埃蒙特地区结晶形成的岩石权威，也是一代女性地质学家的榜样。她影响激励了许多学生前来，在她的指导下学习，并追随她的足迹。

弗洛伦斯·巴斯科姆在马萨诸塞州的威廉斯敦小镇长大，父亲是当地学院的演讲和修辞学教授。她的父母都支持妇女权利和教育。1874年，她父亲任威斯康星大学校长后，便举家搬迁到了威斯康星。

巴斯科姆后来也进入了这所大学，学习地质学。她在获得硕士学位后，离开了威斯康星州，到伊利诺伊州的罗克福德学院从事教学工作。她做出此决定的部分原因是她在威斯康星大学的一位教师地质学家罗兰·欧文，反对男女同校教育。但在美国，面向女性的机会变得越来越多。位于马里兰州巴尔的摩市的约翰·霍普金斯大学开始接受女性进入研究生院，巴斯科姆去了那里学习岩石学，并于1893年获得博士学位，博士论文为《对宾夕法尼亚南山地质学的贡献》。然而，这并不是一帆风顺的。约翰·霍普金斯大学仍然持有强烈的保守态度。为了在那里学习，妇女必须证明在其他地方无法获得等值的教

育。巴斯科姆父亲的一位朋友出面解决了这个问题，她才得以被录取，但并不是以普通学生身份入学，虽然她只需要支付实验室费用，而不用支付学费，但是要隔着屏风上课，这样男性学生就不会知道她的存在。即使在巴斯科姆毕业时，学位也必须经过"特别许可"才能被授予。直到1907年，约翰·霍普金斯大学才开始正式招收女性学生。

在获得博士学位那年，巴斯科姆获得了第一份学术工作，在俄亥俄州立大学任地质学与岩石学讲师和副教授。两年后，她转到宾夕法尼亚州的布林莫尔学院，任美国地质调查局地质助理，成为首位担任该职务的女性。在布林莫尔的整个夏季，她前往宾夕法尼亚州、马里兰州、新泽西州绘制岩石地层图；在冬季，她则分析研究显微镜载片。这些研究成果均发表于美国地质学会的出版物和公告中。

她从未结婚，于1928年从教学岗位上退休，但

重要科学成就

宾夕法尼亚州水晶岩石

为美国地质调查局工作时，巴斯科姆被分配到中大西洋派德蒙特地区进行地质调查，这个区域包含马里兰州、宾夕法尼亚州，以及特拉华州和新泽西州的部分。她的专业领域是岩石学，研究现代岩石的形成过程。多年以来，她在夏季绘制该地区的水晶状岩石地图，并将岩石切割成片，然后在冬季进行研究。因此，她成为研究该地区成分复杂和高度变质的晶体岩石的权威专家。

她通常与同事合作，将研究结果发表于美国地质协会年册和公报的系列综合报告中。她后来在地质学界声名鹊起，备受尊敬，求学学生从世界各地慕名而来。她对该地区晶体岩石地层进行的地图绘制成为许多后续研究的基础。

维萨肯争议

巴斯科姆一向非常热衷于鼓励她的研究生继续研究她开启的课题。然而，1930年，巴斯科姆和她带的学生之间出现分歧。她带的两个研究生，安娜·乔纳斯（1881—1974）和埃莉诺拉·布利斯（1893—1974），合作发表了系列论文，提出了关于宾夕法尼亚州维萨肯片岩时代的不同解释。乔纳斯和布利斯提出，片岩处于前寒武纪时代，坚持认为马尔蒂奇逆掩断层（一层较老的岩石片覆盖在较新的岩石之上，尽管当时许多地质学家对马尔蒂奇逆掩断层的解释存在争议）是存在的。巴斯科姆认为，该片岩源自古生代。师生观点相互冲突。最终，经过修改，巴斯科姆的观点占了上风，但这件事还是引发了诸多不快，尤其是巴斯科姆，她对安娜和埃莉诺拉未事先讨论便发表论文表示强烈不满。

1929年出版的《美国地质调查》中的图片，此册由弗洛伦斯·巴斯科姆参与合著，展示了宾夕法尼亚州"韦弗顿砂岩的部分典型岩脊"。

一直保持着在美国地质调查局的研究工作直到1936年。她于1945年因脑溢血在马萨诸塞州诺思安普顿市去世，享年82岁，距离她的83岁生日只有一个月。

遗产、真理、影响

◎ 巴斯科姆是美国首位职业女性地质学家，真正的科学界和学术界女性先驱。在女性很难进入大学学习的年代，她获得了约翰·霍普金斯大学的录取资格，还是约翰·霍普金斯大学的首位女性博士。她是第一位任职于美国地质调查局的女性地质学家，第一位向华盛顿地质学会提交科学论文的女性学者，美国地质学会奖学金第一位女性获得者，还是美国地质学会第一位女副主席。

◎ 她最大的成就可能就是当大学老师，是整整一代年轻女性地质学家的导师。她的三个学生：埃莉诺拉·布利斯·克诺夫、安娜·乔纳斯和茱莉亚·加德纳，后来都加入了美国地质调查局。

◎ 巴斯科姆对宾夕法尼亚州大部分地区以及周边地区的岩石做出了重要的描述和解释，这些地区也正是她在美国地理调查局工作时研究的地区。她的著作列表逾40篇。

追求真理的魅力不在于获得真理，而在于追求真理的过程。在这个过程中，人的精神和性格的全部力量都发挥了作用，并被任务吸引。人们感到自己接触到了某种无限的东西，在探索科学的深渊和无限心灵的秘密时，人们感到难以言表的快乐。

——弗洛伦斯·巴斯科姆死后被发现的作品

大事记

1862 年	出生于美国马萨诸塞州的威廉斯敦小镇。
1884 年	完成题为《苏必利尔湖的薄片灰长岩》的硕士论文。
1893 年	获约翰·霍普金斯大学博士学位；任俄亥俄州立大学讲师、副教授。
1895 年	离开俄亥俄州立大学。
1896 年	任美国地质调查局的地质助理；出版《宾夕法尼亚南山古火山岩》。
1898 年	成为布林莫尔学院的高级讲师。
1901 年	从美国地质调查局退休。
1903 年	任布林莫尔学院副教授。
1906 年	任布林莫尔学院教授。
1928 年	获名誉教授称号。
1929 年	在《地质学杂志》上发表论文《宾夕法尼亚州皮埃蒙特省的侵蚀周期》。
1938 年	在《美国地质调查公报》上发表与乔治·威利斯·斯通共同撰写的论文《宾夕法尼亚州霍尼布鲁克和凤凰城四方山脉的地质和矿物资源》。
1945 年	于马萨诸塞州诺思安普顿市去世。

首次试行女性大学培训时，就有人怨声载道，说这会破坏女性健康，这就是某些公众批评家对变革的态度有趣表现；到现在，同类公众批评家还在大声抱怨说女性大学生是"亚马逊人"。

——弗洛伦斯·巴斯科姆
《1874—1887 年的大学》（1874—1887, 1925）

玛丽·居里

（1867—1934）

玛丽·居里，物理学家、化学家，两度荣获诺贝尔奖，是当时最有名的科学家之一。她是巴黎大学的第一位女教授，和丈夫皮埃尔同为放射性研究领域先驱，他们发现了放射性物质，还是第一批鉴定新的放射性元素的科学家。

1867 年，玛丽·斯克洛多夫斯卡-居里出生于华沙，家中四个兄弟姐妹。她就读于当地学校，并由她的一名高中教师教授了高级科学课程。波兰爆发了反俄罗斯帝国的起义，因此玛丽未能进入华沙大学，被迫去当家教。玛丽参加了学生革命组织，为了安全起见，她离开华沙前往当时属于奥地利的克拉科夫。

在童年时期，玛丽和姐姐布罗尼施拉娃便达成了一项协议，她们姐妹二人要互相资助对方接受教育。因此，1891 年，玛丽能够加入姐姐在巴黎的求学行列，进入索邦大学和巴黎大学求学研究。玛丽获得了物理和数学学位。她还遇到了未来的丈夫兼同事皮埃尔·居里，当时皮埃尔·居里是索邦大学物理实验室的负责人，以研究晶体学和磁学闻名。

玛丽·居里和皮埃尔一起开创了放射性研究领域。居里夫妇受到亨利·贝克勒尔关于铀独特性质的最新观察的启发，他们开始研究其他元素的类似性质。他们对大量的铀矿石进行了研究，发现即使在提取出铀元素之后，贝克勒尔所观测到的独特活性仍然存在。他们深入研究，发现了钋和镭

元素，随后制得了纯净的金属镭。1903 年，这些发现全部加起来（包括今天所谓的"放射性"现象发现），为居里夫妇和亨利·贝克勒尔赢得了诺贝尔物理学奖。

玛丽·居里和皮埃尔·居里育有两个孩子。1906 年，皮埃尔遭遇车祸，不幸去世。玛丽顶着丧偶之痛，接替了皮埃尔生前的教授职位，成为索邦大学第一位女性讲师。1911 年，居里夫人因分离出纯化金属镭，荣获诺贝尔化学奖，成为第一位两度获得诺贝尔奖的女性，也是第一位在两个不同科学领域获得诺贝尔奖的科学家。尽管居里夫人已取得诸多成就，又备受各国赞誉，但是她在法国却遭受了女性科学家所面临的反对和偏见，因一票之差未能当选法兰西科学院院士。

可悲的是，作为辐射活性领域的先驱，玛丽及其同时代的人并没有意识到放射性暴露的风险。1934 年，玛丽死于一种白血病，据推测这可能是由于她一直接触放射性材料。通过对她留下的笔记本和实验室工具的研究表明，她的笔记本至今仍然具有放射性。

重要科学成就

放射性和新元素：钋和镭

亨利·贝克勒尔是第一个观察铀独特活性的人。玛丽·居里在选择研究课题时，决定调查其他元素的这种独特活性。她和皮埃尔·居里研究了从铀工厂获得的废料，发现这种活性也存在于不含铀的材料中。由此他们得出的结论，一定有其他一些元素与观测到的放射性活动有关，随后分离并鉴定出钋元素，以玛丽的出生地波兰命名，后来又分离出镭，以他们新造的术语"放射性"命名，因为镭具有强烈的放射性。

医学中的放射性

在居里夫妇二人的早期研究中，皮埃尔先观察到镭元素具有"独特活性"（后来居里夫妇将之定义为放射性），这种特殊活性是可直接影响有机体组织的化学性质。正是这一基本发现引导玛丽·居里研究将放射性应用于医学领域。1915 年，她开始训练医生将镭元素用于治疗疤痕组织、关节炎以及某些类型的癌症。后来她发起了关于放射性疗法及其医学应用的研究。第一次世界大战期间，她与 X 射线科学家合作，把移动式摄影装置（俗称小居里）带到了战场上，帮助清除士兵伤口里的弹片。

遗产、真理、影响

◎ 居里（Ci，测量放射性活度的单位）和锔元素的命名都是为了纪念放射性领域先驱玛丽和皮埃尔。

◎ 玛丽·居里开创了镭的放射性特性在医学领域的应用。她关于放射性材料治疗潜力的研究对 X 射线在外科医学中的发展至关重要。

◎ 镭曾被用作手表表盘的自发光涂料，甚至用作食品添加剂，直到 20 世纪 30 年代发现镭会对健康产生严重的不良影响为止。

◎ 玛丽·居里是科学界的女性偶像，对后世核物理学家和化学家影响巨大。

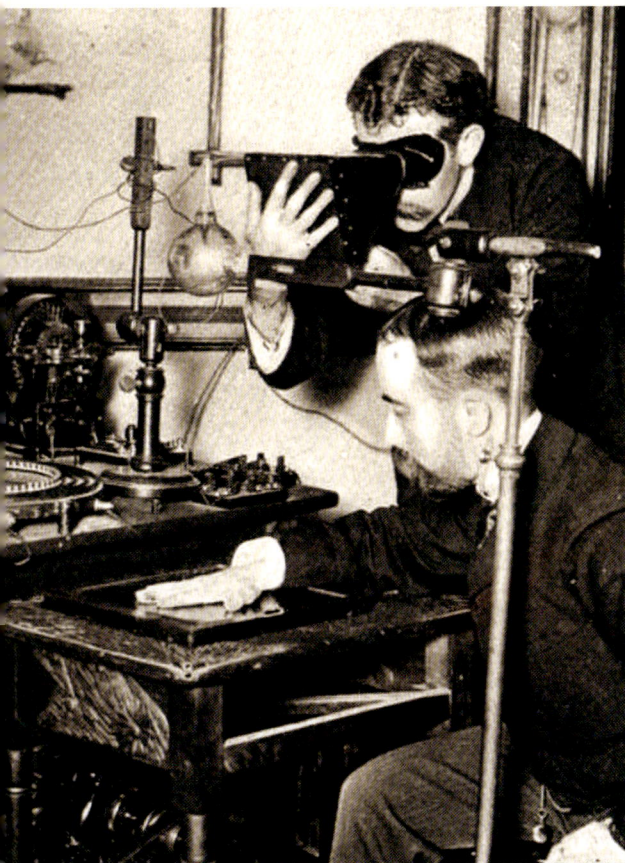

19 世纪末的 X 射线实验仪器。后来，玛丽·居里的研究对外科手术中 X 射线的发展起到至关重要的作用。

大事记

1867 年	出生于华沙（当时为俄罗斯帝国领土）。
1891 年	就读于巴黎大学，学习数学、物理、化学。
1893 年	以全班第一名的成绩从巴黎大学毕业。
1892 年	获巴黎大学数学硕士学位。
1895 年	与皮埃尔·居里结婚。
1898 年	与皮埃尔·居里共同发表论文，宣布发现新化学元素，并将之命名为"钋"，以纪念祖国波兰；同年晚些时候，居里夫妇宣布发现第二种新元素，并将之命名为"镭"。
1902 年	提炼氯化镭。
1903 年	居里夫妇和亨利·贝克勒尔由于对放射性的研究而共同获得诺贝尔物理学奖，成为第一位获诺贝尔奖的女性。
1903 年	在贝克勒尔的指导下，成为法国第一位获巴黎大学博士学位的女性。
1906 年	皮埃尔·居里因车祸去世。
1909 年	成为巴黎大学首位女教授。
1911 年	因发现镭和钋元素、提纯镭元素而荣获诺贝尔化学奖。
1921 年	收到美国总统哈丁所赠送的一克纯镭礼物，用于进行研究。
1925 年	成立华沙镭学研究所，并任命其姐姐布罗尼斯拉瓦为所长。
1932 年	华沙镭学研究所揭幕，现为波兰华沙玛丽·斯克洛多夫斯卡－居里肿瘤学研究所。
1934 年	于萨瓦省萨伏依去世，死于再生障碍性贫血，很可能是由于长期受到辐射而患上此病。
1935 年	长女伊雷娜·约里奥－居里因发现人工辐射性而荣获诺贝尔化学奖。
1955 年	为纪念居里夫妇一生的成就，将这对夫妇的遗体转葬至巴黎万神殿。

我们可别忘了，镭被发现时，没人知道它会在医院派上用场。这项工作是一项纯粹的科学，这证明不能从直接是否有用的角度来考虑科学工作，它必须为自身而做，为科学的美而做，然后总有可能，就像镭一样，一项科学发现可能成为人类的福祉。

——纽约波基普西市瓦萨学院演讲稿（1921）

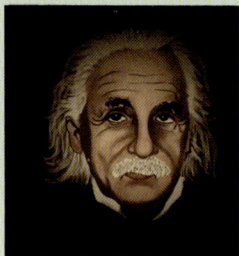

阿尔伯特·爱因斯坦

（1879—1955）

阿尔伯特·爱因斯坦，理论物理学家，公认的有史以来最伟大的科学家和思想家之一。他回答了基础科学问题，革命性地改变了有关物质、能量、引力、光、空间、时间的思想。他完成了广义相对论，推动了牛顿物理学的发展，因而享誉世界，并荣获诺贝尔物理学奖，其对理论物理学做出的贡献得到正式承认。

爱因斯坦对看不见的力量着迷始于第一次看到磁罗盘的效应之时。12岁那年，他读过一本关于欧几里得几何的书，这本书对他产生了深远的影响。得益于两位叔叔的熏陶，他对数学和科学都产生了兴趣，但相比之下，学校的教育并未给他留下深刻的印象。课堂纪律严苛，爱因斯坦提不起兴趣，成绩不理想，因此在15岁时便辍学，离开了慕尼黑。后来，他去瑞士与父母团聚，完成了中学学业，又进入备受赞誉的苏黎世联邦理工学院学习。但相较于去课堂上课，他还是更喜欢待在图书馆里看书。毕业之后，他当过一段时间的数学老师，然后在伯尔尼的瑞士专利局任职。

专利局的新工作让爱因斯坦有时间去追求自己的想法。1905年，他完成博士学位论文。同年，他发表了四篇具有革命性的论文：第一篇是关于光的量子理论和光电效应的解释；第二篇是关于布朗运动的分析；第三篇是他的狭义相对论，这是他16岁起便开始思考的问题；第四篇论文提出能量和质量可以互相转换，并提出著名的公式 $E=mc^2$。

爱因斯坦很快便受到了诸多物理学家的钦佩，学术界的大门向他敞开。1909年，他任苏黎世大学副教授。1914年，他搬到柏林，担任新成立的威廉皇帝物理研究所所长。1916年，他发表广义相对论，因此闻名于世。然而，爱因斯坦作为一个犹太后裔，在德国日益盛行的反犹主义言论下受到了攻击，因此他选择到海外旅行。

20世纪20年代，他致力于研究量子力学理论，而在研究中期，他开始怀疑量子力学的真实性。后来，爱因斯坦又致力于建立统一场论，想用一个公式或一句话对物质和能量的普遍属性进行描述，但是并未成功。1933年，希特勒上台，爱因斯坦放弃德国国籍，加入美国新泽西州普林斯顿高等研究院，继续进行研究。爱因斯坦是一名终身的和平主义者，后来的关注焦点转向了原子弹，以及如何控制核技术扩散。爱因斯坦于逝世前几天签署了《罗素－爱因斯坦宣言》，强调了核武器的危险，呼吁国际领袖通过和平手段解决冲突。

重要科学成就

光电效应

1905年，爱因斯坦发表了第一篇重要论文，拓展了物理学家马克斯·普朗克的理论，即能量以微小的分组或单位（每个称为一个量子，复数形式为"quanta"）的形式发射出来。爱因斯坦解释光由量子（现在称为光子）组成，这也就解释了光电效应，即当光（光子）照射到某些固体（如金属）时，从其中发射出亚原子粒子（称为电子）的现象。

布朗运动

布朗运动是悬浮在液体或气体中的微小颗粒所做的无规律运动，由液体或气体中的分子随机轰击而引起。1827年，植物学家罗伯特·布朗（1773—1858）首次观察到这种运动。爱因斯坦和波兰的玛

丽安·斯莫卢霍夫斯基（1872—1917）分别于1905年和1906年，先后进行的独立研究，他们是最早运用原子存在这一明证来解释布朗运动的科学家。

狭义相对论

在题为《论运动物体的电动力学》论文当中，爱因斯坦提出了狭义相对论。狭义相对论表示，一切运动都是相对的，且没有一个固定不动的参照系可以进行测量（我们站在地球上，而地球在绕着太阳运动，其他行星之间也在相对运动），这从根本上推翻了艾萨克·牛顿关于绝对空间和时间的观念。

他的理论包含了光速恒定的原则（他称之为"c"）。如果有两个人，一个人坐在火车后车厢里，另一个人站在地面上看着火车经过，他们同时测量

遗产、真理、影响

◎ 1905 年被称为"爱因斯坦奇迹年",因为在这一年里,爱因斯坦发表了四篇论文,每一篇都为人类理解宇宙做出了重大的贡献。这些理论及广义相对论现已成为现代物理学基础。

◎ 具有讽刺意味的是,爱因斯坦方程 $E=mc^2$ 得到的证明是通过原子弹的创造而实现的。尽管爱因斯坦曾呼吁要控制核技术,并极力阻止核弹的使用,但原子弹的诞生还是将他与原子时代紧紧地联系在了一起。

◎ 1919 年,爱因斯坦广义相对论的预测得以验证后,世界各国科学家对爱因斯坦的工作深感钦佩。虽然没多少科学家能够完全理解广义相对论,但是这标志着人类超越了牛顿的宇宙观。

◎ 爱因斯坦希望统一场论能得到其他科学家的认可,但这是不可能实现的,主要是因为量子理论显示在测量粒子运动时存在不确定性原则。爱因斯坦虽然仍抱希望,但却对量子理论越来越不确定。

◎ 在爱因斯坦去世之前和之后,他理论的一些元素得到了证实。例如,1929 年,爱德华·哈勃发现宇宙正在膨胀,证明了爱因斯坦方程显示宇宙是动态的;而关于天鹅座 X-1 星是黑洞的压倒性证据在 1971 年开始浮现出来。

> 世界的永恒之谜,在于它的可理解性……世界是可理解的这一事实,本身就是一个奇迹。
>
> ——爱因斯坦《物理与现实》(1936)

大事记

1879 年　出生于德国符腾堡洲乌尔姆市。

1896 年　就读于苏黎世联邦理工学院(于 1911 年曾更名为瑞士联邦理工学院)。

1901 年　取得瑞士国籍,成功申请瑞士专利局技术助理职位。

1905 年　发表四篇具有突破意义的论文,其中包括狭义相对论。

1914 年　担任柏林威廉皇帝物理研究所所长。

1916 年　发表广义相对论。

1919 年　科学家在日食期间进行观测,爱因斯坦关于星光在太阳附近弯曲的预言得以证明。

1921 年　开启首次环球旅行;荣获诺贝尔物理学奖。

1932 年　离开德国(再也没有回去);加入美国普林斯顿高等研究院。

1936 年　发表与其他物理学家合作的批评量子理论的论文。

1939 年　致信美国总统罗斯福,提醒他德国可能正在制造原子弹。

1940 年　取得美国国籍。

1952 年　拒绝了担任以色列总统的邀请。

1955 年　于美国普林斯顿逝世。

EINSTEIN EXPOUNDS HIS NEW THEOR

It Discards Absolute Time and Space, Recognizing Them Only as Related to Moving Systems.

IMPROVES ON NEWTON

Whose Approximations Hold for Most Motions, but Not Those of the Highest Velocity.

《纽约时报》,1919。

从火车的最后一节车厢到第一节车厢的光的速度,他们会得到完全相同的结果。光速对所有观察者来说都是相同的,不论他们与光源的相对运动如何,光速都是恒定不变的。

这与地面观察者看到的光速似乎比火车上的观察者看到的光速快相矛盾。爱因斯坦解释了这一现象,认为时间和空间是相对于观察者的:不同运动状态的观察者会对时间和空间产生不同的感知。例如,科学家们后来证明,在喷气飞机上高速飞行的原子钟会比地面静止时的原子钟走得更慢。

$E=mc^2$

爱因斯坦解释,狭义相对论促成了现在著名的方程 $E=mc^2$,该方程表明:物体的能量(E)等于物体的质量(m)乘以光速(c)的平方。光的速度非常快,因此,哪怕是极微小的质量转换也能释放出巨大的能量。

广义相对论

广义相对论的主体部分解释了万有引力并非牛顿所描述的力,而是因质量的存在而引起场的弯曲。爱因斯坦说,这可以通过研究太阳引力是如何使来自其他恒星的光线弯曲而证明。1919 年,天文学家亚瑟·爱丁顿(1882—1944)在一次日全食中进行了该研究。爱丁顿的计算显示了星光的弯曲方式,结果也与爱因斯坦所预测的一致。

爱因斯坦关于引力的解释基于时间和空间是一体的,引力的效应与加速度的效应是等效的。这个理论引发了爱因斯坦对黑洞存在的预测。

阿尔弗雷德·魏根纳

(1880—1930)

阿尔弗雷德·魏根纳，德国气象学家、地球物理学家，是备受争议的大陆漂移理论的创立者，该理论后来被视作引发科学革命的核心理论。他还因数次赴格陵兰冰盖探险而被人们铭记。

阿尔弗雷德·洛萨·魏根纳在柏林完成了中学教育。中学毕业之后，他先后就读于海德堡大学和因斯布鲁克大学。青年时期的魏根纳在科学领域兴趣广泛。利用风筝和气球研究上层大气，便是他的爱好之一。魏根纳和哥哥后来在国际热气球比赛中创下了世界纪录：他们在空漂浮超 52 小时。他对气象学和地质学都有浓厚的兴趣，在柏林提交了关于天文学的论文一年后，他很高兴能作为气象学家加入丹麦探险队，前往格陵兰岛尚未绘制地图的东北海岸。

从格陵兰岛返回后，他受聘为马尔堡大学物理研究所气象学讲师。他在马尔堡大学工作了四年，成为备受欢迎的教师。在这四年当中，他一直致力于关于大陆漂移的宏大构想。1912 年 1 月，魏根纳在法兰克福的一次讲座中公开提出了大陆漂移说。同年，在丹麦探险队队长科赫的带领下，他第二次前往格陵兰岛探险，研究冰川学和气候学。

第一次世界大战期间，魏根纳任初级军官，并因两度负伤休养了很长时间。战后，他在德国海洋观测站的气象实验站任职，地点位于汉堡附近的格罗斯 – 博尔斯特尔，之后又受聘为格拉茨大学气象学和地球物理学教授。

1929 年和 1930 年，他又先后带队两次前往格陵兰岛探险。在第四次格陵兰岛探险过程中，也就是在魏根纳五十岁生日当天，他前往检查供应点去核查空投补给情况，却再也没有回来。后来，魏根纳冻僵的躯体被发现，死因为心力衰竭。

> 陆桥理论和永久理论的"缺乏想象力"的基本假设——陆地的相对位置……从未发生改变——肯定是错误的。大陆板块肯定漂移过。
>
> ——魏根纳《大陆和海洋的起源》（1915）

重要科学成就

大陆漂移说

1910 年，魏根纳观察到，大西洋两岸的各国海岸线（尤其是南美洲东海岸和非洲西海岸）在轮廓上相吻合，因此首次产生了大陆漂移说的想法。

1911 年，魏根纳的大陆漂移说得到了支撑，他得知了大西洋两岸的古生物学相似性证据，这些证据被用来支持巴西和非洲之间曾经存在过一个"陆桥"的说法。

魏根纳对古生物学和地质学的证据进行了广泛研究，比如大西洋两岸的化石、陆地特征、动植物的相似性。1912 年，他提出了大陆漂移理论，该理论认为现在独立的一块块大陆曾经是一整块大陆，并非起源于现在所在的位置，而是随着地质时期推移，漂移了数千英里。战时休养期间，魏根纳写了《大陆和海洋的起源》，此书是大陆漂移理论的延伸，于 1915 年出版。他在这本书中写道，在二叠纪晚期，曾经有一个被他称为"盘古大陆"的超级大陆。这个超级大陆分裂成几块子大陆，开始向西移动，其中一些正前往赤道。然后，在第四纪早期，大陆漂移的后果，一些较小的碎片分离出来，形成了格陵兰岛、安的列斯群岛、日本群岛和菲律宾群岛等岛屿。

他还以相似的方式描述了山脉的形成，声称山脉是漂移大陆的前缘受到洋底阻力的挤压而形成的。

根据魏根纳的理论，大陆漂移可以用离心力的作用机制来解释。通常在离心力作用下，大陆板块向西漂移，较大的大陆板块往赤道方向漂移，远离南北两极。

在接下来几年里，魏根纳寻求进一步证据，特别是寻求大地测量学的支持和古气候学的证据，以支持他所提出的理论，但他所取得的结果成败参半，

遗产、真理、影响

◎ 在海底扩张和板块构造等地质学发展取得突破后，魏根纳的大陆漂移理论被证明是科学革命的基础，尤其是板块构造理论，直接源自大陆漂移理论。而魏根纳被认为是解释全球地质现象分布运动的奠基人。

◎ 魏根纳的大陆漂移理论为达尔文主义中的一个明显问题提供了解决方案。在魏根纳之前，来调和查尔斯·达尔文的进化论与普遍认可的事实这一矛盾的唯一的方法是：不同大陆上的物种存在明显的相似性，是通过假设存在过"陆桥"。作为对问题多多的"陆桥理论"的替代方案，大陆漂移（指的是大陆之间没有桥梁，而是曾经一个单一陆地的一部分）加强了达尔文主义的论点。

魏根纳曾数次赴格陵兰岛探险。

没有产出重要的结果。

对大陆漂移理论的反应

在魏根纳提出理论的前几年里，大陆漂移理论引发了很大争议，尤其是魏根纳用于解释大陆漂移现象的离心力机制被证明是站不住脚的时候。1928年，在一场国际会议中，争议达到了高潮。14位杰出地质学家出席了该会议，就魏根纳的理论进行投票：其中五人毫无保留地支持这一理论，两人表示保留意见，而七人反对。

大事记

1880 年	出生于德国柏林。
1889 年	在柏林完成中学教育。
1899—1904 年	先后就读于海德堡大学、因斯布鲁克大学、柏林大学。
1904 年	获柏林大学博士学位。
1905 年	在柏林大学发表天文学相关论文。
1905—1906 年	担任林登堡航空气象台助理。
1906—1908 年	第一次前往格陵兰岛探险。
1909 年	任马尔堡大学物理研究所气象学讲师。
1911 年	发表《大气热力学》。
1912 年	公开提出大陆漂移理论观点。
1912—1913 年	第二次前往格陵兰岛探险。
1913 年	和气象学家弗拉基米尔·科本的女儿埃尔斯·科本结婚。
1914—1919 年	在第一次世界大战期间任初级军官。
1915 年	出版《大陆和海洋的起源》。
1917 年	任马尔堡大学教授。
1919—1924 年	任职于德国汉堡海军天文台；任汉堡大学教授。
1924 年	任格拉茨大学气象学和地球物理学教授；出版与弗拉迪米尔·柯本合著的《地质时代的气候》。
1929—1930 年	第三次前往格陵兰探险。
1930 年	第四次前往格陵兰探险，穿越格陵兰冰盖途中，因心力衰竭遇难身亡。

科学家们似乎仍未充分认识到，所有的地球科学都应该提供证据来揭示地球早期的状态，只有结合所有这些证据才能通往问题的真相。

——魏根纳《大陆和海洋的起源》（1915）

由于当时地质学家对于魏根纳的机制以及大陆漂移概念的争议，魏根纳的理论在接下来的几年内没有得到太多关注。但是在 20 世纪 50 年代早期，新兴的古地磁学科学的发展重新激起了人们对大陆漂移理论的兴趣。后来，随着地质学的发展，如海底扩张和板块构造学，科学家们开始再次认真对待魏根纳的理论。

亚历山大·弗莱明

(1881—1955)

亚历山大·弗莱明，苏格兰生物学家，细菌学家。1928年，他发现了青霉素（世界上第一种抗生素）具有杀菌效用，这是医学界最伟大的发现之一。青霉素刚出现的时候，被誉为"神药"。就挽救生命的数量而言，可能还没有其他任何药物能与之相比。

弗莱明的名字亚历山大，通常简称亚历克。他出身既非科学世家，亦非职业家庭。他是苏格兰农夫的儿子，他的第一份工作是在伦敦某家航运办公室担任文员。1901年，他从姑父那里继承了250英镑的遗产，这在当时是一笔巨款，他决定用这笔钱学医，开启新的生涯。

毕业后，弗莱明作为细菌学家在伦敦大学圣玛丽医学院接种部门工作，同时他还是一名外科医生和医学作家。弗莱明好静中取乐，因此培养了一些细菌。他培育细菌为的不是做研究，为的是能看到多姿多彩的细菌图案。他称这些图案为"细菌画"。

第一次世界大战期间，弗莱明及其同事加入了陆军医疗队，赴法国战地医院工作。1918年，第一次世界大战结束，他又回到实验室工作。1928年，他得到晋升，任细菌学教授。晋升几周后，他和家人外出休暑假。

弗莱明的传奇发现就发生在他休假回到实验室的时候，而这一发现纯属偶然。因为弗莱明忘了给细菌培养皿盖上盖子，所以在他休假期间，培养皿上面长了几块霉菌。他注意到，其中有些霉菌似乎杀死了周围的细菌。这就是青霉素的来源，它是世界上第一种抗生素，也是有史以来最伟大的医学发现之一。

经过了进一步的实验之后，弗莱明在1929年向医学研究委员会宣布了自己的研究结果。作为一个害羞、内向的人，他的报告表现很差，因此他的发现多年以来都不受其他科学家重视。但他并未停滞不前，而是继续进行研究。后来，有科学家重新审视了他的研究，并成功提取出青霉素，直到这时他的发现才得到了充分的肯定。

1943年，被宣传为"神药"的青霉素开始大规模生产，并立即拯救了第二次世界大战中数千名士兵的生命。弗莱明也因此一举成名，成为全球医学第一名人。

来自世界各地的奖项和荣誉突然涌向他。他总共获得了26枚奖章、18个奖项、14个勋章、25个荣誉大学学位，并于1945年，与霍华德·弗洛里（1898—1968）和恩斯特·钱恩（1906—1979）共同获诺贝尔生理学或医学奖，登上了事业巅峰。

重要科学成就

防腐剂

第一次世界大战期间，弗莱明在救治受伤士兵的过程中，对防腐剂进行了实验，结果表明应少用防腐剂，以免破坏人体的天然防御机制。他还进行了关于输血方面的开创性工作。

溶菌酶

1921年，弗莱明发现在鸡蛋清、鼻腔黏液、人体泪液当中存在一种能够抑制细菌生长的化学物质。这种物质具有酶的特性，还可以溶化或者说"溶解"微生物，弗莱明称其为"溶菌酶"。但是，当时许多科学家认为，要消灭微生物，化学手段是行不通的，只能使用机械手段，因此他的发现在一段时间里都没有得到进一步的跟进。

青霉素

弗莱明的工作是寻找抵御细菌侵害的新方法，其中涉及培养细菌，然后用化学物质将其杀死或削弱，并测试产生的疫苗效果。

青霉素这一伟大发现是弗莱明不经意间做出的：他外出度假前，实验室里有个细菌培养皿没盖上盖子。他休假归来时，那个培养皿生长了多种不同的霉菌。他观察敏锐，发现有一块特别的霉菌似乎杀死了周围的细菌，这引起了他的研究兴趣。

霉菌是由微小的孢子（类似于植物种子）生长而成，这些孢子飘浮在空气当中，防不胜防。通常情况下，研究人员会把受霉菌污染的样本扔掉，但幸运的是，弗莱明没有扔掉那个培养基，而且很快

遗产、真理、影响

◎ 在发现抗生素之前，哪怕只是微小的擦伤划痕都能夺人性命。摔倒擦伤膝盖的小孩，被菜刀割伤的家庭主妇，被镰刀划伤的农民，当然还有受伤的士兵，都有可能因为细菌进入伤口并引发感染而面临死亡的危险。很多士兵都是因感染而死，并非伤重而亡。尽管约瑟夫·李斯特（1827—1912）已经说服医生使用防腐剂消灭手上和医疗设备上的细菌，但是术后感染仍会对生命构成严重威胁。而弗莱明的发现彻底改变了因常见事故和割伤所带来的致命风险。

◎ 现在可用于对抗感染的抗生素数量超8 000种，均源自弗莱明所发现的青霉素。

◎ 抗生素对人类健康影响甚大，因此有部分医生将医学史划分为"抗生素之前时代"和"抗生素时代"。

◎ 弗莱明从未因发现青霉素而获得任何版税或者专利费用。当美国的制药公司筹集了10万美元给弗莱明，以表彰其科学贡献时，他把这笔钱捐给了圣玛丽医学院，作研究经费。

> 实话实说，能发现青霉素实属偶然。我唯一的优势在于我观察得十分仔细，在于我是从细菌学家的角度出发来研究这个课题的。
>
> ——诺贝尔生理学或医学奖演讲稿（1945）

大事记

1881 年	生于苏格兰埃尔郡。
1901 年	继承一笔遗产，得以去医学院学习。
1906 年	任伦敦大学圣玛丽医学院医生，还是圣玛丽医学院的细菌学家和讲师。
1914—1918 年	第一次世界大战期间，赴法做战地医生。
1921 年	发现一种杀菌物质（后来将之命名为溶菌酶）。
1928 年	晋升为细菌学教授，发现霉菌（青霉素）有杀菌特性。
1929 年	青霉素的发现未受到重视，继续研究"霉汁"。
1939 年	霍华德·弗洛里和恩斯特·钱恩分离出青霉素，在人体进行测试，并取得成功。
1942 年	人们把青霉素的发现归功于他。
1943 年	因青霉素能大量生产而闻名于世。
1943 年	被选为英国皇家学会会员。
1944 年	被册封为爵士。
1945 年	荣获诺贝尔生理学或医学奖。
1946 年	发现耐药菌株。
1948 年	任伦敦大学名誉细菌学教授。
1952 年	用自己开发的药物成功治疗肺炎。
1955 年	突发心脏病于伦敦去世，并葬于伦敦圣保罗大教堂。

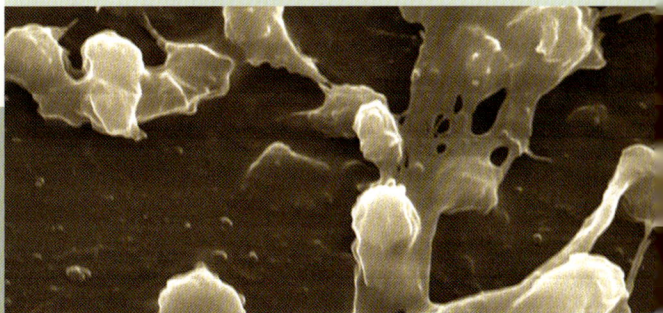

弗莱明还发现，细菌菌株可以产生耐药性。图中是放大后的细菌图像，可见一种称为"菌膜"的黏性物质，它可以保护细菌，抵抗抗生素的攻击。

便鉴定出，这种白色绒毛状生物属于青霉菌属，常见于土壤、腐烂的水果和发霉的面包。他从霉菌中提取出一种液体，并称之为"霉菌汁"或青霉素汁。经过多次试验，他发现青霉素可以杀灭细菌，或者抑制有害细菌的生长。

对比试验

为进行比较实验，弗莱明对手头上能找到的所有霉菌进行了相同的测试。弗莱明捡拾动物粪便、烂水果和臭鞋子来做实验，以至于他的同事都开始担忧他出了什么事。他很快便意识到，青霉素是强有力的杀菌物质，而且似乎没有副作用。

青霉素提纯

弗莱明将霉菌汁中提纯得到的青霉素命名为"抗生素"，意为"对抗生命"。但数年过后，其他医学科学家才开始重视弗莱明的发现。直到1939年，可轻松剔除混合物中多余物质的真空冷冻干燥技术发明问世之后，牛津大学的生物化学家霍华德·弗洛里和恩斯特·钱恩才成功分离出纯青霉素，并通过实验证明青霉素在预防感染方面颇有成效。

"超级细菌"

1946年，弗莱明注意到有些菌株变异速度很快，因此能对抗生素产生耐药性，特别是抗生素剂量使用太小和停用太快的时候。凭此发现，他预测了今天的"超级细菌"，它们对常见药物表现出耐药性。

尼尔斯·玻尔

（1885—1962）

尼尔斯·玻尔，理论物理学家，他的原子结构和原子辐射研究，有助于人们从现代意义上理解量子理论。有一些科学家，他们的研究彻底改变了人们对物质本质和现实本质的科学理解，而玻尔便是这些少数科学家之一。

学生时代的玻尔最擅长的科目可能就是体育了。他特别热衷于踢足球，踢得也还不错，但水平不如弟弟哈那德，哈那德曾代表丹麦为国出战球赛。

玻尔在哥本哈根大学学习物理学，但那里没有物理实验室，因此他只能在他父亲大学的生理学实验室做实验。1911 年，他赴英国求学。1912 年，他开始跟着曼彻斯特大学的原子科学家欧内斯特·卢瑟福（1871—1937）工作。1912—1916 年，他在哥本哈根和英国之间往返，其间创立了原子结构理论。

1921 年，玻尔获得很高赞誉，哥本哈根大学专门为玻尔成立了理论物理研究所，还请他来领导。后来，这个研究所不仅是量子物理学的重要研究中心，还成为 20 世纪 30 年代众多德国科学家逃离纳粹的避难所。

第二次世界大战时，德国于 1940 年占领了丹麦。1941 年，玻尔的老友和门徒、物理学家（同时也是德国原子弹项目负责人）沃纳·海森堡秘密拜访玻尔，这次访问带有一些神秘色彩。有些历史学家认为，

海森堡此举意在暗示他不会为纳粹战争机器制造原子弹，但也有其他历史学家认为，因为背负犹太血统的玻尔坚信应和平运用科学，所以在这个问题上他们爆发了激烈的争论。虽然双方对此次会见均语焉不详，但事后他们之间的关系变得疏远。

1943 年 10 月，在纳粹把犹太人驱逐到死亡集中营之前，反纳粹组织帮助他们逃亡，用船将丹麦境内几乎所有的犹太人送往瑞典，玻尔和家人也加入了这次丹麦大逃亡。他先是到了瑞典，又被带到了英国：他坐在临时改造的飞机炸弹舱里，因未及时戴氧气面罩而不省人事。幸运的是，飞机驾驶员注意到了他的情况，并降低了高度飞行。后来玻尔说，他在飞机上睡了个好觉。

玻尔可能不情愿地加入了联盟国为建造原子弹而进行的努力，在位于美国新墨西哥州洛斯阿拉莫斯的秘密曼哈顿计划中工作。他更愿意探索原子的秘密以实现和平的，而非军事的好处，并且强烈主张科学家应该共享知识（在这种情况下是联盟国和

重要科学成就

原子结构

1897 年，电子被发现。欧内斯特·卢瑟福很快便指出，电子带负电，原子核带正电，前者围绕后者旋转运动。但是异种电荷是相互吸引的，因此无法解释电子为什么不会坍缩到核心上，尤其是当它失去能量时。另一个难题是，由于原子是稳定的，为什么原子的光谱显示了几条代表不同颜色或不同频率光的谱线。

在玻尔模型当中，玻尔提出电子围绕核心形成一系列固定的环或轨道，这些轨道根据电子所含能量的多少而定。玻尔应用了普朗克的小能量子理论，对原子进行"量子化"，并提出了理论：电子吸收量子时，会跃迁至外层轨道；电子失去量子时，会

跃迁至低能量轨道，但是电子永远不会掉出最内层的轨道。

原子辐射

在电子运动时，玻尔确定电子本身会辐射出一个量子的电磁能量，以光的形式释放出来。他提出电子从不同的轨道或能级开始的观点，也解释了它们所发射的光为什么具有不同的频率。

互补原理

玻尔是一位思想敏锐的科学哲学家。1927 年，他提出互补原理。互补原理认为，事物可能都具有互为补充和自相矛盾的双重性质，但是我们一次只能检验出其中一个性质。因此，分析对象时，须采用多种途径，例如亚原子粒子也可以以波动呈现。

遗产、真理、影响

◎ 玻尔提出的量子力学模型是理解原子结构和物质本质的巨大进步。

◎ 虽然玻尔的原子模型早已被取代，当下已知电子运动轨道是固定的能量状态，但是由玻尔所创的电子绕原子核旋转的形象仍然是物理科学的象征。

◎ 阿尔伯特·爱因斯坦和埃尔温·薛定谔等科学家均不认可新量子理论所提出的概率性、不确定性的世界观，但是玻尔的哥本哈根诠释却占了上风。

苏联之间），以至于英国首相温斯顿·丘吉尔警告说他正处于犯下战争罪行的边缘。

战争结束后，玻尔致力于倡导核能的和平利用。他开始欣赏中国道家哲学，因为道家的能量流概念与量子力学的观点出奇地相似。他采用了中国阴阳符号，以表达他提出的互补理论。

玻尔是为数不多的两代人都获得诺贝尔物理学奖的学者之一，他的儿子阿格·玻尔于 1975 年也获得诺贝尔物理学奖。

> 近年来，我们得到的极大的扩展的经验揭示了我们的简单机械概念的不足之处，也动摇了传统观察解释的依据基础。
>
> ——《原子物理学与自然描述》（1934）

他将这一原则应用于他协助揭示的伟大悖论，即经典物理学无法描述亚原子粒子的行为，但可以完美地解释宏观层面的物质和波动，其中量子太小以至于不会产生明显的影响。根据互补理论，量子理论的结果在很大程度上与经典力学相符。

核裂变

1937 年，玻尔提出核裂变理论，即原子核不是单一粒子，而是复合结构，状态全由能量维持，因此原子核可能会发生分裂或裂变。而这也就是核能和核弹研究的基础理论。

哥本哈根诠释

1927 年，玻尔及其团队在哥本哈根大学提出了对量子物理学的解释，接受了海森堡的不确定性原

大事记

1885 年	出生于丹麦哥本哈根。
1913 年	发表具有革命意义的原子结构理论。
1921 年	任哥本哈根理论物理研究所所长，该研究所汇聚了来自世界各地的科学家。
1922 年	荣获诺贝尔物理学奖。
1939 年	将德国科学家正在努力分裂原子的消息告诉美国，从而促使美国秘密进行曼哈顿计划，研制原子弹。
1943 年	逃离被纳粹占领的丹麦，加入曼哈顿计划。
1955 年	参与筹备日内瓦第一届原子能和平利用会议。
1962 年	中风后于哥本哈根去世。

曼哈顿计划促成了史上首次核爆炸，即于 1945 年 7 月 16 日进行的三位一体核实验。

> 除非能够在适当的时候采取措施，防止这种强力武器的灾难性竞争出现，并在国际上管制好强力武器的制造及使用，否则人类将面临前所未有的危难。
>
> ——致联合国的公开信（1950）

理，给科学家提出了有力的建议：应该采用互补原理，除非是研究亚原子粒子或光速领域，否则不必担心量子效应，因为在这些领域，量子效应的确会对实验产生影响。

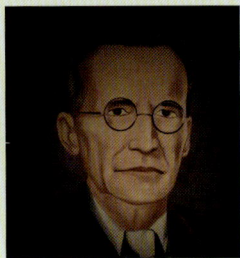

埃尔温·薛定谔

(1887—1961)

埃尔温·薛定谔，20世纪初伟大的理论物理学家，创立了波动力学，这是一种数学方法，用于解决新兴的量子力学领域的一些问题。他还因提出"薛定谔的猫"思想实验而声名远扬，该实验强调了量子物理学的不确定性。

薛定谔创立波动力学的伟大构想时已过39岁，而在这个年纪提出原创理论，对于理论物理学家来说可谓是大器晚成。并且，他最开始的学术工作研究的并不是理论物理，而是实验物理。他声称，实验物理学的研究经验为他后来创立假说打下了坚实的实践基础。

1917年之前，薛定谔一直在探索新物理学理论。1921年，薛定谔被任命为瑞士苏黎世理论物理学主席，自那以后，他便开始专注于原子结构和量子统计研究。1925年11月，他偶然间接触到法国物理学家路易·德布罗意（1892—1987）新近提出的微观粒子可能也具有波的特性的理论。仅用了几周时间，薛定谔便完善了这一具有革命意义的思想，开创性地构建出薛定谔方程。该数学方程令人满意地描述了亚原子粒子以波动形式呈现的奇特行为。

自1926年1月起，薛定谔发表了一系列论文，阐述自己的观点，而这些论文观点也很快便受到了科学界的好评。但是，他不喜欢新物理学的概率性质，尽管他自己曾参与创造了这一领域。因此在1926年之后，薛定谔的主要贡献集中在其他领域，如生物学以及至今未解的统一场论。薛定谔和尼尔斯·玻尔一样，都热衷于科学哲学，并且被亚洲的神秘主义所吸引，这种神秘主义常常与某些粒子理论的思想相平行。薛定谔对印度的吠陀哲学尤为痴迷。

1933年，薛定谔因抗议希特勒政权对待犹太人的方式而放弃了在德国的职位，但他无法长时间地远离他深爱的故土奥地利。1938年，纳粹夺取奥地利时，薛定谔还在那里。他当时所在大学的新校长是纳粹任命的，校长说服薛定谔写信表示他之前误判了国家的"意愿和命运"。他后来很后悔写了这封信，并向来自纳粹德国的犹太难民、伟大的物理学家阿尔伯特·爱因斯坦致歉。无论如何，这封信并没有帮助薛定谔：他被解雇，并多次受到纳粹的骚扰，因此他和妻子一起逃离，最终在爱尔兰的都柏林定居。

薛定谔是出了名的花花公子，过的是开放式婚

重要科学成就

波动力学

基于波粒二象性概念，薛定谔创建了一套完整的理论，用波函数描述及预测亚原子粒子的运动，这个波函数受到一个基本的微分方程控制，即著名的薛定谔方程。

在薛定谔模型中，电子被视作围绕原子核的三维波动，而非粒子。薛定谔认为，每个电子都有其独特的波函数，且函数包括以下三个独立特性：

1. 它距离核心的轨道距离，取决于它的能级；
2. 轨道形状（并非所有轨道均呈椭圆形）；
3. 轨道磁矩或电子在磁场中的磁力强度。

薛定谔用一个复杂的方程式（但其复杂程度不如沃纳·海森堡的矩阵力学），展示了波函数的计算流程，从而使科学家能够预测粒子（如电子）出现在磁场中特定位置的概率。他将此方程成功应用于氢原子，求出了氢原子的能级，"证明"了自己的理论。

量子力学

薛定谔的波函数是量子力学的第二种表述形式，提出时间略晚于海森堡的矩阵力学，两者皆提供了探索亚原子粒子行为的途径。虽然数学上的等价性在后来才被证明，但薛定谔始终表示他的微分方程在数学上等同于海森堡的代数方法。

薛定谔的猫

在此思想实验中，薛定谔意在表明新量子科学（包括量子不确定性和概率的讨论）的荒谬诡奇。

遗产、真理、影响

◎ 薛定谔证实了具有革命意义的波粒二象性理论，即指粒子层面表现得既像粒子，又像波，进而影响了现实基础的科学观。

◎ 许多平行宇宙概念起源于薛定谔的猫。既然可能有两个平行宇宙，那为什么不能有多个呢？

◎ 他对观察者宇宙原理概念做出了贡献，该概念认为科学家所做的一切会影响实验结果。

◎ 薛定谔希望他的波动力学理论，包括连续的波动性质，能够摆脱其他有关亚原子粒子以不连续的量子跳跃方式运动的理论。他和爱因斯坦一样，都希望能够用经典物理解释量子粒子的奇怪行为。然而，他的工作只是为新兴的想法做出了贡献，即在亚原子水平上，物质和能量交织在一起，不能像在宏观层面上那样描述。

◎ 1944 年，薛定谔出版著作《生命是什么》。此书讲述遗传密码及生物学内容，启发了后来的基因研究，特别影响了詹姆斯·沃森和弗朗西斯·克里克在发现 DNA 方面的工作。

姻生活。他和他的妻子都有外遇，他还和数位情人生下了私生子。薛定谔的风流史令世界学术圈为之震惊。

> 为什么音乐能令人愉悦？为什么老歌能催人泪下？科学无法给出答案。
>
> ——《自然与古希腊》（1954）

他设想出这样一个实验：把一只猫放在一个密闭匣子中，匣子还置入极少量的放射性物质，且在一小时内，放射性物质中原子衰变与不衰变的概率参半。若原子衰变，衰变事件则会触发装置，把猫杀死，而观察者只有打开匣子，才能知道里面的结果。薛定谔认为，这表明两个宇宙存在于平行状态或超叠态中，分别有一只活着的猫和一只死去的猫，直到盒子被打开。只有在观察的行为中，波函数才会坍缩成实际的状态。

大事记

1887 年	出生于奥地利维也纳。
1926 年	提出薛定谔方程和波动力学，以数学公式诠释量子力学。
1927 年	接替马克斯·普朗克在德国柏林大学的职务。
1933 年	因厌恶纳粹的反犹政策，离开德国，前往英国。
1933 年	与保罗·狄拉克共同获得诺贝尔物理学奖。
1935 年	提出"薛定谔的猫"悖论。
1936 年	转赴奥地利格拉茨大学工作。
1938 年	被占领奥地利的纳粹解雇；逃亡流窜。
1956 年	返回维也纳。
1961 年	因患肺结核病逝。

薛定谔盆地是位于月球背面的大型撞击坑。薛定谔去世后，国际天文学联合会以他的名字命名该撞击坑。

> 实验者甚至可以设计出相当荒谬的案例来……系统装置放置一个小时后，若没有原子衰变，那么猫还活着。系统的普西函数（波函数）显示，我们会得到猫的死活概率各半、概率叠加的状态。
>
> ——《量子力学的现状》（1935）

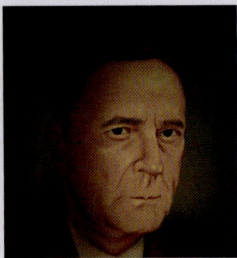

埃德温·哈勃

（1889—1953）

埃德温·哈勃，天文学家、宇宙科学开创者。哈勃证明了银河系之外存在着其他星系，改变了世界宇宙观。哈勃基本上塑造了今时今日的宇宙概念，以及地球在浩瀚宇宙中所处位置的概念，他发现了数十个星系，对星系与星系之间的距离做出了革命性研究，同时成功证明了宇宙膨胀理论。

1889 年，埃德温·鲍威尔·哈勃在美国密苏里州的马什菲尔德出生；在伊利诺伊州的惠顿长大。哈勃学习一直很好，但在少年时代，他的运动能力比他的学术实力更为出色。他在芝加哥大学获得了第一个学位，其间修读了数学、天文学及哲学；随后在英国牛津大学获得了法学硕士学位，在完成学位之前还转过专业，学西班牙语。回到美国后，他在肯塔基州路易斯维尔附近担任教职。第一次世界大战结束之后，他似乎下定决心研究天文学。之后，他又重回芝加哥大学，于叶凯士天文台研究天文，发表了题为《微弱星云的摄影研究》的论文，并于 1917 年获得博士学位。

哈勃开始天文研究生涯时正值令人激动的年代，那时阿尔伯特·爱因斯坦刚发表相对论不久，在天文学领域掀起了革命性思潮。20 世纪初，大多数天文学家认为人类所处的银河系是宇宙的一部分，直径只有数千光年。哈罗·沙普利（1885—1972）最早意识到，银河系比之前认为的要大得多（直径约 100 000 光年），太阳也不是银河系的中心。亨丽埃塔·勒维特（1868—1921）注意到，大麦哲伦星系和小麦哲伦星系（靠近银河系边缘的可见星体，现称为矮星系）包含了成千上万颗可变恒星，这些恒星所处位置略微超出了银河系的范围。勒维特的观测研究推动了测量恒星间距离的方法的发展，这一方法完全改变了当时人类对宇宙的构想。但在拓展我们的宇宙观上，可能还是哈勃的贡献最大，因为他发现了宇宙中模糊光点（星云）的本质。

威尔逊山天文台上建有 254 厘米口径的胡克望远镜，这是当时世界上最大的望远镜。哈勃在威尔逊山天文台研究观测，将重点放到了宇宙中现称为仙女座星系的区域之上。他观测到该星系的恒星距离银河系过于遥远，因此得出结论：该区域星云不属于银河系，而是一个全新的星系（现称为仙女座星系）。在随后的几年中，他进一步深入研究，还发现了几个新的星系。哈勃能够比较这些星系，并建立了依据星系的距离、形状、组成、亮度而将其分类的方法。他提出的星系分类方法一直沿用至今。

1929 年，哈勃发表了宇宙均匀膨胀的数据，这是他最伟大的发现之一。他在研究了 46 个星系之后，发现星系之间距离越远，它们相互之间的运动速度就越快。这为后来著名的哈勃定律奠定了基础。

> 人类用五感探索周围宇宙，并将这场冒险称为科学。
>
> ——《科学的本质和其他讲座》（1954）

重要科学成就

哈勃星系分类法

1936 年，哈勃提出星系分类法。哈勃星系分类法是依照星系的视觉外观对星系加以分类的系统。因为它通常以传统方式呈现的图表风格类似调音叉的形状，因此也会有人称之为"哈勃音叉图"。该系统依照星系形态，将星系分为椭圆星系、螺旋星系、棒旋星系（旋臂从棒状核心展开）、透镜状星系（圆盘形而非螺旋形）、不规则星系（无明显结构）。时至今日，该系统仍是最为常用的星系分类方法。

哈勃定律和哈勃常数

多年以来，哈勃和他的同事都在观测新发现的星系。他们观测来自遥远星云（哈勃用星云表示恒星团及星系团）的光时，总是反复遇到相同的问题：远离我们的恒星发出的光的颜色偏向光谱的红端，而造成"红移"现象的原因在当时不得而知。他们的研究基于共同的观点，即光之所以红移是因为星云正在远离银河系，他们测量了银河系与逐渐远行的星云之间的距离，从而得出了今天广为人知的哈勃定律。哈勃定律表明，一个星系距离地球越远，

遗产、真理、影响

◎哈勃对仙女座星系的鉴定具有革命性意义。他不仅发现了新星系，而且改变了人们认知世界的方式：宇宙之大，远超想象，我们所处的世界只是浩瀚宇宙的一部分。

◎哈勃十分仰慕阿尔伯特·爱因斯坦，当时爱因斯坦提出了相对论，认为宇宙要么在膨胀，要么在收缩。后来，哈勃证实了宇宙是均匀膨胀的，爱因斯坦得知这一消息后，为自己的研究能对哈勃产生了一定影响而由衷高兴。

◎通常认为，哈勃定律是宇宙膨胀理论和宇宙大爆炸模型的有力依据。哈勃常数描述的是宇宙规模随时间变化的速率，用于估算宇宙的大小和年龄，是宇宙学中最为重要的数值之一。

◎哈勃的发现不仅推动了天文学的发展，孕育了新的宇宙学学科，还为这一学科被科学界认可提供了所急需的依据。经过多年的努力，哈勃成功让科学界认可了天文学也是物理学的一部分，因此天文学家也能够获得诺贝尔物理学奖。尽管在他生前没有实现这一目标，但现在这已经成为现实。

◎ 1990 年，哈勃太空望远镜成功发射升空，以哈勃命名是为了纪念这位伟大的天文学家。发射哈勃太空望远镜，旨在提供进一步数据来确认和精确测定哈勃常数。到目前为止，科学家借助哈勃太空望远镜证明宇宙在不断膨胀，且在被称为"暗能量"的神秘力量驱动下，宇宙膨胀速度越来越快。

大事记

1889 年	出生于美国密苏里州的马什菲尔德。
1910 年	获芝加哥大学学士学位，兼修数学、天文学及哲学。
1913 年	获英国牛津大学法学硕士学位。
1917 年	获芝加哥大学天文学博士学位。
1919 年	受聘于威尔逊山天文台（位于加利福尼亚州帕萨迪纳附近，由卡耐基研究所建造），并成为其终身职位。
1925 年	通过观测证明仙女座星云不属于银河系，而是独立的星系。
1929 年	提出经典的哈勃定律，用于测量星系之间的距离。
1935 年	发现 1373 号小行星。
1936 年	出版《星云世界》。
1953 年	于加利福尼亚州圣玛利诺因脑血栓去世。
1990 年	哈勃太空望远镜成功升空。

哈勃得出结论：所观测到的该星云区域的恒星不属于银河系，而是属于一个全新的星系（现称为仙女座星系）。

它移动得就越快——星系之间的距离不断增加，因此宇宙正在膨胀（宇宙膨胀理论）。哈勃还创建了宇宙膨胀方程，后经修订沿用至今。哈勃及其同事估测，宇宙膨胀的速度为每秒 500 KM/s/Mpc，1 Mpc（百万秒差距）大约等于 326 万光年，该估值被称为哈勃常数。

目前普遍认为，哈勃低估了星系之间的距离，导致他估算所得的膨胀率过大。今天的天文学家估计这个数字约为 70 KM/s/Mpc，尽管哈勃常数值存在很大的不确定性。

米格纳德·萨哈

（1893—1956）

米格纳德·萨哈，印度理论天体物理学家，最为著名的贡献是在恒星大气中进行热电离，导出了萨哈方程，该方程可用于恒星光谱数据的解译，为后来许多天体物理学的研究奠定了重要基础。他还致力于在印度建立现代科学教育。

萨哈，有时被称为 M.N. 萨哈，出身于贫困的农村家庭，如果不是当地医生帮助安排念中学，他小学毕业后根本就不会有机会继续接受任何教育。后来，他赢得了达卡一所学校的奖学金，但却因参与反对孟加拉分治的抗议活动，奖学金被取消，不过他又向另一所学校申请并获得了奖学金。1911 年，萨哈读大学时也获得了奖学金，得以进入加尔各答大学总统学院学习数学。他是那一代的孟加拉裔印度学生（包括他的同学兼后来的合作者萨特延德拉·纳特·玻色）之一，而玻色的老师贾加迪什·钱德拉·博斯和普拉富尔拉·钱德拉·罗伊（1861—1944），给予了他们莫大的鼓励。

毕业后，萨哈报名申请加入文职公务员队伍，但却被怀疑与革命者有联系，因此申请遭到拒绝。之后他便重回科学研究界，当时印度的科学仍处于发展阶段。1916 年，他在加尔各答大学科学学院新设立的现代科学和数学系担任讲师。在此期间，他协助翻译了欧美国家的最新著作，特别是有关量子理论和相对论的论文，引入新物理学，介绍给印度学生。

1919 年，萨哈完成了他的博士论文，该论文与天体物理学中辐射压力相关。这篇论文是他涉足这一领域的起点，为他赢得了去英国和德国学习的奖学金。在英德学习期间，他完善了关于气体热电离的开创性想法。1921 年，他发表了热电离方程，并将其应用于恒星光谱（恒星发出的辐射频率）。为此，加尔各答大学专门为他创设了新物理学主席职务。萨哈回到印度后终生致力于改善印度的教育设施，他着眼于印度实际情况，热衷于建设最好的教学设施，还建立了游说组织，这可以保证科学技术能够始终处于国家发展的重要位置。

他的成就众多，其中包括在加尔各答大学成立了核物理研究所（后来以他的名字命名）和阿拉哈巴德大学物理系；创办了《科学与文化》期刊；成立了印度物理学会以及印度国家科学院。1938 年，他提出的将科学纳入社会规划的倡议被采纳，因为当时他受邀加入由贾瓦哈拉尔·尼赫鲁（1889—1964）领导的自由印度国家规划委员会，尼赫鲁是独立印度的首任总理。

萨哈是独立运动的热切支持者，但在后来的生活中，他发现自己的思想与新印度政府不同。1952 年，他当选为议会独立议员，在议会中为科学教育运动发声，并将自身技术专长应用于防洪工作。他为达

重要科学成就

萨哈方程

著名的"萨哈热电离方程式"或简称为"热电离方程式"，萨哈自己将其称为"电离反应的等压方程式"。在研究过程中，萨哈开创性地借助恒星物质热力学电离来解释不同光谱。

元素内部温度极高时，其电子会因获得大量能量而从原子中逸出，形成游离的正离子和负离子，产生不同频率的辐射能。萨哈意识到，热电离这种化学过程可以在恒星大气中生成不同数量的离子，由此解释了恒星中所测得的令人困惑的光谱线范围。

萨哈方程将恒星的温度、恒星的化学组成成分、恒星的内部大气压，以及光谱的外观联系起来，这意味着可以更加自信地分析其中的任何一个因素。

其他科学领域

萨哈很早便对新物理学的可能性感兴趣。1918 年，他与萨蒂扬德拉·纳斯·玻色以阿尔伯特·爱因斯坦的相对论为基础，共同撰写了一篇论文，提出了一个方程解释温度、压力和气体体积测量等方面的关系。

萨哈对光谱学也感兴趣，后来也开始研究起核磁共振（NMR）以及相关科技。

遗产、真理、影响

◎萨哈的恒星大气热电离理论已得到广泛认可。随着进一步完善，萨哈方程已成为天体物理学的标准和基本工具之一。

◎萨哈是印度建立现代物理学的关键人物。他取得了诸多成就，建造了印度第一台电子显微镜、第一台回旋加速器（粒子加速器），还成功在印度开创了核物理研究。

萨哈的研究对天体物理学推动作用之大，怎么夸赞都不为过，天体物理学领域的后续发展几乎都得益于其研究，后来许多研究都是在完善萨哈的理念想法。

——S. 罗斯兰

《理论天体物理学》（1939）

莫达尔河谷制定的方案——不能只建一座大型水坝，要建造多个水坝——至今仍在受用。但是到 20 世纪 50 年代中期，他的健康状况恶化，于 1956 年突然去世。萨哈曾被提名诺贝尔物理学奖，但最终并未获奖。

大事记

1893 年	生于印度孟加拉东部达卡附近（今孟加拉国）。
1911 年	在加尔各答大学总统学院学习数学。
1916 年	被任命为加尔各答大学科学学院现代科学和数学系讲师。
1920 年	获得奖学金访问欧洲，与英德两国顶尖科学家合作。
1921 年	在英国皇家学会报告上概述了他的热电离方程。
1923 年	受聘为印度北方邦阿拉哈巴德大学的教授。
1927 年	被任命为英国皇家学会会员。
1938 年	被任命为加尔各答大学理学院教授兼系主任。
1948 年	在加尔各答大学成立独立的核物理研究所，后来以他的名字命名为萨哈核物理研究所。
1952—1956 年	当选议会议员，推动印度发展科学。
1956 年	突发心脏病，于新德里去世。

米格纳德·萨哈的电离方程推开了恒星天体物理学研究的大门，是 20 世纪印度科学的十大成就之一，可视为诺贝尔奖级别的成就。

——贾扬特·纳利卡尔

《科学前沿》（2003）

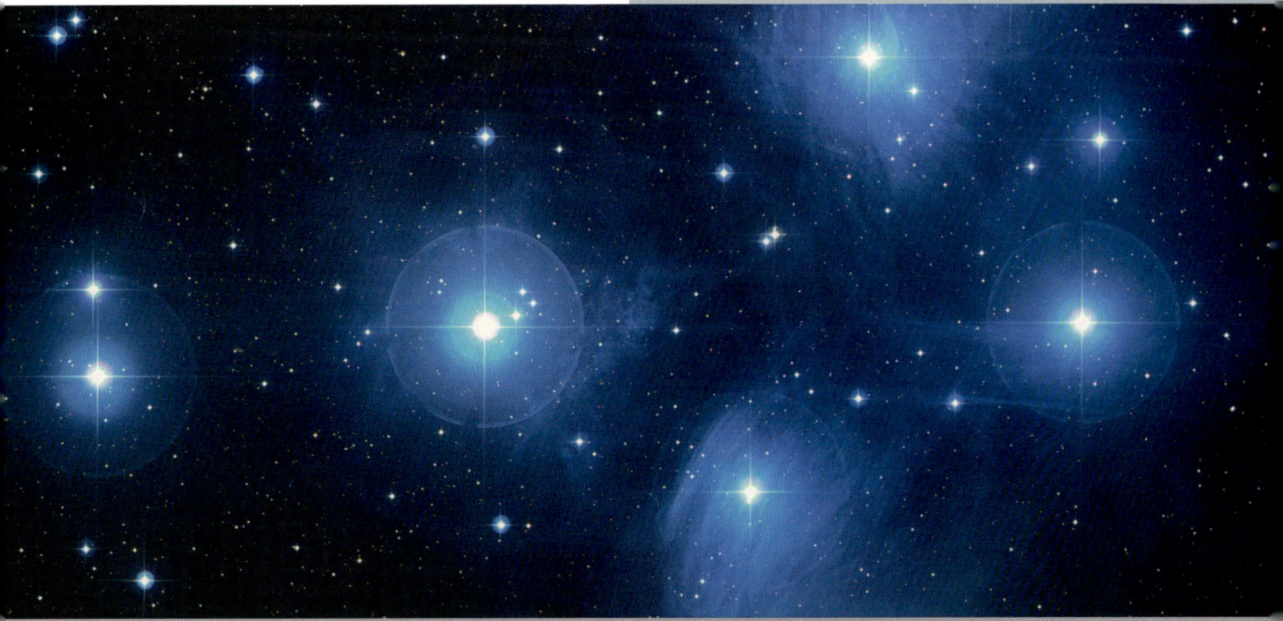

萨哈的研究对天体物理学非常重要，属于天文学研究分支，研究天体（例如恒星）物理特性。

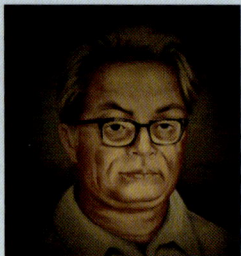

萨特延德拉·纳特·玻色

（1894—1974）

萨特延德拉·纳特·玻色，孟加拉裔印度物理学家，为量子科学的发展贡献了重要思想理念，特别是为玻色-爱因斯坦统计和玻色-爱因斯坦凝聚体理论提供了基础。他不辞辛劳，致力于改善和推进印度的科学教育。

玻色有六个姐妹，是家里的唯一的儿子，大家都亲切地叫他萨特延。他还蹒跚学步时，算命先生便预言，他的一生，磨难众多，但他都能够克服，还会名扬天下。玻色在小学时便踏上了这条道路，他在数学考试中，使用了多种解题方法，取得满分。

玻色20岁结婚，同年获硕士学位资格，之后便继续深入研究应用数学。尽管他后来获得了包括科学博士学位在内的几个荣誉学位，但是他从未完成博士学位。1916年，他受聘为加尔各答大学科学学院新现代科学和数学系的第一批讲师，并在那里最早接触到欧洲关于量子物理学的文章。玻色和他的老同学兼合作者米格纳德·萨哈协助将这些欧洲文章从英语和德语翻译成本地语言，并在印度得以广泛普及。1921年，玻色移居达卡大学，在讲学过程中逐渐形成了自己具有里程碑意义的观点理念，并于1924年将这些观点整理成论文发表，题为《普朗克定律和光量子假设》。

这篇仅有几页的英文论文提出了一种用于测量亚原子粒子的新统计方法，为马克斯·普朗克辐射定律的成功推导提供了新方法。最开始，玻色想要在某本科学杂志上发表论文，但遭到了拒绝。虽然他当时只是讲师，名不见经传，但却初生牛犊不怕虎，论文遭拒后，便将论文寄给了阿尔伯特·爱因斯坦。不久，爱因斯坦将玻色的论文翻译成德语，安排论文在久负盛名的德国科学杂志——《物理学期刊》上发表。无论是出于爱因斯坦的科学贡献，还是因其鼎力相助，玻色都将爱因斯坦当作一生崇拜的英雄。

突然之间，玻色一跃成为科研新星。他当时工作的大学资助他前往欧洲进行巡回演讲。出行期间，他曾到巴黎居里夫人实验室工作；在柏林遇到了埃尔温·薛定谔和沃纳·海森堡以及爱因斯坦等伟大的量子物理学家。1926年，在爱因斯坦的举荐下，玻色受聘为达卡大学教授。

玻色深入从事科学教育工作，他坚信科学教育能够造福人类。作为老师，他尽心尽力，深受欢迎。虽然他还是天赋异禀的语言学家，能够读懂欧洲各国不同语言写的论文，但他认为，所有学科课程都应该以本国语言讲授，这样会有更多的人可以受到教育。因此，尽管当时英语被视为学术语言，但他仍然提倡用孟加拉语上科学课、编教科书。令他惊讶的是，这一想法遭到了大家强烈抵制，而这也是他必须解决的。

1952年，玻色决定走上政治舞台，旨在发展印度的科学，开启民智。他还参加过反种姓制度运动，同时，他还是一位热情的音乐家和作曲家。

重要科学成就

玻色-爱因斯坦统计

1900年，马克斯·普朗克提出了量子理论解释黑体（能吸收并重新发射所有受辐射的能量的物体）产生的反常光谱。量子理论认为光和其他能量不是连续运动的，而是以小包或量子的形式运动的。但是，为了得出描述其光谱的数学公式，普朗克仍然参考了经典振荡器。

在1924年发表的论文《普朗克定律和光量子假说》中，玻色采取了一个激进的步骤，即在完全不参考经典物理学的情况下推导出普朗克辐射公式。他通过改编爱因斯坦的理论，得出了光量子或光能量既像粒子（光子）又像能量波的结论。玻色将来自黑体的能量辐射视为类似于气体云的光子集合，但他并没有将每个光子视为独立的单个粒子，而是提出应将它们作为定义空间（称为细胞）内的粒子群进行统计分析。

尊敬的先生，冒昧随附论文写信给您，望您评阅，期待您的意见。您将看到，我成功推导出……普朗克定律的系数与经典电动力学无关……

——《给爱因斯坦的信》（1924）

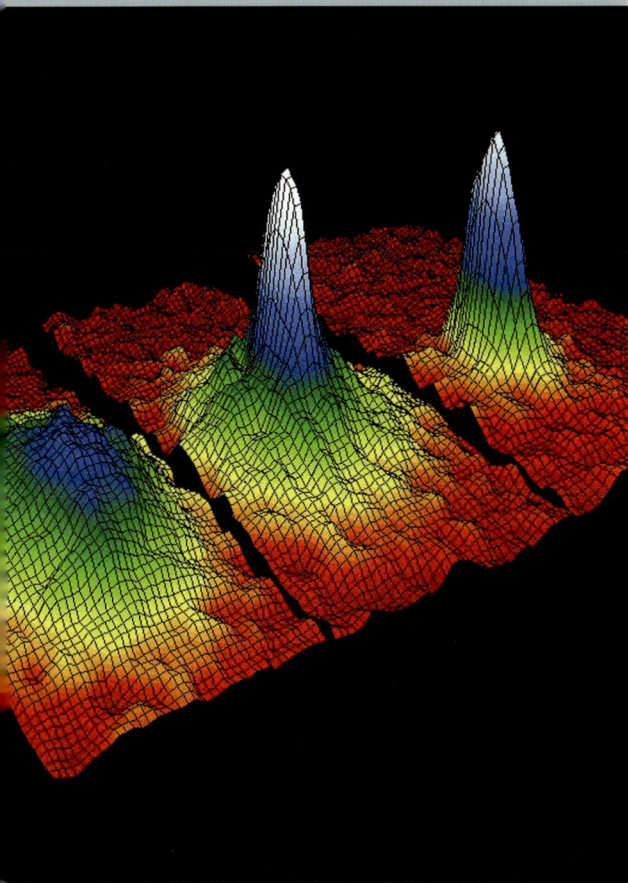

1995 年，研究人员将温度降至新低，创造了一种全新的物质状态。几十年前，爱因斯坦和玻色便对这个状态做了预言。图片显示了玻色 - 爱因斯坦凝聚体——铷原子的三个连续状态，密度从小（红色、黄色和绿色）到大（蓝色和白色）。

后来，爱因斯坦成功地将此新技术应用于其他粒子集合，因此该技术方法被称为玻色 - 爱因斯坦统计。玻色的那篇简短的论文还引发了几个以他命名的量子物理特征。

其他科学领域成就

玻色在进行有关能量量子的开创性工作之前，就已经对新物理学产生了兴趣。1918 年，他和米格纳德·萨哈基于爱因斯坦相对论提出了一个方程，

遗产、真理、影响

◎ 玻色的研究对量子统计科学的兴起做出了重大贡献。

◎ 玻色 - 爱因斯坦统计规则仅适用于亚原子粒子，亚原子粒子可以在同一时间以相同的量子或能量状态存在于一个原子内，可以成群聚集。光子就属于这种类型的粒子，人们将其命名为"玻色子"，以纪念玻色对这些粒子行为的首创研究。（费米 - 狄拉克统计描述了不能共享相同量子态的粒子行为，这些粒子被称为"费米子"。）

◎ 玻色 - 爱因斯坦统计预言，在极低的温度条件下，稀薄气体中的所有玻色子会以最低能量态或量子态集聚到一起，形成非常稠密的凝聚体，此时，凝聚体就像一个原子一样，这种物质被称为玻色 - 爱因斯坦凝聚体，直到 1995 年才在实验中获得，而此前，这种凝聚体仅在理论上可行。

大事记

1894 年	生于印度加尔各答。
1916 年	受聘为加尔各答大学物理讲师。
1924 年	撰写了题为《普朗克定律和光量子假设》的量子物理学相关论文，享誉全球。
1926 年	被任命为达卡大学物理学教授。
1945 年	返回加尔各答大学担任物理学教授。
1948 年	成立了促进科学教育的机构，以孟加拉语进行教学。
1949 年	被任命为印度国家科学研究院院长。
1952 年	当选印度上议院议员。
1956 年	退休；被任命为加尔各答大学名誉教授；受聘为印度西孟邦的加拉维斯瓦·巴拉蒂大学副校长。
1958 年	当选为英国皇家学会会员；由印度政府任命为国家教授。
1974 年	因心脏病去世。

该方程可以解释温度、压力和气体体积测量的各个方面。

后来，玻色广泛研究物理课题，包括晶体的结构、热释光、荧光等，还有电离层的反射特性（电离层是地球大气层最上部，太阳辐射引起的电离影响了无线电波）以及广义相对论。

利奥·西拉德

(1898—1964)

利奥·西拉德，匈牙利裔美国核物理学家，因在第二次世界大战期间发起美国原子能计划，协助研发原子弹而闻名于世。战争结束后，他为自己的研发成果而感到恐惧，因而转向生物学研究，并积极参加反对核武器运动。此外，他还是一位发明家，成功申请了一系列技术设备的专利。

西拉德的父亲是一名成功的工程师，他追随父亲的脚步，学习工程技术。第一次世界大战期间，他被征召入伍，被迫中断了教育，但由于流感，他幸运地逃脱了实际服役的命运，不必继续服役。1919年，他前往德国柏林学习，认识了阿尔伯特·爱因斯坦和马克斯·普朗克等物理学家，转而从事物理学研究，并于1923年加入柏林大学理论物理研究所。

在柏林期间，他申请了多项技术发明专利，包括回旋加速器、线性加速器、电子显微镜等，还有和爱因斯坦合作的各种制冷器。后来，他还申请到了核反应堆和中子链式反应的专利。

1933年，纳粹上台后不久，身为犹太人的西拉德嗅到了危机，离开了德国。1934年，他定居伦敦，在圣巴塞洛缪医院工作，一边救助难民，一边研究人工放射性同位素。

他曾读到一篇主张原子能只是空想的论文，而这篇论文却激发了他对原子能的兴趣。不久后，他便踏上了寻找答案的路，终于在1939年找到了答案，当时他已移居美国，在哥伦比亚大学工作。

同年，他说服爱因斯坦致信美国总统富兰克林·罗斯福，呼吁美国立即开始研制原子弹。西拉德认为，德国科学家很快就会研制出原子弹，因此他当时把和平主义原则丢到了一旁，但之后，他和爱因斯坦都后悔发明了这么一款足以毁灭全球的武器。

爱因斯坦的信最终促成了"曼哈顿计划"，这是美国在第二次世界大战期间秘密进行的核武器研究项目。1942年，西拉德被选入该计划，与芝加哥大学的恩利克·费米共事。他们建造了世上首座核反应堆，并于1942年底首次目睹了第一次受控核反应。

不久之后，西拉德因军方对核科学的掌控而感到担忧。他开始主张：战争走势已经发生改变，没有必要继续研制原子弹。后来，他联合其他科学家，写了一份请愿书，要求只将原子弹投掷到日本的无人区，但请愿并未成功。曼哈顿计划的军事负责人曾一度想要将西拉德关起来。

战争结束后，西拉德转向微生物学的研究，并极力反对军备竞赛。

西拉德大半辈子都住在旅馆，随处安居，他的

重要科学成就

核能

1933年，原子领域先驱欧内斯特·卢瑟福宣称，获得持续核能是不可能的。同年，西拉德开始思考获得持续核能的方法，并构想出了中子链式反应：如果能够让某特定类型元素的原子核衰变或释放出中子，就有可能引发自持进行的反应链，原子裂变生成更为简单的原子；而这些粒子由于过于松散，会再度衰变，释放出数个中子。过程中的每一步都会释放出能量，能迅速促成大规模的反应。正如西拉德所意识到的，美国军方将来会对这种具有爆炸性影响的能量而感兴趣。

起初，大多数科学同行都认为核链式反应是天方夜谭，也没人认同西拉德的观点。他们认为，核链式反应在任何情况下都过于危险，不宜探索。然而，西拉德仍继续研究，猜想铍（Be）和铟（In）是合适的元素。

他后来发现，用伽马射线照射铍原子，其原子核的确能释放出中子，但是链式反应持续时间短，难以为继。

裂变

1939年，身处哥伦比亚大学的西拉德得知欧洲进行了核裂变实验：用中子轰击铀原子，铀核会裂变，一分为二。他意识到，铀核裂变可能就是维持中子链式反应的条件。铀的原子核大，中子数量多，如果裂变后释放出中子，这些松散的中子会继续轰

1945 年 8 月 6 日，第二枚原子弹投至日本长崎。西拉德反对用原子弹攻击平民。

遗产、真理、影响

◎ 西拉德的理念促成了原子弹、核弹、核能的诞生。

◎ 他担心战后美苏之间的核军备竞赛会威胁地球上的所有生命，事实证明他的担忧是有道理的。虽然世界在冷战中幸存了下来，但是现代核武器的存在仍是人们持续关注的问题。

◎ 他为和平利用核能和科学合作开展了众多运动，促成了一系列国际会议，以及利奥·西拉德杰出学术报告奖的设立，该奖由美国物理学会授予，以表彰"物理学家应用物理学造福社会所取得的成就"。

科学论文都装在手提箱里，以便随时携带，搬去他处。1951 年，西拉德和同为德国难民的格特鲁德·韦斯博士结为夫妇，但即便成婚之后，两人也是聚少离多。

大事记

1898 年	出生于奥匈帝国（现匈牙利）首都布达佩斯。
1920 年	在柏林学习工程学，后转向物理学。
1923 年	在柏林大学理论物理研究所工作。
1929 年	撰写论文，控制理论已具雏形。
1933—1934 年	逃离纳粹政权，前往维也纳，然后抵达伦敦。
1935 年	加入牛津克拉伦登实验室。
1937 年	移居美国，在纽约哥伦比亚大学任教。
1942 年	加入曼哈顿计划。
1942 年	与恩利克·费米建立了第一座受控核反应堆。
1944 年	反对使用原子弹。
1947 年	放弃物理学研究，转向分子生物学研究。
1956 年	任芝加哥大学生物物理学教授。
1959—1960 年	被诊断患膀胱癌后，自己成功设计出放射疗法。
1962 年	成立了反对使用核武器的废除战争理事会（后更名为宜居世界理事会）；在古巴导弹危机期间，为使美苏双方避免开战，担任外交官一职。
1963 年	被任命为加利福尼亚州拉荷亚的索尔克生物研究所研究员。
1964 年	突发心脏病，于加利福尼亚州拉霍亚去世。

我们打开开关，看着闪光灯，看了十分钟，然后关闸回家。就在那晚，我便知道世界将走向悲伤。

——西拉德对 1939 年哥伦比亚大学证明铀浓缩实验的评论

击原子核，一次又一次地引发核裂变。

西拉德与沃尔特·津恩（1906—2000）复刻了铀核裂变实验，证实了中子释放时，可以引起多个反应。

出于对德国科学家也会研究铀核裂变的担忧，西拉德和爱因斯坦致信美国总统，呼吁美国要先于德国开发核能。虽然美国政府批准了此项提议，但直到 1942 年，曼哈顿计划才正式成立。而在这之前，西拉德只能凑合着得到一些微薄的拨款。

他探讨了铀－水和铀－碳石墨系统来维持链式反应，与恩利克·费米合作研制出一个原子堆或"中子反应堆"，这是进行实验的实验室，还有一个反应堆冷却系统。1942 年，他们作为曼哈顿计划的一

分子，首次建立并实现了自持的核链式反应。

在实验室中，西拉德小心翼翼地控制着反应，而美国在第二次世界大战中研制和使用的原子弹却放任链式反应发生。

其他成就

1929 年，西拉德发表了关于热力学系统的熵论文，提出了信息单位"比特"（bit），比特现已成为计算机及其所有应用程序的单位标准。

在伦敦期间，他与英国物理学家 T.A. 查尔默斯合作提出了西拉德－查尔默斯过程，这是一种化学分离人工产生的放射性同位素的方法，后来，他还研究抗衰老的生物机制。

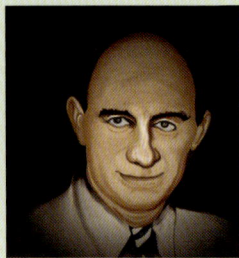

恩利克·费米

（1901—1954）

恩利克·费米，美籍意大利物理学家，因其在放射性研究方面的工作而荣获诺贝尔奖。他被誉为伟大的物理学理论家和实践者，在第二次世界大战期间，参与由美国主导的曼哈顿计划，也参与建造了第一枚原子弹。合成元素"镄"就是以他的名字命名的。

恩利克·费米是政府官员的儿子，在罗马出生和长大，在公立学校接受了传统教育。他从比萨高等师范学校毕业后进入比萨大学，并于1922年发表关于 X 射线的论文，获得比萨大学博士学位。

为拓宽视野，充实理论物理学知识，费米曾到德国哥廷根大学待过一段时间，同物理学家与数学家马克斯·玻恩（1882—1970）短暂共事；还曾到荷兰莱顿大学同物理学家与数学家罗·埃伦费斯特（1880—1933）共事；然后返回意大利，在佛罗伦萨大学获得了他的第一个学术职位——担任数学物理学教授。

1928年，费米在接受罗马大学的职位后，起初以出版《原子物理学概论》而崭露头角，这是意大利出版的第一本现代物理教材。同年，他与劳拉·卡彭结婚。费米去世后，他的妻子写下名为《原子在我家中》的传记，真情实感地记录了他们在一起的生活。20 世纪 30 年代，反犹太主义浪潮席卷了由法西斯党魁墨索里尼掌权的意大利，这对夫妇越来越担心，因为劳拉有犹太血统。1938年，费米因在放射性研究方面取得开创性成果而荣获诺贝尔物理

学奖，但颁奖典礼过后，他与妻儿并未返回意大利，而是去了美国，那时费米已经接受了纽约哥伦比亚大学提供的职位。

费米一家随后便定居美国，于1941年搬到芝加哥。费米在纽约开始的项目最终促成了一座核反应堆的建造。1943—1945 年，费米进驻新墨西哥州洛斯阿拉莫斯，参与曼哈顿计划。曼哈顿计划是由美国、英国、加拿大领导的组织，旨在第二次世界大战期间设计并制造世界上第一颗原子弹。

虽然大家都知道费米魅力十足，生活充满乐趣，但他极为专注于研究工作，除物理学以外，几乎没有别的兴趣爱好。他对音乐和艺术都不感兴趣，也很少读小说，不过奥尔德斯·赫胥黎和赫伯特·乔治·威尔斯的小说他还是读的。

第二次世界大战过后，费米加入美国国籍，并返回芝加哥继续自己的研究，从而完成了粒子物理学方面的重要工作。然而，尽管他仍想继续坚持自己的事业，但是他的健康状况开始恶化，最终于1954年因癌症去世。

重要科学成就

放射性

20 世纪 20 年代，费米致力于放射性研究，进一步证明了"中微子"的存在。后来，费米的放射性研究为他赢得了诺贝尔物理学奖。意大利语中的"小中子"指放射性衰变过程中产生的基本粒子。中微子最早由沃尔夫冈·鲍利（1900—1958）提出，其质量极轻，不带电荷，因此难以检测到。费米发现，"β 衰变"（由弱核力引起的放射性衰变）发生在放射性元素不稳定的原子核中，是中子转为质子、电子（β 粒子）和反中微子（中微子的反粒子，与中微子的电荷和磁场相反）的结果。

费米的另一个主要贡献是，利用中子轰击原

子核，产生了新放射性同位素，并发现了中子源在石蜡或水套中会产生热中子，可以更有效地产生同位素。

核反应堆和原子弹

费米抵达美国后，继续从事放射性研究，建造了世界上第一座核反应堆。当时这被称为"原子堆"，因为反应堆包含了慢化剂（用于核反应堆中的物质，可快速降低中子的反应速度，增加裂变的可能性），慢化剂是由许多带钻孔的纯化花岗岩块，以及用于浓缩铀的控制棒组成。

费米的团队在芝加哥大学体育场地下的壁球场里建造了第一座人工核反应堆，称为芝加哥一号堆。

遗产、真理、影响

◎ 现在通常认为，费米及其团队于 1942 年建造的核反应堆，是现代所有核武器和核电厂的鼻祖。

◎ 1955 年，费米发现第 100 号元素"镄"（Fermium/Fm）。该元素以费米的名字（Fermi）命名，以表彰他的成就。

◎ 晚年的费米想到了一个问题（现称为"费米悖论"）。据说是在大约 1950 年的一个讨论中，他调侃地说："但他们在哪里？"因为根据费米悖论，宇宙的大小和年龄表明，在宇宙某处肯定存在其他形式的生命，而那些生命可能已经发展出能够与人类建立联系的技术，但是我们没有实证能证明它们的存在。那么问题来了：这些生命在哪里？

◎ 费米 – 狄拉克统计，请参见保罗·狄拉克。

没有什么能限制这种武器的破坏力，这使得它的存在和对其制造的了解对整个人类都构成威胁……出于这些原因，我们认为，美国总统的当务之急应是告诉美国公众和世界人民，从基本道德原则上考量，开发核武器是错误的。

——费米和拉比，"总顾问委员会少数派报告"，美国原子能委员会：关于罗伯特·奥本海默：华盛顿特区人事安全委员会听证会记录（1954）

1942 年 12 月 2 日，首次移除了控制棒，让反应堆开始运作。这是世界上首座人工的、可控的、自持续的核反应堆，这意味着该反应堆可以随意启动和停止。费米对细节的极度关注在实现这一极其重要的任务中起到了不可或缺的作用。

费米及其同事们所做的工作，包括亚瑟·康普顿（1892—1962）和里奥·西拉德，最终被纳入了曼哈顿计划的洛斯阿拉莫斯分部，该分部由罗伯特·奥本海默（1904—1967）负责领导。费米在该项目的后期阶段加入，主要作为一个科学顾问，并监督了原子弹的制造，其原理与芝加哥使用的原理类似。

但后来，费米出于道德考虑和技术原由，反对

芝加哥一号堆是人类制作的第一台达到临界，实现核链式反应自持的核反应堆。

继续发展氢弹。最著名的是，1949 年，他与物理学家伊西多·拉比（1898—1988）共同给原子能委员会总咨询委员会提交了一份报告，尽管他曾在洛斯阿拉莫斯的曼哈顿计划中参与了氢弹的研发。

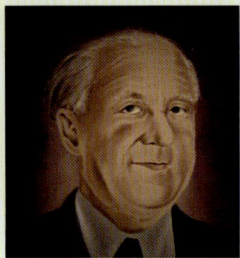

沃纳·海森堡

(1901—1976)

海森堡，量子力学领域先驱之一，是全球公认的最伟大的科学家之一。他还是科学哲学家，提出了以自己名字命名的海森堡不确定性原理，该原理是现代物理学的核心概念之一。

和其他伟大的科学家一样，海森堡年轻求学时在数学和理论物理学科目上表现非常出色，但在其他学科上的表现则不尽如人意，还差点拿不到博士学位：在口试中，他无法向物理实验讲师和实验室物理学讲师解释清楚一块简单电池的工作原理。

海森堡曾在各学科领域之间摇摆不定，最终决定要专注研究原子结构，这在当时是一个实验结果与理论不符的领域。仅二十岁出头的他，在治疗花粉症的康复期间，便发明了矩阵力学（描述量子力学概念的第一个数学公式）。后来，他与马克斯·玻恩（1882—1970）和帕斯库尔·约尔当（1902—1980）共同发展了矩阵力学概念。

两年后，海森堡进一步观察原子，提出了具有革命意义的不确定性原理。他认为，量子力学某些方面的测量包含内在的不确定性，因此无法预测粒子的轨迹。他声称："只有当我们观察到粒子时，路径才会出现。"

最初，海森堡的导师尼尔斯·玻尔并不认可这一原理。根据一份报道称，他们师生之间发生过非常激烈的争论，年轻的海森堡甚至还因此落泪。但是后来，玻尔和他的同事们确实将不确定性纳入了他们对量子物理学的主流哥本哈根诠释中。

从纳粹党在德国掌权的那一刻起，海森堡就陷入了政治争议之中。1935 年，他因从事量子物理学研究而被纳粹指控为"白种犹太人"，因为在纳粹眼里，量子物理学是"犹太科学"，而非"雅利安科学"。应海森堡一家的请求，警察局长海因里希·希姆勒出面制止了人们对海森堡的人身攻击，但他被任命为慕尼黑大学理论物理学教授的职位也被阻止了。然而后来，在第二次世界大战期间，海森堡却被招入了德国原子研究小组。

海森堡是唯一一个令同盟国众多杰出物理学家团队最害怕的能够独立制造原子弹的人。同盟国视海森堡为眼中钉，曾密谋试图绑架他，甚至还追杀过他。1942 年，海森堡成功说服纳粹政府他无法制造出一颗原子弹。许多研究海森堡的传记作家认为，海森堡只是故意误导纳粹分子，实际上他已经进行了制造原子弹所必需的正确计算。他们为了证明这一观点引述了从德国泄密出来的科学家的神秘评论，以及海森堡于 1941 年在被德国占领的丹麦访问尼尔斯·玻尔时的情况：尽管他本不应该讨论绝密项目，但他可能试图暗示他不会完成原子弹。

第二次世界大战过后，海森堡致力于重建德国科学家和国际科学家之间的关系。他支持和平运用原子能，是位于瑞士日内瓦的欧洲核研究理事会（CERN）的创始人之一。

重要科学成就

矩阵力学

在尝试寻找一种数学计算方法来解释原子内粒子运动所产生的光谱线（或光的频率）时，海森堡创造了矩阵力学。他决定忽略无法观测的电子轨道，因为这些不能被观察到，而是转向研究唯一可观测的物理量开始进行反推，即粒子吸收和发射光的辐射频率及其强度。海森堡的数学模型表示的是粒子位置和动量的系数矩阵，索引为起始和终止能级，并使用了涵盖数字数组的已建立的数学矩阵规则，然后可以应用这些规则来产生一个方程。

不确定性原理

不确定性原理（又称测不准原理或不确定原理）指出，测量粒子的位置或动量是可能的，但无法做到同时测量两者，因此也无法精确预测粒子的路径或运动方向。海森堡的解释是，创建观测数据会涉及光子交换，而被观测对象的能量或波态会在观测过程中发生变化，从而坍缩成一个不可预测的随机位置。

遗产、真理、影响

◎量子力学：矩阵力学提出不久后，波动力学便随之而来，两者均为理解亚原子粒子行为的方法，互为比对。起初，大多数物理学家对矩阵力学表示质疑，而倾向于刚提出的波动力学，因为后者的数学较为简洁，抽象程度更低，且提供了一个清晰的可视化模型。事实上，后来经证实这两种方法在数学上是等效的，均是研究量子力学的有效方法。

◎与观察者相关的宇宙：海森堡的不确定性原理促成了宇宙非因果论或者说宇宙非决定论。宇宙非因果论指出：在亚原子级别，科学只表示概率性，而不表示确定性。基于此理论概念以及类似"薛定谔的猫"（见埃尔温·薛定谔）等概念，新物理学存在这样的概念，即科学家观测事物时，这种行为实际上固定了该事物，而在此之前，该事件尚未确定。在这方面，现实被认为是"偶然"的，由观察者的行为决定——与经典观点相比，后者认为现实是固定和确定的。海森堡的工作引发了许多关于宇宙基本性质的哲学讨论。

◎哥本哈根诠释：海森堡的理论是尼尔斯·玻尔及其同事于 1927 年提出的量子力学的哥本哈根诠释的部分内容，哥本哈根诠释后来被视为范例。这一诠释接纳不确定性原理形式中的非决定论，以及波动力学仅能给出定位粒子运动位置的可能性。

大事记

1901 年	生于德国维尔茨堡。
1922 年	开始与尼尔斯·玻尔在丹麦哥本哈根进行长期合作。
1925 年	创建矩阵力学（量子力学公式）。
1926 年	与玻尔等人合作，构想出量子力学的哥本哈根诠释。
1927 年	用公式表达不确定性原理。
1932 年	荣获诺贝尔物理学奖。
1939 年	加入纳粹原子弹 / 能源计划。
1957 年	反对德国核军备。
1976 年	于德国慕尼黑因癌症去世。

图为 1927 年 10 月召开的第五届索尔维国际会议，世界上最著名的物理学家聚在这里讨论新提出的量子理论。沃纳·海森堡为后排右起第三位。

　　由于亚原子粒子是所有物质的基础，因此该原理可扩展表示为：在检查物质和辐射的基本物理量过程中存在内在的不确定性。这种不确定性与经典牛顿物理学的因果论或确定性本质相冲突。但海森堡认为，从宏观或日常的角度来看，存在误差很小，不会产生影响。只有在原子或亚原子级别上，不确定性才会变得非常关键。

物质的最小单位不是一般意义上的物理对象；物质的最小单位是只能用数学语言明确表达的形式和思想。

——与罗宾德拉纳特·泰戈尔对话后的评论
引自菲杰弗·卡帕的《不寻常的智慧：与杰出人士的对话》（1988）

莱纳斯·鲍林

(1901—1994)

鲍林，公认的 20 世纪最伟大的化学家之一，于 1954 年荣获诺贝尔化学奖。他参与创建分子生物学领域，并进行了重要的研究，探究维生素 C 的性质和在促进人类健康方面的用途。除了科学家的身份外，鲍林还是和平主义者、受人尊敬的公众演说家和作家，于 1962 年荣获诺贝尔和平奖，成为首位两次独立获得诺贝尔奖的人。

鲍林 14 岁时看到了朋友的化学试验箱，便对化学产生了浓厚的兴趣。他在目睹了令人印象深刻的化学反应之后，立即在俄勒冈州家中的地下室建立了自己的实验室。1917 年，他在俄勒冈农业学院（现为俄勒冈州立大学）开始学习化学工程。不久后，因为鲍林已经掌握了先进的化学知识，所以被要求教授其他本科生化学。

鲍林在大学期间将注意力转向了化学理论的研究。他想要探索原子结合形成分子的过程。1922 年，他就读于加州理工学院，化学教授罗斯科·迪金森（1894—1945）教他使用 X 射线研究晶体的结构。1925 年，鲍林获得博士学位后，获得古根海姆奖学金赴欧洲游学。在接下来的 18 个月中，他从量子力学领域的科学家们那里学到了很多东西，并将量子力学应用于他的化学键研究中，最终完成了影响深远、现已成名的著作《化学键的性质和分子晶体的结构》，该书于 1939 年完成。

鲍林 38 岁起便担任加州理工学院的化学系主任。20 世纪 30 年代，他专注于大分子生物分子结构的研究。第二次世界大战期间，他中断了这项研究，以帮助国家国防研究委员会开发爆炸物和炮弹。战后他回到了加州理工学院，1949 年，他的团队研究发现了镰状细胞性贫血的分子基础。20 世纪 50 年代，鲍林利用 X 射线衍射法成功识别出许多蛋白质中的三维螺旋结构——α 螺旋，成为首个发现这种结构的科学家（X 射线衍射法是指对晶体中原子或分子的晶格散射 X 射线，测量产生的衍射图样，以此收集晶体结构的信息）。但是，他在建立精确的 DNA 结构模型方面却没有那么成功。

他的妻子阿瓦·海伦·鲍林是和平主义者，受妻子的影响，20 世纪 60—70 年代，他花费了大量时间从事和平运动，呼吁科学界禁止核试验。

20 世纪 70—80 年代，他的科研工作集中在正分子医学上。他认为维生素 C 是实现最佳健康状态的必要分子，因此鼓励人们每天大量摄入维生素 C。他的这一观点以及出版的相关科普书籍，引起了其他科学家的强烈批评。尽管鲍林在医学界饱受争议，但他无疑成功传播了许多科学概念。他将研究重心转向人类健康，为大众编写了众多的科普书籍，并取得了成功，得到公众的追捧。他的著作《如何长寿和更好地生活》成为 1986 年的畅销书。

重要科学成就

蛋白质研究

20 世纪 30 年代初，蛋白质结构的研究面临着许多困难——结构似乎庞大、复杂且脆弱。鲍林使用了自己的模型构建方法，该方法包括首先关注分子构建模块的结构，然后关注它们如何连接，最后构建一个模型来检验他的发现。在他对蛋白质分子的研究中，研究小组首先检测了某些氨基酸的结构，这些氨基酸是蛋白质分子的基本组成部分，之后他们提出了一个理论，认为氨基酸是端对端键合形成的一个刚性结构。这项工作促使该团队发表了开创性论文，论文涉及几种蛋白质结构，以及大多数蛋白质的共同结构——α 螺旋结构。

分子疾病

从医学专家那里得知镰状细胞性贫血的病因是患者的红细胞从正常的圆饼状扭曲成镰刀状这一事实后，鲍林开始着手研究红细胞的成分——血红蛋白。一年后，他和团队在使用一种通过电荷分离血红蛋白分子的方法时，有了惊人的发现：镰状细胞血红蛋白分子比正常血红蛋白分子携带更多的正电荷。如此微小的分子差异可能导致潜在的致命疾病，这引起了人们极大的关注，并为"分子疾病"的重要研究铺平了道路。鲍林本人也扩展了对分子疾病

遗产、真理、影响

◎ 鲍林及其团队对诱发镰状细胞贫血症的血细胞结构缺陷的发现，意味着他们同时也发现了第一种"分子疾病"，由此开创了一个重要的研究领域。后来鲍林同事的研究表明，分子疾病是遗传的，这巩固了分子医学和遗传学领域间的重要联系。

◎ 鲍林在分子结构领域有独特的研究方法和发现，因此常被称为"分子生物学的奠基人"。

◎ 他试图解析 DNA 的结构，却因 X 射线实验证据不足，以失败告终。1953 年，詹姆斯·沃森和弗朗西斯·克里克发现了 DNA 的双螺旋结构，证明鲍林的三链螺旋结构理论是错误的。

◎ 自鲍林出版了有关维生素 C 益处的书以来，有关膳食补充剂作用的研究一直在进行当中。如今，膳食补充剂已是拥有数百万消费者的重要行业。鲍林等人共同创立了莱纳斯·鲍林科学与医学研究所，研究正分子医学。如今，该研究所的部分工作是"确定维生素、必需矿物质（微量营养素）和植物中化学物质（植物化学物质）在促进最佳健康及预防和治疗疾病的功能和作用"。

> 我相信医学正在迈进一个新时代……科学家将发现疾病的分子基础，还会弄清楚为什么有些药物分子能有效治疗疾病，而有些却不行。
> ——引自俄勒冈州《波特兰市报》的采访（1952 年 2 月 13 日）

的研究，他对一些疑似遗传性的精神疾病进行研究，观察这些疾病是不是分子缺陷引起的。虽然他的研究为人们提供了一个更多了解精神病学和普通健康知识的机会，但他在这五年间的工作并没有取得具体的成果。

正分子医学

鲍林提出了"正分子医学"的术语，其含义是通过确保"适量的正确分子"存在于体内，来获得最佳的身心健康。他认为，如果身体中的化学物质达到适当的平衡，那么健康所需的化学反应就可以得到优化。1967 年，他首次使用"正分子"一

大事记

1901 年	出生于美国俄勒冈州波特兰市。
1925 年	获加州理工学院化学博士学位。
1931 年	任加州理工学院化学教授。
1939 年	发表历时十年的研究成果《化学键的本质兼论分子和晶体的结构》。
1942 年	开始在国家国防研究委员会多个部门工作。
1950 年	建立第一个精确的蛋白质分子模型。
1954 年	因"对化学键性质的研究并将之用于阐明复杂物质的结构"而荣获诺贝尔化学奖。
1956 年	开始研究精神疾病。
1958 年	向联合国秘书提交结束核试验的请愿书，该请愿书上有来自世界各地 9 000 多名科学家的签名。
1963 年	获得 1962 年诺贝尔和平奖。
1970 年	出版《维生素 C 与普通感冒》，其中有维生素 C 益处的观点。
1986 年	出版畅销书《如何长寿和更好地生活》，该著作概述了鲍林对营养和健康方面的观点。
1994 年	于加利福尼亚州达苏尔逝世。

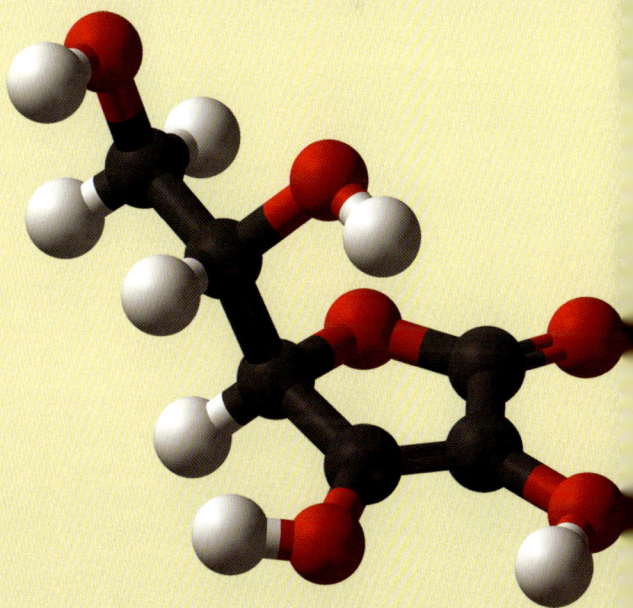

计算机生成的抗坏血酸 L（维生素 C）分子结构模型。

词，原因是他相信精神分裂症等疾病可以用烟酸等营养物质治疗。在生物化学家欧文·斯通（1907—1984）的建议下，鲍林亲自试药，进行了大剂量维生素测试，结果发现患感冒的次数减少了。在经过进一步研究之后，尽管饱受其他科学家的批评，他仍将其观点写到了《维生素 C 与普通感冒》一书中，该书出版后成为一本畅销书。

库尔特·阿尔德

（1902—1958）

库尔特·阿尔德，德国化学家，诺贝尔化学奖的联合获得者之一。在当时动荡的德国，阿尔德成功克服进行原创研究的障碍，他最著名的是与合作者共同发现了一种合成复杂有机化合物的方法，称为迪尔斯－阿尔德反应，以及他在橡胶工业方面的开创性工作。

库尔特·阿尔德是教师的儿子，在第一次世界大战前的普鲁士工业区出生并长大，当时正值政治动荡和不确定时期。他曾先后在柏林大学及基尔大学学习化学，后来受到了德国化学家奥托·迪尔斯（1876—1954）的教导。在导师的指导下，阿尔德撰写了博士论文《偶氮酸酯反应原因》。一年多后，迪尔斯和阿尔德合作，取得了开创性成果，他们共同提出了迪尔斯－阿尔德反应（又称"二烯合成"，一种合成复杂有机化合物的方法）。

20世纪30年代，阿尔德仍与迪尔斯一起工作，并在基尔大学担任教授一职。1936年，他充分利用自己在塑料开发领域的专业知识，成为世界上最大的化工企业 I.G. 法本工业集团的研究总监。他在那儿主导了合成橡胶的研发，这在当时是全球有机化学家的共同目标。第二次世界大战爆发后，阿尔德搬到科隆大学担任化学教授。尽管当时处于艰难的战争环境中，但他仍然能够专注于自己的研究。

在他的一生中，阿尔德撰写了150多篇有关有机化合物合成的论文。他获得了许多奖项和荣誉学位。他勤奋而系统的工作方法最终使他在离世的八年前获得了回报，他与迪尔斯共同获得了诺贝尔化学奖。1955年，他与其他诺贝尔奖获得者共同呼吁各国政府结束战争。

重要科学成就

有机化合物的合成

无机化合物是指没有来自生物体物质结构或特征的化合物：从化学意义上讲，它们是不含碳氢基团（碳原子和氢原子的基团）的化合物。相比之下，有机化合物（来自有机物或活生物体）包含碳和氢原子基团，化学键具有"共价特性"，即碳氢键（C-H）在两个原子之间共享电子。

19世纪初，化学家对用较简单的化合物或元素合成化合物产生了浓厚兴趣，这一过程称为合成。当时，人们认为有机化合物（来自活生物体）的结构过于复杂，无法从非生物物质中人工合成。这一根深蒂固的观点源于这个时代科学家的一种信念，即生命过程源自非物质"生命力"，无法用物理或化学现象来解释。因此，这一时期的研究主要集中在看似更有希望的"无机"化合物的合成上。

有机化学真正开始兴起，是当科学家意识到有机化合物可以在实验室中被创造出来，而无须依靠某种"生命力"，因此可以像处理无机化合物一样对待它们。例如，法国化学家米歇尔－欧仁·谢弗勒尔（1786—1889）开始研究来自有机物（动物脂肪）的脂肪酸，并表明不需要任何类似"生命力量"的东西就可以使脂肪发生化学反应，从而产生新的化合物。谢弗勒尔被认为是人造奶油的发明者。新产品的制造有了无限可能，这引发了人们的关注，比如化学家威廉·亨利·帕金（1838—1907）通过制造有机染料（"帕金的紫红色"，即苯胺紫）赚了很多钱，这件事激发了人们对有机化学的兴趣。

至关重要的是，1858年，德国有机化学家弗里德里希·奥古斯特凯库勒（1829—1896）和苏格兰化学家阿奇博尔德·斯科特·库珀（1831—1892）的研究工作帮助发展了化学结构的概念。两人各自独立进行研究，都认为某些碳原子可以相互连接形成碳晶格，并且通过适当的化学反应可以揭示物质中原子之间的键。这促成了石油的发现和石化工业的诞生，随之而来的还有人造橡胶和塑料的成功故事。

从20世纪初开始，越来越多的化学家尝试合成新的化合物，有机化学的发展日新月异，不断壮大。

迪尔斯－阿尔德反应

阿尔德的最大贡献和最重要的工作是迪尔斯－阿尔德反应，或二烯合成，该反应在20世纪的合成

遗产、真理、影响

◎ 迪尔斯－阿尔德反应已用于合成类固醇，例如可的松和利血平、吗啡、杀虫剂以及许多其他聚合物（由小的相同键分子组成的物质）和生物碱等。

◎ 阿尔德在合成橡胶"丁钠橡胶"的开发中起了重要作用，这种合成橡胶在第二次世界大战期间开始商业化生产，尽管其制造过程并非一帆风顺，但在天然橡胶供应不足时，它对德国的战争持续产生积极影响。美国人也开始使用这种橡胶。

◎ 在授予阿尔德和迪尔斯诺贝尔奖的颁奖典礼上，他们因"做出具有重大理论意义和巨大实际影响的发现"而受到称赞。发言人接着说，他们的贡献表明"德国的学术研究正从上一次世界大战的废墟中崛起"。

大事记

1902 年	出生于普鲁士国王公园（现为波兰的霍茹夫）。
1922 年	在柏林大学开始化学研究。
1926 年	获德国基尔大学化学博士学位。
1928 年	与奥托·迪尔斯联名发表有关二烯合成的论文。
1934—1936 年	担任基尔大学化学教授。
1936 年	任德国西部勒沃库森的 I.G. 法本工业集团的研究总监，推动塑料开发核心研究。
1940 年	任科隆大学化学研究所所长，兼任化学教授。
1943 年	发现烯反应。
1950 年	因发现和研究二烯合成技术，与迪尔斯共获诺贝尔化学奖。
1958 年	于联邦德国科隆去世。

在我们看来，合成与天然产物有关或相同的复杂化合物（例如萜烯、倍半萜烯，也许还有生物碱）在不远的将来可能实现。

——发表于《利比希化学纪事》的一篇文章，与奥托·迪尔斯合著（1928）

1941 年，合成橡胶生产厂。

橡胶和塑料生产中被证明尤其重要。

该方法由阿尔德和迪尔斯于 1928 年提出，涉及将有机化合物与两个碳－碳双键（强化学键，其特征是原子之间共享电子）结合在一起，这些双键被称为"二烯"，与"二烯亲和物"（因其与二烯反应的亲和性而得名）。二烯和二烯亲和物一般为气体，因此反应通常要在高温、高压的密封容器中进行。这个过程不仅合成了许多环状有机物质（原子排列成环状或封闭链结构的化合物），而且还揭示了所得产物的分子结构。

保罗·狄拉克

（1902—1984）

狄拉克，杰出的理论数学家，虽然并非家喻户晓，但在不少科学家眼中却是物理学界的无名英雄，他的量子理论思想对现代物理学的许多分支产生了重大的影响。

英国理论学家保罗·狄拉克是在严厉且与社会隔绝的环境中成长的。他的父亲是瑞士人，是一名法语教师，要求家人在晚餐时用法语交流，年幼的保罗因不能清晰地用法语表达自己，而变得孤僻沉默。他一生都很低调、简朴、谦虚并且内敛，但另一方面，他却因以清晰、从容、雄辩的方式表达数学概念而闻名。

狄拉克最初学的是电气工程，后来改学数学，并于1923年考上剑桥大学。两年后，他开始研究量子粒子的统计行为，在接下来的几年里，他在量子力学以及新兴的量子电动力学方面做出了奠基性贡献。

自1926年起，他进行了多次研究之旅或讲座巡回演讲，与尼尔斯·玻尔在哥本哈根合作；与罗伯特·奥本海默（1904—1967）、马克斯·波恩（1882—1970）等人在哥廷根一起共事；与沃纳·海森堡一起访问日本，并多次前往苏联。在第二次世界大战期间，他致力于识别可裂变同位素，这是建造原子弹的基础，但他拒绝参加美国下一阶段的原子弹研

究项目。尽管如此，英国政府担心他可能会与俄罗斯科学家讨论核秘密，禁止他前往苏联，直至1957年后才得以解除。1954年，美国怀疑他有马克思主义倾向拒绝了他的入境签证，所幸的是，他的签证最后还是办了下来。

第二次世界大战结束后，狄拉克致力于解决各式各样的物理和数学问题，他始终认为数学应该是优雅且逻辑性严谨的。

狄拉克写了大约200篇科学论文，其中包含了数量惊人的原创思想。他依靠的是直觉和内在的优雅数学逻辑感觉，尽管不愿公开露面，在自己的领域之外也鲜为人知，但其理论在世界上伟大的物理学家眼里，举足轻重。他甚至曾想要拒绝接受诺贝尔奖，直到有人提醒他，如果拒绝，会引发更多媒体的关注。尼尔斯·玻尔这样评价他："在所有的物理学家中，狄拉克的灵魂是最纯洁的。"

> 一个具有数学美的理论比一个符合一些实验数据的丑陋理论更有可能是正确的。
>
> ——《科学美国人》访谈（1963）

重要科学成就

量子力学通论

1926年，狄拉克提供了第一个通用的量子力学理论，将矩阵和波动力学两种数学方法合并为一个逻辑上令人满意的代数解。他用这个公式正确预测了氢原子的能级，从而"证明"了这个公式。

费米–狄拉克统计

量子物理学的众多难题之一是自旋或角动量为半整数（整数）的基本粒子与自旋为全整数的粒子遵循不同的统计规则。狄拉克将自己的公式应用到这个问题上，得出了统计规则。就在狄拉克开始他的工作之前，意大利物理学家恩利克·费米已经开始独立研究量子粒子的统计行为，所以这些规则以这两位科学家的名字命名。狄拉克坚持认为，遵循

这些规则的粒子被称为"费米子"。

量子电动力学

1927年，狄拉克将量子理论应用于电磁场，开创了量子电动力学或量子场理论的学科。特别是，他引入了"二次量子化"概念，将粒子本身视为产生波函数的振荡子。

狄拉克方程

该方程于1928年发表，结合了量子理论和狭义

> 物理定律应该具有数学之美。
>
> ——谈及他的科学宗旨，莫斯科（1933）

遗产、真理、影响

◎ 在被誉为逻辑科学预测的胜利典范中，狄拉克的反粒子理论在 1932 年得到了证实，当时卡尔·戴维·安德森（1905—1991）在实验中发现了反电子，即带正电荷的电子，后来被称为正电子。狄拉克为反物质的研究奠定了基础。

◎ 费米－狄拉克统计被广泛地用于确定电子在不同能级上的分布。

◎ 狄拉克方程可以正确预测电子的自旋，这是一种仅在最近才被确定的内在性质，以及粒子行为的其他方面，如磁矩或转折点。

◎ 他的著作《量子力学原理》很快成为经典教科书，至今仍在使用，该书一再证明了其清晰的逻辑和简洁而抽象的风格。这本书首次提供了量子力学的整体观，将沃纳·海森堡的矩阵力学和埃尔温·薛定谔的波动力学结合在一起，在亚原子水平上对事件进行了连贯的描述。

◎ 他探索其他科学潜力的工作是现代概念的基础，如弦理论和 M 理论。

◎ 他清晰而精确的逻辑启发了年轻的科学家，尤其是理查德·费曼。

◎ 狄拉克的其他一些理论还没有被证实，比如他预言了磁单极子的存在（尽管当时已有一些证据暗示它的存在）。

相对论，描述了粒子（比如电子）以接近光速运动时的行为。狄拉克提供了一种解释，使科学家能够将微观世界的量子力学与实验室的观测联系起来，在实验室中经典物理学仍然能够用于解释观测到的现象。

反粒子

狄拉克继续探索他方程的含义，特别是能量可能具有负值这一矛盾结论。他最终意识到粒子必须有对立面或反粒子，所以带负电荷的电子应该有一个带正电荷的相反电子。起初，大多数科学家排斥或嘲笑这一理论。

大事记

1902 年	出生于英国布里斯托尔。
1926 年	给出第一个完整的量子力学的数学解。
1928 年	提出相对论和量子力学之间存在联系的方程。
1930 年	出版教科书《量子力学原理》，提出了第一个完整的量子力学整体观。
1931 年	宣布反粒子理论，介绍了反物质概念。
1932 年	年仅 31 岁的狄拉克任剑桥大学的卢卡斯教授。
1933 年	与埃尔温·薛定谔共获诺贝尔物理学奖。
1971 年	移居美国，任佛罗里达州立大学物理学研究教授。
1984 年	在美国佛罗里达州塔拉哈西去世。

剑桥大学圣约翰学院，保罗·狄拉克在此求学，后成为剑桥大学的卢卡斯教授。

人们已经习惯了 19 世纪的决定论，即现在完全决定未来，而现在他们不得不习惯另一种情况，在这种情况下，关于未来，现在只能提供一种统计性质的信息……这当然是我们现有知识所能做的最好的事了。

——《量子力学的发展》（1972）

157

张钰哲

（1902—1986）

张钰哲，又名张元昌，公认的中国现代天文学之父。中国当时有一批品学兼优的学生被派往国外学习先进科学技术，并且学成回国，张钰哲便是其中一个。他的研究为中国天文学发展奠定了基础。

Zhang Yuzhe 是现代汉语拼音的拼写，按照旧式的威妥玛式拼音法，他的名字译为 Chang Yu-Che，因此他在美国学习时使用的名字是 Y. C. Chang。

张钰哲赴美学习前在清华大学学习，回到中国后，张钰哲运用他的专业知识将紫金山天文台打造成一个主要的天文研究所。1955 年，他当选为中国科学院院士，这是中国最高的科学荣誉，中国科学院也是国家的中央研究机构。

遗产、真理、影响

◎ 张钰哲属于是中国科学在帝国时代末期长期衰落后重建的那一代人。他们的才学为 1949 年后新中国的科学研究提供了基础。

◎ 他的研究为 1970 年中国发射第一颗太空卫星和 2003 年首次载人航天飞行做出了贡献。

◎ 第 2051 号小行星就是以他的名字"张（Chang）"命名的。

> 把中国这个落后的农业国家变成发达的工业国家的过程中，我们面临着艰巨的任务。
> ——毛主席对张钰哲等中国学生的评价（1995 年的讲话，引自李志遂 1994 年出版的《毛主席的私生活》）

大事记

1902 年	出生于中国福建省闽侯市。
1919 年	就读于北京清华大学。
1925 年	考入美国芝加哥大学，攻读硕士学位。
1928 年	发现了第一颗新小行星。
1941—1950 年	领导中国国立中央大学天文研究所。
1946—1948 年	前往美国，进行恒星相关研究。
1950—1984 年	任南京紫金山天文台台长。
1955 年	当选中国科学院院士。
1986 年	在中国逝世。

重要科学成就

小行星

张钰哲很早就开始专注于跟踪和计算彗星和小行星的轨道。1928 年在芝加哥大学时，他发现了一颗新的小行星，编号为 1125，并将其命名为"中华"。不幸的是，在其轨道被追踪之前，就消失了，所以被宣布为"失联"，"中华"这一行星名也因而被释放出来，再次列入行星命名候选名单。

在张钰哲担任中国第一个现代天文台——紫金山天文台——的台长时，他的团队在 1957 年发现了另一颗新的小行星，他们给了它与张钰哲失联小行星相同的编号，1125 中国。然而，到了 1986 年，他最初的小行星被重新发现，因此后来的小行星被改名为"3789 中国"。

在张钰哲担任台长期间，天文台发现了众多小行星和三颗新彗星。

其他研究工作

张钰哲对计算哈雷彗星过去的轨道做出了贡献，将其追溯到公元前 1057 年。

他研究了小行星的旋转，并在 1957 年与张家翔合著了一篇关于人造卫星轨道的论文。

格雷戈里·古德温·平卡斯 （1903—1967）

格雷戈里·古德温·平卡斯，美国内分泌学家，以在避孕药的研发以及对类固醇激素效应和哺乳动物繁殖方面的重要研究贡献而闻名。他的研究改变了全世界的计划生育政策。

平卡斯曾在康奈尔大学和哈佛大学学习科学。1927年，他在遗传学家威廉·埃内斯特·卡斯尔和动物心理学家威廉·约翰·克罗泽的指导下，获得了哈佛大学博士学位。1929—1930年，他与生物学家弗朗西斯·休·亚当·马歇尔和约翰·哈蒙德在英国剑桥大学共同进行研究工作，之后进入德国威廉皇帝学院，在那里他与遗传学家理查德·戈德施密特一起工作。

第二次世界大战期间，平卡斯对美国海军和空军进行了应激研究。1944年，他和哈德森·霍格兰共同创立了伍斯特实验生物学基金会。战后，他在塔夫茨医学院工作，后来转至波士顿大学。1967年，他因患髓样化生，于波士顿逝世，这是一种罕见的血液疾病，外界认为他的去世与他使用有机溶剂有关。

> 客观的评价肯定会慢慢取代激烈的党派之争。
> ——《控制生育》（1965）

重要科学成就

口服避孕药

20世纪30年代，平卡斯一直对哺乳动物的受精和发育很感兴趣。20世纪40年代，他特别关注类固醇激素在一般生理方面的影响，特别是在生殖方面。1951年，研究取得成果，当时平卡斯和张明觉（1908—1991）研究了各种新合成的激素对实验动物繁殖的影响，他们发现，口服多种孕激素化合物可以通过抑制排卵来防止怀孕。平卡斯与约翰·洛克（1890—1984）一起进行了人类研究，并开发了口服避孕药。

1956年，平卡斯在波多黎各和海地的数百名妇女身上开展了实验，并取得了巨大成功。第二年，美国食品和药物管理局批准了这种药物用于治疗流产和月经紊乱。1960年，联邦机构给"伊诺维德"（避孕药）颁发了许可证。试验表明，这种药片

遗产、真理、影响

◎ 避孕药的发明是一场计划生育革命，有助于解决世界人口过剩的问题。

◎ 平卡斯及其同事发表了约350篇论文，内容涉及大鼠趋性、老鼠基因、卵子的受精和移植、糖尿病、癌症、精神分裂症、肾上腺激素和衰老等许多话题。

◎ 30多年来，平卡斯一直是哺乳动物生殖生理学和内分泌学的重要人物。

◎ 伍斯特实验生物学基金会成立后便成为国际公认的类固醇激素和哺乳动物生殖研究中心。

大事记

1903年	出生于美国新泽西州伍德拜恩。
1927年	获哈佛大学理学博士学位。
1929—1930年	就读于英国剑桥大学；在德国威廉皇帝学院生物系学习。
1936年	出版《哺乳动物的卵子》。
1940年	在《美国哲学学会会刊》上发表与赫曼·夏皮罗合著的论文《哺乳动物卵子在体内和体外的行为比较》。
1951年	任波士顿大学教授；参与研发口服避孕药。
1956年	在波多黎各和海地进行试验；与张明觉等人合著，在《内分泌学》期刊上发表论文《关于雌性动物体内某些19—Nor类固醇的生理活动的研究》。
1957年	食品和药物管理局授权该药物销售。
1960年	获联邦机构许可证。
1965年	出版《控制生育》。
1966年	在《科学》期刊上发表论文《使用激素类固醇控制受孕》。
1967年	在美国马萨诸塞州波士顿去世。

百分之百有效。平卡斯和张明觉还研究了另一种药物，俗称"事后避孕药"，可在排卵后影响女性卵子。

芭芭拉·麦克林托克

（1902—1992）

芭芭拉·麦克林托克，遗传学家、遗传学领域先驱。她研究发现了转座遗传因子（转座遗传因子指的是能够从一条染色体的一个地方转移到另一条染色体或染色体间的遗传物质）。最初，麦克林托克的研究并未受到很多科学家重视，但随着遗传学的进步，科学家证实她的发现是正确的，最终她的研究得到了认可。1983 年，麦克林托克因开创性研究荣获诺贝尔生理学或医学奖。

芭芭拉·麦克林托克出生在美国康涅狄格州，当时她的父亲是一名医生，正在努力建立自己的行医事业，所以她被送到一个叔叔和婶婶家住了几年，然后开始上学。她和父亲关系一直很好，但据说她和母亲关系不好。

麦克林托克在高中时就发现了自己对科学的热爱，并想继续上大学。尽管当时家里没有多少钱，母亲认为高等教育会让女儿"嫁不出去"，但在父亲的干预下，她得以在康奈尔大学学习植物学。在上完第一门遗传学课程后，教授就邀请她去修一门研究生遗传学课程，那时她就确信自己想要继续在这个领域深造。在获得博士学位后，她留在了这所大学，并成为一个玉米细胞遗传学研究小组中具有影响力的一员。

麦克林托克在加州理工学院、密苏里大学和康奈尔大学继续她在遗传学方面的研究。1933 年，她还在德国待了几个月，但由于政治局势日益紧张，她很快又回到了康奈尔大学。当时，与她经验相称的职位很少向女性开放，但在 1936 年，她在密苏里大学获得了助理教授的职位，在那里她研究了 X 射线对玉米染色体的影响。1940 年，她离开了密苏里大学，因为她知道永远不可能在那里得到永久教职。次年，她在冷泉港的卡内基遗传学研究所担任研究员，而这最终成了一个长期的工作岗位。

1948 年，麦克林托克发现她之前确定的某些遗传元素能够在染色体上改变它们的位置（转座）。她进一步指出，这些转座元素有抑制或改变周围基因的作用。20 世纪 50 年代初，当她展示自己的发现时，遭到了怀疑甚至敌视。1953 年，她停止发表研究成果。

直到 20 世纪六七十年代，人们才认识到其发现的重要性，当时已经有了分离转座因子的技术，这些因子得以从其他生物体中被发现。

在她职业生涯的后期，麦克林托克花了许多时间研究中美洲和南美洲不同品种的玉米。

重要科学成就

基因重组

1931 年，麦克林托克和她带的研究生哈里特·克雷顿（1909—2004）指出：在繁殖过程中，基因之间的交换（遗传重组）伴随着染色体物理部分的交换。在细胞分裂过程中，互补染色体（来自双亲的一条）配对交叉（交换染色体部分），在后代中产生新的遗传特征。

环状染色体和端粒酶

20 世纪 30 年代，麦克林托克开始研究辐射（X 射线）对玉米染色体的影响。她发现，辐射可以使染色体破裂，新破裂的染色体末端经常相互融合，形成一个环状，即所谓的环状染色体。她假设，在染色体末端存在一种特殊的结构，通常可以阻止这种情况发生。她称这种结构为端粒。

端粒是位于染色体末端的序列，可以保护染色体不受损害，防止染色体融合成环状。当细胞分裂时，染色体被酶复制，但这些酶不能完全复制染色体的尖端。这意味着重复的染色体缺少原始端粒序列的一小部分，但这并不会特别影响细胞功能，直到发生足够的细胞分裂，端粒变得非常短。在正常情况下，带有这些短端粒的细胞不再进行自我复制。

断裂－融合－桥循环

麦克林托克就 X 射线对玉米染色体的影响进行更深入的研究，她观察到了染色体行为的重复模式。有时是由最初的染色体断裂引发的，断裂的染色体与这对染色体中的另一条染色体融合，形成一个桥，

遗产、真理、影响

◎ 麦克林托克的研究解释了影响染色体结构的变化是如何发生的。这些变化会导致遗传变异，但也会影响细胞或有机体的发育和功能，引发问题。

◎ 麦克林托克所描述的环状染色体，可能与一些疾病有关，如今也在包括人类在内的物种中得到证实。

◎ 麦克林托克关于端粒保护染色体末端的假说被证明是正确的。在大多数细胞中，端粒会随着每次细胞分裂不断缩短，这便是细胞寿命有限的原因。然而，癌细胞可以无限分裂。众所周知，许多癌细胞能够防止端粒的缩短。

◎ 转座因子可以关闭周围的基因，现在被研究遗传学的科学家用来确定这些基因的功能。转位引发的变化可能导致细菌对抗生素产生耐药性。由于转座因子会影响基因的功能，因而也会导致许多疾病，比如血友病和肌肉萎缩症，还可能导致对癌症的易感性。

这么多年来，我真的很享受不用为自己的解释辩护的感觉。我可以愉快地工作……如果事后证明我错了，我只是会忘记我曾经有过这样的想法……

——芭芭拉·麦克林托克（1983）

在细胞分裂期间再次断裂，循环往复。这种循环往复阐释了遗传物质大规模变化的缘由。

转座因子

　　转座因子是遗传物质的一部分，可以移动到染色体上的不同位置。麦克林托克是第一个描述这一点的人。最终于1983年，她因这一发现，荣获诺贝尔生理学或医学奖。她观察到的变化包括插入（在染色体上添加基因序列）、缺失（遗传物质丢失）和易位（遗传物质从一条染色体转移到另一条染色体）。许多生物都有这些转座因子，包括人类。

大事记

1902 年	出生于美国康涅狄格州的哈特福德。
1921 年	就读于康奈尔大学，学习植物学。
1927 年	完成博士学位，开始在康奈尔大学农学院工作，在细胞水平上研究玉米的遗传学。
1933 年	获得古根海姆奖学金，之后在德国弗莱堡进行部分博士后培训；六个月后返回康奈尔大学。
1936 年	任密苏里大学（哥伦比亚校区）助理教授，研究X射线对玉米染色体的影响。
1941 年	任华盛顿冷泉港的卡内基遗传学研究所研究员；余生均在冷泉港的实验室度过。
1944 年	入选成为美国国家科学院院士。
1945 年	成为第一位当选美国遗传学协会主席的女性。
1948 年	首次发现转座基因现象。
1957 年	开始研究中美洲和南美洲不同品种的玉米。
1983 年	因在基因转移方面的研究，荣获诺贝尔生理学或医学奖。
1992 年	在美国纽约亨廷顿去世。

芭芭拉·麦克林托克的显微镜和她分析的样品材料。

161

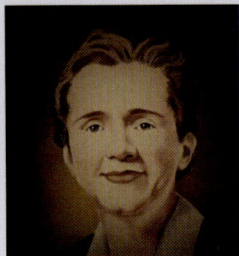

蕾切尔·卡逊

（1907—1964）

蕾切尔·卡逊，生物学家、生态学家、科学作家，几乎以一己之力发起了现代全球的环保运动，其著作《寂静的春天》有力地展示了农药污染对自然界的毁灭性影响。

蕾切尔·卡逊在河边小镇斯普林达尔长大，母亲鼓励她去欣赏大自然。在她的职业生涯中，无论是作为海洋生物学家还是后来的综合生态学家，她的工作都是她毕生的兴趣和爱好。她特别喜欢海洋、海洋生物和海边的生态，这种热爱后来在她的著作《我们周围的海洋》中得以表露。

在学习了动物学之后，她在美国渔业局工作了几年，后来又在鱼类和野生动物管理局工作，成为该部门第二位全职的女性。她对生物和自然的热情在她的文字间展现得淋漓尽致，后来她成为一些刊物的主编。

《我们周围的海洋》获得好评后，蕾切尔·卡逊辞去了工作，成为一个专注于环境问题的全职作家，并开始研究后来那本《寂静的春天》的相关资料，这本书让世界意识到滥用作物喷洒剂（杀虫剂、除草剂）造成的工农业污染的危害。《寂静的春天》一书中有一个例子，叙述了一个地区的所有野生动物因为人类广泛地使用人工化学农药而消失殆尽，自此这片地区变得寂静，令人惋惜的是，这种寂静是以所有自然生物的生命为代价的。

1957年，她发现自己要照顾一位无依无靠的侄孙和年迈的母亲，因此不得不重新安排自己的生活。

卡逊进行研究之时，正值美国人相信科学只会是一种积极的力量之时，而她证明科学进步正在破坏环境，这给人们带来了双重冲击，特别是因为她用科学术语写作，并且因为她在海洋和海洋生物学方面的工作已经被认为是一名科学作家。她的书因具有学术价值而被其他科学家认可，并且普通人也喜欢这些书，这不仅是因为书中的时事性主题，还因为她富有表现力和饱含诗意的语言赋予了科学以生命。

然而，《寂静的春天》是呼吁行动的号角，与她早期的作品相比，这本书抒情较少，变得更加愤怒和激进。

> 先排放污染物后调查会招致灾难，因为放射性元素一旦在海上沉积，就无法回收。现在所犯的错误将永远存在。
>
> ——1961年版《我们周围的海洋》序言

重要科学成就

反对使用农药

卡逊是第一个公开表态的科学家，她表示用于毒杀杂草、昆虫、动物的农药，破坏了其他物种的食物供应，会造成更广泛的影响，有时会杀死该地区的所有昆虫、鸟类、鱼类和野生动物，还会残存在土壤当中，产生持久的影响。她称这些化学物质为"生物杀灭剂"，并指出自20世纪40年代以来200多种用于杀死害虫或杂草的化学物质被研发出来，这些化学物质自那时开始在美国广泛使用。

她开创性地提出了后来的整体性概念，强调人类也是自然的一部分，环境一旦遭到破坏，我们的健康也和其他物种一样都会受到损害。她指出，使用农药会污染人类的食物链。

研究

卡逊并不是一味地反对在农业中使用化学物质，她认为我们虽然尚不清楚新研制出的农药会有何长期影响，但不加区别地大规模使用这些农药，不论是在科学上，还是从道德上而言，都是错误的。至于向海洋倾倒核废料的行为，会对环境产生什么长期影响，她指出也缺乏研究探讨。

公共意识

卡逊坚信，普通人应当被告知现代农业生产对环境和健康产生的影响。她认为只有人们了解了，他们才能在环境相关事宜上做出选择。她急切地想

遗产、真理、影响

◎ 卡逊的书《寂静的春天》给环境保护敲响了一记"警钟"，不仅震惊了美国公众，也震惊了世界各大地区。这让当时的保护野生动物组织聚集在一起，鼓舞了新一代的环境活动家。

◎ 她在农药方面的研究很快引发了一场公众辩论，政府被迫调查相关问题。因此，1963 年，联邦政府咨询委员会呼吁对滥用农药的潜在健康危害进行研究。在她的不懈努力下，最终包括滴滴涕（DDT）在内的一些人工杀虫剂在美国被禁止使用，而其他许多国家也对农药的使用进行了限制。

◎ 化学工业进行了反击，但未能证明她科学观点的错误，于是转而进行个人攻击，甚至称她为"歇斯底里的女人"，但这恰恰让公众转而支持卡逊的立场。

◎ 卡逊的努力推动了美国环境保护署的成立。

◎ 她将"生态系统"等几个概念引入公众意识，现在这些概念已成为日常用语的一部分。她能够将生物学带到人们的日常生活当中，有助于科学的宣传和普及。

◎ 卡逊推动了对环境污染与人类健康关系的科学研究；但讽刺的是，卡逊的一生都在为环保事业而奋斗，她最终却因乳腺癌去世。后世有研究指出乳腺癌有时可能是环境污染造成的，这仿佛是大自然对我们的一种警告。

蕾切尔·卡逊指出向农作物密集喷洒新化学农药的危害，这引发了一场重要的公众辩论。

> 我真诚地相信我们这一代人必须与自然和解，我认为我们面临着前所未有的挑战，要证明我们的成熟，证明我们的掌控力，这种掌控不是对自然，而是对我们人类自己的掌控。
>
> ——哥伦比亚广播公司电视节目蕾切尔·卡逊主持的《寂静的春天》（1963）

要告诫人们，人类正在鲁莽地浪费自然资源。

科学诚信

大型跨国化工公司迅速攻击甚至嘲笑她的观点，但卡逊仍然保持冷静和尊严，面对恶毒的人身攻击，她仍然对自己的科学诚信和公正性保持信心。尽管很安静内敛，但她对这些问题的感受是如此强烈，以至于她时刻准备着反击工业组织对她工作的压制。

大事记

1907 年	生于美国宾夕法尼亚州。
1936—1952 年	在联邦政府担任研究员和科学编辑。
1945 年	首次注意到滴滴涕等新型化学农药产生的影响之广。
1952 年	出版了有关海洋和海洋生物的书——《我们周围的海洋》，此书成了获奖的畅销书，使蕾切尔·卡逊这个名字变得家喻户晓。卡逊成了一名全职作家，并开始研究农药的影响。
1962 年	出版《寂静的春天》，提醒世界警惕农药和工业化农业造成的环境破坏。
1963 年	在国会调查的滥用农药的潜在健康危害中作证。
1964 年	在美国马里兰州死于乳腺癌。

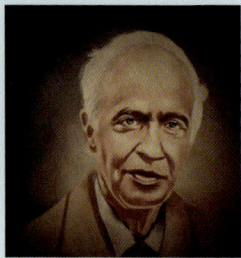

苏布拉马尼扬·钱德拉塞卡 （1910—1995）

钱德拉塞卡，物理学家、天体物理学家、数学家，在许多领域都做出了贡献，尤其以恒星结构和起源以及动力学的研究而闻名，例如他发现了可能成为白矮星的恒星质量上限，以及他对黑洞的预测。

钱德拉塞卡，通常简称为钱德拉，出生在拉合尔，当时拉合尔还是英属印度的一部分，现在属于巴基斯坦。家里有 10 个孩子，他是最大的男孩，他的人生轨迹可能是受到了他科学家叔叔钱德拉塞卡拉·拉曼（1930 年诺贝尔物理学奖获得者）的影响。钱德拉是一个聪明的学生，他的第一篇论文于 1928 年在英国发表。同年，来访的德国物理学家阿诺德·索姆菲尔德（1898—1951）向他介绍了新的量子力学理论，钱德拉称这次会面是他科学生涯中最重要的一次。

1930 年毕业后，钱德拉获得印度政府的特殊奖学金，赴英国剑桥大学进行研究生学习。在前往英国的漫长海上旅途中，他将自己感兴趣的狭义相对论和量子统计应用到对白矮星的已知观测研究中，首次提出了他最重要的理论之一——白矮星有质量上限。

1935 年，他在英国皇家天文学会的一次演讲中提出了这一理论。令他沮丧的是，杰出的天体物理学家亚瑟·爱丁顿爵士公开嘲笑他将相对论应用于恒星结构的想法。尽管他的逻辑无懈可击，但没有一位欧洲科学家支持他，于是钱德拉欣然接受了美国芝加哥大学的邀请。在这次挫折之后，他将注意力转向了另一个不同的研究课题，为他的生活设定了一个模式，即集中探索一个课题，撰写论文，完成一个课题的研究后再进行下一个课题的研究。按照钱德拉的说法，他在这段时间的研究几乎涵盖了理论天体物理学的所有分支，发表出版物数量超过 400 篇。

钱德拉和爱丁顿保持着友好的关系，但他们之间的分歧使得钱德拉的理论迟迟没有为天文学界所接受，这也是他半个世纪后才获得诺贝尔物理学奖的主要缘由。

与当时他所在的印度社会阶层不同的是，钱德拉没有被包办婚姻，而是因为爱情和他的大学女友结婚。在钱德拉前往美国任职之前，他们在印度结婚；为了避开移民管制，他的美国入境签证是以传教士的身份办下来的。这对夫妇在美国受到了一定程度的种族歧视，但他们仍然决定留在美国生活。

虽然他是无神论者，也同意圣雄甘地的非暴力立场，但在第二次世界大战期间，他觉得必须击败纳粹德国，所以便为美国政府研究弹道问题。

1952 年，钱德拉在任职的大学担任天体物理学报的编辑。尽管他渴望将这个学报做大，并以此分享科学知识，但他发现这份工作占用了他的研究时间。为了解决这一问题，他执行严格的工作时间，并且拒绝在工作时间之外讨论学报的编辑问题。

重要科学成就

钱德拉塞卡极限

钱德拉塞卡极限理论是钱德拉最早提出的理论，也是他最著名的理论。该理论指出，当一颗恒星核心（如太阳）的核能耗尽，并接近其演化的最后阶段时，它最终并不一定会成为一个小的、稳定的、缓慢冷却的碎片，即白矮星。相反，如果它的质量超过了某个极限，现在被称为钱德拉塞卡极限，将发生超新星爆炸，然后继续坍缩，形成一个密度无穷大、质量无穷小的点，后来被称为黑洞。

在他的所有研究里，钱德拉都遵循了自己的物理直觉，采用了严谨的数学方法进行求证。在这个例子中，他使用量子力学的新思想和狭义相对论来解释白矮星的已知性质。

他推测，在大质量下，泡利不相容原理（由沃尔夫冈·泡利于 1925 年提出，也被称为电子简并原理）将会适用。这一原理指出，没有两个电子可以完全占据相同的量子空间。根据钱德拉的说法，这样做的一个结果是，大质量坍缩恒星的收缩压力会

我的科研遵循一定的模式，主要是出于对某些观点的探索……这种探索包括选择一个似乎可行的领域……经过几年的学习，我觉得我已经积累了足够的知识，并形成了自己的观点时，我就会有一种呈现我的观点的冲动……

——诺贝尔物理学奖演讲稿（1983）

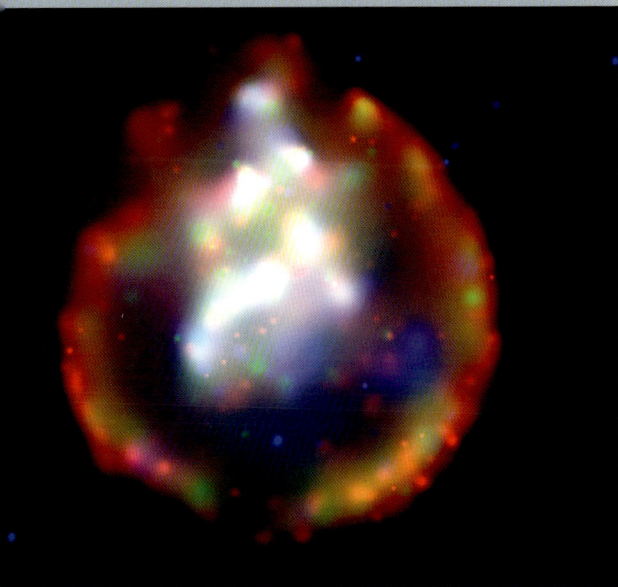

超新星遗迹。这个环标志着爆炸中喷射出的物质与星际气体碰撞产生的冲击波的外部边界。

这张照片是由钱德拉 X 射线天文台拍摄的，这是美国国家航空航天局一颗以钱德拉命名的卫星。

1980 年，钱德拉退休后，仍会偶尔做一些讲座，尤其是关于科学和艺术的讲座。他在晚年研究了艾萨克·牛顿的作品，最后一本书《为普通读者所著的牛顿"原理"》在他去世前几个月出版。

迫使电子以接近光速的速度向外移动到更高的能级。这将导致爆炸，并将围绕在垂死恒星周围的电子气体包层吹走，只留下一个致密的、仍在坍缩的残余碎片。这一现象只能用数学，即适用于相关亚原子粒子的费米－狄拉克统计来表述（见恩利克·费米和保罗·狄拉克），而不是用经典物理学。

将这种相对论和量子力学的方法与引力和氢原子的质量等基本常数相结合，他能够推断出白矮星的质量上限为 1.44 太阳质量，即太阳质量的 1.44 倍。

遗产、真理、影响

◎钱德拉关于比太阳还大的物体最终会坍缩到无穷小的理论具有革命意义。这一理论最初遭到反对和怀疑。然而，他的计算并没有错，观测最终表明白矮星的质量确实是具有有限的质量范围。20 世纪 60 年代，人们首次观测到中子星，钱德拉预测的黑洞后来也得到了证实。

◎钱德拉塞卡极限如今是现代天体物理学的一个基本概念。

◎钱德拉因其睿智和清晰的文字，以及他的原创思想而广受赞赏。他的许多著作被认为是经典著作，他于 1983 年出版的《黑洞的数学理论》被认为是该学科的权威教材。

◎他是尽职尽责的教师，指导了大约 50 名研究生，其中包括后来的诺贝尔物理学奖得主。

大事记

1910 年	出生于旁遮普的拉合尔。
1929—1939 年	研究包括白矮星在内的恒星结构。
1933 年	获英国剑桥大学博士学位，并成为剑桥三一学院研究员。
1937 年	转至美国芝加哥大学任教。
1938—1943 年	研究恒星动力学。
1943—1950 年	研究恒星大气中的辐射转移。
1952—1971 年	任所在大学的《天体物理学杂志》期刊编辑，使其成为该领域世界领先的出版物。
1953 年	与妻子成为美国公民。
1962—1967 年	在研究了其他天体物理学课题之后，又回到结合广义相对论和天体物理学的研究。
1974—1983 年	研究黑洞的数学理论。
1983 年	与威廉·福勒共获诺贝尔物理学奖；发表黑洞数学理论。
1995 年	在美国芝加哥因心脏衰竭逝世。

其他理论

他研究的白矮星（黑洞理论）过于引人注目，这掩盖了钱德拉其他许多重要的贡献，其中包括：研究恒星轨道变化的新统计方法、解释观测到的恒星大气中吸收和释放能量变化的新数学方法，以及地球大气对光偏振的解释。

艾伦·图灵

（1912—1954）

艾伦·图灵，英国数学家，其研究集中在数学逻辑问题上，为后来计算机科学的发展奠定了基础。众所周知，图灵开创了图灵测试和图灵机，提出了许多关于人工智能可能性的重要问题，并于第二次世界大战期间在布莱切利园进行密码破译工作。

1912年，图灵出生在伦敦的中产阶级家庭，他动手能力不强但在学习方面很有天赋：16岁便掌握了爱因斯坦的相对论。图灵从小就是无神论者，在学生时代就对科学和技术产生了浓厚的兴趣。

他毕业于剑桥大学国王学院，获得了数学学士学位。1935年，入选该学院的研究员。两年后，他发表了论文《论可计算数及其在判定问题上的应用》，对数学逻辑做出了重大贡献。随后，他前往美国新泽西州的普林斯顿大学，在逻辑学家阿隆佐·邱奇（1903—1995）的指导下于1938年获博士学位。

1939年回到剑桥大学后，图灵在给本科生授课时，参加了哲学家路德维希·维特根斯坦关于数学基础的非正式讲座。这两位伟大的思想家进行了一场长达几周的充满激情的对话，但最终图灵停止了参加维特根斯坦讲授的数学课程，无疑是因为他对维特根斯坦激进的非传统方法感到失望。

第二次世界大战期间，图灵在白金汉郡布莱切利园的密码破译机构工作，致力于开发计算机设备来破解德国使用的恩尼格玛密码机加密的信息。因此，他在盟军的胜利中扮演了重要角色。出于安全原因，他的工作性质多年来一直保密。战后，他致力于研究电子数字计算机和与人工智能相关的理论问题，最著名的是在1950年发表了《计算机器与智能》这篇重要论文。

在工作之余，图灵还是一名有天赋的业余马拉松运动员，他差点就获得了参加1948年伦敦夏季奥运会的资格。

1952年2月，图灵因涉嫌同性恋问题被捕。为免牢狱之灾，他接受了注射雌激素以抑制性欲。具有讽刺意味的是，尽管他在战争期间做出巨大贡献，现在却被认为是威胁国家安全的人物。1954年，41岁的图灵通过吃有氰化物的苹果自杀身亡。

重要科学成就

战时密码分析

图灵和数学家戈登·威奇曼在布莱切利园共同设计了一台名为"Bombe"的密码分析机，用于破解恩尼格码密码。这是对原来波兰设计的"Bomba"的改进版机器。最终，超过200台图灵-威奇曼Bombe机投入使用，破译了海军版的恩尼格码密码，读取了U型潜艇的通信。有一段时间，图灵还兼任Hut-8部门的负责人，负责解读德国海军的信号。

图灵在纽约贝尔实验室和英国白金汉郡汉斯洛普园的特殊通信部门短暂逗留期间，进行了关于语音加密的研究，制造了一个代号为黛利拉的便携式机器，用于安全语音通信。

机器智能和人类智能

在《计算机器与智能》这篇论文中，图灵提出了机器是否可以思考这一问题。他假设如果人类的智能可以用大脑的思考过程来解释，那么机器就可以模拟人类的思维。他认为，如果一台机器能够与人类展开对话（通过电传设备）而不能被辨别出其机器身份，那么它就通过了图灵测试，可以认为拥有了人类的智能。图灵构想了电子数字计算机模拟人类智能的场景，其成功模拟人类智能就被视为拥有人类智能。

为了说明观点，他设计了一个名为"模仿游戏"的试验。试验涉及三个互不认识的参与者：一个人、一台机器、一位询问员，他们在不同的房间里，但通过电传打字机进行联系。将人类思维模拟为物理机器，他（1）提出了一系列证据，声称询问员将无法从参与者中辨别出人类与计算机，因为"模拟游戏"的成功会证明计算机可以拥有"人类思维"；（2）提出了一

遗产、真理、影响

◎图灵破解恩尼格玛密码机的工作不仅展示了密码分析的巨大进步，而更重要的是，对第二次世界大战的结果起到了至关重要的作用。他在这一时期提出的信息和统计理论使密码分析成为一门学科。

◎他在现代计算机的发明中起了关键作用。1939年，贝尔实验室将图灵机的想法付诸实践，开发出了第一台继电计算机。图灵和美国数学家约翰·冯·诺伊曼（1903—1957）是计算机科学的奠基人，制订了电子计算机的建造计划。

◎他关于机器智能的研究引发了许多重要的哲学问题——关于人工智能、人类意识以及心灵—身体问题——这些问题直到今天仍在引发讨论，特别是与精神哲学中的功能主义有关的问题。尽管对图灵的结论持批判态度，约翰·塞尔在其著名的"中国屋论证"（1980）中强调了人类意图的重要性，这要归功于受到图灵测试的启发。

◎图灵在数学逻辑方面的研究工作开辟了纯数学中判定性问题的新领域。

> 我相信，到本世纪末，文字的使用和普遍受过教育的人的观点将会发生很大的变化，到那时人们可以毫无顾忌地谈论机器也有思想而不用担心会有人反驳。
>
> ——《计算机与智能》（1950）

系列的论据来反驳机器不能表现出人类智能的主张。

决策问题和可计算性

图灵的论文《论可计算数字》解决了数学家大卫·希尔伯特（1862—1943）提出的问题，并试图为计算设定界限。库尔特·哥德尔，数学家与哲学家，于1931年证明，没有一个运算系统可以同时具有一致性和完整性。在此之后，图灵便着手解决希尔伯特的可判定性问题。他提出是否有一种通用的方法来判定任何一个数学命题是否可证，并在此基础上提出了自己的解决方案——图灵机（将数学问题转化为一组给定命令的编码来解决这一问题的通用计算机）。图灵将"可计算性"定义为图灵机可以独立执行的操作，并用问题中的一般方法识别可计算性。他证明了不可能有解决希尔伯特决策问

德国恩尼格玛密码机的详细资料。图灵参与破解了恩尼格玛密码。

题的通用方法，因此，解决所有数学问题的具体方法是不存在的。

乔纳斯·索尔克

（1914—1995）

索尔克，美国微生物学家，研制出第一个脊髓灰质炎疫苗，这几乎使他一夜成名，成了科学界的英雄。但在某种程度上，他在医学界的名声却远不及其成就之大，也许和他从未得到应得的学术荣誉有关。

索尔克出生在正统的犹太波兰移民家庭，父母鼓励他努力学习和工作。他才华横溢、积极上进，在学校表现优异，15岁就早早毕业，进入法学院学习。然而，他上了几堂科学课，很感兴趣，于是改变了专业，19岁时获得科学学位。

后来他上了医学院，这是由于他的父母省吃俭用，为他攒钱借钱才得以实现的。但入学第一年，他就申请到了奖学金和助学金，使他可以继续学业。在那里，他遇到了流行病学家小托马斯·弗朗西斯博士（1900—1969），后来弗朗西斯成了索尔克的导师、同事和朋友。

在纽约西奈山医院实习了两年之后，索尔克得到了美国国家研究委员会的资助，与弗朗西斯一起为美国军队研发流感疫苗。当时这种流感病毒才刚被发现，美国当局非常担心再次出现像第一次世界大战后夺走数百万人性命的流感疫情一样的疫情。弗朗西斯和团队成功地研制出了一种供军队使用的疫苗。

1947年，索尔克在匹兹堡获得了一个职位。他惊恐地发现，这是一个古老的、设备简陋的实验室，他做的第一件事就是投入精力寻找资金，把实验室改造成一个最先进的研究中心。不久之后，脊髓灰质炎问题引起了他的关注，他认为这种疾病可能与流感类似。

20世纪四五十年代，脊髓灰质炎（有时被称为小儿麻痹症）的发病率不断上升，这令美国的父母们惊恐不已。这种病毒会攻击神经系统，在美国每年夏季的流行病中，每5 000名儿童中就有一名致残或死亡，所以对很多人来说就像是一场瘟疫。索尔克在几篇文章中讨论了这个问题之后，久负盛名的美国小儿麻痹症国家基金会（即现在的美国畸形儿基金会）被他彰显的精力和热情所吸引，几乎将其所有的研究资金都提供给他，希望他能找到治疗方法。

这让医学界开始对索尔克不满。像阿尔伯特·沙宾（1906—1993）这样的研究人员花了许多年的时间进行细致的研究，突然间，这个领域的一个新人得到了似乎没有限制的资金支持。

沙宾和其他人都对索尔克的研究想法嗤之以鼻。索克尔为此感到悲伤，幸运的是，他得到了弗朗西斯的支持，并坚持了下来。结果，他成功研发出了首个小儿麻痹症疫苗。

通常，科学成果首先在学术期刊上发表，然后

重要科学成就

"灭活"脊髓灰质炎病毒

当时，大多数疫苗研究者都在研究活的但已降毒的脊髓灰质炎病毒，他们认为这样就可以制造出一种毒株，在病人身上产生轻微的感染，病人就可以康复，并对未来的感染具有免疫力。许多科学家认为，以前的轻度接触这种疾病实际上是产生免疫力的唯一途径。

通过研究流感疫苗，索尔克了解到，灭活或失活的病毒有时可以作为抗原发挥作用，触发人体免疫系统产生抗体，攻击和摧毁未来该病毒入侵的任何可能。这种疫苗在没有真正感染病毒的情况下就能起作用，从而避免了感染会带来的各种风险。他最重要的洞见是将同样的原理应用于小儿麻痹症，并试图研发一种基于灭活病毒的疫苗。

他在正确的时间进入了小儿麻痹症领域。几年前，哈佛大学的约翰·恩德斯（1897—1985）在试管中成功培育出脊髓灰质炎病毒，这样研究人员就可以随时随地获得大量的病毒。1954年，恩德斯赢得了诺贝尔生理学或医学奖，因一些科学家认为，真正的脊髓灰质炎突破是恩德斯的，而不是索尔克的。

其他研究人员也提出了用甲醛杀死病毒的想法，所以索尔克把他的实验重点放在了使用甲醛作为一

遗产、真理、影响

◎ 在普通人的心目中，索尔克将永远是战胜小儿麻痹症的人，他消除了人们对小儿麻痹症的恐惧，并将其归入已被征服的许多疾病的行列，这些疾病已不再影响现代世界。他拒绝为疫苗申请专利，也拒绝从疫苗中获利，这使他在公众中特别受欢迎。

◎ 1958 年，基于活病毒的萨宾疫苗被引入。与必须注射的索尔克疫苗不同，这种疫苗可以口服，而且所需的加强剂次较少，因此它开始取代索尔克的灭活病毒疫苗。如今，这两者通常被同时使用。

◎ 医学界从来没有真正原谅索尔克，因为他们认为，他在向同行展示他的研究结果之前就公开宣布了研究结果，这是作秀，是在谋求私利。他没有获得诺贝尔生理学或医学奖等重要奖项。还有人对他通过其他方式筹集研究经费表示不满。

◎ 索尔克生物研究所是目前著名的分子生物学和遗传学研究机构。

才向全世界公布。然而，1955 年，由于压力，索尔克同意在公布测试结果前召开新闻发布会，尽管他没有强调自己的个人成绩，但他发现自己一夜之间成了媒体和公众的宠儿。不幸的是，这也意味着他成了许多其他科学家眼中的恶棍，他们认为他没有给予该领域其他研究人员足够的认可。

1970 年，索尔克再次成为众人瞩目的焦点，当时他与艺术家巴勃罗·毕加索的情妇弗朗索瓦·吉洛结为夫妇，这是他的第二次婚姻。

种工具，既能灭活病毒，又足够完整，以激活免疫系统的反应。索尔克一旦得到了必要的资金，他就能高效地进行接下来的研究工作，在几年之内就完成了其他科学家需要几十年的工作。

他首先在猴子身上试验了他的疫苗，然后在一小群人身上试验。所有的结果都显示成功地产生了抗体，并且没有产生任何不良反应。下一阶段是在1954 年启动的大规模儿童测试计划；1955 年 4 月，该计划证明了他的疫苗是有效和安全的。

双盲研究

索尔克的研究是最早将安慰剂效应和双盲方法

大事记

1914 年	出生于美国纽约。
1942 年	为美国军队研制流感疫苗。
1947 年	任匹兹堡大学病毒研究实验室的负责人；开始研制脊髓灰质炎疫苗。
1952 年	开始进行人体试验，对象包括他自己、妻子以及他们的三个儿子。
1954 年	对疫苗开展全国性试验，试验涉及 200 万名儿童。
1955 年	宣布小儿麻痹症疫苗研发成功，很快便受到公众的赞扬。
1963 年	在加利福尼亚州拉霍亚成立索尔克生物科学研究中心。
1995 年	开始进行艾滋病病毒的研究。
1995 年	在拉霍亚因充血性心力衰竭逝世。

真理有三个阶段。第一阶段：他们会说，这不可能是真的，其他人就是这么说的。你无法用灭活疫苗预防脊髓灰质炎。第二阶段：他们会说，就算这是真的，那也不是很重要。第三阶段是：他们会说，嗯，其实我们一直都知道。

——美国成就学院访谈（1991）

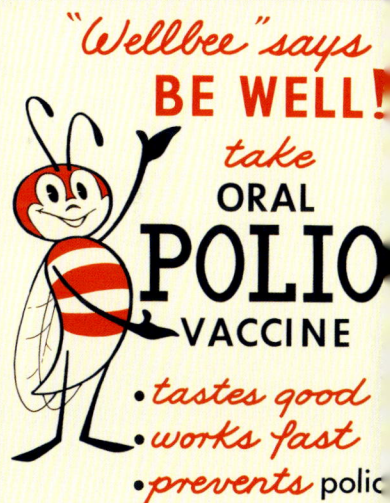

1963 年美国卫生部宣传小儿麻痹症疫苗的海报。

结合在一起的大规模研究之一。一些儿童没有接受治疗，形成了一个自然对照组，而那些接受注射的儿童中，有一半只得到了安慰剂。在他的 200 万受试者中，只有少数的死亡案例，这些死亡案例是由一家制药公司提供了受污染的样品造成的。

世界运动

索尔克孜孜不倦地宣传疫苗接种和疾病预防的优势，他还为世界和平奔走，称战争是"世界的癌症"。

弗朗西斯·克里克
（1916—2004）
詹姆斯·杜威·沃森
（1928—　）

弗朗西斯·克里克，英国物理学家；詹姆斯·杜威·沃森，美国遗传学家；两人因发现 DNA（脱氧核糖核酸）结构而闻名，并因此荣获 1962 年的诺贝尔生理学或医学奖。克里克和沃森后来仍做出了重大科学研究贡献。

弗朗西斯·克里克在童年时期就对科学产生了兴趣，为了回答他提出的许多问题，克里克的父母给他买了一本儿童百科全书。

高中毕业后，他在伦敦大学学院学习物理学。他的博士学业因第二次世界大战而中断，战后他发现自己对未来的职业生涯感到迷茫。随后他读了物理学家埃尔温·薛定谔于 1944 出版的著作《生命是什么？——活细胞的物理观》，这激发了他对生物学的兴趣，尤其是对生命有机体内部的生物过程能够用物理和化学来解释的观点。1949 年，他加入了剑桥卡文迪许实验室的医学研究小组，研究重点是确定蛋白质的结构。1951 年，克里克在剑桥大学卡文迪许实验室遇到了詹姆斯·沃森，当时沃森刚到该实验室工作。

詹姆斯·沃森在芝加哥长大。他在孩提时期就对科学产生了兴趣，就像他的父亲一样，他喜欢观鸟。他是一个早熟的学生，15 岁时便进入芝加哥大学学习动物学。

1951 年，当时的沃森还是一名博士后学生，他遇到了生物物理学家莫里斯·威尔金斯（1916—2004），并第一次看到了由威尔金斯和他的同事罗莎琳德·富兰克林（1920—1958）在伦敦国王学院制作的 DNA 的 X 射线图像。沃森随后决定改变他的研究方向，转而研究蛋白质和 DNA 的结构，并在卡文迪许实验室启动了一个新的研究项目。克里克和沃森相识不久后，他们发现彼此都对破解 DNA 结构感兴趣。1953 年 4 月，在结合了生化证据、最近发表的实验数据和威尔金斯与富兰克林的 X 射线图像证据之后，他们撰写了著名论文，提出 DNA 的双螺旋结构。后来的实验证明他们的假设是正确的，他们的发现极大地推动了新兴分子生物学的进一步研究。1962 年，克里克、沃森和威尔金斯因他们的发现而荣获诺贝尔生理学或医学奖。而罗莎琳德·富兰克林已经去世了，因此不具备获奖资格。

重要科学成就

脱氧核糖核酸（DNA）

DNA 分子储存着生物体的遗传信息。克里克和沃森开始对分子结构进行研究时，DNA 已经被证明可以控制遗传。然而，若不了解 DNA 的结构，就无法对 DNA 的功能下进一步结论。

DNA 由被称为核苷酸的亚基链组成，四种不同的 DNA 核苷酸分别是腺嘌呤、胞嘧啶、鸟嘌呤和胸腺嘧啶。对于确定 DNA 正确结构的几个重要信息为克里克和沃森提供了帮助。这些信息包括鸟嘌呤的数量等于胞嘧啶，腺嘌呤的数量等于胸腺嘧啶。沃森利用每个核苷酸的硬纸板模型，试图研究这些核苷酸是如何相互作用、组合在一起的。他很快意识到这些核苷酸只能以某种方式配对：腺嘌呤和胸腺嘧啶配对，胞嘧啶和鸟嘌呤配对。

克里克和沃森从罗莎琳德·富兰克林的 DNA 的 X 射线图像（在富兰克林不知情的情况下看到）获得了另一个重要的线索，这些图像暗示了一个螺旋结构，并提供了关于该结构尺寸的其他信息。

有了这些数据，克里克和沃森得出了 DNA 基于两条平行链的正确结构，轻轻一扭，就呈现出了双螺旋的结构。刚刚描述过的核苷酸对连接这两条链，就像梯子的横梁一样。

复制

克里克和沃森的 DNA 模型立即为遗传信息的复制以及从一代传递到下一代的过程提出了一种可能的机制：由于核苷酸只能以特定方式配对，因此，在细胞分裂过程中，一个链上的核苷酸序列可以作为模板，在细胞分裂期间组装成一个新的互补链。

遗产、真理、影响

◎ 詹姆斯·沃森领导人类基因组计划长达四年，旨在破译全人类的遗传密码（基因组）。基因组序列的初稿于2000年公布，完整序列于2003年公布，揭示了存在超过30亿对核苷酸和20 500个人类基因。该计划提供了关于完整人类基因组的结构、组织和功能的信息。

◎ DNA技术在医学上的应用包括疾病的诊断和预测，疾病易感性的预测、药物设计，未来可能还会应用于基因疗法。

◎ DNA分型是一种识别系统，用于检测两个个体之间或一个DNA样本与参考样本已知序列之间的

DNA核苷酸序列的差异或相似性。例如，DNA分型可以应用于犯罪学或亲子关系鉴定。

◎ DNA现普遍应用于兽医领域，以及植物和动物的育种领域。

> 我们俩不约而同地认为，分子生物学的核心问题是基因的化学结构。
>
> ——弗朗西斯·克里克《疯狂的追求》（1988）

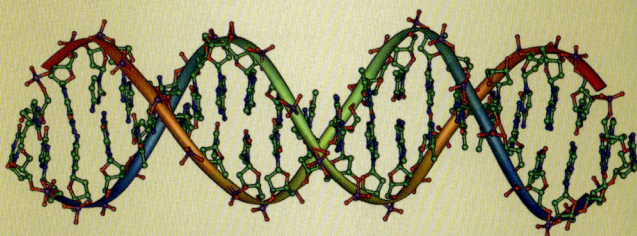

DNA分子双螺旋结构。

在他们的发现之后，克里克继续研究DNA的遗传密码。20世纪70年代，他搬到加利福尼亚州的索尔克研究所，在那里他的研究重点转向神经生物学，包括意识的本质以及人类梦境的现象。

沃森有时有些粗暴，他的一些不当言论偶尔会引起争议。然而，他在科学领域继续着卓越的事业生涯，他的工作包括肿瘤病毒学的研究，致癌基因的研究（导致正常细胞转变成肿瘤细胞的基因），以及启动人类基因组计划（更多信息详见克雷格·文特尔）。

> 也许没有人有勇气这么说，但如果我们掌握了添加基因的技术，能够以此优化未来的人类，这样做又未尝不可呢？
>
> ——詹姆斯·杜威·沃森，《危险的基因幻想》（2001）

遗传密码

蛋白质是活细胞的基本组成部分，是机体功能所必需的。它们由被称为氨基酸的亚单位组成的长链构成。在发现了DNA的结构之后，克里克继续研究细胞如何将DNA的核苷酸序列转化为蛋白质中的氨基酸序列，以及如何将DNA编码的指令转化为生物体的组成。1961年，克里克和他的同事们已经证明了这种转化涉及一个三核苷酸编码，这意味着一个由三个核苷酸组成的序列编码了一个特定的氨基酸。氨基酸序列随后决定了蛋白质的类型及其功能。

大事记

1916 年	克里克出生于英国诺桑普敦。
1928 年	沃森出生于美国伊利诺伊州的芝加哥市。
1949 年	克里克进入医学研究单位，常驻英国剑桥卡文迪许实验室。
1951 年	沃森开始在卡文迪许实验室工作，与克里克相识；他们都对研究DNA结构感兴趣，并开始研究他们的第一个DNA模型。
1953 年	克里克和沃森在论文《核酸的分子结构：脱氧核糖核酸的结构》中写到关于DNA双螺旋结构的想法。
1955 年	沃森任美国哈佛大学教师。
1961 年	克里克和西德尼·布伦纳（生于1927）发现DNA密码是一个三重密码。
1962 年	克里克、沃森、莫里斯·威尔金斯共获诺贝尔生理学或医学奖。
1968—2007 年	沃森担任美国冷泉港实验室的主任、总裁，并最终成为该实验室的校长，成功地将实验室的研究方向转向肿瘤病毒学领域。
1976 年	克里克任美国索尔克生物研究所教授，他在那里开始研究神经生物学。
1988—1992 年	沃森在美国国立卫生研究院带队人类基因组计划。
2004 年	克里克在加利福尼亚州圣迭戈逝世。
2008 年	沃森任美国艾伦脑科学研究所顾问。

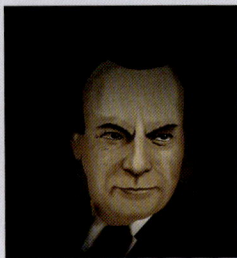

理查德·费曼

（1918—1988）

尽管理查德·费曼对量子电动力学做出了重要贡献，但他最著名的身份则是传播者，他的书籍、录音和录像将复杂的科学传递给每个人。他是一个古怪的、爱玩宾果游戏、爱恶作剧的人。费曼所表现出的对物理学的热爱，使得他成为世界上最著名的科学家之一。

费曼小时候便天赋异禀，自学数学和科学。在研究生入学考试中，虽然他的物理和数学成绩都很优秀，但由于他的文科成绩很差，差点没能进入普林斯顿大学。第二次世界大战期间，他是原子弹制造团队中最年轻的成员。在团队当中，他和世界上最伟大的理论物理学家交往，其中包括尼尔斯·玻尔。玻尔喜欢和他辩论，因为费曼对抽象概念讨论的热爱会让他忘记眼前的这位老人是原子科学的伟人，也不会因为他的身份而变得拘谨敬畏。

第二次世界大战后，费曼对核武器的存在感到沮丧，曾一度认为没有必要开始新的计划，因为世界可能会被炸毁。尽管如此，他在科学方面的大量著作还是呈现出轻松的语调，充满了有趣的轶事。在他的整个教学和著作中，他关心是的是如何展示科学的诚信，并谴责伪科学家。

> "我想我可以有把握地说，没有人理解量子力学。"
> ——《物理定律的本性》（1965）

重要科学成就

量子电动力学和费曼图

他探索量子力学的新方法用到了最小作用量原理（即变化是可能发生的最小变化），因此涉及分析粒子从一个位置移动到另一个位置的所有可能路径。

为了展示这一结果，他绘制了一幅图来将可能的时空运动映射出来，所得的最终路径是粒子所有可能运动方式的总和。他的图示为描述亚原子粒子相互作用的复杂数学表达式提供了一种更为简单的表达方式。

挑战者号飞船事故调查

费曼准确地指出，航天飞机爆炸的原因是两

遗产、真理、影响

◎ 作为构建量子力学的一种表述方法，费曼图促进了量子电动力学理论的改进，使科学家能够更准确地预测辐射场中带电粒子的影响。

◎ 费曼图是弦理论等新概念的基础。

◎ 他的著作，特别是《费曼物理学讲义》，是物理学的经典入门读物，推动了科学知识的普及与传播。

大事记

1918 年	出生于美国纽约。
1941—1945 年	在第二次世界大战期间研究原子弹。
1950 年	任加利福尼亚州理工学院理论物理学教授。
1961—1963 年	教授物理学入门课程，后来课程作为《费曼物理学讲义》一书出版。
1965 年	与朝永振一郎（1906—1979）和朱利安·施温格（1918—1994）共同获得诺贝尔物理学奖。
1986 年	担任调查挑战者号航天飞机灾难委员会成员。
1988 年	在美国洛杉矶因患癌去世。

个固体火箭助推器中一个 O 形环密封圈，他对美国宇航局管理人员在科学上的无能感到愤怒。他呼吁对美国宇航局进行彻底的改革，这一观点被列入了官方报告的附录中。

其他领域

费曼在多个领域进行了研究，他是公认的量子计算和并行计算的开创者和纳米技术概念的提出者。

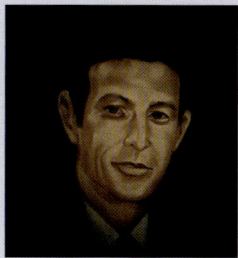

保罗·伯格

（1926— ）

保罗·伯格，美国生物化学家和分子生物学家，通过发展基因工程，对遗传学做出了重大的技术贡献。伯格发明了一种从两种不同的生物体中剪接DNA的技术，称为基因重组技术，这种技术有很多可能的应用，但有时也存在争议。

保罗·伯格在纽约布鲁克林长大，他还在上学时便对科学探索产生了热情。

他在宾夕法尼亚州立大学攻读生物化学，但由于第二次世界大战的爆发，他的学业被打断。第二次世界大战期间，他志愿加入海军，在一艘潜艇追逐舰上服役。他后来选择去凯斯西储大学攻读博士学位，这是一个生物化学的先驱中心，伯格成为最早揭示叶酸和维生素B12在新陈代谢中发挥作用的人之一。

在接下来的几年里，他对基因的性质和结构以及细胞生物学的兴趣越来越浓厚。他对重组DNA的研究源于他的想法，即在新的环境中研究基因会更容易，因为这时它与其自然相邻的基因之间不会产生混淆的相互作用。

> 人们格外担心，其中一些人工基因重组分子可能具有生物危害性。
>
> ——《伯格的信》，发表在《科学杂志》（1974）

重要科学成就

癌细胞

在研究一些细胞自发癌变的原因时，伯格认为基因和细胞生物化学反应过程之间的相互作用是导致这种现象的原因。所以他决定，如果能将癌症基因引入像细菌这样简单的单细胞生物体内，就可以研究这一现象。他认为，如果能通过某种方式将基因与通常能进入细菌的遗传物质结合在一起——比如噬菌体这种能感染细菌的病毒，他就能将基因"偷运"到细菌中。他选择了一种引起猴子癌症的病毒SV40，以及广泛存在、常常在实验室中使用的大肠杆菌这两种生物。

基因剪接

首先，伯格使用了特定的酶来准确地在DNA分子上切割双链，切割位置正是他想要的。然后，他用另一种酶向其中一个链添加片段，从而创建了一个长的"黏性末端"，并将其与另一条经过类似处理过的DNA片段连接起来。他用SV40基因和噬菌体进行了这样的处理，成功地重新组合了DNA片段。

发现危险

此时伯格主动停止了研究。大肠杆菌有时可以与其他类型的细菌交换遗传物质，其中包括一些可以引发人类疾病的细菌。他意识到，如果把杂交的DNA插入到细菌中，假使有任何杂交DNA逃脱并传播，他将无法预测会发生什么情况，但可能会造成医疗灾难。

指导方针

1974年，在危险未得到预估前，伯格呼吁不要继续基因工程研究。第二年，来自世界各地的100名科学家举行了一次会议，达成了一致意见，制定了指导方针，并禁止对任何可能使经基因工程改造的生物在逃出实验室后能在人体内存活的实验。

遗产、真理、影响

◎ 伯格不仅因其科学发现而得到认可，还因其对科学负责任的立场而受到赞誉。

◎ 基因治疗和饱受争议的转基因粮食作物是重组DNA技术发展的两个产物。胰岛素、人类生长激素（可调控个体生长的激素）和一些抗生素现在都是使用他发明的重组DNA技术制造的，通过将触发所需蛋白质生长的基因插入快速繁殖的细菌中来实现。还有许多其他潜在的应用领域。

大事记

1926年	出生于美国纽约。
1959年	经过进一步的研究，加入斯坦福大学医学院，并于1970年成为威尔逊生物化学教授。
1974年	意识到潜在危险的存在，停止研究。
1975年	参与组织起草基因工程指南的国际会议。
1980年	与沃尔特·吉尔伯特、弗雷德里克·桑格共获诺贝尔化学奖。

艾里亚斯·詹姆斯·科里

(1928—)

艾里亚斯·詹姆斯·科里，美国有机化学家、诺贝尔化学奖得主，在合成化学领域做出了开创性的工作。特别是他提出了逆合成分析技术，这种技术可以简化大型复杂有机分子合成技术。运用逆合成分析技术，科里的研究小组已经合成了 100 多种天然产物，其中包括许多市售药物的合成。

威廉·詹姆斯·科里出生于美国马萨诸塞州的梅图恩市，他的父母是基督教黎巴嫩移民。他出生 18 个月后，父亲艾里亚斯去世，母亲将他的名字改为艾里亚斯。尽管科里的童年碰上了经济大萧条和第二次世界大战，但他还是在一个幸福而充满爱的家庭中长大，他的阿姨和叔叔都把他当作亲生儿子看待。

从附近劳伦斯的学校毕业后，他进入了麻省理工学院，计划学习电气工程。然而，在第一门基础科学课程中，他很快发现了自己对化学的兴趣，尤其是有机化学领域。1950 年，他已经完成了化学学士和研究生学位，几个月后，他在伊利诺伊大学担任讲师。1954 年，科里晋升为助理教授，成立研究小组，开展了系列的研究项目，其中涉及复杂天然有机化合物的结构和合成。

1959 年，他受聘为哈佛大学教授，在哈佛大学开始了一些新的科学项目，并教授研究生高级合成化学课程。到了这个时候，他已经开发了几种确定性有机合成方法的想法，到了 20 世纪 60 年代，他已经发展并描述了所谓的逆合成分析。利用这一方法，科里的研究小组合成了 100 多种天然产物，其中许多可用于药用目的。他们开发了许多新方法，科里还展示了使用计算机分析来生成潜在的新合成途径。他的方法现在在全球范围内被广泛教授和应用。

1968 年，科里成为哈佛大学的谢尔顿·埃默里化学教授，他的研究团队继续合成各种有复杂结构的物质，包括许多罕见的物质，并在分子水平上研究疾病机制。

1990 年，科里因"发展了有机合成的理论和方法论"而荣获诺贝尔化学奖。

重要科学成就

有机合成化学

有机化学是研究含碳分子的科学，包括含碳分子的结构及其所经历的反应。有机合成是利用简单的原料通过化学过程生产出复杂的有机化合物。所产生的化合物可用于制造塑料、橡胶、颜料、染料、农药以及许多药物产品，以及合成纤维如尼龙等。

设计复杂有机分子合成的传统方法是从简单的或现成的材料开始，通过一系列的化学反应组装，形成所需的最终产物，即所谓的目标分子。这通常是靠直觉完成的，化学家们很难解释他们是如何确切地选择起始材料和反应的。科里认识到需要有计划、有结构的方法，因此他发展了逆合成分析的原理。

逆合成分析

20 世纪 60 年代，科里发展了逆合成分析，这是一种更简单、更快捷、更高效的合成方法。这种有计划的、合乎逻辑的方法从目标分子出发，然后分析如何将其分解成更小的亚单位。然后，这些亚单位进一步分解，最终得到简单的起始材料，从而逐步简化结构，同时确保每个阶段的步骤都可以在后续阶段中被逆转。在这种方式下进行反向推导后，就可以构建出目标分子。科里随后证明了逆合成分析可以通过计算机编程进行，这意味着可以借助计算机生成潜在的合成途径。

通过这种广泛适用的方法，科里和他的研究团队已经能够完成大量的全合成（由简单起始材料到复杂分子的完整化学合成），从而有可能生产许多具有生物活性的复杂天然产物。

遗产、真理、影响

◎ 为了合成大量的复杂分子，科里不得不开发出许多新的或显著改进的方法。这些方法可以被全球范围内的化学家应用。现在许多合成反应都以科里的名字命名。

◎ 由于科里做出的贡献，许多药物得以合成并投入市场使用。他最有名的可能是完成一组被称为类二十烷酸分子的全合成，其中包括前列腺素、血栓素和白三烯。这些分子在自然界中数量非常少，而且通常非常不稳定。这些分子是类似激素的化合物，控制着许多身体系统，在医疗上也有很重要的作用，比如在引产、血压控制、凝血、治疗感染、过敏等方面。

◎ 科里还因合成银杏内酯B而闻名，这是一种存在于银杏树根部的微量物质，用于中国民间医学。这种化合物现在可以被合成并用于治疗循环系统问题和哮喘。

◎ 哈佛大学的科里研究小组继续研究各种复杂分子的全合成，并开发构建这些分子的新方法和策略。此外，该小组还参与了关节炎、哮喘、心血管疾病和艾滋病等疾病的协作研究，目的是在分子水平上理解致病机制。计算机在有机合成中的应用研究也仍在继续。

大事记

1928 年	生于美国马萨诸塞州的梅图恩市。
1945 年	就读于麻省理工学院。
1948 年	获化学学士学位；继续攻读研究生，参与约翰·希恩合成青霉素的开创性项目。
1950 年	获化学博士学位。
1951 年	任伊利诺伊大学厄巴纳－香槟分校讲师。
1957—1988 年	获得古根海姆奖学金，并在马萨诸塞州哈佛大学以及瑞士、英国、瑞典等地休假；逐步形成关于化学合成的逻辑策略的想法。
1959 年	受聘为哈佛大学化学教授。
20 世纪 60 年代	提出逆合成分析的概念；合成前列腺素。
1961 年	与克莱尔·海厄姆结婚，育有三个孩子。
1968 年	任哈佛大学谢尔顿·埃默里教授。
1988 年	合成银杏内酯B。
1990 年	荣获诺贝尔化学奖。

我对更好地理解化学世界及其复杂性特别感兴趣……自然界的有机物质是地球上所有生命的基础，它们在分子水平上的科学定义了生命的基本语言……化学合成在化学的核心位置，是中心科学。它对我们的生活和社会的影响是无处不在的。

——艾里亚斯·詹姆斯·科里（1990）

这张图显示了奥司他韦（已上市的抗病毒药物）的合成过程。

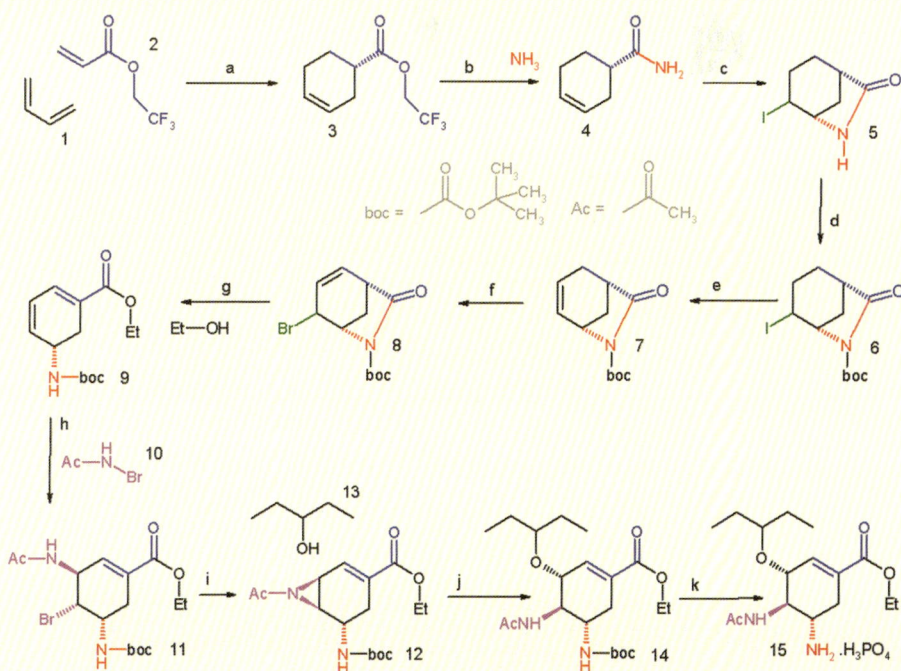

175

西尔维娅·艾尔

（1935—   ）

西尔维娅·艾尔，海洋学家和环境保护主义者，为我们了解海洋生物，特别是了解海洋藻类和座头鲸做出了许多贡献。艾尔是最早进行现场水下研究的海洋生物学家之一，也是最早进入活跃研究领域的女性科学家之一。

西尔维娅·艾尔是天生的自然主义者，自小便喜欢探索家里小农场周围树林中的野生动植物。艾尔海边旅行后，便对海洋生物和海洋产生了浓厚的兴趣。13岁那年，她和家人搬到了墨西哥湾的佛罗里达西海岸，只要踏出家门，她就接触到了海洋和海岸的栖息地。

尽管她的父母负担不起送她上大学的费用，但好在西尔维娅获得了奖学金，她专攻海洋植物学，学习水肺潜水并开始积极的海洋探索。1968年，怀孕四个月的她成为第一位通过水下潜水器舷窗观察（一种在水下操作的船只）的女性科学家。

直至1969年，虽然她在海底的研究时间比其他任何美国科学家都要多，但是她仍然被拒绝参加"玻璃陨石计划"，该项目是由美国国家航空航天局、史密森尼学会、美国内政部和美国海军共同运营的一项新计划，目的是将人安置在水下栖息地，每次停留数周。项目负责人纷纷表示他们不想要男女混合团队，所以艾尔在1970年为"玻璃陨石Ⅱ计划"项目组织了一个单独的女性水肺潜水员团队。她们在维尔京群岛附近海面以下15米的水下设施中度过两周时间，每天在水中长达12小时。

正是在这个项目期间，艾尔首次注意到了污染对珊瑚礁造成的破坏。她还担心海水变得越来越不纯净，从那时起，她成为环境保护和运动的领军人物。

在"玻璃陨石Ⅱ计划"中，她的团队是有史以来第一个全部由女性组成的水下远征队，这引起了媒体的广泛兴趣，为艾尔提供了一个公众关注的平台，她利用这一平台向公众传达了有关海洋科学和污染危害的信息。

> 我想到水里去。我想看鱼，真正的鱼，而不是实验室里的鱼。
>
> ——西尔维娅·艾尔

重要科学成就

积极研究

与仅仅在实验室中研究标本不同，艾尔是积极从事海洋研究的先驱之一。她认为生物学家需要探索海洋栖息地，并观察其自身生态系统中的物种（无论是植物还是鱼类）。为此，她与鲸鱼一起游泳，在海底行走，乘坐潜水器探索海洋深处，并在水下生活了两个星期。

艾尔在17岁时进行第一次水肺潜水时，水肺潜水设备才刚发明不久。此后她领队进行了60多次研究考察，在水下工作时间超过7000小时。在这些考察中，她得以发现珊瑚在受到触摸时会脉动，并对鱼类和鲸鱼的行为进行观察，而这些观察在实验室的标本中是看不到的。

在1979年破纪录的深度潜水中，艾尔只与她的潜水器相连，与大多数深潜不同，她没有与水面相连接。经过这次壮举，她被媒体称为"深海女王"。1985年，她在潜水器中创造了有史以来最深的单人下降纪录，达到了水下1000米，刷新了纪录。艾尔还设计并测试了潜水器，这种技术可能适用于太空飞行。

藻类

艾尔最感兴趣的是墨西哥湾的藻类，而她1966年有关于此的博士学位论文为现今的研究提供了宝贵的资源。随着时间的推移，她从墨西哥湾水域收集了20000多个藻类样本。

宣传

艾尔认为人类在海洋知识方面的匮乏是海洋生物面临的主要威胁之一，因此她一直致力于向普通民众、其他科学家和政府介绍海洋生物和生态系统。在她的许多书籍、演讲、电视节目中，她对海洋的

遗产、真理、影响

◎ 艾尔是最早的海洋生物学家之一，长时间深入水下进行研究。

◎ 她在敦促科学界接受女性参与长期科学考察方面发挥了重要的作用，激励了其他想积极参与科研的女性。

◎ 其他生物学家以艾尔的名字命名海洋生物，以此来表达他们对艾尔的敬意：如迪亚德迈·西尔维娅海胆和皮利尼亚耳·艾尔海藻。

◎ 艾尔获得了许多奖项，以表彰她的开创性工作和环保运动，其中包括美国国会图书馆授予的"生命传奇"奖。1998 年，《时代》杂志将她评为第一个"地球英雄"。

……海洋健康和地球的健康与资源息息相关。只要我们爱护海洋，我们就能保障人类最终的生存与福祉。反之，如果我们忽视这一点……我们就有麻烦了。

——美国成就学院采访（1991）

热情和好奇心帮助普及了海洋科学，也使普通民众意识到了污染所带来的危害。她撰写了 150 多种有关海洋科学的出版物，从儿童入门书籍到学术论文不一而足。1980 年，她在纪录片《太平洋的温柔巨人》中呈现了她关于座头鲸生活的开创性研究。

环保主义

艾尔在水中待的时间越长，她就越能意识到人类活动造成的破坏有多大。她在提高公众对保护海洋和海洋生物必要性的认识中发挥了重要作用，提出了令人信服的论点，即世界上 97% 的水是海洋，人类的生存可能取决于海洋仍然适于居住。

艾尔还开展过反过度捕捞的运动，她对被丢弃的渔网和巨大的拖网在海洋中漂浮导致海洋生物大量死亡感到尤为愤怒，多年来人类都在利用这些工具过度捕捞海洋生物。

大事记

1935 年	出生于美国新泽西州。
1966 年	关于水生植物的博士学位论文是对海洋植物学的首次广泛而详尽的研究；继续在多家学术机构担任研究员。
1970 年	带领一个女性团队，在海底生活了两个星期。
1976—1986 年	任加利福尼亚州科学院的植物学馆长。
1979 年	穿加压潜水服，下潜至海平面约 381 米以下处行走，创下了深潜纪录。
1980—1984 年	担任总统海洋与大气咨询委员会委员。
1990—1992 年	任美国国家海洋与大气管理局（NOAA）的首席科学家，负责监测海洋污染。
1992 年	联合创立两家公司以设计和制造海底设备。
1998—2002 年	领导了"可持续海洋考察计划"，该计划由国家地理资助，旨在研究美国国家海洋保护区。

西尔维娅·艾尔博士准备穿着 JIM 潜水服潜水，这是一种为深潜设计的潜水服。

古特·布洛伯尔

（1936—2018）

古特·布洛伯尔，生物学家、细胞和分子生物领域先驱，发现了蛋白质在细胞内转运和定位的关键机制，也称为"蛋白质靶向"。

1936 年，古特·布洛伯尔出生于民主德国西里西亚（现属波兰）的沃尔特斯多夫。9 岁时，布洛伯尔及其家人为逃避战乱逃往德累斯顿市附近的亲戚家里。布洛伯尔设法在弗莱堡继续学业，但他发现，他被当作"资本家"出身，进修在民主德国政权下将受到阻碍，因此他越过边境进入联邦德国，在法兰克福学习医学，然后在联邦德国的图宾根大学继续学习。

1960 年毕业后，布洛伯尔移居美国，在威斯康星大学攻读肿瘤学博士学位。1967 年，他加入了先驱科学家乔治·帕拉德（1912 年生）在洛克菲勒大学（以前是洛克菲勒研究所）的实验室。布洛伯尔与帕拉德的细胞生物学实验室的合作在蛋白质运输和信号传导方面有了革命性发现，因此布洛伯尔于 1999 年荣获诺贝尔生理学或医学奖。那时的布洛伯尔已定居美国，获美国国籍，并与艺术家劳拉·迈奥格里奥结婚。

> 起初的探询逐渐演变成了一次激动人心的旅程，揭示了细胞组织自身的原则……
> ——诺贝尔生理学或医学奖演讲稿（1999）

重要科学成就

蛋白质靶向

古特·布洛伯尔加入洛克菲勒大学的乔治·帕拉德的细胞生物学实验室时，帕拉德和他的同事们已经在蛋白质科学领域取得了重大突破，他们已经确定分泌蛋白能够穿透特定细胞内特殊功能结构（称为细胞器）的膜，并在细胞间移动。然而，涉及这些过程的生化机制，例如蛋白质是如何在细胞内移动并定位的，尚不清楚。

历经 20 年，进行了一系列实验后，布洛伯尔及

遗产、真理、影响

◎ 布洛伯尔开始从事细胞和分子生物学领域研究的时候，人们对细胞及其成分知之甚少，主要是因为光学显微镜作为当时唯一可用的技术，具有局限性。

◎ 布洛伯尔的发现不仅确定了蛋白质如何在细胞内转运和定位，还呈现了细胞膜形成和整体细胞组织的原则。这为开发生物工程药物奠定了重要的基础，这些药物是针对特定细胞类型的预编程治疗方法，如胰岛素。布洛伯尔的研究对先天性囊性纤维化治疗的发展也有重要影响。

大事记

1936 年	出生于民主德国西里西亚（现属波兰）的沃尔特斯多夫。
1945 年	被迫在德累斯顿附近避难，这座城市是他一生挚爱。
1960 年	毕业于联邦德国的图宾根大学，获得医学学位。
1967 年	获美国威斯康星大学肿瘤学博士学位；加入洛克菲勒大学乔治·帕拉德的细胞生物学实验室。
1976 年	被任命为洛克菲勒大学教授。
1999 年	继续进行帕拉德及其同事的研究工作，发现细胞中的蛋白质运输和定位受信号调节，因此荣获诺贝尔生理学或医学奖。

其同事发现，蛋白质包含一条氨基酸序列，即"地址标签"，它们会引导蛋白质到达其所需的目的地。根据其功能，蛋白质通过目的地编码能够穿透细胞器膜，与膜一起整合，或者被输出到细胞外。蛋白质通过整合编程定位其目的地，随后在恰当的地点被受体蛋白质识别，这种能力被称为"蛋白质靶向"。

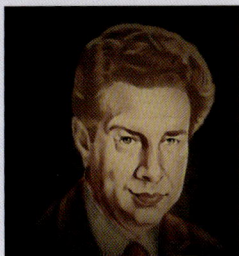

西德尼·奥尔特曼

（1939—2022）

西德尼·奥尔特曼，加拿大裔美籍分子生物学家，于1989年与托马斯·罗伯特·切赫因分别发现RNA在遗传学上具有催化作用而共同获得诺贝尔化学奖。这一发现对化学、生物化学、医学具有深远影响。

奥尔特曼并非出身于学术世家，他的父亲是杂货店老板，母亲是工厂工人。但是他对科学很感兴趣，因此从加拿大前往美国，在麻省理工学院学习物理学，然后在科罗拉多州大学获生物物理学博士学位。

奥尔特曼曾做过助教，后来转向相对较新的分子生物学领域，并成为一名研究员。1969—1970年在英国剑桥大学工作期间，他首先开始深入研究RNA，其参与了将遗传物质DNA转化为蛋白质的实验过程。

尽管各自独立工作，奥尔特曼在耶鲁大学，而托马斯·罗伯特·切赫在科罗拉多大学，但他们几乎同时发现RNA远不只是将遗传密码运送到细胞不同部位的载体，它还可以担当起主动的催化作用。

遗产、真理、影响

◎ 奥尔特曼和切赫的工作有助于我们了解生命的起源和发展，他们证明了核酸是生命的基本组成成分，既充当遗传密码又起到了酶的作用。

◎ RNA具有催化作用的发现开辟了全新的科学研究领域和方向。此后，许多不同类型的RNA被发现，它们在基因表达中扮演不同的角色。

◎ RNA作用的发现对医学具有重要而积极的意义。核糖核酸酶–P能够剪切出RNA的特定部分，因此有可能将这些酶应用于从某些疾病患者的遗传物质中剪切出感染性或异常序列，比如癌症或艾滋病等疾病。

> 细菌催化亚单位的结晶学研究极大地推动了核糖核酸酶–P的研究……我们现在的世界应该被称为"RNA–蛋白质世界"，而不是"蛋白质世界"。
>
> ——《核糖核酸酶P综述》（2007）

重要科学成就

奥尔特曼刚开始进行研究时，DNA或遗传信息是如何传递到活细胞中以指导生长的过程尚不清楚。人们普遍认为，诸如RNA之类的核酸只携带了DNA的遗传密码，DNA产生了由蛋白质组成的酶，而酶又触发或催化活细胞进行重要的化学和生物反应。

引起分子变化的实际催化剂是核糖核酸酶–P（RNase P），一种由RNA和蛋白质组成的酶。奥尔特曼和他的团队（以及切赫和他的研究小组）最终发现，只有RNA中的这种成分才是生化发展的催化剂，因此RNA具有活性酶的作用。

奥尔特曼还确定了中间阶段。DNA首先发生变化，变成一条被称为前体RNA的长链，链的两端均

大事记

1939年	出生于加拿大蒙特利尔。
1960年	毕业于麻省理工学院，获得物理学学位。
1967年	获科罗拉多大学生物物理学博士学位。
1967—1969年	任哈佛大学分子生物学研究员。
1969—1970年	在英国剑桥大学进行研究。
1971年	工作于耶鲁大学生物系。
1980年	担任耶鲁大学教授。
1983—1985年	担任系主席。
1985—1989年	任耶鲁大学系主任。
1984年	获美国国籍，同时保留加拿大国籍。
1989年	荣获诺贝尔化学奖（与托马斯·罗伯特·切赫共同获得）。

包含额外的遗传序列。在这个阶段核糖核酸酶–P起作用，其工作原理是去除这些额外的序列，并将链转化为RNA的小成分，称为转运核糖核酸（tRNA）。正是这种转运核糖核酸协助蛋白质的合成。

理查德·道金斯

（1941— ）

理查德·道金斯，英国动物学家、行为学家、进化生物学家，普及了以基因为中心的进化观，该观点认为进化变化是由基因的生存需求驱动的。道金斯创造了"模因"一词作为文化传播的单位，在他的许多科普著作中，强烈主张理性主义和反对宗教迷信。

在第二次世界大战期间，道金斯的父亲从英国以士兵的身份被派往肯尼亚，当道金斯还是个小孩时，一家人便回到了英格兰。小时候，他在宗教信仰和无神论之间摇摆不定，当他接触到进化论和自然选择论后，成了坚定的无神论者。他意识到这个理论可以解释复杂的生命，而无须引入"设计者"或创造者。

在牛津大学攻读动物学本科期间，他受到了导师尼克拉斯·廷伯根（1907—1988）的深刻影响，尼克拉斯是获得诺贝尔奖的丹麦行为学家，是动物行为中本能与学习研究的先驱。道金斯开始越来越专注于动物行为的研究，与此同时，他也在构建自己关于基因在进化中首要地位的理论。他的研究生研究领域是动物决策。

道金斯一直热衷于向大众传播科学思想，因此他的第一本著作《自私的基因》（1976）写得很通俗易懂，好让每个人都能理解。这本书成为畅销书的同时，也证明了他的观点，即只要不以过于枯燥的学术风格呈现，公众就愿意探索先进的科学思想。

他的其他几本著作也很成功，其中2006年出版的《上帝的迷思》尤其受欢迎。他从不惧怕争议或挑战，他在书中指出，世界上没有超自然的创造者，宗教信仰实际上是自欺欺人。他也对"新时代"的迷信不屑一顾，并积极参与英国和美国的怀疑主义与人文主义组织。道金斯被记者称为"达尔文的罗威纳犬"，媲美19世纪生物学家托马斯·赫胥黎的称呼，赫胥黎因捍卫查尔斯·达尔文的原始进化论而被称为"达尔文的斗牛犬"。

除了书籍外，道金斯还发表了许多科学论文，并通过讲座、文章以及当时最先进的科技，如DVD和CD—ROM，解释了生命科学，让使用者可以交互式地探索进化阶段。

重要科学成就

基因进化论

道金斯在《自私的基因》中提出了他的论点，即进化的驱动力不是一个物种，不是一个种群，也不是一个个体生物，而是基因。他的理论认为，自然选择仅仅在基因这一极其细微的水平发生，生物的身体只不过是基因的载体，被基因用来确保自身的生存。我们求生和繁殖的动力是由基因的需求驱动的，而不是我们自身的需求。他写道："我们是生存机器，被盲目编程以保护被称为基因的自私分子。"

他将动物行为的研究应用到基因中，观察它们如何竞争和生存，以及它们作为个体或群体的行为，从而得出了这一结论。他还从新兴的信息技术领域中吸取了一些思想：在解释动物行为往往呈现出类似机器特点的基础上，他补充了这样一个理论，即生命是一个信息过程；进化基本上是从基因到基因的二进制信息传递，而单个基因只不过是一个编码信息系统或复制体。

他在1982年出版的《延伸的表现型》一书中对这些观点进行了更深入的探讨，他在书中说，自然选择是"复制体相互竞争的过程"。但是，在基因竞争的同时，它们也会为了生存和繁殖而合作，而且它们可能特别愿意帮助那些携带在个体亲属中的自己的复制体。道金斯还认为，表现型，即由基因和环境决定的外在表现形式，不仅局限于身体，还会延伸到更广泛的环境，如鸟类的巢或河狸的水坝，以及现代人类的整个技术体系。

模因

道金斯并没有将文化进化论与遗传进化论相提并论，而是为它提供了完整的框架，为人类社会中传播的文化单元创造了"模因"一词。他将模因描

遗产、真理、影响

◎道金斯推动了进化生物学领域的发展。

◎道金斯的许多观点以及他清晰地传达这些观点的能力，为他在科学界和公众当中吸引了数以百万计的粉丝。

◎模因学的诞生在某程度上受到了道金斯研究的启发。这个全新的科学研究领域，如今已经发展成一项将模因作为文化单位的研究。

◎《时代》杂志将道金斯列入2007年全球前100位最具影响力的人里面。

　　尽管许多科学家不同意他的某些假设，但他在科学界享有很高的声誉，在文学界和科学界也获得了许多荣誉。他的公众角色包括担任科学奖的评审委员会成员，以及担任英国科学促进协会生物科学部门的主席。

> 今天，进化论和地球绕太阳转的理论一样，都是值得怀疑的。
>
> ——《自私的基因》（1976）

述为类似于基因的东西——一种基本的复制体或信息编码，旨在生存和自我复制。

　　观念或模因就像基因复制因子一样竞争，合作，停滞或变异。模因可以解释从短暂的时尚趋势到复杂的哲学概念的所有内容。只有少数人接受的观念是失败的模因，而上帝的概念是一个具有极高生存价值的模因，并成功地在大多数人类社会中代代相传。

　　根据道金斯的说法，模因可以感染个人或社会。他在1991年发表的论文《思想病毒》中写道："就像计算机病毒一样，成功的思想病毒往往很难让受害者发现。如果您是其中一个受害者，那么你很可能自己并不会意识到，甚至可能会坚决否认。"

理性主义

　　道金斯支持用科学方法来确定事实，这使他批评宗教，主张理性主义和无神论。他认为宗教是一

大事记

1941年	出生于肯尼亚内罗毕。
1949年	举家移居英国。
1959年	在牛津大学贝列尔学院学习动物学。
1967—1969年	任美国加利福尼亚州大学伯克利分校动物学助理教授。
1970年	返回牛津大学教授动物学。
1976年	出版了第一本著作《自私的基因》，书中主张以基因为中心的进化，介绍了文化模因概念。
1982年	学术著作《延伸的表现型》扩展了以基因为中心的进化假说。
1986年	在著作《盲眼钟表匠》中，解释了进化过程和自然选择的现代理论。
1995年	任牛津大学公众认知科学的西蒙尼教授。
1996年	出品互动光盘《生命的进化》。
2006年	在他的第九本书《上帝的迷思》中，表示造物主（上帝）几乎是不存在的。
2006年	成立教育慈善机构：理查德·道金斯理性与科学基金会。

道金斯在《自私的基因》中讨论了基因对生物体环境的影响，并举例说明了河狸大坝如何在数十万年的时间里一直保持水道健康和良好的修复。

种思想病毒，没有证据的信仰是"致命的危险愚蠢"，占星术、唯心论和其他"新纪元"运动的追随者已经放弃了批判性思维。他对创世论发起了尤为猛烈的抨击，创世论是一种原教旨主义的宗教观点，认为宇宙和地球上的生命，就像《圣经》中描述的那样，都是由神创造的。在《盲眼钟表匠》（1986）中，他认为自然选择可以充分解释生命的复杂性，没有必要假设出一个聪明的宇宙设计师。

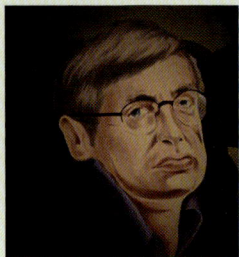

史蒂芬·霍金

（1942—2018）

史蒂芬·霍金，英国物理学家，在黑洞领域进行了开创性研究，进一步促进了人类对宇宙的起源、演化和现今结构的理解。他在向公众传播理论物理方面做出了很大贡献，毫无疑问地，他是世界上最著名、最具辨识度的科学家。

1942年，史蒂芬·霍金出生于英国牛津，这是他父母做出的战略性决定，因为英德两国政府在第二次世界大战期间达成了协议，不轰炸牛津和剑桥。他的童年先后在伦敦的海格特和附近的圣奥尔本斯度过，在这段时间里，霍金一直是一个勤奋好学、聪明伶俐的孩子。

在他父亲——一位热带疾病专家的影响下，霍金从青少年时期就对基础科学问题产生了兴趣。怀着开展科学研究的雄心，他开始在牛津大学攻读物理学学位。

完成学位后，他申请去剑桥大学攻读宇宙学博士学位，当时他一心以为自己的导师会是英国天文学家弗雷德·霍伊尔（1915—2001）。然而，令霍金失望的是，当他来到剑桥大学时，他的导师不是霍伊尔，而是他并不熟悉的丹尼斯·夏玛（1926—1999）。但是，塞翁失马焉知非福，后来夏玛被证明是对霍金有激励和支持的良师。

来到剑桥大学不久，霍金就被诊断出患有肌萎缩侧索硬化（ALS），这是一种运动神经元疾病，也被称为路格瑞氏症，一种会导致肌肉无力和萎缩的疾病。医生当时认为他只能活几年。这个消息并没有使他向命运屈服，反而让霍金更充分地利用他的能力，实现他发现宇宙奥秘的雄心壮志。

1965年，霍金与简·怀尔德结婚，他的妻子陪伴他度过了确诊肌萎缩侧索硬化症后的艰难时刻，后来他们共育有三个孩子。完成了博士学位后，霍金开始在剑桥大学凯厄斯学院做研究。

由于肌萎缩侧索硬化症引起的身体恶化，霍金最终不得不坐在轮椅上。多年以来，他的口齿变得含糊不清，研究生不得不经常代替他读他的演讲稿。1985年，一次手术后，霍金完全丧失了说话的能力，后来安装了一个计算机系统和语音合成器，让他能够用电子生成的声音进行公开演讲。

20世纪90年代初，霍金和简离婚，几年后与他的护士伊莲·梅森结婚。但好景不长，他们于2006年分居，期间有流言蜚语称霍金有外遇并遭受了伊莲的身体虐待，但两人都否认了这些谣言。

在从事技术研究的同时，霍金继续活跃在公众的视野之中。2007年，他成为第一个体验微重力飞行的四肢瘫痪者，为2009年提出的维珍银河太空旅游公司亚轨道太空载人飞行做准备。

重要科学成就

奇点

霍金和罗杰·彭罗斯在1965—1970年研究广义相对论时，开发了新的数学技术，旨在证明过去一定存在无限密度的状态或大爆炸奇点，在那里所有星系都堆叠在一起，宇宙的密度是无限的。霍金和彭罗斯在广义相对论的预测方面也取得了进展，即大质量恒星在耗尽核燃料后会自行坍缩，而且这种坍缩将持续到它成为一个无限密度的奇点为止，该奇点的引力场将非常强大，甚至连光都无法逃脱该区域，而会被重新拉回到内部。这片区域被称为"黑洞"，其边界是"事件视界"。

黑洞

从20世纪60年代后期的宇宙学研究中，霍金意识到他所开发的许多奇点技术可以应用于黑洞。因此，黑洞成为他未来几年的主要研究兴趣。

在霍金之前，科学家们认为没有任何东西可以逃脱黑洞。霍金发现，在特定情况下，事件视界与成对的虚拟粒子相互作用并吸引其中一个粒子，黑洞可能会放射出某些亚原子粒子，称为"霍金辐射"。

重要的是，霍金发现此辐射具有完美的热辐射谱，就像宇宙中的其他物体一样。他证明了黑洞具有熵，有温度，并且不是全黑的。它们还遵循热力

遗产、真理、影响

◎霍金的著作《时间简史》试图为大众读者总结他关于黑洞和宇宙本质的理论，无疑是有史以来最著名的科普著作之一，该书被翻译成多种语言，在世界各地售出数百万册。尽管霍金承认大多数读者不能理解这本书中的所有内容，但他相信大多数人对他们所生活的宇宙的运行方式有着持久的兴趣，会从这本书中学到一些东西。

◎霍金一直致力于让公众了解自己的观点，并经常受到名人的青睐，多次出现在电视节目中，包括《辛普森一家》和《星际迷航：下一代》。科学的普及还延展到了与他的小说家女儿露西合著的儿童系列丛书。该系列的第一本书名为《乔治的宇宙秘密通道》，书中乔治和一台名为"宇宙"的超智能计算机一同踏上了一段穿越时空和宇宙的冒险之旅。

我想象宇宙的起源，就像水蒸气在沸水中形成气泡一样。量子涨落导致了小宇宙的产生。大多数……崩塌成零，但少数……会膨胀……并形成星系和恒星，也许还会形成像我们这样的生命。

——剑桥大学千年数学项目（2002年1月18日出版）

学定律，并最终会蒸发。

大爆炸理论

20世纪70年代末，霍金质疑"大爆炸"理论，并提出了一个相反的假设，即宇宙没有明确的开始，同样也没有结束。他发展了"无边界原则"，该原则认为时空是有限的，但是没有任何边界，从而消除了宇宙起源时的奇点。

万物理论

自1974年以来，霍金一直致力于将广义相对论和量子力学融合成一种一致的理论，他最著名的作品是1988年的畅销书《时间简史》，在其中他描述

大事记

1942 年	出生于英国牛津。
1950 年	从海格特搬至圣奥尔本斯。
1962 年	获牛津大学物理学学位。
1965 年	与简·怀尔德结婚；获得剑桥大学博士学位。
1973 年	与埃利斯合作发表论文《时空的大规模结构》。
1974 年	发现黑洞并不完全是黑色的，黑洞可以发出辐射；在《自然》期刊中发表论文《黑洞爆炸？》；当选皇家学会会员。
1979 年	任剑桥大学数学系卢卡斯教授。
1981 年	出版《超空间和超重力》。
1983 年	出版《早期宇宙》。
1988 年	出版《时间简史》。
1991 年	与简·怀尔德离婚。
1993 年	出版《黑洞和新生宇宙》。
1995 年	与伊莲·梅森结婚（于2006年离婚）。
1996 年	与罗杰·彭罗斯合作发表论文《时空的本质》。
2002 年	编辑《站在巨人的肩膀上》，汇集了物理学和天文学的伟大著作。
2005 年	编辑《上帝创造了整数：改变历史的数学突破》，这是一本数学史上的伟大著作。
2006 年	荣获英国皇家学会颁发的科普利奖章。
2007 年	体验微重力飞行。

黑洞模拟视图。

了他的观点以及理论物理学。他继续研究这两个领域结合的可能性，以实现所谓的"大统一理论"或"万物理论"：一个关于宇宙起源的解释，体现在一个单一的方程中，形成一个统一的画面。

艾哈迈德·泽维尔

（1946—2016）

艾哈迈德·泽维尔，埃及裔美国化学家，开发了一项使用快速激光技术来实际观察在化学反应过程中原子和分子所发生的情况的方法。他的开创性研究工作产生了物理化学的一个新领域，即飞秒化学。

艾哈迈德·泽维尔在埃及古城亚历山大市附近长大。他一直热衷于科学，但是在20世纪60年代，埃及的准大学生需向政府申请，由中央政府给他们分配大学和院系。泽维尔很幸运，被分配到了他喜欢的科学专业，进入了亚历山大大学学习科学。

为了进一步深造，他想去美国，尽管他得到了宾夕法尼亚大学的奖学金资助，但由于埃及将美国视为其当时的敌人以色列的支持者，他不得不克服来自有关部门的阻挠，才得以前往美国。

在美国，泽维尔经历了文化冲击，但他的一系列课题研究和学术成果的发表都很成功，1976年，泽维尔定居在加州理工学院。他在那里开始使用激光技术对分子做了开创性的研究。

> 在这场与时间的竞赛中，飞秒分辨率是最终的成就……
>
> ——泽维尔的诺贝尔化学奖演讲稿（1999）

重要科学成就

飞秒

化学反应发生得如此之快，以至于它们只能以飞秒的微小间隔来描述。一飞秒仅为 10^{-15} 秒，并且在化学反应的过渡状态下，分子的原子运动非常迅速，不到100飞秒即可重新排列。在泽维尔研究这项技术之前，大多数科学家认为根本不可能真正看到如此快速的反应。

快速激光

泽维尔意识到快速激光这项新技术可能会提供化学所需的那种超快速"相机"。快速激光能够产生持续时间仅几飞秒的闪光。他使用这一系列光闪来引发化学反应并记录变化。

经过多次实验，他开发了一种流程，涉及将分子混合在真空管中，然后用快速激光向混合物发射

遗产、真理、影响

◎泽维尔的发现改变了化学家对化学反应的看法。他们无须想象正在发生的事情，而是能够实际看到反应的进行，从而更容易预测和控制实验。

◎飞秒化学有望在生物科学、电子学以及化学领域得到应用。诺贝尔奖基金会表示："全世界的科学家正在用飞秒光谱技术研究气体、流体、固体、表面和聚合物中的化学过程。应用范围包括研究催化剂发挥作用的过程、分子电子组件的设计方式、生命过程中最微妙的机理以及未来药物的生产方式。"

大事记

1946年	出生于埃及亚历山大附近的达曼胡尔。
1967年	在亚历山大大学毕业，获得科学学位。
1969年	就读于美国宾夕法尼亚大学，获得硕士学位。
1974年	获得博士学位。
1976年	搬到加利福尼亚的加州理工学院。
20世纪80年代	使用激光技术研究分子反应。
1990年	任加州理工学院化学物理系莱纳斯·鲍林教授。
1982年	获美国公民身份。
1999年	获得诺贝尔化学奖。

脉冲。第一次闪光激发化学物质开始反应，随后的光束记录分子产生的光模式或光谱。这些光谱随后可以进行分析，以确定分子在结构上的变化。对于化学家来说，这相当于观察化学键的断裂和形成过程。

泽维尔的技术被称为飞秒光谱法，或称为飞秒光谱学。

克雷格·文特尔

克雷格·文特尔，美国遗传学家和知名商人，在绘制人类基因组图谱方面发挥了重要作用。他对基因组研究做出卓著贡献，因此被誉为21世纪最重要的科学家之一。

约翰·克雷格·文特尔出生于美国盐湖城的工人阶级社区，十几岁的时候，他对教育几乎没有什么兴趣，更愿意花时间冲浪。然而，在越南服兵役期间的医院工作使文特尔陷入近乎自杀的境地。他回来后，就像是变了一个人，有了学习的动力。

他获得了生理学和药理学博士学位，并在纽约州立大学水牛城分校获得了一个学术职位。

与妻子巴巴拉·雷离婚后，文特尔与当时的一名学生、微生物学家克莱尔·弗雷泽结婚。他曾在美国国立卫生研究院担任了一个职位，参与人类基因组计划。但是，在与同事詹姆斯·沃森发生分歧后，他离开了研究院，随后创办了几家公司：基因组研究所、塞莱拉基因技术公司、合成基因组公司，都旨在进行基因组研究。

> 生命的未来取决于……也许是创造新的合成生命……不是由达尔文的进化论创造的，而是由人类智慧创造的。
>
> ——理查德·丁布尔比的演讲稿（2007）

重要科学成就

基因组研究与人类基因组

人类基因组计划始于20世纪80年代，是一项国际性的科学研究项目，旨在确定人类的完整基因组序列。这就需要确定组成人类每条染色体的DNA的化学碱基对序列。

1998年，文特尔在生物技术公司珀金埃尔默的支持下，创办了塞莱拉基因技术公司。他向公共资助的人类基因组计划（HGP）发起挑战，承诺用快速测序（一种快速系统）以十分之一的成本和时间来解读基因密码，从而引发科学史上最激动人心的竞赛之一。文特尔的目标引起了巨大的争议，因为他明确表示希望将研究成果用于商业目的。然而，塞莱拉最终在产业界的压力下屈服，主张数据应该分享。

遗产、真理、影响

◎ 随着2000年塞莱拉和人类基因组计划的共同成就，人类基因组的30亿个DNA碱基对首次被成功读取并按照正确的顺序排列。人类基因组中仍有一小部分尚未被测序，因为目前的技术很难对这些区域进行测绘。

◎ 人类基因组计划发布的数据并不代表每个人基因组的确切序列（每个人都有独特的基因序列）：它是一组匿名捐赠者的组合基因组。

大事记

1946年	出生于美国犹他州盐湖城。
1984年	加入美国国立卫生研究院（NIH）。
1991年	使用表达序列标记（ESTs），开创了快速研究基因的新方法。
1992年	成立基因组研究所（TIGR）。
1998年	创立塞莱拉基因技术公司。
2000年	宣布共同绘制人类基因组图谱（2003年完成稿图）。
2002年	被塞莱拉基因技术公司解雇。
2005年	创立合成基因组公司。
2007年	文特尔团队宣布用基因合成技术得到一种新菌株，将之命名为"实验室支原体"，这可能是世界上第一个合成细菌；发表理查德·丁布尔比演讲。
1984年	获美国国籍，同时保留加拿大国籍。
1989年	荣获诺贝尔化学奖（与托马斯·罗伯特·切赫共同获得）。

最后，文特尔和人类基因组计划的负责人弗朗西斯·柯林斯在2000年宣布共同绘制人类基因组图谱。克林顿总统宣布他们的比赛打成平局，并称他们的成就是"千古难忘的一天"。

人工生命应对气候变化

文特尔目前正在致力于研发能够产生能源的生物体来减少人类对地球化石燃料的依赖。他相信每个时代都是由其技术所定义的，他声称21世纪将"从根本上被生物学，尤其是基因组学领域的进步所定义"。

蒂姆·伯纳斯－李

（1955—　）

蒂姆·伯纳斯－李爵士，英国计算机科学家，发明了万维网，彻底改变了通信和信息流动方式。他通常被称为"万维网之父"，是万维网联盟（W3C）的创始人和总监，万维网联盟致力于推动全球网络标准和发展。

蒂姆·伯纳斯－李出生于英国伦敦，其父母康威·伯纳斯－李和玛丽·李·伍兹都是数学家，均参与了全球第一台商业电脑曼彻斯特I型的研发，因此他成长在一个钟情于复杂数学问题的家庭中。一家三口经常在餐桌上讨论数学难题。

他曾就读于伦敦巴特西的辛山小学和伊曼纽尔公学，之后进入牛津大学王后学院学习物理学，并于1976年毕业。在牛津读书期间，他对计算机科学产生兴趣，并用各种零件组装了一台临时计算器，包括一个旧处理器和一台电视机。不幸的是，有一次他在校庆期间参与计算机黑客事件，之后他被禁止使用学校的电脑。

大学毕业后，伯纳斯－李与第一任妻子简结婚，他在通信和计算机技术领域的多家公司工作，例如普莱西电信有限公司、D.G.纳什有限公司和图像计算机系统有限公司。他在牛津大学认识的简也曾在普莱西工作，两人定居在该公司所在的英格兰南海岸的普尔。

1980年，他还作为独立承包商为位于瑞士日内瓦的世界最大型的粒子物理实验室欧洲核子研究组织短暂工作过。四年后，他再次获得瑞士日内瓦欧洲核子研究组织的研究奖学金而回到那里。也正是在欧洲核子研究组织，1989年年初，他撰写了关于万维网的最初提案。在那一年结束之前，他已经将他的想法付诸实践，并且在20世纪90年代初期，继续在欧洲核子研究组织设计万维网。

1994年，他离开欧洲核子研究组织，成立了万维网联盟，这是主要国际Web标准组织。该组织的总部设在麻省理工学院，并得到了国防高级研究计划局和欧洲委员会的支持。五年后，他被任命为麻省理工学院计算机科学实验室的3Com（计算机通信兼容性）主任。

2004年，伯纳斯－李接受了英国南安普敦大学计算机科学学院的计算机科学系主任职位，开始了他的新项目"语义网"。他和他的第二任妻子南希也因此经常往返于南安普敦和美国马萨诸塞州列克星敦之间。

重要科学成就

万维网的发明

1989年，伯纳斯－李发明了万维网，但他早在1980年受聘为欧洲核子研究组织的临时软件顾问时，就为这项创新奠定了基础。那时，他编写了一个名为"Enquire"的计算机程序，他称之为"记忆替代品"，因为其允许他通过超文本链接记录欧洲核子研究组织的每个人与项目之间的联系。这些链接使计算机用户可以从一个文档跳转到另一个相关文档。

1984年，他重返欧洲核子研究组织时，设想了一个全球信息空间，在那里计算机都连接到一个庞大的网络中，所有人都可以免费获取数据。他立即开始工作。1989年，伯纳斯－李将超文本的使用与当时已经存在大约20年的用于科学家和军事间的基本通信和计算机之间的网络工具——互联网结合起来。超文本与互联网的结合产生了万维网，这项发明允许计算机用户通过将他们的数据组合在超文本文档的网络中来共享他们的信息。其基本理念是，超文本允许文档相互链接，而互联网成为文件传输的工具。

尽管欧洲核子研究组织最初对他的创新无动于衷，但伯纳斯－李的工作继续取得进展。1990年，他编写了超文本传输协议（HTTP），这是计算机用来在互联网上传输超文本文档的语言。他还提出了在网络上给文档指定地址的想法，并称其为通用资源标识符（URI——后称为URL，即统一资源定位符）。同年，他编写了一个用于查看超文本文档的客户端程序（或浏览器），他称之为"万维网"。他编写了用于格式化超文本页面的超文本标记语言（HTML），并编写了第一个网络服务器程序，称为"info.cern.ch"。

遗产、真理、影响

◎ 伯纳斯－李拒绝了为他的发明申请专利的机会，他认为这会阻碍网络的推广，并且也一直在努力不让这项发明落入私营公司之手。他认为网络应该是免费的，应该对所有人开放。他反对使用独占性的域名，如 .xxx 和 .mobi，认为所有用户都应能够访问相同的网络，并且主张没有人应拥有诸如 ".com" 这样的域名。

◎ 互联网历史学家约翰·诺顿最近在《观察家报》上撰文，将蒂姆·伯纳斯－李形容为 "创造未来的人"。万维网上目前有超过 1 亿个活跃网站。

◎ 2006 年，麻省理工学院和南安普敦大学发起了网络科学研究计划（WSRI），这是一个跨学科项目，旨在研究日益普及的网络应用对社会和技术的影响。伯纳斯－李认为这是一个很好的机会来研究网络对社会的影响，并解决由于技术滥用而产生的问题，比如病毒和垃圾邮件。

> 互联网是一场巨大的草根革命。来自不同方向的所有这些人都实现了一场变革。在其中有着人类的巨大希望信息。
>
> ——《独立报》采访（1999 年 5 月 17 日）

大事记

1955 年	出生于英国伦敦。
1973—1976 年	在牛津大学学习物理学。
1978 年	为 D.G. 纳什有限公司工作。
1980 年	任欧洲核子研究组织的临时软件顾问。
1981—1984 年	在图像计算机系统有限公司工作。
1984 年	开始在欧洲核子研究组织做研究。
1989 年	发明了万维网。
1990 年	编写第一个网络客户端程序和网络服务器程序。
1991 年	第一个网站上线。
1991—1993 年	从事网络设计。
1994 年	成立万维网联盟。
1999 年	任麻省理工学院计算机科学实验室 3Com 公司（计算机通信兼容性）主席；出版《编织万维网》；被《时代》杂志列入 20 世纪最有影响力的 100 人名单。
2001 年	被任命为英国皇家学会会员。
2002 年	荣获日本奖；在英国广播公司的一次民意调查中，被英国公众评为 "最伟大的 100 个英国人" 之一。
2004 年	被伊丽莎白二世女王封为爵士；担任英国南安普敦大学计算机科学学院的计算机科学系主任；荣获千禧技术奖。
2006 年	与几位同事合作撰写论文《网络科学的框架》，并在《网络科学的基础和趋势》上出版。
2007 年	被伊丽莎白二世女王授予功勋勋章；供职于英国国家工程院；荣获查尔斯·斯塔克·德拉普尔奖。

欧洲核子研究组织对伯纳斯－李的成果没有给予足够多的重视，因此伯纳斯－李用互联网社区传播了他的发明。1991 年，他公开发布了他的万维网浏览器和网络服务器。五年之内，网络用户数量从 60 万跃升至 4 000 万。

万维网联盟

考虑到私营公司可能会设法破坏万维网的开放性，伯纳斯－李于 1994 年创建了万维网联盟，这个组织旨在 "制定共同的协议，以提升 Web 的互操作性和发展"，并免费提供给用户。此后，他一直担任该联盟的主管。

语义网

自 20 世纪 90 年代中期以来，伯纳斯－李一直在从事名为语义网的项目，这是一种技术系统，旨

伯纳斯－李用自己的电脑作为第一台网络服务器，托管了有史以来的第一个网站，该网站于 1991 年上线。

在帮助组织和关联数据，无论数据是在网站上、数据库中还是在软件中。

关键术语

炼金术 / 炼金术士 ALCHEMY /ALCHEMIST
化学的前身，通常是精神和哲学方面的一种伪科学。

代数 ALGEBRA
广义算术运算的科学。

算法 ALGORITHM
一个有组织的程序，用于执行特定类型的计算或解决特定类型的问题。

入射角 ANGLE OF INCIDENCE
一条光线照射到一个表面（入射光线），与光线接触点处垂直于表面的假想线之间的角度。

日环食 ANNULAR ECLIPSE
日食的一种，当月球没有完全覆盖太阳时，在月球周围的边缘仍能看到一圈太阳光，形成日环食。

阳极 ANODE
连接到电池正极的电极。

人类学 ANTHROPOLOGY
研究人类的物理和社会特征，包括其起源、制度和信仰体系。

反物质 ANTIMATTER
与正常或常规物质相同，但具有相反电荷的物质。

宇宙设计论论证 ARGUMENT FROM DESIGN
一个证明上帝存在的观点，其指出宇宙如此复杂，一定是由一位全能的、全知的设计者创造的。

浑天仪 ARMILLARY SPHERE
一种天文仪器，由一系列代表天球不同方面的环组成，被用来确定星星的位置。

人工智能 ARTIFICIAL INTELLIGENCE
机器模仿人类行为的能力，是一个跨学科领域，包括计算机科学、神经科学、哲学、心理学、机器人学和语言学，其目的是在机器中再现人类行为和人类思维。通常以首字母缩略词 AI 为大家所知。

星盘 ASTROLABE
一种早期的科学仪器，用于计算太阳或其他天体与地平线的位置，并用于计算时间、天文观测和导航。

占星术 ASTROLOGY
关于天体的相对位置和相对运动的理论实践，人们相信这些会对人类命运和行为产生影响。

天文学 ASTRONOMY
对宇宙的观测研究。

天体物理学 ASTROPHYSICS
天文学的一个分支，关注宇宙物体的物理性质、化学性质、结构和演化，以及宇宙本身。

原子 ATOM
由一种元素构成的最小化学粒子（物质由原子构成）。原子由外部电子和内部原子核组成。

原子物理学 ATOMIC PHYSICS
研究原子作为电子和原子核的孤立系统的物理学领域。

原子结构 ATOMIC STRUCTURE
原子的结构。

轴突 AXON
神经细胞或神经元的长突起，用于传导电脉冲；轴突共同构成了神经系统的主要传输线。

细菌 BACTERIA
无处不在的微生物，也存在于人体内。

细菌学 BACTERIOLOGY
细菌的科学研究，是微生物学的一个分支。

行为主义 BEHAVIORISM
心理学的一种观点，认为人类行为应完全从环境刺激和反应的模式来理解。

行为心理学 BEHAVIORAL PSYCHOLOGY
见术语行为主义。

大爆炸理论 BIG BANG THEORY
一种关于宇宙起源的理论，根据该理论，宇宙始于大约150亿年前的一次大规模爆炸，并继续扩大。

生物化学 BIOCHEMISTRY
对生物体的化学研究。

生物学 BIOLOGY
对生物体的研究。

生物分子 BIOMOLECULE
任何有机分子，是生物体的重要组成部分。

生物物理学 BIOPHYSICS
生物系统的物理学。

生物科学 BIOSCIENCE
任何研究生物体的结构和行为的自然科学分支。

黑洞 BLACK HOLE
空间中一个无限密集、无限小的点，由一些濒临死亡的恒星(那些质量至少是太阳三倍的恒星)继续坍缩而成。这是太阳等恒星生命的最后可能阶段，当恒星中心的核能耗尽，向外的能量不能再平衡其引力时，其开始在自身引力的影响下坍缩。黑洞是濒临死亡的恒星的最压缩的形式，其引力非常强大，甚至连光都无法从中逃脱。

植物学 BOTANY
对植物生命的研究。

布朗运动 BROWNIAN MOTION
流体或气体中分子的连续随机运动。

煅烧 CALCINATION
将金属变成粉末或烧渣（现在称为氧化物），类似铁生锈时获得的物质。

微积分 CALCULUS
一种高级数学分析方法。

催化作用 CATALYSIS
由一种引入材料（催化剂）所引起的化学反应，催化剂本身不会发生任何永久性化学变化。

阴极射线 CATHODE RAYS
由放电管的阴极或电负极板发出的射线，现在已知它们由电子组成。

阴极 CATHODE
连接到电池负极的电极。

细胞生物学 CELLULAR BIOLOGY
对细胞的结构、生理和生命的研究。

化学工程 CHEMICAL ENGINEERING
将化学应用于解决实际问题的活动。

化学革命 CHEMICAL REVOLUTION
18 世纪末，化学向现代科学转变的过程。其以安托万·拉瓦锡发现质量守恒定律和燃烧的氧气理论，以及拉瓦锡发明的对化学元素进行现代命名的科学方法为起点。

化学 CHEMISTRY
研究物质的组成、结构和属性，以及物质的相互作用和变化。

中文屋论证 CHINESE ROOM ARGUMENT
哲学家约翰·塞尔设计的一项思想实验，旨在证明机器永远无法表现出人类的理解力或意向性。

染色体 CHROMOSOME
细胞核中携带 DNA 的线状结构。

外接圆 CIRCUMSCRIBED CIRCLE
在几何学中，围绕多边形绘制的圆，使其穿过多边形的所有顶点。

经典物理学 CLASSICAL PHYSICS
宇宙的常设模型，特别是由艾萨克·牛顿爵士和詹姆斯·克拉克·麦克斯韦描述的力学和电磁学模型，这些模型在 20 世纪量子物理学兴起之前就已经发展起来。

计算机科学 COMPUTER SCIENCE
对计算机系统和计算本身的系统研究。

贝壳学 CONCHOLOGY
对贝壳或软体动物的研究。

控制理论 CONTROL THEORY
数学和工程的一个分支，与动力系统有关。

哥本哈根诠释 COPENHAGEN INTERPRETATION
1927 年，由尼尔斯·玻尔及其在哥本哈根理论物理研究所的同事提出的量子物理学版本。它接受了不确定性和概率问题，并提出量子效应在物理学宏观层面上被忽略。尽管这一诠释成了范式，但阿尔伯特·爱因斯坦和其他一些人从未真正接受过。

哥白尼学说 COPERNICANISM
尼古拉斯·哥白尼提出的日心说，认为地球每天绕其轴自转一次，并围绕太阳旋转。

宇宙学 COSMOLOGY
对宇宙和人类在其中地位的研究。

神创论 CREATIONISM
一种认为宇宙和所有生命都是由神创造的理念。

克鲁克斯管 CROOKES TUBE
一种放电管。

密码分析 CRYPTANALYSIS
获取加密信息的过程。

晶体学 CRYSTALLOGRAPHY
晶体的研究。

控制论 CYBERNETICS
对生物和人工系统中的控制过程的研究。

回旋加速器 CYCLOTRON
圆形粒子加速器，用于通过电磁产生高能带电粒子。这些粒子可用于研究或医疗。

细胞遗传学 CYTOGENETICS
对人类染色体的结构、功能和异常情况的研究。

达尔文主义 DARWINISM
受查尔斯·达尔文科学思想影响的科学流派或理论，特别是他关于物种通过自然选择进化，以及由基因突变引发变异的科学思想。

可判定性问题（纯数学）DECIDABILITY QUESTIONS（IN PURE MATHEMATICS）
关于确定一组公式中成员有效方法的问题。

决策问题 DECISION PROBLEM
在可计算性理论中（研究问题是否可以通过计算来解决），一个形式化系统中的问题可以用"是"或"否"来回答。

光线衍射原理 DEFRACTION
光波遇到障碍物时发生的现象。

树突 DENDRITE
神经细胞的线状延伸，作为天线，接收来自其他神经细胞轴突的信息。

决定论 / 宿命论 DETERMINISM
认为宇宙以因果或预定的方式运行，因此可以对物理事件做出准确的预测。

微分方程 DIFFERENTIAL EQUATION
涉及一个变量函数的几个导数或微分的数学方程。

差速器齿轮 DIFFERENTIAL GEARS
一种齿轮系统，要么接受一个输入，但将输出分成两个；要么接受两个输入，产生的输出是两个的和或差。

放电管 DISCHARGE TUBE
一种含有真空的管子，通过在管子末端的电极上施加高电压差，可以产生可见和不可见放电。Lenard、Hittorf 和 Crookes 管是放电管的类型。

DNA（脱氧核糖核酸）DNA（DEOXYRIBONUCLEIC ACID）
一种主要存在于细胞核内的化学物质，用于存储和传递遗传信息。

双盲研究 DOUBLE-BLIND STUDY
一种实验，研究人员和实验对象都不知道谁在接受安慰剂，谁在接受活性测试物质。

日食，太阳 ECLIPSE，SOLAR
当月球正好位于太阳和地球之间，月球的影子投射在地球上时发生的现象。

生态学 ECOLOGY
对生物体与其环境之间的关系的研究。

生态系统 ECOSYSTEM
生物群落和它们相互作用的物理环境。

发电机 ELECTRIC GENERATOR
一种将机械能转换为电能的机器。

变压器 ELECTRICAL TRANSFORMER
一种将电流从电路传输到电路的装置。

电化学 ELECTROCHEMISTRY
对化学和电能互换的研究。

电极 ELECTRODE
与电路中的非金属部分（如电解质）接触的电导体。

电动力学 ELECTRODYNAMICS
对电流与磁场相互作用的研究。

电解 ELECTROLYSIS
将电流通过电解质溶液，使物质分解的过程。

电解质 ELECTROLYTE
一种导电液体。

电磁波 ELECTROMAGNETIC WAVES
由一个电场和一个以相同频率振荡的磁场组成的波。

电磁 ELECTROMAGNETISM
电力和磁力的相互作用，它们实际上是同一物理现象的两个方面。

电子简并理论 ELECTRON DEGENERACY THEORY
见词条泡利不相容原理。

电子管 ELECTRON TUBE
一种装置，其中电子的传导是通过真空或密封容器内的气体进行的。

电子 ELECTRON
携带负电荷的基本粒子，围绕在原子核周围。

电子学 ELECTRONICS
与使用电子设备的电路或系统的开发和应用有关的技术分支。

经验主义 EMPIRICISM
一场运动，将通过五种感官获得的"经验"的一般概念视为人类知识的核心来源。通常被定义为与理性主义相对立。

经验主义的 EMPIRICAL
一个通用术语，可能适用于命题、陈述、知识等，表示与经验有联系。例如，如果一个人获得知识的方式在某种程度上取决于感官经验，那么这个知识就是经验性的。

内分泌学 ENDOCRINOLOGY
研究内分泌腺体和激素，即任何直接向血液或淋巴而不是通过管道分泌激素的各种腺体。

内生孢子 ENDOSPORES
由一些细菌形成的休眠、非生殖和高抵抗力的结构，以在恶劣条件下（例如高温、辐射、化学制剂）保存其遗传物质。

启蒙运动 ENLIGHTENMENT
18 世纪的一场运动，强调理性和科学在哲学和人类社会研究中的重要性。

昆虫学 ENTOMOLOGY
对昆虫的研究。

熵 ENTROPY
一个物理量，用于测量系统中的无序程度。

酶 ENZYME
一种在体内制造的蛋白质，可引起或加速特定的化学反应，但本身不会发生改变或被破坏。

本轮 EPICYCLE
在托勒密的宇宙地心模型中，一个小圆（代表行星的轨迹）围绕一个大圆滚动，这个大圆实际上是以地球为中心。

流行病学 EPIDEMIOLOGY
对人群中疾病的发生频率、分布和控制的研究。

春分 EQUINOX
当太阳在地球赤道正上方时。

民族志 ETHNOGRAPHY
对人类各种文化和种族群体的科学描述和分类。

动物行为学 ETHOLOGY /ETHOLOGIST
对动物行为的研究。

欧几里得几何 EUCLIDEAN GEOMETRY
基于欧几里得公理的初级几何。

进化 EVOLUTION
最早、最原始的生物体发展成为现代植物与动物的渐进和持续的过程。

飞秒化学 FEMTOCHEMISTRY
化学的一个分支，研究在极快的时间尺度上发生的化学反应。

发酵 FERMENTATION
在食品或饮料加工中，细菌或酵母分解糖分的作用、释放能量并改变原来的液体或物质过程，例如面包制作和酿酒。

场论 FIELD THEORY
一种理论，从物质的属性允许物质的力起作用的场或区域，以及它与物质或其他场相互作用的方式来看待物理现象。

荧光 FLUORESCENCE
某些材料在暴露于光下时诱发的光芒。

功能主义 FUNCTIONALISM
哲学中的观点，认为精神状态是由其功能作用构成的。

加拉帕戈斯群岛 GALAPAGOS ISLANDS
是太平洋上的一组岛屿，生活着众多地方性物种。

原电池 GALVANIC BATTERY
由若干串联或并联排列的伏打电堆组成的电池。

流电疗法 GALVANISM
受电流刺激的肌肉收缩。

电流计 GALVANOMETER
一种测量电流的仪器。

高斯曲率 GAUSSIAN CURVATURES
在微分几何学中，给定点的主曲率的位置。

高斯概率分布 GAUSSIAN PROBABILITY DISTRIBUTION
与一个随机事件关联的值和概率。

基因 GENE
编码特定遗传性状的染色体单位。

广义相对论 GENERAL RELATIVITY
一种引力理论，将引力描述为空间和时间几何学的属性。该理论由阿尔伯特·爱因斯坦于 1916 年发表。

基因工程 GENETIC ENGINEERING
一种用于改变活细胞遗传物质的技术，以使其能够产生新物质或执行新功能。

遗传学 GENETICS
对基因的研究。

基因组 GENOME
一个生物体的遗传信息在其 DNA 中的编码。

基因组学 GENOMICS
对个体完整基因组成的研究。

地心说 GEOCENTRISM
一种学说，认为地球是宇宙的中心。

大地测量学 GEODESY
通过直接方式测量地球大小和形状的研究。

测地学的 GEODETIC
大地测量学或与大地测量学有关的。

地质学 GEOLOGY
对地球起源、历史和结构的研究。

地磁学 GEOMAGNETISM
对地球自然磁力的研究。

几何 GEOMETRY
数学的一个分支，涉及点、线、角、曲线和面的测量、属性和关系。

地球物理学 GEOPHYSICS
对岩石和矿物物理特性的研究。

黄金分割 GOLDEN SECTION
直线的两个分割的比例，较大部分与整体部分的比值等于较小部分与较大部分的比值，也被称为黄金分割、黄金比例或神圣比例。

引力 GRAVITATION
任何两个有质量的物体之间的吸引力。

引力奇点 GRAVITATIONAL SINGULARITY
时空中引力强到足以使物质具有无限密度和零体积的点。

公历 GREGORIAN CALENDAR
现在国际上使用的日历，由教皇格雷戈里在 16 世纪 80 年代设计以取代儒略历。

日心说 HELIOCENTRISM
一种理论，认为太阳是太阳系的中心，而不是地球。

组织学 HISTOLOGY
对细胞和身体组织的结构和行为的研究。

流体静力学 HYDROSTATICS
研究处于静止状态而非运动状态的液体的机械性能。

理想气体 IDEAL GAS
一种假设的气体，在任何温度和压力条件下都完全遵循波义耳定律（以罗伯特·波义耳之名命名），并且其内部能量仅取决于温度。

免疫学 IMMUNOLOGY
对疾病和身体对疾病的反应的研究。

电磁感应 INDUCTION
一种电气现象，通过改变电流流向在闭合电路中产生电动势。

感应线圈 INDUCTION COIL
用于将电磁感应引入电路的任意线圈。

归纳法 INDUCTION
由一定程度的关于个别事物的观点过渡到范围较大的观点，由特殊具体的事例推导出一般原理、原则的解释方法。

归纳推理 INDUCTIVE REASONING
科学研究中使用的推理方法，其中论证的前提为结论提供支持，但不包含结论。

惯性 INERTIA
物质的属性，使其对抗自身运动中的任何变化。

无机化学 INORGANIC CHEMISTRY
研究除共价键碳化合物（有机化合物）以外的所有元素的化合物，例如碳氢化合物。

内切圆 INSCRIBED CIRCLE
在几何学中，在多边形内画一个圆，使其与多边形的每条边正好有一个点接触。

整数 INTEGER
正整数、负整数与零。

积分学 INTEGRAL CALCULUS
数学的一个分支，涉及计算不规则形状的面积、体积、质量、位移或其他属性。

智能设计 INTELLIGENT DESIGN
一种理论，认为生命和宇宙不是偶然出现的，而是由智能生物或神设计创造的。

意向性 INTENTIONALITY
一个哲学概念，强调一个特定的心理现象与其内容（即与心理现象"关于"的事物）之间的关系。

互联网 INTERNET
一个计算机网络，允许一组相连的计算机互相交换数据。

离子 ION
一个原子或原子组，失去或获得了电子后具有正电荷或负电荷。

电离 IONIZATION
产生离子的过程。

辐照 IRRADIATION
暴露于辐射。

无理数 IRRATIONAL NUMBERS
不能用两个整数的比值来表示的数字。当用小数书写时，无理数具有无限个小数。无理数的一个例子是 π。

同分异构体 ISOMERS
具有相同化学式但分子内原子结构排列不同的异构体化合物。

同位素 ISOTOPES
同一元素的不同核子形式。

朱利安历 JULIAN CALENDAR
由尤利乌斯·恺撒制定的日历系统，从公元前 46 年投入使用。

动能 KINETIC
物体运动所产生的能量。

纬度 LATITUDE
在赤道南北等距离的测量线。

直线加速器 LINEAR ACCELERATOR
一种直线加速高能带电粒子的机器。多应用于医疗，例如产生高能 X 射线或提供放射治疗。

对数 LOGARITHM
通常用于表达经济变量的一种特殊数学转换。

逻辑学 LOGIC
对推理形式结构和有效推理原则的研究。

逻辑学家 LOGICIAN
形式逻辑的实践者。

经度 LONGITUDE
从本初子午线（英格兰格林尼治）向东或向西测量地球表面的距离，以度数或时间表示。

磁场 MAGNETIC FIELD
磁铁周围的区域，该区域传递磁铁的吸引力或排斥力。

磁单极 MAGNETIC MONOPOLE
一个单一的磁极，而不是通常的一对互补磁极，如南极和北极。

磁极 MAGNETIC POLE
磁体上磁倾角最大的区域。

磁电 MAGNETO – ELECTRICITY
由磁电感应产生的电流。

曼哈顿计划 MANHATTAN PROJECT
盟军在第二次世界大战期间开发核武器或原子弹的研究项目。

数学 MATHEMATICS
对数量、结构、空间和变化等概念的研究。

矩阵力学 MATRIX MECHANICS
一种探索量子力学的数学方法，基于数学矩阵，由沃纳·海森堡于 1925 年首次提出。

力学 MECHANICS
物理学或数学的分支，涉及力对物体的作用，包括动力学和静力学。

医学伦理学 MEDICAL ETHICS
对适用于医学的道德价值观和判断的研究。

医学 MEDICINE
通过研究、诊断和治疗患者来避免人类不必要死亡的做法。

子午线 MERIDIAN
一个假想的环绕地球的圆圈，贯穿南北两极，也被称为经线。

金相学 METALLOGRAPHY
对金属和合金结晶结构的研究。

气象学 METEOROLOGY
对大气层（地球周围的气体层）的科学研究，重点是研究天气过程和预测。

穷举法 METHOD OF EXHAUSTION
一种数学技术，用于查找圆形物体的属性，方法是在圆的外侧和圆内绘制一个正多边形，然后在多边形中添加边，直到多边形的面积近似于圆的面积。多边形的面积和其他属性比圆更容易计算。

微生物 MICROBES
微小的生命形式，如细菌，其中一些会致病。

微生物学 MICROBIOLOGY
对微生物的研究。

心身问题 MIND – BODY PROBLEM
哲学中的问题，涉及心灵和大脑之间的关系。

矿物学 MINERALOGY
对矿物的研究。

波形调制 MODULATED WAVEFORM
波的数学表示，特别是通过绘制波的特征与时间的关系而获得的图形。

分子生物学 MOLECULAR BIOLOGY
研究分子水平组织的生物学领域。

分子 MOLECULE
一种物质中天然存在的最小颗粒。

M 理论 M-THEORY
一种"物理终极理论"，涉及一个 11 维宇宙，统一了所有当前的弦和引力理论。

纳米技术 NANOTECHNOLOGY
在微小分子尺度上建造机器的工程技术。

NASA
美国国家航空航天局。

自然哲学 NATURAL PHILOSOPHY
在现代科学发展之前，自然哲学一词一直用于对自然和物理世界的所有研究。

神经系统 NERVOUS SYSTEM
人体中的专门网络，其主要组成部分是神经细胞或神经元。

神经生物学 NEUROBIOLOGY
生物学的分支，研究神经系统细胞的结构和功能。

神经原纤维 NEUROFIBRIL
任何贯穿神经元主体并延伸到轴突和树突的长而细的微细纤维，为神经元提供支撑和形状。

神经病学 NEUROLOGY
对神经系统疾病的研究。

神经元 NEURONS
人体中相互连接的神经细胞，通过电脉冲传递信息；大脑的核心组成部分、脊髓/神经线和周围神经构成了神经系统。

神经精神病学 NEUROPSYCHIATRY
医学的一个分支，处理由神经系统疾病引起的精神障碍。

神经科学 NEUROSCIENCE
对神经系统的研究。

中子 NEUTRON
一种不带电荷的亚原子粒子，是原子核的一部分。

中子星 NEUTRON STAR
一种密度极高的、主要由中子组成的小型恒星残骸。这是太阳等恒星生命的最后可能阶段之一，当恒星中心的核能耗尽，向外的能量不再平衡其引力时，便开始在自身引力的影响下坍缩。

硝化纤维 NITROCELLULOSE
一种易燃化合物，通过将纤维硝化，即通过暴露于硝酸引入一个硝基基团制成。

NMR（核磁共振）NUCLEAR MAGNETIC RESONANCE
将磁场应用于某些原子的原子核，产生可测量的共振。核磁共振波谱被用于研究一系列化学结构。

非欧几何 NON-EUCLIDEAN GEOMETRY
一种不遵循欧几里得的第五公理或平行公理的几何，这实际上是说，在平面上给定一条直线和不在直线上的点，经过该点只能画出唯一一条不与那条线相交的线。相反，双曲（非欧几何）几何中，可以画出许多不相交的线；在椭圆几何中，在同一平面内，任意两条线都相交。尽管自欧几里得时代起，数学家们就试图证明或反驳这一假设，但直到19世纪20年代才得以实现。非欧几何最终引出了阿尔伯特·爱因斯坦的广义相对论。

核裂变 NUCLEAR FISSION
原子核分裂成具有较轻核子以及一些自由中子的独立部分。在此过程中，能量被释放出来，可以被捕获为核能，或用作核爆炸的驱动力。

核物理学 NUCLEAR PHYSICS
与原子核有关的物理学分支。

核反应堆 NUCLEAR REACTOR
一种包含核链式反应的装置，能量可控。核电站是大型例子，而核动力船则依靠小型反应堆内产生的能量运行。

原子核 NUCLEUS
原子的带正电荷的中心。

数论 NUMBER THEORY
一个数学领域，涉及对整数特性的研究。

肿瘤学 ONCOLOGY
对癌症的研究。

光学 OPTICS
物理学的一个分支，研究光的特性和行为。

有机化学 ORGANIC CHEMISTRY
研究碳氢化合物的组成、性质和反应的化学分支。

正分子医学 ORTHOMOLECULAR MEDICINE
替代医学认为，比平常剂量更大的某些营养素实际上可以预防或治疗疾病。

振荡器 OSCILLATOR
在物理学中，产生特定音调或频率的电子电路。

氧化 OXIDATION
原子、离子或分子失去电子的过程。

古气候学 PALEOCLIMATOLOGY
利用冰川沉积物、化石和沉积物中发现的证据，研究地质年代的气候条件及其原因和影响。

古生物学 PALEONTOLOGY
对史前生命的研究。

古生代 PALEOZOIC
大约从5.44亿年前到2.5亿年前的一个地质时代。在这一时期，第一批鱼类、两栖动物、爬行动物和陆地植物发展起来。

抛物线 PARABOLA
代表抛掷物路径的弧线。

并行计算 PARALLEL COMPUTING
使用一串计算机来极大程度提高计算能力。

病理学 PATHOLOGY
对疾病的研究。

泡利不相容原理 PAULI EXCLUSION PRINCIPLE
奥地利物理学家沃尔夫冈·泡利于1925年首次提出，他指出在一个原子内，没有两个电子可以同时处于完全相同的量子状态。

岩石学 PETROLOGY
岩石的地质和化学研究。

药剂学 PHARMACEUTICS
药物、毒品或其他医药化合物。

药理学 PHARMACOLOGY
研究药物对生物体的影响。

表型 PHENOTYPE
生物体的可见物理或生物特征，例如身高、头发颜色、可观察到的疾病。表型是由基因和外部环境共同造成的。

磷光 PHOSPHORESCENCE
一种没有热量的持续发光。

光电效应 PHOTOELECTRIC EFFECT
当光子撞击金属表面导致电子被弹出时发生的现象。

光子 PHOTON
光的基本粒子和光能的量子单位。

藻类学 PHYCOLOGY
对藻类（一种水生植物）的研究。

物理学 PHYSICS
对自然界和宇宙规律的科学研究。

生理学 PHYSIOLOGY
对生物体的物理功能的研究。

PI（π）
π 是数学、科学和工程中使用的一个重要常数。大约等于 3.14159，在欧几里得几何学（以欧几里得的名字命名）中，它表示圆的周长与其直径的比值，这和圆的面积与其半径的平方的比值相同。

安慰剂效应 PLACEBO EFFECT
当患者认为他 / 她已经接受了有效的治疗时，即使所谓的药物实际上是惰性的，其健康状况也会明显改善。

位值 PLACE-VALUE
一个单独的元素的价值，来自包含该元素的特定元素和价值的集合，且与之有关系。

植物遗传学 PLANT GENETICS
遗传学的一个分支，涉及以科学的方式改造作物以选择社会更需要的性状。

板块构造学 PLATE TECTONICS
一种地质理论，解释地球岩石圈（地球最外层的固体外壳）的运动。

柏拉图多面体 PLATONIC SOLIDS
具有相等边、角和面的三维图形。

极化 POLARIZATION
将电磁波的振荡限制在某一平面内。

多面体 POLYHEDRON
由平面组成的三维实体。

正电子 POSITRON
电子的反粒子，带正电荷。

前寒武纪 PRECAMBRIAN
最早的地质时代，从大约 45 亿年前地球开始形成到大约 5.4 亿年前的一个漫长时期。紧随其后的是寒武纪时期，其间出现了第一批原始生物。

岁差 PRECESSION OF THE EQUINOXES
由于极轴的旋转，地球的赤道点（由太阳在赤道上相对于地球的位置决定的点）非常缓慢地移动，导致地球的年度位置与恒星星座相比存在微小差异。

概率论 / 概率物理学
PROBABILITY THEORY/PROBABILISTIC PHYSICS
量子力学的推导表明，在微观层面上，粒子的行为是随机的，部分原因是观察行为本身。因此，宇宙不是决定性的，对量子现象的描述只是概率，而不是确定性。在数学上，是对随机现象的分析。

射影几何 PROJECTIVE GEOMETRY
在下列情况从一个点投影到一个平面或直线时依然保持不变的图形性质的几何学。

蛋白质 PROTEIN
由链氨基酸长链组成的复杂有机化合物。

质子 PROTON
一种带正电荷的亚原子粒子，是原子核的一部分。

精神病学 PSYCHIATRY
医学的一个分支，关注精神疾病。

心理学 PSYCHOLOGY
对心理过程和行为的研究。

毕达哥拉斯定理 PYTHAGORAS'THEOREM
在直角三角形中，斜边（即最长边）长度的平方等于其他两条边的平方之和。

二次方程 QUADRATIC EQUATION
一个方程，其中一个或多个变量被平方，但没有任何变量被提高到高次方。

量子 QUANTA
能量的离散单位。

量子电动力学 QUANTUM ELECTRODYNAMICS
也被称为量子场论，研究带电粒子在亚原子水平上的相互作用及其电磁特性。

量子粒子 QUANTUM PARTICLES
基本粒子，其行为方式既类似于波又类似于传统粒子。

量子统计 QUANTUM STATISTICS 对
微观量子系统的统计测量。

量子理论 / 量子物理学
QUANTUM THEORY/QUANTUM PHYSICS
有时被描述为"新物理学"，适用于原子和亚原子层面的物
质和能量模型。它通常被理解为包含哲学思想，即科学测量
只能是概率的，而不是确定性的，观察行为会影响实验。

辐射 RADIATION
辐射能的发射和传播。

辐射光谱 RADIATION SPECTRUM
与某一特定物体有关的所有可能的电磁辐射范围。

辐射转移 RADIATIVE TRANSFER
研究系统中能量的吸收、发射和散射的过程。

自由基 RADICAL
在一系列化学反应中能够保持不变的原子组。

放射性活动 RADIOACTIVITY
原子核的分解，伴随着辐射的释放。

镭疗法 RADIUM THERAPY
镭在放射治疗中的应用。

理性主义 RATIONALISM
认为知识是通过理性获得的理论。

折射 REFRACTION
波的方向因其速度改变而发生改变。

回归分析 REGRESSION ANALYSIS
一种统计技术，用于从一个变量的值对另一个变量进行定量预测。

文艺复兴 RENAISSANCE
欧洲历史上大约从十四世纪到十七世纪的文化时期，介于中
世纪和现代世界之间。

RNA
一种存在于所有细胞中的核酸，参与将遗传物质 DNA 转化为
蛋白质。

英国皇家学会 ROYAL INSTITUTION OF GREAT BRITAIN
一个致力于科学教育和研究的组织，总部设在伦敦。

英国皇家学会 ROYAL SOCIETY OF LONDON
全称为伦敦皇家自然知识改进协会，这是现存最古老的促进
科学发展的学术协会，成立于 1660 年。

硇砂 SAL AMMONIAC
一种由氯化铵组成的稀有矿物。

科学革命 SCIENTIFIC REVOLUTION
欧洲历史上取得重大科学进步的时期，通常可以追溯到十六
和十七世纪，其最后阶段延伸到十八和十九世纪。

经院主义 SCOLASTIC
中世纪大学的传统，1100—1500 年，将古代古典哲学家的哲
学与中世纪的基督教神学相协调。

苏格兰启蒙运动 SCOTTISH ENLIGHTENMENT
18 世纪，苏格兰在知识、文化和科学方面取得巨大成就的启
蒙时代。

沉积岩 SEDIMENTARY ROCK
由沉积物形成的岩石。

恒星旋转 SIDEREAL ROTATION
太阳的旋转。

恒星年 SIDEREAL YEAR
相对于恒星而言，地球围绕太阳完整转动一圈的时间。

二氧化硅 SILICA
一种在玻璃中发现的化合物。

联立线性方程组 SIMULTANEOUS LINEAR EQUATION
线性方程组，其中每项都是常数或常数的乘积，使用相同的
变量集。

太阳年 SOLAR YEAR
地球绕太阳一周所需的时间，在两个春分之间测量，也被称
为回归年。

狭义相对论 SPECIAL RELATIVITY
阿尔伯特·爱因斯坦于 1905 年提出的物理理论，概括了伽利
略的相对性原理（所有匀速运动都是相对的，不存在特权参
照系）。它包含了一个原则，即光速对于所有非加速观察者
都是一样的，并且不受源头运动状态的影响。

谱线 SPECTRAL LINES
电子释放电磁能量时在光谱图上产生的彩色线条图案。

光谱学 SPECTROSCOPY
研究电磁辐射（光）的理论和解释及其与物质的关系，特别
是一个系统所发射的能量的分布。光谱是显示发射光强度范
围的图表。

光谱分析 SPECTRUM ANALYSIS
通过分析物质和气体在光学光谱中的波段来研究其化学性质。

平方根 SQUARE ROOT
数字或数量与自身相乘后会得到一个给定的数字或数量。例
如，4 的平方根是 2 和 -2。

静电 STATIC ELECTRICITY
摩擦绝缘体时可能出现的一种电荷。

恒星动力学 STELLAR DYNAMICS
恒星系统中物质分布和运动。

弦理论 STRING THEORY
亚原子粒子实际上是一维的弦，而时空由多个维度组成的理论。

亚原子粒子 SUBATOMIC PARTICLES
构成原子的部分。

超新星 SUPERNOVA
一个垂死恒星周围的气态包层从该恒星剩余的核心中迸发出来，引起的巨大爆炸。

合成化学 SYNTHETIC CHEMISTRY
化学的一个分支，化学家在其中设计出制造特定化合物和发展新的化学反应的方法。

分类学 TAXONOMY
对生物体进行命名和分类的科学。

理论物理学 THEORETICAL PHYSICS
以数学形式描述自然现象。

热力学 THERMODYNAMICS
对热从一个物体到另一个物体的运动的研究。

热发光 THERMOLUMINESCENCE
先前吸收的辐射在加热时释放。

思想实验 THOUGHT EXPERIMENT
一种假设的情况，旨在帮助提问者通过理性和想象力探索一个主题。一个著名的例子是"薛定谔的猫"，涉及一个装有猫的封闭盒子，猫可能在实验过程中被杀死。实验的含义可以讨论实验的意义，而不需要实际进行实验。

嬗变 TRANSMUTATION
改变形式或特征。

转座子 TRANSPOSON
一个不连续的 DNA 片段，可以在细胞内插入其他 DNA 序列。

三角学 TRIGONOMETRY
数学的分支，研究三角形的边和角。

不确定性原理 UNCERTAINTY PRINCIPLE
沃纳·海森堡于 1927 年提出，这一原理表明，在亚原子水平上，一些预测永远无法准确地进行，因此对科学知识的任何确定性都会产生怀疑。

统一场论 UNIFIED FIELD THEORY
试图用一种单一的、全能的方法来描述所有的主要的物理力和所有的物质涵盖的框架。目前还没有人创造出令人满意的统一场论。

变星 VARIABLE STARS
变亮和变暗的恒星，其中一些具有精确的规律性。

病毒学 VIROLOGY
对病毒研究。

虚拟粒子 VIRTUAL PARTICLE
在一个中间过程中，只存在一个极其短暂的瞬间的粒子。

病毒 VIRUS
能够引起疾病的最小形式的微生物。

伏特电力 VOLTA-ELECTRICITY
从伏打堆中产生的电流，是一些由两种不同金属组成的交替盘，被浸泡在酸中的垫子隔开；实际上是一系列的原电池。

战国时期 WARRING STATES PERIOD
中国周朝的最后 500 年，一个文化分裂和内乱的时期。

波函数 WAVE FUNCTION
量子力学理论中出现的一种数字函数，代表粒子。

波动力学 WAVE MECHANICS
一种基于基本粒子具有波的特性这一概念的物质理论。

白矮星 WHITE DWARF
一颗密集、明亮、缓慢冷却的恒星残骸，大小与地球相当。这是像太阳这样的恒星生命中最后可能的阶段之一，当恒星中心的核能来源耗尽，向外的能量不再平衡其引力，因此开始在自身引力的影响下坍缩。只有那些在钱德拉塞卡极限（以苏布拉马尼扬·钱德拉塞卡的名字命名）下的恒星，即我们太阳质量的 1.44 倍，才会稳定地成为白矮星。

万维网 WORLD WIDE WEB
互联网上使用超文本传输协议（HTTP）的资源，超文本传输协议是一种用于在网络上传输或传递信息的通信协议。

X 射线 X-RAY
波长非常短的高能量的电磁辐射，能够穿透许多物质，如身体组织。

动物学 ZOOLOGY
对动物的研究。

参考文献

Listed here is a selection of sources that the reader may wish to consult in addition to the sources noted in the individual entries on scientists.

Ackerknecht, Erwin H., *Rudolf Virchow: Doctor, Statesman, Anthropologist* (Madison, 1953)

Adler, Robert, Science *Firsts: From the Creation of Science to the Science of Creation* (John Wiley & Sons, 2002)

Appleyard, Rollo, *Pioneers of Electrical Communication* (Books for Libraries Press, 1930)

Appleyard, Rollo, *Pioneers of Electrical Communication* (Books for Libraries Press, 1930)

Arnold, Lois Barber, *Four Lives in Science: Women's Education in the Nineteenth Century* (Schocken Books, 1984)

Babkin, B. P., Pavlov,*A Biography* (University of Chicago Press, 1949)

Baxter, Stephen, *Ages in Chaos: James Hutton and the Discovery of Deep Time* (Forge, 2003)

Berners-Lee,Tim,*Weaving the Web:The Past, Present and Future of the World Wide Web by its Inventor* (Texere, 1999)

Blunt,Wilfrid, *Linnaeus The Compleat Naturalist* (Frances Lincoln, 2004)

Bowers, Brian, *Michael Faraday and Electricity* (Priory Press Limited, 1974)

Brown, G. I., *Invisible Rays:The History of Radioactivity* (Sutton Publishing, 2002)

Browne, Janet, *Darwin's Origin of Species:A Biography* (Atlantic Books, 2006)

Calle, Carlos I., *Einstein for Dummies* (Wiley, 2005)

Carson, Rachel, *The Sea Around Us* (Signet, 1961)

Chorley, Richard J., Beckinsale, Robert P., & Dunn,Antony J., *The History of the Study of Landforms:Vol. 2,The Life and Work of William Morris Davis* (London: Methuen, 1973)

Christianson, G., *Edwin Hubble: Mariner of the Nebulae* (Straus & Giroux, 1995)

Claxton, K.T., *Wilhelm Roentgen* (Heron Books, 1970)

Clegg, Brian, *The first scientist: A life of Roger Bacon* (London: Constable, 2003)

Connor, James A., *Pascal's Wager:The Man Who Played Dice with God* (HarperOne, 2007)

Coveney, Peter, & Highfield, Roger, *The Arrow of Time:The Quest to Solve Science's Greatest Mystery* (Flamingo, 1991)

Coveney, Peter, & Highfield, Roger, *The Arrow of Time:The Quest to Solve Science's Greatest Mystery* (Flamingo, 1991)

Creese, Mary R. S., *Ladies in the Laboratory? American and British Women in Science, 1800–1900:A Survey of their Contribution to Research* (The Scarecrow Press, 1998)

Crowther, J. G., *British Scientists of the Nineteenth Century* (Kegan Paul, 1935)

Dickinson, Alice, *Carl Linnaeus, Pioneer of Modern Botany* (Franklin Watts, 1967)

Everitt, C.W. F., *James Clerk Maxwell: Physicist and Natural Philosopher* (Charles Scribner's Sons, 1974)

Fedoroff, N.V., *Barbara McClintock in Genetics* 136(1) (1994)

Fermi, Laura, *Atoms in the Family: My Life with Enrico Fermi* (George Allen & Unwin, 1955)

Francis, Keith A., *Charles Darwin and The Origin of Species* (Greenwood Press, 2007)

Frayn, Michael, *The Human Touch* (Faber & Faber, 2006)

Gardiner, C. I., *An Introduction to Geology* (G. Bell & Sons, 1914)

Gascoigne, John, *Joseph Banks and the English Enlightenment: Useful Knowledge and Culture* (Cambridge University Press, 1994)

Geikie,Archibald, *Life of Sir Roderick I. Murchison* (John Murray, 1875)

Geison, Gerald L., *The Private Science of Louis Pasteur* (Princeton University Press, 1995)

Gilman, Daniel C., *Life of James Dwight Dana* (Ayer Co Pub, 1977)

Glasser, Otto, *Wilhelm Conrad Röntgen and the Early History of the Roentgen Rays* (John Bale, Sons & Danielson, 1933)

Grey,Vivian, *Secret of the Mysterious Rays:The Discovery of Nuclear Energy* (Constable Young Books, 1966)

Guevellou, Jean-Marie Le, *Louis Pasteur* (Hart-Davis, 1981)

Hager,Thomas, *Force of nature:The Life of Linus Pauling* (Simon & Schuster, 1995)

Hamilton, James, *Faraday:The Life* (HarperCollins, 2002)

Hayes, J.R. (ed.), *The Genius of Arab Civilization* (Eurabia, 2nd edn, 1983)

Henig, Robin Marantz, *A Monk and Two Peas* (Weidenfeld & Nicolson, 2000)

Hodges,Andrew, *Alan Turing:The Enigma of Intelligence* (Unwin Paperbacks, 1986)

Hodgson Mazumdar, P.M.,"The Linnaeans: Ferdinand Cohn and Robert Koch" in *Species and Specificity: An Interpretation of the History of Immunology* (Cambridge University Press, 1995)

Hoskin, Michael (ed.) *Cambridge Illustrated History of Astronomy* (Cambridge University Press, 1997)

Hunter, Michael (ed.) *Robert Boyle by Himself and His Friends* (William Pickering, 1994)

Isaacson,Walter, *Einstein: his Life and The Universe* (Pocket Books, 2008)

Jaffe, Bernard, *Michelson and the Speed of Light* (Heinemann, 1961)

Lodge, Oliver, *The Work of Hertz and Some of his Successors* (The Electrician, 1894)

Mahon, Basil, *The Man Who Changed Everything: The Life of James Clerk Maxwell* (Wiley, 2003)

McIntyre, Donald B., & McKirdy, Alan, *James Hutton:The Founder of Modern Geology* (National Museum of Scotland Publishing Ltd, 2001)

McMurray, Emily J. (ed.), *Notable Twentieth- Century Scientists* (Gale Research, 1995)

Menand, Louis, *The Metaphysical Club* (Flamingo, 2001)

Meyer, Herbert W., *A History of Electricity and Magnetism* (The MIT Press, 1971)

Michelson Livingston, Dorothy, *The Master of Light: A Biography of Albert A. Michelson* (University of Chicago Press, 1973)

Miller, Dayton Clarence, *Sparks, Lightening, Cosmic Rays:An Anecdotal History of Electricity* (MacMillan, 1939)

Morgan, Michael Hamilton, *Lost History* (National Geographic Society, 2007)

Murchison, Roderick Impey, *Murchison's Wanderings in Russia: His Geological*

Murdin, Paul (ed.), *Encyclopedia of Astronomy and Astrophysics* (Bristol: Institute of Physics Publishing, 2001)

Needham, Joseph, *Science and Civilisation in China* (Cambridge, 1954)

Pancaldi, Giuliano, *Volta* (Princeton University Press, 2003)

Pincus, Gregory, *The Control of Fertility* (Academic Press, 1965)

Proffitt, Pamela (ed.), *Notable Women Scientists* (Gale Group, 1999)

Repcheck, Jack, *The Man Who Found Time: James Hutton and the Discovery of the Earth's Antiquity* (Simon & Schuster, 2003)

Romer, Alfred, *The Restless Atom:The Awakening of Nuclear Physics* (Dover Publications, 1982)

Schuck, H. & Sohlman, R. *The Life of Alfred Nobel* (William Heinemann, 1929)

Segrè, Emilio, *Enrico Fermi: Physicist* (University of Chicago Press, 1970)

Segrè, Emilio, *From X-Rays to Quarks: Modern Physicists and Their Discoveries* (University of California, 1980)

Shapin, Steven, & Schaffer, Simon, *Leviathan and the Air-Pump: Hobbes, Boyle, and the Experimental Life* (Princeton University Press, 1985)

Soresini, Franco, *Alessandro Volta* (Be-Ma Editrice, 1988)

Stahle, Nils, *Alfred Nobel and the Nobel Prizes* (The Nobel Foundation, 1978)

Sugimoto, Kenji, *Albert Einstein:A Photographic Biography* (Schocken Books, 1989)

Suplee, Curt, *Milestones of Science* (National Geographic Society, 2000)

Swenson, Loyd S., *The Ethereal Aether* (University of Texas Press, 1972)

Swenson, Loyd S., *The Ethereal Aether* (University of Texas Press, 1972)

Tolstoy, Ivan, James Clerk *Maxwell:A Biography* (Canongate, 1981)

Turing, Sarah, *Alan M.Turing* (W. Heffer and Sons, 1959)

Vitezslav, Orel, *Mendel:The First Geneticist* (Oxford University Press, 1996)

Weber, R. L. (ed.) *More Random Walks in Science* (The Institute of Physics, 1982)

Westacott, Evalyn, *Roger Bacon in Life and Legend* (New York: Philosophical Library, 1953)

Williams,Trevor (ed.), *Collins Biographical Dictionary of Scientists* (HarperCollins, 1994)

Williams,Trevor I. (ed.), *A Biographical Dictionary of Scientists* (Adam & Charles Black, 3rd edn, 1982)

图书在版编目（ＣＩＰ）数据

改变世界的科学家们 / （英）梅雷迪思·麦克阿德尔
（Meredith MacArdle）编；朱建斌，张双华译 . --
重庆：重庆大学出版社 , 2023.12
　（微百科系列）
　书名原文：They Changed the World: Scientists
　ISBN 978-7-5689-4257-7

　Ⅰ . ①改… Ⅱ . ①梅… ②朱… ③张… Ⅲ . ①科学家
—生平事迹—世界 Ⅳ . ① K816.1

　中国国家版本馆 CIP 数据核字（2023）第 237434 号

改变世界的科学家们

GAIBIAN SHIJIE DE KEXUEJIAMEN

［英］梅雷迪思·麦克阿德尔（Meredith MacArdle） 编
朱建斌　张双华　译
策划编辑：王　斌
责任编辑：赵艳君　　版式设计：原豆文化
责任校对：关德强　　责任印制：赵　晟
＊
重庆大学出版社出版发行
出版人：陈晓阳
社址：重庆市沙坪坝区大学城西路21号
邮编：401331
电话：（023）88617190　88617185（中小学）
传真：（023）88617186　88617166
网址:http://www.cqup.com.cn
邮箱:fxk@cqup.com.cn（营销中心）
全国新华书店经销
天津裕同印刷有限公司印刷
＊
开本：787mmx1092mm　1/16　印张：13　字数：397 千
2024年4月第1版　　2024年4月第1次印刷
ISBN　978-7-5689-4257-7　定价：88.00元

版贸核渝字（2019）第 109 号